Die Buchwertfortführung
nach § 6 Abs. 3 EStG

Jan-Eckhard Wegener

Die Buchwertfortführung nach § 6 Abs. 3 EStG

am Beispiel von Betriebsübertragungen unter Nießbrauchsvorbehalt

Berliner Wissenschafts-Verlag

Der Autor

Jan-Eckhard Wegener, geb. 1987 in Hildesheim, studierte Rechtswissenschaften an den Universitäten Bayreuth, Lausanne und Stellenbosch. Er absolvierte sein Referendariat am Hanseatischen Oberlandesgericht Hamburg und promovierte an der Friedrich-Schiller-Universität Jena. Seit 2017 ist er als Rechtsanwalt in München tätig und hat sich auf die Beratung von Familienunternehmen und insbesondere die Vermögensnachfolge spezialisiert.

Zugl.: Dissertation, Friedrich-Schiller-Universität Jena, 2020

Bibliografische Information der Deutschen Nationalbibliothek:
Die Deutsche Nationalbibliothek verzeichnet diese Publikation in der Deutschen Nationalbibliografie; detaillierte bibliografische Daten sind im Internet über http://dnb.d-nb.de abrufbar.

Behaimstr. 25, 10585 Berlin,
E-Mail: bwv@bwv-verlag.de, Internet: http://www.bwv-verlag.de

Druck: docupoint, Magdeburg
Gedruckt auf holzfreiem, chlor- und säurefreiem, alterungsbeständigem Papier.
Printed in Germany.

ISBN Print 978-3-8305-5046-4
ISBN E-Book 978-3-8305-4212-4

Meinen Eltern

Vorwort

Die vorliegende Arbeit wurde im Wintersemester 2019/2020 von der Rechtswissenschaftlichen Fakultät der Friedrich-Schiller-Universität Jena als Dissertation angenommen. Die Disputation fand im Mai 2020 statt. Literatur und Rechtsprechung konnten bis Oktober 2019 berücksichtigt werden. Hinweise auf das BMF-Schreiben vom 20. November 2019 wurden nachträglich aufgenommen.

Mein besonderer Dank gilt Frau Prof. Dr. Anna Leisner-Egensperger für die Annahme als Doktorand und die zuverlässige Betreuung während des gesamten Promotionsverfahrens. Herrn Prof. Dr. Michael Brenner danke ich für die zügige Anfertigung des Zweitgutachtens.

Weiterhin möchte ich mich bei der Stiftung Familienunternehmen für den gewährten Druckkostenzuschuss sowie bei meinem Arbeitgeber Pöllath + Partners für die Freistellungszeit und die Bereitstellung der Büroinfrastruktur bedanken.

Meine Kollegen Dr. Stephan Viskorf, Dr. Maximilian Haag, Dr. Sebastian Löcherbach und Sabrina Dotterweich sind ebenfalls zu erwähnen. Sie ließen mir einerseits den notwendigen Freiraum und standen mir andererseits für einen fachlichen Austausch zur Verfügung. Ich danke ihnen, wie auch meinem Vater Eckhard Wegener, für die ständige Gesprächsbereitschaft und ihre für diese Arbeit hilfreichen Anmerkungen.

Schließlich gebührt der größte Dank meinen Eltern, die mich immer unterstützt und mir alles ermöglicht haben. Ihnen ist diese Arbeit gewidmet.

München, im Juni 2020 Jan-Eckhard Wegener

Inhaltsverzeichnis

Abkürzungsverzeichnis

a. A.	anderer Ansicht
Abs.	Absatz
AktG	Aktiengesetz
Anh.	Anhang
Anm.	Anmerkung
AO	Abgabenordung
Art.	Artikel
Aufl.	Auflage
Az.	Aktenzeichen
BayObLG	Bayerisches Oberstes Landesgericht
BayObLGZ	Entscheidungen des Bayerischen Obersten Landesgerichts in Zivilsachen (Zeitschrift)
BB	Der Betriebs-Berater (Zeitschrift)
Bd.	Band
BeckRS	Beck-online Rechtsprechung
BeckVerw	Beck-online Verwaltungsanweisungen
BEPS	Base Erosion and Profit Shifting
BEPS-UmsG	BEPS-Umsetzungsgesetz
BFH	Bundesfinanzhof
BFHE	Sammlung der Entscheidungen und Gutachten des Bundesfinanzhofs
BFH/NV	Sammlung amtlich nicht veröffentlichter Entscheidungen des Bundesfinanzhofs
BGB	Bürgerliches Gesetzbuch
BGBl.	Bundesgesetzblatt (Teil I u. II)
BGH	Bundesgerichtshof
BGHZ	Sammlung der Entscheidungen des Bundesgerichtshofs in Zivilsachen
BMF	Bundesfinanzministerium
BStBl.	Bundessteuerblatt
BT-Drs.	Bundestagsdrucksache
BVerfG	Bundesverfassungsgericht
BVerfGE	Entscheidungen des Bundesverfassungsgerichts
BWNotZ	Zeitschrift für das Notariat in Baden-Württemberg
bzw.	beziehungsweise
DB	Der Betrieb (Zeitschrift)

ders.	derselbe
dies.	dieselbe
DNotZ	Deutsche Notar-Zeitschrift
DStR	Deutsches Steuerrecht (Zeitschrift)
DStRE	Deutsches Steuerrecht – Entscheidungsdienst (Zeitschrift)
DStRK	Deutsches Steuerrecht – Steuerrechtliche Rechtsprechung kurzgefasst
DStZ	Deutsche Steuer-Zeitung (Zeitschrift)
EFG	Entscheidungen der Finanzgerichte (Zeitschrift)
EL	Ergänzungslieferung
ErbBstg	Erbfolgebesteuerung (Zeitschrift)
ErbStB	Erbschaft-Steuerberater (Zeitschrift)
ErbSt-/SchenkStG	Erbschaftsteuer- und Schenkungsteuergesetz
EStB	Ertrag-Steuerberater (Zeitschrift)
EStDV	Einkommensteuerdurchführungsverordnung
EStG	Einkommensteuergesetz
EStR	Einkommensteuerrichtlinien
f., ff.	folgend(e)
FG	Finanzgericht
FinArch	Finanzarchiv (Zeitschrift)
Fn.	Fußnote
FR	Finanz-Rundschau (Zeitschrift)
FS	Festschrift
GbR	Gesellschaft des bürgerlichen Rechts
GesR	Gesellschaftsrecht
GmbH	Gesellschaft mit beschränkter Haftung
GmbH-StB	GmbH-Steuerberater (Zeitschrift)
GmbHG	Gesetz betreffend die Gesellschaften mit beschränkter Haftung
GmbHR	GmbH-Rundschau (Zeitschrift)
GoB	Grundsätze ordnungsgemäßer Buchführung
grds.	grundsätzlich
GrS	Großer Senat
Hdb	Handbuch
HGB	Handelsgesetzbuch
h. M.	herrschende Meinung
Hrsg., hrsg.	Herausgeber, herausgegeben
Hs.	Halbsatz
i. d. R.	in der Regel
insb.	insbesondere

i. S.	im Sinne
i. S. d.	im Sinne des/der
i. V. m.	in Verbindung mit
KG	Kommanditgesellschaft
KÖSDI	Kölner Steuerdialog
LG	Landgericht
MittBayNot	Mitteilungen des Bayerischen Notarvereins (Zeitschrift)
MittRhNotK	Mitteilungen der Rheinischen Notarkammer (Zeitschrift)
m. w. N.	mit weiteren Nachweisen
NJW	Neue Juristische Wochenschrift (Zeitschrift)
Nr.	Nummer
NV	Nichtveröffentlichung
NVwZ	Neue Zeitschrift für Verwaltungsrecht
NZG	Neue Zeitschrift für Gesellschaftsrecht
OFD	Oberfinanzdirektion
OHG	offene Handelsgesellschaft
OLG	Oberlandesgericht
Prot.	Protokoll(e)
Rev.	Revision
Rn.	Randnummer(n)
RFH	Reichsfinanzhof
RG	Reichsgericht
RNotZ	Rheinische Notar-Zeitschrift
RT	Reichstag
RT-Prot.	Protokolle der Verhandlungen des Reichstags
SBV	Sonderbetriebsvermögen
StbJb	Steuerberater-Jahrbuch
StBp	Die steuerliche Betriebsprüfung (Zeitschrift)
StEntlG	Steuerentlastungsgesetz
str.	streitig
StuW	Steuer und Wirtschaft (Zeitschrift)
Ubg	Unternehmensbesteuerung (Zeitschrift)
UmwStG	Umwandlungssteuergesetz
UntStFG	Unternehmenssteuerfortentwicklungsgesetz
Vgl.	Vergleiche
Vorb/Vorbem.	Vorbemerkung
WG	Wirtschaftsgut
Wpg	Die Wirtschaftsprüfung (Zeitschrift)
z. B.	zum Beispiel

ZEV	Zeitschrift für Erbrecht und Vermögensnachfolge
ZGR	Zeitschrift für Unternehmens- und Gesellschaftsrecht
ZHR	Zeitschrift für das gesamte Handels- und Wirtschaftsrecht
ZIP	Zeitschrift für Wirtschaftsrecht und Insolvenspraxis

Einleitung

Familienunternehmen stellen rd. 90 Prozent der privaten Unternehmen in Deutschland dar und beschäftigen knapp 60 % der privatwirtschaftlich Tätigen.[1] Bereits diese Zahlen zeigen den hohen Stellenwert familiengeführter Betriebe für die deutsche Volkswirtschaft. Eine größere Bereitschaft zur Steuerzahlung im Inland und eine erhöhte Krisenresistenz gegenüber nicht-familienkontrollierten Konzernen unterstreichen diese Bedeutung.[2] Charakteristisch für Familienunternehmen und mitursächlich für deren erhöhte Krisenresistenz ist eine vergleichsweise langfristige und generationenübergreifende Planung.[3] Der dauerhafte Fortbestand des Unternehmens genießt üblicherweise einen höheren Stellenwert als die kurzfristige Gewinnmaximierung.[4] Wesentlicher Bestandteil dieser langfristigen unternehmerischen Orientierung ist die frühzeitige Auseinandersetzung mit potentiellen Nachfolgeregelungen.[5] Dabei streben die Inhaber in der Regel nach einer familieninternen Unternehmensnachfolge.[6]

Im Gegensatz zur externen Unternehmensnachfolge erfolgt die familieninterne Unternehmensübertragung häufig unentgeltlich – also ohne Gegenleistung. Während sich schenkungsteuerliche Fragestellungen in diesen Konstellationen aufdrängen, werden ertragssteuerliche Konsequenzen regelmäßig unterschätzt. Besondere Bedeutung hat in diesem Zusammenhang die Vorschrift des § 6 Abs. 3 EStG. Diese ordnet bei unentgeltlichen Betriebsübertragungen eine Fortführung der bisherigen Buchwerte beim Übernehmer an und verhindert die Besteuerung der im Betrieb verhafteten stillen Reserven beim Übertragenden.[7] Hierdurch soll der unentgeltliche Betriebsübergang in der Generationennachfolge von ertragsteuerlichen Belastungen verschont und die Liquidität des nach einem Rechtsträgerwechsel fortgeführten Betriebs gesichert werden.[8] Die vor-

1 Stiftung Familienunternehmen, Die volkswirtschaftliche Bedeutung, S. 1.

2 *Löwer*, Die langfristige Perspektive zahlt sich aus, Handelsblatt, https://www.handelsblatt.com/unternehmen/mittelstand/strategie_und_finanzierung/familienunternehmen-die-langfristige-perspektive-zahlt-sich-aus/3409536.html?ticket=ST66622052w-G9d-vlXfgZC1ckC4nZKI-ap1, (zuletzt abgerufen am 31.10.2019) und Stiftung Familienunternehmen: http://www.familienunternehmen.de/nutzen-von-familienunternehmen, (zuletzt abgerufen am 31.10.2019).

3 Vgl. *Adenauer* in: FS Binz, S. 9, 10.

4 *Adenauer* in: FS Binz, S. 9, 10.

5 Eingehend dazu *Pöllath* in: Viskorf, Familienunternehmen, S. 1 ff.

6 Stiftung Familienunternehmen, Die volkswirtschaftliche Bedeutung, S. 1.

7 *Gratz/Uhl-Ludäscher* in: H/H/R, EStG, § 6 Rn. 1200; *Kulosa* in: Schmidt, EStG, § 6 Rn. 643; *Strahl* in: Korn, EStG, § 6 Rn. 469; vgl. auch BT-Drs. 14/265, 174.

8 BFH v. 2.8.2012 – IV R 41/11, DStR 2012, 2118, 2122; *Wendt*, FR 2005, 468, 472; *Werndl* in: K/S/M, EStG, § 6 Rn. J 4; *Kulosa* in: Schmidt, EStG, § 6 Rn. 644; ausführlich zum Regelungszweck der Vorschrift unter 1. Teil: A. III.

weggenommene Erbfolge stellt den typischen Anwendungsbereich dieser Vorschrift dar. Denn hier werden betriebliche Einheiten zu Lebzeiten unentgeltlich auf den oder die Nachfolger übertragen.

Ebenfalls im Rahmen der Übertragung von Familienunternehmen hat die übertragende Generation häufig ein Interesse daran, gewisse Rechte – aus verschiedensten Gründen – vorerst zurückzubehalten. Sei es, um sich weiterhin einen gewissen Einfluss auf das *„Lebenswerk"* zu erhalten oder schlicht die eigene finanzielle Absicherung zu gewährleisten.[9] Zudem wird eine gleitende oder sukzessive Unternehmensübergabe dem ausscheidenden Entscheidungsträger üblicherweise emotional leichter fallen.[10] Ein in der Praxis beliebtes Mittel zur Wahrung dieser Interessen stellt die Übertragung unter Nießbrauchsvorbehalt dar. Der Einsatz dieses Rechtsinstituts erlaubt es, die Vermögenssubstanz bereits lebzeitig auf den Nachfolger zu übertragen, sich dabei jedoch bestimmte Verwaltungs- und/oder Vermögensrechte (z. B. Stimm- oder Gewinnbezugsrechte) zurückzubehalten.

Obwohl dieses Gestaltungsmittel den Vorstellungen der Beteiligten regelmäßig in idealer Weise entspricht,[11] sind in der jüngeren Vergangenheit zunehmend Zweifel an entsprechenden Übertragungsvorgängen geäußert worden. Insbesondere in der steuerlichen Fachliteratur werden verstärkt Alternativen diskutiert, zu erhöhter Vorsicht gemahnt oder gleich ganz von entsprechenden Nießbrauchsgestaltungen abgeraten.[12] Ausgangspunkt dieser Diskussion ist eine durch divergierende Rechtsprechung ausgelöste Rechtsunsicherheit. Im Zentrum steht dabei die Frage, ob der Vorbehalt eines Nießbrauchs im Rahmen einer unentgeltlichen Betriebsübertragung der Anwendbarkeit des § 6 Abs. 3 EStG entgegen steht und daher zur Aufdeckung der im Unternehmen verhafteten stillen Reserven führt.

Wäre die Vorschrift des § 6 Abs. 3 EStG auf Übertragungen unter Nießbrauchsvorbehalt nicht anwendbar, hätte dies erhebliche Konsequenzen. Neben eine etwaige Schenkungsteuerbelastung würde eine massive ertragsteuerliche Belastung treten. Da aufgrund der Unentgeltlichkeit der Übertragung eine entsprechende Liquidität häufig nicht vorhanden ist, droht eine Substanzbesteuerung mit potentiell existenzbedrohendem Charakter. Die wirtschaftlichen und persönlichen Motive für eine Übertragung unter Nießbrauchsvorbehalt würden durch massive ertragsteuerliche Belastungen kon-

9 *Haag* in: Viskorf, Familienunternehmen, S. 374 Rn. 1277 ff.

10 *Haag* in: Viskorf, Familienunternehmen, S. 374 Rn. 1279.

11 *Messner*, MittBayNot 2018, 1.

12 *Kubik*, BB 2017, 1586; *Gräfe/Kraft*, ZEV 2017, 471, 476; *El Mourabit*, ZEV 2016, 14, 18; *Lederle/Wanner*, DStR 2015, 2270, 2273; *Geck/Messner*, ZEV 2015, 91, 93 f.; als Gestaltungsalternativen werden insbesondere die Betriebsübertragung gegen Versorgungsleistungen oder gegen reinen Ertragsnießbrauch diskutiert.

terkariert werden. Einem der geeignetsten Gestaltungsmittel bei der Übertragung von Familienunternehmen wäre der Boden entzogen. Die häufig interessengerechteste Lösung wäre aus steuerlichen Gründen nicht mehr umsetzbar.

Vor diesem Hintergrund und aufgrund der erheblichen Praxisrelevanz geht die vorliegende Arbeit der Frage nach, ob und unter welchen Umständen § 6 Abs. 3 EStG bei der Übertragung betrieblicher Einheiten unter Nießbrauchsvorbehalt Anwendung finden muss. Erforderlich hierfür ist zunächst eine grundlegende Untersuchung und Einordnung des § 6 Abs. 3 EStG sowie der Grundlagen des Nießbrauchs am Unternehmen. Im Anschluss sind die gewonnen Erkenntnisse zusammenzuführen.

Die vorliegende Arbeit gliedert sich in drei Teile. Im ersten Teil wird die Buchwertfortführungsvorschrift des § 6 Abs. 3 EStG untersucht. Nach einem Überblick über die Historie der Vorschrift und Ausführungen zu ihrem Regelungszweck wird zunächst das Verhältnis der Buchwertfortführung zur Gewinnrealisierung herausgearbeitet, um die Vorschrift steuersystematisch einordnen zu können. Hierbei sind die Gründe für die Entstehung und Aufdeckung stiller Reserven zu berücksichtigen. Sodann ist der steuerliche Grundtatbestand des § 6 Abs. 3 EStG zu beleuchten. Als bloße Bewertungsvorschrift drängt sich die Frage auf, welcher Besteuerungstatbestand dem Grunde nach überhaupt verwirklicht ist und wie sich die Vorschrift des § 6 Abs. 3 EStG in das System der Einkommensbesteuerung einfügt. Hieraus werden sich Schlüsse für die Auslegung der Vorschrift ziehen lassen.

Anknüpfend an diese Ergebnisse werden die Voraussetzungen der Vorschrift untersucht und insbesondere die von der Rechtsprechung entwickelten Tatbestandsvoraussetzungen kritisch hinterfragt. So fordern Rechtsprechung und ein Großteil der Literatur grundsätzlich, dass das wirtschaftliche Eigentum an allen wesentlichen Betriebsgrundlagen in einem einheitlichen Vorgang auf den Nachfolger übertragen wird und der Übertragende (jedenfalls bei gewerblichen Einzelunternehmen) seine Tätigkeit einstellt.[13] Hieran soll es nach jüngerer Rechtsprechung fehlen, wenn sich der Übertragende ein Nießbrauchsrecht vorbehält.[14] Die Voraussetzungen der einheitlichen Übertragung und der Tätigkeitseinstellung ergeben sich allerdings nicht zwingend aus dem Wortlaut der Vorschrift. Unter Berücksichtigung der bisherigen Ergebnisse ist daher die Frage zu beantworten, ob eine entsprechend restriktive Auslegung der Vorschrift gerechtfertigt werden kann.

13 BFH v. 12.4.1989 – I R 105/85, BStBl. II 1989, 653; BFH v. 2.9.1992 – XI R 26/91, BFH/NV 1993, 161; BFH v. 14.07.1993 – X R 74 – 75/90, NJW 1994, 2174, 2175; BFH v. 31.8.1995 – VIII B 21/93, DStR 1995, 1870; BFH v. 25.1.2017 – X R 59/14, DStR 2017, 1308, 1312 Rn. 40 ff.; *Tiedtke/Wälzholz*, DStR 1999, 217 ff.; *Ehmcke* in: Blümich, EStG, § 6 Rn. 1222 f.; *Wacker* in: Schmidt, EStG, § 16 Rn. 97; *Trossen* in: K/S/M, EStG, § 16 Rn. A 64; *Oellerich* in: BeckOK, EStG, § 6 Rn. 2727.

14 BFH v. 25.1.2017 – X R 59/14, DStR 2017, 1308.

Der zweite Teil dieser Arbeit beinhaltet einen Überblick über die zivilrechtlichen Grundlagen des Nießbrauchs an betrieblichen Einheiten. Die steuerlichen Konsequenzen eines Nießbrauchsvorbehalts können nur beurteilt werden, wenn die zivilrechtlichen Auswirkungen eines Nießbrauchs am Unternehmen geklärt sind. Dabei wird zwischen dem Nießbrauch an Einzelunternehmen und demjenigen an Personengesellschaftsanteilen differenziert. Während der Nießbrauch an Einzelunternehmen grundsätzlich den Regelungen zum Nießbrauch an Sachen (§§ 1030 ff. BGB) unterliegt, bestimmt sich der Nießbrauch an Personengesellschaftsanteilen grundsätzlich nach den Regelungen zum Rechtsnießbrauch (§§ 1068 ff. BGB).[15] Den Schwerpunkt bilden dabei die Stellung und die Befugnisse von Nießbraucher und Nießbrauchsbesteller. Denn die Zuordnung von Vermögens- und Verwaltungsrechten zu dem einen oder anderen beeinflusst das Vorliegen von (Mit-)Unternehmerrisiko und (Mit-)Unternehmerinitiative der Beteiligten. Dies hat unmittelbare Auswirkungen auf die Buchwertfortführung, da – was zu zeigen sein wird – der Erwerb einer (Mit-)Unternehmerstellung des Empfängers Voraussetzung für die Anwendbarkeit des § 6 Abs. 3 EStG ist.[16]

Schließlich wird im dritten Teil der Arbeit untersucht, ob und wann der Vorbehalt eines Nießbrauchs für die Buchwertfortführung bei Übertragungen betrieblicher Sachgesamtheiten schädlich ist. Dabei werden die zuvor herausgearbeiteten Voraussetzungen und Auslegungsmaßstäbe herangezogen. Es wird zwischen Einzelunternehmen und Mitunternehmeranteilen differenziert. Ausgangspunkt ist der Nießbrauch nach gesetzlichem Leitbild. Daneben ist zu klären, welche Auswirkungen eine individualvertragliche Verteilung der Verwaltungs- und Vermögensrechte hat und ob eine doppelte Mitunternehmerstellung von Nießbraucher und Eigentümer vorstellbar ist, ohne die Buchwertfortführung zu beeinträchtigen. Denn nur wenn durch den Vorbehaltsnießbrauch bzw. die geplante Vertragsgestaltung die Ertragsteuerneutralität der unentgeltlichen Übertragung nicht gefährdet wird, handelt es sich um ein praxistaugliches Mittel für die Generationennachfolge in Familienunternehmen.

15 *Schön*, ZHR 1994, 229, 243.

16 BFH v. 15.7.1986 – VIII R 154/85, BStBl. II 1986, 896; BFH v. 2.9.1992 – XI R 26/91, BFH/NV 1993, 161, 162; FG Niedersachsen v. 27.11.2014 – 1 K 10294/13, BB 2015, 750; *Mutscher* in: Frotscher, EStG, § 6 Rn. 483; *Strahl* in: Korn, EStG, § 6 Rn. 474.3.3; vgl. ausführlich hierzu unter 1. Teil: C. VI.

1. Teil Buchwertfortführung nach § 6 Abs. 3 EStG

Die Regelung des § 6 Abs. 3 EStG soll umfassend untersucht werden. Hierfür ist zunächst in einem Grundlagenteil auf die erfassten Übertragungsgegenstände, die Entstehungsgeschichte und die Zweckrichtung der Vorschrift einzugehen. Sodann ist die Vorschrift steuersystematisch einzuordnen und dabei insbesondere das Verhältnis zu einer etwaigen Gewinnrealisation zu klären. Schließlich sind die Voraussetzungen des § 6 Abs. 3 EStG unter Heranziehung der bisherigen Ergebnisse herauszuarbeiten, um im dritten Teil der Arbeit deren Erfüllung bei Übertragungen unter Nießbrauchsvorbehalt prüfen zu können.

A. Grundlagen

Die Vorschrift des § 6 Abs. 3 EStG lautet:

> *„Wird ein Betrieb, ein Teilbetrieb oder der Anteil eines Mitunternehmers an einem Betrieb unentgeltlich übertragen, so sind bei der Ermittlung des Gewinns des bisherigen Betriebsinhabers (Mitunternehmers) die Wirtschaftsgüter mit den Werten anzusetzen, die sich nach den Vorschriften über die Gewinnermittlung ergeben, sofern die Besteuerung der stillen Reserven sichergestellt ist; dies gilt auch bei der unentgeltlichen Aufnahme einer natürlichen Person in ein bestehendes Einzelunternehmen sowie bei der unentgeltlichen Übertragung eines Teils eines Mitunternehmeranteils auf eine natürliche Person. Satz 1 ist auch anzuwenden, wenn der bisherige Betriebsinhaber (Mitunternehmer) Wirtschaftsgüter, die weiterhin zum Betriebsvermögen derselben Mitunternehmerschaft gehören, nicht überträgt, sofern der Rechtsnachfolger den übernommenen Mitunternehmeranteil über einen Zeitraum von mindestens fünf Jahren nicht veräußert oder aufgibt. Der Rechtsnachfolger ist an die in Satz 1 genannten Werte gebunden.“*

Satz 1 HS. 1 der Vorschrift ordnet also an, dass die Wirtschaftsgüter beim Übertragenden für die Ermittlung des Gewinns mit den Werten anzusetzen sind, die bilanziell auch bislang galten.[17] Die Folge ist ein steuerneutraler Vorgang, der gerade keinen Gewinn beim Übertragenden auslöst.[18] Im Gegenzug ordnet Satz 3 an, dass der Übernehmende ebenfalls an diese Werte gebunden ist, sie also in seine Bilanz übernehmen muss. Hierdurch kommt es zur *„Buchwertfortführung“* ohne Aufdeckung der im Betrieb enthaltenen stillen Reserven. Die Regelung verhindert auf der einen Seite also die Entstehung eines steuerpflichtigen Gewinns beim Übertragenden und stellt auf der anderen Seite

17 *Fasold*, Buchwertfortführung, S. 116.
18 *Fasold*, Buchwertfortführung, S. 116.

sicher, dass die im Betrieb enthaltenen stillen Reserven bei einem anderen Steuerpflichtigen (dem Übernehmer) erhalten bleiben und im Fall einer Realisierung später von diesem zu versteuern sind. Damit kommt es zu einer interpersonellen Verlagerung der stillen Reserven unter Durchbrechung des Subjektsteuerprinzips.[19]

Zum Verständnis dieser Regelung und ihrer steuersystematischen Einordnung sollen zunächst die von der Vorschrift erfassten Übertragungsgegenstände, die Historie der Vorschrift sowie ihr Regelungszweck näher beleuchtet werden.

I. Übertragungsgegenstände

Das Gesetz nennt in § 6 Abs. 3 S. 1 Hs. 1 EStG ausdrücklich Betriebe, Teilbetriebe und Mitunternehmeranteile sowie in Hs. 2 Teilmitunternehmeranteile als taugliche Übertragungsgegenstände. Diese Übertragungsgegenstände werden in der vorliegenden Arbeit zusammenfassend als *„betriebliche Einheiten“* oder *„betriebliche Sachgesamtheiten“* bezeichnet.[20] Charakteristisch für diese betrieblichen Einheiten ist die organisatorische Verknüpfung verschiedener Einzelwirtschaftsgüter zu betrieblichen Sachgesamtheiten.[21] Während § 6 Abs. 4 und Abs. 5 EStG die Übertragung von Einzelwirtschaftsgütern erfassen, regelt § 6 Abs. 3 EStG die Übertragung solcher Sachgesamtheiten.

1. Betrieb und Teilbetrieb

Der Betriebsbegriff wird sowohl im EStG als auch in weiteren Steuergesetzen ohne konkrete Definition verwendet. Einigkeit besteht darüber, dass der Betriebsbegriff nicht einheitlich, sondern normspezifisch auszulegen ist.[22] Grundsätzlich entspricht der Betriebsbegriff i. S. d. § 6 Abs. 3 EStG dem Betriebsbegriff der §§ 13 bis 18 EStG und umfasst land- und forstwirtschaftliche, gewerbliche und freiberufliche Betriebe.[23] Dies ergibt sich bereits aus den Negativmerkmalen der Definition des Gewerbebetriebs in § 15 Abs. 2 EStG. Hiernach ist ein Gewerbebetrieb eine selbstständige nachhaltige

19 BFH v. 20.7.2005 – X R 22/02, DStR 2005, 1723, 1725; BFH v. 25.1.2017, – X R 59/14, DStR 2017, 1308, 1313; *Hänsch*, NWB 2017, 935, 936; vgl. zum Subjektsteuerprinzip und dessen Durchbrechung nachfolgend unter 1. Teil: B. I. 3. und 1. Teil: B. IV. 2.

20 So auch BFH v. 4.4.2006 – IV B 12/05, BFH/NV 2006, 1460.

21 *Schindler* in: Kirchhof, EStG, Aufl. 18, § 6 Rn. 197; *Hennrichs* in: Tipke/Lang, Steuerrecht, § 9 Rn. 431; *Gratz/Uhl-Ludäscher* in: H/H/R, EStG, § 6 Rn. 1205; BT-Drs. 14/23 v. 9.11.1998, S. 173.

22 *Mutscher* in: Frotscher, EStG, § 6 Rn. 468; *Strahl* in: Korn, EStG, § 6 Rn. 471; *Loschelder* in: Schmidt, EStG, § 4 Rn. 25; *Seiler* in: K/S/M, EStG, § 4 Rn. B 50 f.; *Meyer* in: BeckOK, EStG, § 4 Rn. 190; vgl. zu normspezifischen Besonderheiten, insbesondere zur rein funktionalen Betrachtung der wesentlichen Betriebsgrundlagen in § 6 Abs. 3 EStG unter 1. Teil: C. V. 1.

23 *Gratz/Uhl-Ludäscher* in: H/H/R, EStG, § 6 Rn. 1210; *Ehmcke* in Blümich, EStG, § 6 Rn. 1222; *Oellerich* in: BeckOK, EStG, § 6 Rn. 2697.

Betätigung, die mit der Absicht, Gewinn zu erzielen, unternommen wird und sich als Beteiligung am allgemeinen wirtschaftlichen Verkehr darstellt, wenn die Betätigung weder als Ausübung von Land- und Forstwirtschaft noch als Ausübung eines freien Berufs noch als eine andere selbstständige Arbeit anzusehen ist.

Demnach fordert die Definition des § 15 Abs. 2 EStG ausdrücklich eine selbständige Tätigkeit und die Beteiligung am Markt. Dies setzt ein eigenes Unternehmerrisiko und Unternehmerinitiative sowie ein Anbieten von Gütern oder Leistungen am Markt voraus.[24] Hieraus ergibt sich, dass der einkommensteuerliche Betriebsbegriff tätigkeitsbezogen auszulegen ist.[25] Daneben umfasst der Betriebsbegriff des EStG aber auch einen Zustandstatbestand.[26] Dies lässt sich aus der Anknüpfung des Gewinnbegriffs an das Betriebsvermögen in § 4 Abs. 1 S. 1 EStG ableiten.[27] Damit lässt sich ein Betrieb i. S. d. Einkommensteuergesetzes als die organisatorische Zusammenfassung personeller, sachlicher und immaterieller Produktions- und Leistungsfaktoren zu einer selbständigen Einheit bezeichnen (Zustandskomponente), deren Zweck auf eine nachhaltige, selbständige Marktteilnahme mit Gewinnerzielungsabsicht gerichtet ist (Tätigkeitskomponente).[28] Der Betriebsbegriff ist also sowohl tätigkeits- als auch zustandsbezogen auszulegen.[29] Dabei kommt es auf das Gesamtbild der Verhältnisse im Einzelfall unter Berücksichtigung der Verkehrsanschauung an.[30]

Umstritten sind Umfang und Reichweite eines Betriebs in Abgrenzung zu anderen Betrieben desselben Steuerpflichtigen. Die Auffassungen reichen insoweit vom Gewinn eines Einzelbetriebs (enger Betriebsbegriff)[31] über den Gewinn aller Betriebe einer Einkunftsart (mittlerer Betriebsbegriff)[32] bis hin zum Gewinn aus allen Gewinnein-

24 *Birk/Desens/Tappe*, Steuerrecht, S. 213 Rn. 694 ff.

25 BFH v. 3.10.1984 – I R 119/81, BStBl. II 1985, 245; BFH v. 16.3.2017 – IV R 31/14, DStR 2017, 1381, 1384; *Kanzler* in: H/H/R, EStG, Vor §§ 4–7 Rn. 86; *Wied* in: Blümich, EStG, § 4 Rn. 62; *Oellerich* in: BeckOK, EStG, § 6 Rn. 2697.

26 *Seiler* in: K/S/M, EStG, § 4 Rn. B 50; *Wied* in: Blümich, EStG, § 4 Rn. 62; *Oellerich* in: BeckOK, EStG, § 6 Rn. 2697.

27 *Meyer* in: BeckOK, EStG, § 4 Rn. 190; *Koch*, Gewinnrealisierungen, S. 6 f.

28 BFH v. 29.3.2001 – IV R 62/99, BeckRS 2001, 25006043; BFH v. 13.10.1988 – IV R 136/85, BeckRS 1988, 22008714; *Seiler* in: K/S/M, EStG, § 4 Rn. B 50 ff.; *Frotscher/Watrin* in: Frotscher, EStG, § 4 Rn. 23; *Wied* in: Blümich, EStG, § 4 Rn. 62; *Kirchhof* in: Kirchhof, EStG, Aufl. 18, § 2 Rn. 7 f.; *Koch*, Gewinnrealisierungen, S. 6 f.

29 *Stein*, ZEV 2019, 131.

30 BFH v. 13.10.1988 – IV R 136/85, BeckRS 1988, 22008714; *Seiler* in: K/S/M, EStG, § 4 Rn. B 51; *Birk/Desens/Tappe*, Steuerrecht, S. 213 Rn. 694.

31 BFH v. 22.9.2011 – IV R 33/08, DStR 2011, 2137, 2138; *Knobbe-Keuk*, Unternehmenssteuerrecht, S. 273; *Seiler* in: K/S/M, EStG, § 4 Rn. B 50 ff.; *Wied* in: Blümich, EStG, § 4 Rn. 63; *Frotscher/Watrin* in: Frotscher, EStG, § 4 Rn. 22 ff.

32 BFH v. 16.7.1969 – I 266/65, BStBl. II 1970, 175; *Kanzler* in: H/H/R, EStG, § 4 Rn. 90.

kunftsarten (weiter Betriebsbegriff)[33].[34] Der Vorzug ist dem engen Betriebsbegriff zu geben. Denn es besteht kein Bedürfnis, verschiedene selbständige betriebliche Einheiten desselben Steuerpflichtigen zu einem einheitlichen Betrieb zusammenzufassen.[35] Insbesondere kann der Gewinn für jede betriebliche Einheit des Steuerpflichtigen getrennt ermittelt und in einem zweiten Schritt zu dem in § 2 Abs. 2 Nr. 1 gemeinten Gewinn zusammengefasst werden.[36]

Ein Teilbetrieb ist ein organisch geschlossener, mit einer gewissen Selbständigkeit ausgestatteter Teil eines Gesamtbetriebs, der alle Merkmale eines Betriebs im Sinne des EStG aufweist und als solcher für sich allein lebensfähig ist.[37] Er ist dann lebensfähig, wenn er seiner Struktur nach die Grundlage für eine eigenständige betriebliche Tätigkeit des Steuerpflichtigen bietet.[38] Dazu muss der Teilbetrieb eine Untereinheit im Sinne eines selbständigen Zweigbetriebs im Rahmen des Gesamtunternehmens bilden, die auch als eigenes Unternehmen bestehen könnte.[39] Indizien für eine Selbständigkeit können die örtliche Trennung, Verwendung jeweils anderer Betriebsmittel, insbesondere anderes Anlagevermögen, selbständige Preisgestaltung, eigener Kundenstamm, eigenes Personal sowie eine gesonderte Buchführung sein.[40]

2. Mitunternehmeranteil und Teile davon

Ebenfalls in § 6 Abs. 3 S. 1 HS. 1 EStG genannt ist der Anteil eines Mitunternehmers an einem Betrieb. Gemeint ist hiermit die Beteiligung eines Mitunternehmers an einer Mitunternehmerschaft, die einen Gewerbebetrieb, einen Betrieb der selbständigen Arbeit oder der Land- und Forstwirtschaft unterhält oder die gewerblich geprägt ist.[41]

33 BFH v. 25.7.2000 – VIII R 46/99, DStR 2000, 1905, 1906.

34 *Loschelder* in: Schmidt, EStG, § 4 Rn. 25; vgl. ausführlich zu allen drei Betriebsbegriffen m.w.N.: *Kanzler* in: H/H/R, EStG, vor §§ 4–7 Rn. 89 f.

35 *Meyer* in: BeckOK, EStG, § 4 Rn. 192; *Wied* in: Blümich, EStG, § 4 Rn. 63.

36 *Knobbe-Keuk*, Unternehmenssteuerrecht, S. 273; *Meyer* in: BeckOK, EStG, § 6 Rn. 192; *Wied* in: Blümich, EStG, § 4 Rn. 63.

37 BFH v. 12.4.1989 – I R 105/85, BStBl. II 1989, 653; BFH v. 18.10.1999 – GrS 2–98, DStR 2000, 64, 68; BFH v. 16.11.2017 – VI R 63/15, DStRE 2018, 193, 194; *Wacker* in: Schmidt, EStG, § 16 Rn. 143 f.; *Stahl* in: Korn, EStG, § 16 Rn. 62; *Oellerich* in: BeckOK, EStG, § 6 Rn. 2737; *S. Viskorf* in: Viskorf/Schuck/Wälzholz, ErbStG, § 13b Rn. 48.

38 BFH v. 16.11.2017 – VI R 63/15, DStRE 2018, 193, 194; *Oellerich* in: BeckOK, EStG, § 6 Rn. 2737.

39 BFH v. 12.4.1989 – I R 105/85, BStBl. II 1989, 653; BFH v. 9.11.1995 – IV R 96/93, BeckRS 1995, 11426; BFH v. 16.11.2017 – VI R 63/15, DStRE 2018, 193, 194; *Gratz/Uhl-Ludäscher* in: H/H/R, EStG, § 6 Rn. 1215.

40 BFH v. 18.6.1998 – IV R 56/97, DStRE 1998, 762, 763; BFH v. 16.11.2017 – VI R 63/15, DStRE 2018, 193, 194.

41 *Gratz/Uhl-Ludäscher* in: H/H/R, EStG, § 6 Rn. 1220; *Ehmcke* in Blümich, EStG, § 6 Rn. 1240 a; *Reiß* in: Kirchhof, EStG, Aufl. 16, EStG, § 15 Rn. 179.

Bei einer Mitunternehmerschaft handelt es sich um eine Vereinigung mehrerer Personen (Mitunternehmer) zum gemeinsamen Betrieb eines Unternehmens und damit zur gemeinsamen Einkünfteerzielung.[42] Der Begriff Mitunternehmerschaft ist dabei rein steuerrechtlich motiviert und nicht deckungsgleich mit dem zivilrechtlichen Gesellschaftsbegriff.[43] Hintergrund ist, dass nur natürliche Personen (§ 1 Abs. 1 EStG) oder Körperschaften (§ 1 Abs. 1 KStG) Subjekte der Einkommensteuer sind, nicht hingegen Personengesellschaften. Vielmehr sind Personengesellschaften einkommensteuerrechtlich transparent, weshalb aus einkommensteuerlicher Sicht nur die hinter einer Personengesellschaft stehenden Gesellschafter Träger des Unternehmens und des Gesellschaftsvermögens sind und auch nur diese der Einkommensteuer unterliegen.[44]

Aus diesem Grund dienen die Begriffe Mitunternehmerschaft und Mitunternehmer der Zuordnung von Einkünften zu den einzelnen Steuerrechtssubjekten bei gemeinschaftlicher Einkünfteerzielung mehrerer Steuerrechtssubjekte.[45] Dabei sollen Einzelunternehmer und Mitunternehmer in ihrer steuerlichen Behandlung weitestgehend gleichgestellt werden, da sie sich nur dadurch unterscheiden, dass der Mitunternehmer seine unternehmerische Tätigkeit nicht allein, sondern zusammen mit anderen (Mit-) Unternehmern ausübt.[46] Da ein Mitunternehmer – anders als ein Einzelunternehmer – also nicht allein das unternehmerische Risiko trägt und die Entscheidungen trifft, muss im Einzelfall festgestellt werden, ob er an den Chancen und Risiken des gemeinsamen Geschäftsbetriebs ausreichend beteiligt ist.[47]

Aus diesem Grund ist Mitunternehmer nur, wer im Rahmen eines zivilrechtlichen Gesellschaftsverhältnisses oder wirtschaftlich damit vergleichbaren Gemeinschaftsverhältnisses zusammen mit anderen Personen Mitunternehmerinitiative entfalten kann und Mitunternehmerrisiko trägt.[48] Beide Merkmale müssen jeweils vorliegen, können aber unterschiedlich stark ausgeprägt sein.[49] Ein Weniger an unternehmerischem Risiko kann also durch ein Mehr an unternehmerischer Initiative ausgeglichen

42 *Bode* in: Blümich, EStG, § 15 Rn. 222.

43 *Bode* in: Blümich, EStG, § 15 Rn. 222.

44 BFH v. 3.5.1993 – GrS 3/92, DStR 1993, 1139, 1140; BFH v. 17.7.2001 – IX R 50/98, DStR 2001, 1746, 1747; *Kauffmann* in: Frotscher, EStG, § 15 Rn. 219.

45 *Wacker* in: Schmidt, EStG, § 15 Rn. 161; *Reiß* in Kirchhof, EStG, Aufl. 16, § 15 Rn. 205.

46 BFH v. 3.5.1993 – GrS 3/92, DStR 1993, 1139, 1140; *Wacker* in: Schmidt, EStG, § 15 Rn. 161.

47 *Reiß* in: Kirchhof, EStG, Aufl. 16, § 15 Rn. 206; *Bode* in: Blümich, EStG, § 16 Rn. 222.

48 BFH v. 25.6.1984 – GrS 4/82, NJW 1985, 93, 96; EStR 2012, H 15.8 Abs. 1; *Wacker* in: Schmidt, EStG, § 15 Rn. 262; *Gratz/Uhl-Ludäscher* in: H/H/R, EStG, § 6 Rn. 1220; *Kauffmann* in: Frotscher, EStG, § 15 Rn. 320; *Birk/Desens/Tappe*, Steuerrecht, § 6 Rn. 1132.

49 BFH v. 28.10.1999 – VIII R 66 70/97, DStR 2000, 193, 194; *Kauffmann* in: Frotscher, EStG, § 15 Rn. 320; *Wacker* in: Schmidt, EStG, § 15 Rn. 262.

werden und umgekehrt.[50] Mitunternehmerrisiko bedeutet dabei Teilhabe am Erfolg oder Misserfolg eines Unternehmens, also am Gewinn und Verlust sowie an den stillen Reserven und dem Geschäftswert.[51] Mitunterinitiative wird definiert als Teilhabe an unternehmerischen Entscheidungen, wie sie z. B. Gesellschaftern oder diesen vergleichbaren Personen als Geschäftsführern, Prokuristen oder anderen leitenden Angestellten obliegen.[52]

Ausreichend für ein entsprechendes Risiko und die erforderliche Möglichkeit zur Unternehmerinitiative ist dabei jedenfalls eine Stellung, die mit derjenigen eines Kommanditisten im HGB vergleichbar ist.[53] Dies wird aus der ausdrücklichen Erwähnung der Kommanditgesellschaft in § 15 Abs. 1 S. 1 Nr. 2 S. 1 EStG gefolgert, wonach alle Gesellschafter einer KG Einkünfte aus Gewerbebetrieb erzielen und eine Beschränkung auf Komplementäre gerade nicht stattfindet.[54] Ob eine solche Stellung (Mitunternehmerinitiative und Mitunternehmerrisiko) vorliegt, ist in jedem Einzelfall unter Berücksichtigung aller, die rechtliche und wirtschaftliche Stellung der Person bestimmenden Umstände zu prüfen.[55]

Seinem Umfang nach umfasst der Anteil eines Mitunternehmers an einem Betrieb die Beteiligung des Mitunternehmers am Gesamthandsvermögen und das ihm zuzurechnende Sonderbetriebsvermögen.[56] Sonderbetriebsvermögen eines Mitunternehmers sind dabei die ihm gehörenden oder nach § 39 AO wirtschaftlich zuzurechnenden Wirtschaftsgüter, die dazu geeignet und bestimmt sind dem Betrieb der Mitunternehmerschaft zu dienen (SBV I) oder die Mitunternehmerstellung zumindest zu stärken (SBV II).[57]

50 BFH v. 16.12.1997 – VIII R 32/90, DStR 1998, 967, 970; *Wacker* in: Schmidt, EStG, § 15 Rn. 262; *Bode* in: Blümich, EStG, § 15 Rn. 347.

51 BFH v. 25.6.1984 – GrS 4/82, NJW 1985, 93, 96; *Kauffmann* in: Frotscher, EStG, § 15 Rn. 325; *Schenke* in: BeckOK, EStG, § 15 Rn. 1523.

52 BFH v. 25.6.1984 – GrS 4/82, NJW 1985, 93, 96; *Haep* in: H/H/R, EStG, § 15 Rn. 309; *Desens/Blischke* in: K/S/M, EStG, § 15 Rn. C 58.

53 BFH v. 25.6.1984 – GrS 4/82, NJW 1985, 93, 96; *Birk/Desens/Tappe*, Steuerrecht, § 6 Rn. 1141; *Wacker* in: Schmidt, EStG, § 15 Rn. 263.

54 *Birk/Desens/Tappe*, Steuerrecht, § 6 Rn. 1141; *Desens/Blischke* in: K/S/M, EStG, § 15 Rn. C 58; *Haep* in: H/H/R, EStG, § 15 Rn. 310.

55 BFH v. 19.7.2018 – IV R 10/17, DStR 2018, 2372; *Reiß* in: Kirchhof, EStG, Aufl. 16, § 15 Rn. 206; *Desens/Blischke* in: K/S/M, EStG, § 15 Rn. C 32; vgl. ausführlich zur Mitunternehmerstellung von Nießbraucher und Gesellschafter unter 3. Teil: B. IV.

56 BFH v. 12.4.2000 – XI R 35/99, NJW 2001, 534, 535; BFH v. 22.9.2011 – IV R 33/08, DStR 2011, 2137, 2139; *Kulosa* in: Schmidt, EStG, § 6 Rn. 648; *Gratz/Uhl-Ludäscher* in: H/H/R, EStG, § 6 Rn. 1221.

57 BFH v. 18.12.2001 – VIII R 27/00, DStR 2002, 444, 445; *Wacker* in: Schmidt, EStG, § 15 Rn. 506; *Gratz/Uhl-Ludäscher* in: H/H/R, EStG, § 6 Rn. 1221.

Schließlich erstreckt sich der Tatbestand gem. § 6 Abs. 3 S. 1 HS. 2 EStG ausdrücklich auch auf die Übertragung von (Bruch-)Teilen eines solchen Mitunternehmeranteils (Teilmitunternehmeranteile).

II. Historie der Buchwertfortführung

Die Historie der Buchwertfortführung bei unentgeltlichen Betriebsübertragungen ist eng verknüpft mit der Historie der Besteuerung von Gewinnen aus der Veräußerung bzw. Aufgabe von Betrieben.

Den Ursprung des heutigen Einkommensteuersystems in Deutschland bildet das preußische EStG von 1891.[58] Diesem lag die Quellentheorie zugrunde, wonach das Vermögen vom Einkommen klar zu trennen war und nur das aus einer Einkommensquelle entspringende Einkommen der Besteuerung unterlag.[59] Die Einkommensquelle selbst wurde also gerade nicht erfasst.[60] Eine Bildung stiller Reserven war damit nicht möglich und folglich hätte eine Buchwertfortführungsvorschrift zu dieser Zeit keinen Anwendungsbereich gehabt.[61] Eine Besteuerung von Betriebsveräußerungen oder Betriebsaufgaben sah das preußische EStG von 1891 konsequenterweise ebenfalls nicht vor.[62]

Auch unter dem Reichseinkommensteuergesetz von 1920 wurden Betriebsveräußerungen und Betriebsaufgaben nicht besteuert.[63] Obwohl das Einkommensteuergesetz 1920 erstmals der Reinvermögenszugangstheorie folgte,[64] vertrat der Reichsfinanzhof die Auffassung, dass der Gewinn aus der Veräußerung des ganzen Gewerbebetriebs nicht zu den Einkünften aus Gewerbebetrieb gehöre.[65] Ausdrückliche Regelungen zur Besteuerung eines Veräußerungs- oder Aufgabegewinns existierten ebenfalls noch nicht. Zudem sah § 12 Abs. 1 EStG 1920 ausdrücklich vor, dass einmalige Vermögensanfälle, die unter das Erbschaftsteuergesetz fallen, nicht als steuerbares Einkommen gelten. Konsequenterweise enthielt das EStG 1920 auch keine Vorschrift zur Behandlung stiller Reserven bei unentgeltlichen Betriebsübertragungen.[66]

58 Gesetz-Sammlung für die Königlichen Preußischen Staaten, 1891, 175 ff.; *Hey* in: Tipke/Lang, Steuerrecht, § 8 Rz. 6; *Birk/Desens/Tappe*, Steuerrecht, § 1 Rn. 23.

59 Vgl. *Fuisting*, Preußische direkte Steuern, S. 57 ff.; *Birk/Desens/Tappe*, Steuerrecht, § 1 Rn. 23; *Kirchhof* in: BeckOK, EStG, § 2 Rn. 125.

60 Vgl. *Fuisting*, Preußische direkte Steuern, S. 57 ff.

61 *Buschkühle*, Unentgeltliche Übertragung von Mitunternehmeranteilen, S. 71.

62 *Trossen* in: K/S/M, EStG, § 16 Rn. A 184.

63 RGBl. 1920, 359 ff.; *Trossen* in: K/S/M, EStG, § 16 Rn. A 185.

64 *Wendt* in: FS Crezelius, S. 457, 461; *Birk/Desens/Tappe*, Steuerrecht, § 1 Rn. 24; vgl. zur Reinvermögenszugangstheorie *Hey* in: Tipke/Lang, Steuerrecht, § 7 Rn. 30 ff. und grundlegend *Schanz*, FinArch. 1896, Bd. 13, 1 ff.

65 RFH v. 25.10.1923 – III A 298/23, RFHE 13, 101 f.; *Trossen* in: K/S/M, EStG, § 16 Rn. A 185.

66 *Buschkühle*, Unentgeltliche Übertragung von Mitunternehmeranteilen, S. 72.

Erstmals beinhaltete das EStG 1925 in den §§ 30–32 Regelungen zur Besteuerung der Gewinne aus der Veräußerung oder Aufgabe betrieblicher Einheiten.[67] In diesem Zuge schuf der Gesetzgeber mit § 20 EStG 1925 erstmals auch eine Buchwertfortführungsvorschrift für unentgeltliche Betriebsübertragungen.[68] Danach hatte der Rechtsnachfolger grundsätzlich die Werte anzusetzen, die der Vorgänger zum Schluss des vorangegangenen Steuerabschnitts angesetzt hatte (§ 20 Abs. 1 EStG 1925). Allerdings konnte für die Veranlagung des letzten Betriebsinhabers ausdrücklich *„auch der höhere gemeine Wert“* angesetzt werden (§ 20 Abs. 2 EStG 1925). Demnach behandelte der historische Gesetzgeber die Buchwertfortführung ohne Aufdeckung stiller Reserven offenbar als Regelfall und schuf mit Absatz 2 ein Wahlrecht des Übertragenden.[69] Dieser konnte bei einer unentgeltlichen Übertragung also entweder die im Betrieb enthaltenen stillen Reserven auf den Übernehmer übertragen (Regelfall) oder den höheren gemeinen Wert ansetzen und dadurch die stillen Reserven aufdecken (Ausnahme).[70] Der Übernehmer war in beiden Fällen an die Entscheidung des Übertragenden gebunden.

Dieses Wahlrecht des Übertragenden wurde mit dem EStG 1934 aus dem Gesetz gestrichen und stattdessen in die EStDV übernommen.[71] Ab dem Jahr 1942 entfiel das Wahlrecht und wurde in § 5 Abs. 1 EStDV 1942 durch einen Buchwertzwang für unentgeltliche Übertragungen von (Teil-)Betrieben und Mitunternehmeranteilen ersetzt.[72] Diese zwingende Buchwertverknüpfung wurde später in § 7 Abs. 1 EStDV 1955 übernommen.[73] Im Zuge des StEntlG 1999/2000/2002 wurde die Vorschrift des § 7 Abs. 1 EStDV schließlich wörtlich in § 6 Abs. 3 EStG überführt und damit (wieder) in den Rang eines formellen Gesetzes erhoben.[74] Aufgrund der wörtlichen Übernahme und der Gesetzesbegründung sind die zu § 7 Abs. 1 EStDV entwickelten Grundsätze grundsätzlich auch auf § 6 Abs. 3 EStG anwendbar.[75]

Durch das UntStFG 2001 wurde § 6 Abs. 3 EStG um S. 1 Hs. 2 und S. 2 erweitert.[76] Hiernach ist auch die unentgeltliche Aufnahme einer natürlichen Person in ein be-

67 *Trossen* in: K/S/M, EStG, § 16 Rn. A 186.
68 *Buschkühle*, Unentgeltliche Übertragung von Mitunternehmeranteilen, S. 73.
69 *Wendt* in: FS Crezelius, S. 457, 461 f.
70 Für dieses Regel-Ausnahmeverhältnis spricht auch die Gesetzesbegründung zu § 20 EStG 1925, vgl. hierzu das folgende Kapitel zum Regelungszweck: 1. Teil: A. III.
71 EStDV v. 6.2.1935, RStBl. 1935, 209; *Gratz/Uhl-Ludäscher* in: H/H/R, EStG, § 6 Rn. 1201.
72 EStDV v. 7.12.1941, RGBl. I 1941, 751; *Koch*, Gewinnrealisierungen, S. 34.
73 EStDV v. 21.12.1955, BGBl. I 1955, 756 f.; *Koch*, Gewinnrealisierungen, S. 34.
74 StEntlG 1999/2000/2002 v. 24.3.1999, BGBl. I 1999, 402; 405.
75 BFH v. 25.1.2017 – X R 59/14, DStR 2017, 1308, 1313; BT-Drs. 14/265, 174; *Ehmcke* in: Blümich, EStG, § 6 Rn. 1220; *Wendt*, FR 2005, 468; vgl. zur Gesetzesbegründung nachfolgend unter 1. Teil: A. III. 1.
76 Vgl. ausführlich zur Entstehungsgeschichte *Wendt*, FR 2005, 468, 469.

stehendes Einzelunternehmen und die unentgeltliche Übertragung eines Teils eines Mitunternehmeranteils auf eine natürliche Person ausdrücklich von der Buchwertfortführung erfasst (S. 1 Hs. 2).[77] Zudem wurde ausdrücklich aufgenommen, dass die Übertragung eines Teil-Mitunternehmeranteils für die Anwendbarkeit der Buchwertfortführung nicht zwingend auch eine entsprechend quotale Übertragung des Sonderbetriebsvermögens erfordert (S. 2).[78]

Schließlich wurde im Rahmen des BEPS-UmsG 2016 eine zusätzliche Voraussetzung hinzugefügt. Die Buchwertfortführung nach § 6 Abs. 3 EStG steht seit dem VZ 2017 unter der ausdrücklichen Bedingung, dass die Besteuerung der stillen Reserven beim Übernehmer sichergestellt ist (S. 1 Hs. 1).[79] Seitdem besteht die Vorschrift unverändert.

III. Regelungszweck

Begibt man sich auf die Suche nach dem Zweck des § 6 Abs. 3 EStG, stößt man schnell auf die Aussage, dass durch die Regelung unentgeltliche Betriebsübertragungen von ertragsteuerlichen Belastungen verschont werden sollen.[80] Hierbei handelt es sich allerdings eher um die Rechtsfolge der Vorschrift. Die Zweckfrage muss daher vielmehr lauten, warum sollen unentgeltliche Betriebsübertragungen von ertragssteuerlichen Belastungen verschont werden. Ausgangspunkt für die Beantwortung dieser Frage sollen die Gesetzesbegründung zu § 6 Abs. 3 EStG und zu deren Ursprungsvorschrift des § 20 EStG 1925 sein.

1. Gesetzesbegründung zu § 6 Abs. 3 EStG

Die Gesetzesbegründung zu § 6 Abs. 3 EStG lautet: „*§ 6 Absatz 3* EStG *übernimmt die bisherigen Regelungen des § 7 Abs. 1 EStDV. Die Übertragung eines Betriebs, Teilbetriebs oder eines Mitunternehmeranteils als Sachgesamtheit ist nach den Regeln des Umwandlungssteuerrechts ohne Aufdeckung der stillen Reserven möglich; eine entsprechende Begünstigung bei unentgeltlicher Übertragung ist damit sachgerecht und beizubehalten.*“[81] Ohne einen konkreten Zweck zu nennen beschränkt sich die Gesetzesbegründung auf die pauschale Aussage, dass man unentgeltliche Übertragungen begünstigen wolle (Rechtsfolge) und bemüht einen Vergleich zum Umwandlungssteuerrecht. Hieraus lässt sich allenfalls das a maiore ad minus Argument gewinnen, dass unentgeltliche Übertragungen dann

77 BT-Drs. 14/6882 v. 10.9.2001, S. 6.

78 Vgl. hierzu die Anregung und Begründung des Bundesrats zur Unschädlichkeit der Zurückbehaltung von Sonderbetriebsvermögen BT-Drs. 14/7084 v. 10.10.2001, S. 2.

79 BGBl. I 2016, 3000, 3009; *Ehmcke* in: Blümich, EStG, § 6 Rn. 1221.

80 Vgl. z. B. BFH v. 20.7.2005 – X R 22/02, DStR 2005, 1723, 1725; *Schoor*, DStZ 2002, 55; *Kulosa* in: Schmidt, EStG, § 6 Rn. 644.

81 BT-Drs. 14/23 v. 9.11.1998, S. 173.

zum Buchwert möglich sein müssen, wenn (nach dem UmwStG) schon Übertragungen gegen Gewährung von Gesellschaftsrechten zum Buchwert möglich sind.[82] Einen Hinweis, warum entsprechende Konstellationen ertragsteuerfrei sein sollen, enthält die Gesetzesbegründung nicht.

Verfolgt man den Vergleich zum Umwandlungssteuerecht weiter, ist nach dem Zweck der steuerlichen Begünstigung von unter das Umwandlungssteuergesetz fallenden Sachverhalten zu fragen. Danach sollen betriebswirtschaftlich erwünschte Umstrukturierungen der Wirtschaft nicht durch steuerliche Folgen behindert werden.[83] Hieraus ließe sich der Schluss ziehen, dass auch § 6 Abs. 3 EStG der Erleichterung betriebswirtschaftlich sinnvoller Umstrukturierungen diene.[84] Zu beachten ist allerdings, dass die Ausgangslage in Fällen des § 6 Abs. 3 EStG häufig nicht mit derjenigen bei betriebswirtschaftlich motivierten Umwandlungssachverhalten vergleichbar sein dürfte. Typischer Anwendungsbereich des § 6 Abs. 3 EStG ist die Übertragung von Familienunternehmen oder Beteiligungen hieran im Wege der (vorweggenommenen) Erbfolge.[85] Regelmäßig werden diese Übertragungen aber weniger durch betriebswirtschaftliche Erwägungen, sondern durch private Gegebenheiten (z. B. Rentenalter oder Todesfall) motiviert sein. Aus diesem Grund ist ein Verweis auf den Zweck der ertragsteuerlichen Begünstigung von Umwandlungssteuersachverhalten zu kurz gegriffen. Schließlich ist zu berücksichtigen, dass die Buchwertfortführungsvorschrift, die erstmals 1925 Eingang in das Gesetz gefunden hat, erheblich älter ist, als das Umwandlungssteuergesetz von 1969.[86]

2. Gesetzesbegründung zu § 20 EStG 1925[87]

Nach der Gesetzesbegründung zu § 20 EStG 1925 sollte die Buchwertfortführung nach Abs. 1 in erster Linie die Bilanzkontinuität sichern, da Wertsteigerungen erst dann zu besteuern seien, wenn sie realisiert sind.[88] Aus diesem Grund sollte der Rechtsnachfolger bei unentgeltlicher Übertragung eines Betriebs an die Werte gebunden sein, die bei der letzten Veranlagung seines Rechtsvorgängers angesetzt worden waren.[89] Erst im Fall einer späteren Veräußerung habe dann der Rechtsnachfolger die bisher nicht realisierten

82 *Wendt* in: FS Crezelius, S. 461.

83 BT-Drs. 12/6885, S. 14; BT-Drs. 16/2710, S. 25.

84 Vgl. *Kulosa* in: Schmidt, EStG, § 6 Rn. 641.

85 *Strahl* in: Korn, EStG, § 6 Rn. 469.1; *Kulosa* in: Schmidt, EStG, § 6 Rn. 644; *Schindler* in: Kirchhof, EStG, Aufl. 18, § 6 Rn. 193.

86 BGBl. I 1969, 1163; *Wendt* in: FS Crezelius, S. 461.

87 Begründung zu § 20 EStG 1925 in den Protokollen zu den Verhandlungen des deutschen Reichstags, III. Wahlperiode 1924, Bd. 400, Anlage Nr. 795, S. 51.

88 Begründung zu § 20 EStG 1925, RT-Prot., 1924, Anlage Nr. 795, S. 51.

89 Begründung zu § 20 EStG 1925, RT-Prot., 1924, Anlage Nr. 795, S. 51.

Gewinne zu versteuern.[90] Ein Ansatz der gemeinen Werte sei bei unentgeltlicher Übertragung aber wahlweise zulässig, weil die Parteien *„ausnahmsweise"* ein Interesse daran haben können, dass der Rechtsvorgänger die höheren gemeinen Werte ansetzt und seinerseits den Unterschiedsbetrag versteuert (Wahlrecht nach § 20 Abs. 2 EStG 1925).[91]

Damit ist die Gesetzesbegründung zu § 20 EStG 1925 zwar wenig aufschlussreich hinsichtlich der gesetzgeberischen Motive zur ertragsteuerlichen Begünstigung, sie lässt aber einen anderen interessanten Schluss zu. Ganz offensichtlich ging der historische Gesetzgeber davon aus, dass eine unentgeltliche Betriebsübertragung im Regelfall ohnehin nicht zur Aufdeckung der stillen Reserven führt.[92] Insbesondere also nicht den Ersatzrealisationstatbestand der Betriebsaufgabe i. S. d. parallel eingeführten § 30 Abs. 4 EStG 1925 erfüllt. Nur durch Ausübung des mit § 20 Abs. 2 EStG 1925 eingeführten Wahlrechts konnte der Übergeber bewusst eine Besteuerung der stillen Reserven auslösen. Im Regelfall hatte also der Rechtsnachfolger die stillen Reserven zu übernehmen.

Ziel der Vorschrift war ausdrücklich die Sicherung der Bilanzkontinuität. Demnach sollte verhindert werden, dass der Übertragende die stillen Reserven mangels Realisierung nicht versteuert und der Übernehmer seinerseits einen höheren Wert ansetzt, die stillen Reserven also verloren gehen. Die Vorschrift hatte also nicht die Begünstigung des Übertragenden zum Regelungszweck, sondern diente der langfristigen Sicherung des Besteuerungsrechts der im Betrieb enthaltenen stillen Reserven. Allerdings nicht subjektbezogen hinsichtlich des Übertragenden, sondern betriebsbezogen und interpersonell. Erst zum Zeitpunkt einer Realisierung sollte der jeweilige Betriebsinhaber die stillen Reserven – auch wenn sie während der Zeit seines Vorgängers gebildet wurden – versteuern.

Wenn in der Literatur behauptet wird, dass der historische Gesetzgeber mit § 20 EStG 1925 eine steuerliche Doppelbelastung des Erben mit Einkommen- und Erbschaftsteuer vermeiden wollte,[93] beruht dies auf einer Fehlinterpretation der Gesetzesbegründung zum Entwurf des EStG 1925. Zugegebenermaßen heißt es dort, dass zur Vermeidung einer solchen Doppelbelastung eine Ertragsbesteuerung im Fall unentgeltlicher Übertragung unterbleibt.[94] Hierbei handelt es sich aber nicht um die Begründung der Buchwertfortführungsvorschrift des § 20 EStG 1925, sondern um die allgemeine und umfassende Begründung des gesamten Gesetzesentwurfs. Hätte der Gesetzgeber mit diesem konkreten Argument den § 20 EStG 1925 begründen wollen, so hätte er dies an anderer Stelle getan, nämlich dort wo er sich konkret mit den Gründen zu § 20 auseinander-

90 Begründung zu § 20 EStG 1925, RT-Prot., 1924, Anlage Nr. 795, S. 51.
91 Begründung zu § 20 EStG 1925, RT-Prot., 1924, Anlage Nr. 795, S. 51.
92 *Wendt* in: FS Crezelius, S. 461.
93 Vgl. *Troost*, Buchwertfortführung, S. 110.
94 Begründung zum EStG 1925, RT-Prot. 1924, Anlage Nr. 795, S. 19, 24.

setzt, also knappe 30 Seiten später auf Seite 51 unter der Überschrift „*Zu § 20*".[95] Wenigstens hätte er aber den § 20 in diesem Zusammenhang genannt. Beides tat er nicht. Vielmehr ergibt sich aus der systematischen Stellung des Doppelbelastungsarguments, der Bezugnahme auf den Veräußerungstatbestand eine Seite vorher und dem durch den Gesetzgeber wiederholt betonten Realisationsprinzip,[96] dass der Gesetzgeber an dieser Stelle nur begründet, warum der Gesetzesentwurf insgesamt keinen Besteuerungstatbestand für unentgeltliche Übertragungen vorsieht. Eine konkrete Begründung für die Vorschrift des § 20 EStG 1925 wollte der Gesetzgeber damit nicht liefern.

Dies untermauert die These, dass der historische Gesetzgeber im Fall einer unentgeltlichen Betriebsübertragung gar nicht von der Erfüllung eines Besteuerungstatbestands ausging. Wenn aber schon kein Besteuerungstatbestand erfüllt ist, dann muss er auch nicht rechtfertigen, warum „*ausnahmsweise*" nicht besteuert wird. Denn es handelt sich gerade nicht um eine begünstigende Ausnahme, sondern um den Regelfall.[97] Hierdurch erklärt sich, warum die Begründung zu § 20 EStG 1925 keine gesetzgeberischen Motive für die steuerliche Begünstigung unentgeltlicher Betriebsübertragungen enthält, sondern im Gegenteil nur die Implementierung des – eine Besteuerung auslösenden – Wahlrechts rechtfertigt.[98]

Im Ergebnis beabsichtigte der historische Gesetzgeber mit der Buchwertfortführung nach § 20 EStG 1925 also gar keine Begünstigung unentgeltlicher Übertragungen. Eine solche Begünstigung wäre aus seiner Sicht auch überflüssig gewesen. Denn unter Berücksichtigung des Realisationsprinzips ging er davon aus, dass die unentgeltliche Betriebsübertragung keine Gewinnrealisation zur Folge hat und die stillen Reserven grundsätzlich gewinnneutral auf den Rechtsnachfolger übergehen.[99] Die Vorschrift sollte nur klarstellen, dass die stillen Reserven nicht unversteuert untergehen, sondern vom Nachfolger übernommen werden (Bilanzkontinuität). Für Ausnahmefälle sah er ein Wahlrecht zur Aufdeckung der stillen Reserven vor. Nur diese Ausnahme hielt er für begründungsbedürftig.

3. Sonstige Motive

Die Beantwortung der Frage, ob die Buchwertfortführungsvorschrift des § 6 Abs. 3 EStG überhaupt besonderer Rechtfertigung bedarf oder mit dem historischen Gesetzgeber davon auszugehen ist, dass die Buchwertfortführung den systemimmanenten Re-

95 Begründung zu § 20 EStG 1925 in den Protokollen zu den Verhandlungen des deutschen Reichstags, III. Wahlperiode 1924, Bd. 400, Anlage Nr. 795, S. 51.

96 Begründung zum EStG 1925, RT-Prot. 1924, Anlage Nr. 795, S. 19, 23.

97 *Wendt* in: FS Crezelius, S. 461 f.

98 So auch *Wendt* in: FS Crezelius, S. 461 f.

99 *Buschkühle*, Unentgeltliche Übertragung von Mitunternehmeranteilen, S. 73 f.; *Wendt* in: FS Crezelius, S. 456, 461 f.

gelfall darstellt, soll zunächst aufgeschoben werden.[100] Vielmehr sollen an dieser Stelle weitere Überlegungen angestellt werden, welchem Zweck eine ertragssteuerliche Begünstigung unentgeltlicher Betriebsübertragungen dienen könnte.

Insoweit wird in Literatur und Rechtsprechung häufig der Erhalt der betrieblichen Kontinuität als Zielrichtung angeführt.[101] Die Existenz der übertragenen Sachgesamtheit als Wirtschafts- und Organisationseinheit und die unveränderte Betriebsfortführung in der Hand des Erwerbers solle gesichert werden.[102] Dem wird teilweise entgegen gehalten, dass auch bei entgeltlichen Übertragungstatbeständen das gleiche Bedürfnis bestünde.[103] Bei einer Betriebsveräußerung im Ganzen besteht der Betrieb ebenfalls unverändert fort, ohne dass eine entsprechende Privilegierung besteht.[104] Aus diesem Gegenargument wurde geschlussfolgert, dass die Vorschrift insbesondere die Generationennachfolge in alteingesessenen Familienbetrieben erleichtern solle.[105] Tatsächlich legt der typische Anwendungsbereich der Vorschrift diesen Schluss nahe. Unentgeltliche Betriebsübertragungen finden nun mal typischerweise zwischen Familienangehörigen statt.

Dennoch ist das Argument der betrieblichen Kontinuität und des Erhalts der wirtschaftlichen Einheit nicht so einfach von der Hand zu weisen. Denn anders als bei einer Veräußerung des ganzen Betriebs erfasst § 6 Abs. 3 EStG Fälle, in denen der Übertragende die betriebliche Einheit ohne Gegenleistung aus der Hand gibt. Im Zuge der Übertragung wird also keine Liquidität zur Begleichung einer etwaigen Steuerschuld frei gesetzt (dry income). Hierdurch unterscheiden sich die Konstellationen des § 6 Abs. 3 EStG ganz erheblich von Betriebsveräußerungen, bei denen dem Übertragenden ein Veräußerungserlös zufließt, aus dem die Steuerbelastung finanziert werden kann.

Steht dem Übertragenden kein weiteres erhebliches Vermögen zur Verfügung, könnte dieser eine etwaige Einkommensteuer häufig nur durch vorherige Entnahmen bzw. Veräußerungen von Wirtschaftsgütern oder ganzen Betriebsteilen finanzieren.[106] Alternativ wäre zu befürchten, dass notwendige Investitionen im Vorfeld einer unentgeltlichen Übertragung nicht getätigt werden, um Liquidität für die anfallende Einkommensteuer

100 Zu dieser Frage ausführlich 1. Teil: B.

101 *Tiedke/Wälzholz*, BB 1999, 765, 768; *Werndl* in: K/S/M, EStG, § 6 Rn. J 4; *Gratz/Uhl-Ludäscher* in: H/H/R, EStG, § 6 Rn. 1200; BFH v. 9.5.1996 – IV R 77/95, DStR 1996, 1401; BFH v. 20.7.2005 – X R 22/02, DStR 2005, 1723, 1725.

102 BFH v. 23.4.1971 – IV 201/65, BStBl. 1971 II, 686; BFH v. 9.5.1996 – IV R 77/95, DStR 1996, 1401; BFH v. 20.7.2005 – X R 22/02, DStR 2005, 1723, 1725; FG Düsseldorf v. 19.4.2018 – 15 K 1187/17, NZG 2018, 874, 875.

103 *Trzaskalik*, Gewinnrealisierung, DStJG 4, 145, 151 f.; *Fasold*, Buchwertfortführung, S. 163.

104 *Trzaskalik*, Gewinnrealisierung, DStJG 4, 145, 151 f.

105 *Fasold*, Buchwertfortführung, S. 163.

106 *Wendt* in: FS Crezelius, S. 456, 460.

zu sparen. Berücksichtigt man darüber hinaus, dass unentgeltliche Vermögensübertragungen im Grundsatz bereits durch Schenkung- und Erbschaftsteuer belastet werden,[107] würde eine erhebliche Verkleinerung oder sogar Zerschlagung von Betrieben drohen. Hierdurch wäre nicht nur die Gewinnerwartung des betroffenen Unternehmens in der Zukunft, sondern auch Arbeitsplätze sowie das Einkommensteueraufkommen insgesamt und damit volkswirtschaftliche Interessen berührt.

Die Vermeidung einer Doppelbelastung mit Erbschaft- und Einkommensteuer und das Ziel des Erhalts produktiven Kapitals als volkswirtschaftliche Notwendigkeit wurden auch schon in der Gesetzesbegründung zum Einkommensteuergesetz 1925 aufgegriffen.[108] Wie oben dargelegt, wollte der historische Gesetzgeber hiermit zwar nicht die Buchwertfortführungsvorschrift rechtfertigen. Denn dies war aus seiner Sicht nicht notwendig, da er in der unentgeltlichen Übertragung schon keinen (steuerpflichtigen) Realisationsakt sah. Er hatte diese Motive bei der Schaffung des Einkommensteuergesetzes offensichtlich aber durchaus vor Augen und es ist anzunehmen, dass er diese auch für die Rechtfertigung einer entsprechenden Ausnahmevorschrift herangezogen hätte, wenn er bei unentgeltlichen Betriebsübertragungen einen Besteuerungstatbestand als erfüllt angesehen hätte.

Im Ergebnis dient die ertragsteuerliche Begünstigung unentgeltlicher Betriebsübertragungen also dem Bestandsschutz betrieblicher Einheiten bzw. der Sicherung der Liquidität[109] mit dem übergeordneten Ziel der Förderung des Gemeinwohls durch den Erhalt von Produktivität, Arbeitsplätzen und letztlich dem Gesamtsteueraufkommen. Auf Fortbestand gerichtete Betriebsübertragungen sollen nicht durch eine Substanzbesteuerung wirtschaftlich gefährdet werden.[110] Daneben erleichtert die Buchwertfortführung die Generationennachfolge in mittelständischen Familienunternehmen und dient somit auch dem durch Art. 14 geschützten Erbrecht.[111] Dies dürfte aber eher Nebenfolge als Hauptzweck sein, da unentgeltliche Betriebsübertragungen nun mal typischerweise im familiengeprägten Mittelstand vorkommen.

107 Vgl. ausführlich zu den Ausnahmen und der erbschaftsteuerlichen Begünstigung von Betriebsvermögen: *S. Viskorf* in: Viskorf/Schuck/Wälzholz, ErbStG, § 13b Rn. 41 ff. und zur Ermäßigung der Einkommensteuer bei gleichzeitiger Belastung mit Erbschaftsteuer: *Schallmoser* in: Blümich, EStG, § 35 b Rn. 1 ff.

108 Begründung zum Entwurf des EStG 1925 in den Protokollen zu den Verhandlungen des deutschen Reichstags, III. Wahlperiode 1924, Bd. 400, Anlage Nr. 795, S. 19, 23 f.

109 BFH v. 2.8.2012 – IV R 41/11, DStR 2012, 2118, 2122.

110 *Wendt*, FR 2002, 127, 133.

111 *Wendt*, FR 2005, 468, 472; *Strahl* in: Korn, EStG, § 6 Rn. 469.1; *Kulosa* in: Schmidt, EStG, § 6 Rn. 644; *Werndl* in: K/S/M, EStG, § 6 Rn. J 5 f.; *Schindler* in: Kirchhof, EStG, Aufl. 18, § 6 Rn. 193; *Wendt* in: FS Crezelius, S. 456, 460.

IV. Zwischenergebnis

Die Buchwertfortführungsvorschrift des § 6 Abs. 3 EStG regelt die ertragssteuerliche Behandlung unentgeltlicher Übertragungen von betrieblichen Sachgesamtheiten. Sie setzt sich aus zwei Elementen zusammen. Zum einen der Verhinderung der Aufdeckung der stillen Reserven beim Übertragenden und zum anderen der Buchwertfortführungsverpflichtung beim Übernehmenden.

Eine vergleichbare Regelung wurde erstmals mit § 20 EStG 1925 in das Gesetz aufgenommen. Zu dieser Zeit ging der Gesetzgeber jedoch davon aus, dass eine unentgeltliche Betriebsübertragung mangels Realisation keinen einkommensteuerpflichtigen Vorgang darstellt. Es ging ihm daher nicht darum, entsprechende Übertragungsvorgänge steuerlich zu privilegieren, sondern nur um den Erhalt der stillen Reserven beim Betriebsübernehmer. Daher war der vom historischen Gesetzgeber intendierte Gesetzeszweck nicht – wie heute häufig angenommen – Betriebskontinuität,[112] sondern Bilanzkontinuität.

Folglich handelte es sich aus damaliger gesetzgeberischer Sicht nicht um eine den Steuerpflichtigen begünstigende Vorschrift. Der Buchwertansatz beim Übertragenden ergab sich vielmehr bereits aus dem Gesetz, da ein Besteuerungstatbestand nicht erfüllt war. Damit war die Vorschrift, soweit sie die Aufdeckung stiller Reserven verhindert, nach damaliger Auffassung nur deklaratorisch. Dies könnte auch erklären, warum die Vorschrift in der Folge aus dem Gesetz gestrichen und in die Einkommensteuerdurchführungsverordnung übernommen wurde. Hätte der Gesetzgeber die unentgeltliche Betriebsübertragung grundsätzlich als besteuerungspflichtigen Entnahme- oder Aufgabetatbestand betrachtet, wäre eine gegensätzliche Verordnungsvorschrift gesetzeswidrig gewesen.[113]

Demgegenüber geht aus der Gesetzesbegründung zum heutigen § 6 Abs. 3 EStG und den Ausführungen in Literatur und Rechtsprechung hervor, dass die Vorschrift heute als Privilegierungs- oder Begünstigungsvorschrift betrachtet wird. Sie schütze die betriebliche Kontinuität des übertragenen Unternehmens, indem sie die Besteuerung der stillen Reserven bis zur Verwirklichung eines Realisationsakts aufschiebt. So werde der Erhalt der wirtschaftlichen Einheit in der Hand des Erwerbers sichergestellt und zudem die betriebliche Generationennachfolge erleichtert.

Inwieweit die Vorschrift heute tatsächlich einen eigenständigen Anwendungsbereich hat und die Besteuerung stiller Reserven konstitutiv aufschiebt, soll in den folgenden Kapiteln untersucht werden. Jedenfalls gilt es festzuhalten, dass der historische Gesetz-

112 So z. B. *Werndl* in: K/S/M, EStG, § 6 Rn. J 4.
113 BFH v. 24.10.1951 – IV 233/51 U, BStBl. III 1952, 5.

geber einen anderen Regelungszweck verfolgte, als er der Vorschrift heute überwiegend beigemessen wird.

B. Steuersystematische Einordnung

Die Vorschrift des § 6 Abs. 3 EStG ist steuersystematisch einzuordnen. Unter Berücksichtigung wesentlicher Besteuerungsprinzipien sollen daher zunächst die Gründe für die Entstehung und Aufdeckung stiller Reserven betrachtet werden. Im Anschluss ist zu klären, wie sich die Buchwertfortführung nach § 6 Abs. 3 EStG in dieses System einfügt. Diese Erkenntnisse werden im Hinblick auf die Voraussetzungen der Buchwertfortführung und deren Anwendung auf die Nießbrauchskonstellationen im dritten Teil dieser Arbeit heranzuziehen sein.

I. Prinzipien der Einkommensbesteuerung

Zunächst soll kurz auf das Leistungsfähigkeitsprinzip, das Subjektsteuerprinzip und das Realisationsprinzip eingegangen werden. Denn diese Prinzipien sind von maßgeblicher Bedeutung für die Frage, warum stille Reserven überhaupt gebildet werden und aus welchen Gründen und zu welchem Zeitpunkt diese aufzudecken sind.

1. Leistungsfähigkeitsprinzip

Das Leistungsfähigkeitsprinzip gilt als Fundamentalprinzip einer gerechten Besteuerung und bildet seit dem preußischen Einkommensteuergesetz von 1891 die Grundlage der Einkommensbesteuerung in Deutschland.[114] Es ist gleichzeitig Zugriffs- und Schutzprinzip.[115] Es stützt sich vornehmlich auf den Gleichbehandlungsgrundsatz aus Art. 3 GG und verlangt, Steuerpflichtige bei gleicher Leistungsfähigkeit gleich zu besteuern (horizontale Steuergerechtigkeit) und Steuerpflichtige mit unterschiedlicher Leistungsfähigkeit unterschiedlich zu besteuern (vertikale Steuergerechtigkeit).[116]

Maßstab für die Bemessung der Leistungsfähigkeit in ertragsteuerlicher Hinsicht ist der Hinzuerwerb von Vermögen.[117] Dabei ist auf den tatsächlich erzielten Ist-Ertrag

114 *Birk/Desens/Tappe*, Steuerrecht, § 5 Rn. 599; *Tipke*, Gewinnrealisierung, DStJG 4, 1, 2; *Hey* in: Tipke/Lang, Steuerrecht, § 3 Rn. 41 f.

115 *Crezelius*, Steuerrecht II, § 4 Rn. 3; *Blumers/Elicker*, BB 2009, 1156, 1157; *Fasold*, Buchwertfortführung, S. 142; *Lang*, Bemessungsgrundlage, S. 115 ff.

116 BVerfG v. 29.5.1990 – 1 BvL 20/84, NJW 1990, 2869, 2872; *Birk*, Leistungsfähigkeitsprinzip, S. 165; *Gersch* in: Klein, AO, § 3 Rn. 14; *Kischel* in: BeckOK, GG, Art. 3 Rn. 147.

117 *Tipke*, Gewinnrealisierung, DStJG 4, 1, 2; *Kirchhof* in: K/S/M, EStG, § 2 Rn. A 95; *Kredig*, Besteuerung stiller Reserven, S. 63.

und nicht auf den erzielbaren Soll-Ertrag abzustellen.[118] Das Leistungsfähigkeitsprinzip im Rahmen des Einkommensteuergesetzes zielt also nicht auf die Fähigkeit zum Vermögenserwerb, sondern auf die tatsächliche Leistungsfähigkeit.[119] Umstritten ist, ob bereits jeder Wertsteigerung des Vermögens eine Leistungsfähigkeitssteigerung immanent ist[120] oder ob erst die Realisation einer Wertsteigerung zu einem Zuwachs an Leistungsfähigkeit führt.[121] Richtigerweise sind bereits bloße Wertsteigerungen des Betriebsvermögens als Steigerung der Leistungsfähigkeit zu betrachten. Denn schon hierdurch eröffnen bzw. erhöhen sich für das Unternehmen Möglichkeiten am Markt zu agieren (z. B. durch Verkauf, Tausch oder Kreditaufnahme).[122]

Allerdings führt nicht jede Erhöhung der wirtschaftlichen Leistungsfähigkeit zur sofortigen Besteuerung. Denn erst der Realisationsakt markiert den Übergangszeitpunkt zu einer in Geldwert ausdrückbaren hinreichend sicheren Steigerung der Leistungsfähigkeit.[123] An dieser Stelle knüpft das Realisationsprinzip an.

2. Realisationsprinzip

Das Realisationsprinzip ist in § 252 Abs. 1 Nr. 4 HS. 2 HGB verankert. Es wird auch als zentrales Leitprinzip der bilanziellen Gewinnermittlung bezeichnet.[124] Es gilt gem. § 5 Abs. 1 S. 1 EStG für die derivative Steuerbilanz und als allgemeiner Grundsatz ordnungsgemäßer Buchführung ebenso für die – nicht aus der Handelsbilanz abgeleitete – originäre Steuerbilanz.[125]

Nach dem Realisationsprinzip sind Gewinne erst dann zu berücksichtigen, wenn sie am Abschlussstichtag realisiert sind. Das bedeutet, dass Gewinn erst ausgewiesen werden darf, wenn er durch Umsatzakt am Markt realisiert worden ist, üblicherweise also

118 *Birk*, Leistungsfähigkeitsprinzip, S. 167; BVerfG v. 22.6.1995 – 2 BvL 37/91, BVerfGE 93, 121, 140; BFH v. 14.10.2015 – I R 20/15, DStR 2016, 301, 307; BFH v. 10.4.2013 – I R 80/12, DStR 2013, 2158, 2163; *Kirchhof* in: BeckOK, EStG, § 2 Rn. 42.

119 *Kirchhof* in: K/S/M, EStG, § 2 Rn. A 92; *Blumers/Elicker*, BB 2009, 1156, 1157.

120 Vgl. *Tipke*, Gewinnrealisierung, DStJG 4, 1, 5 ff.; *Costede*, StuW 1996, 19, 23; *Baldauf*, System der Gewinnrealisierung, S. 26 ff.

121 Vgl. BFH v. 10.4.2013 – I R 80/12, DStR 2013, 2158, 2163; *Knobbe-Keuk*, Unternehmenssteuerrecht, S. 269; *Birk*, Leistungsfähigkeitsprinzip, S. 167; *Oellerich* in: BeckOK, EStG, § 6 Rn. 167; *Musil* in: H/H/R, EStG, § 2 Rn. 12; *Kredig*, Besteuerung stiller Reserven, S. 64 f.; *Kirchhof* in: K/S/M, EStG, § 2 Rn. A 96 ff.; *Crezelius*, Steuerrecht II, § 8 Rn. 73; *Vogel*, StuW 1974, 193, 199.

122 *Tipke*, Gewinnrealisierung, DStJG 4, 1, 2 ff.; *Baldauf*, System der Gewinnrealisierung, S. 26 ff.

123 *Oellerich* in: BeckOK, EStG, § 6 Rn. 167; *Kredig*, Besteuerung stiller Reserven, S. 64 f.; *Lang*, Bemessungsgrundlage, S. 276.

124 *Weber-Grellet* in: Schmidt, EStG, § 5 Rn. 78.

125 *Musil* in: H/H/R, EStG, § 4 Rn. 33; *Seiler* in: K/S/M, EStG, § 4 Rn. A 18; *Koch*, Gewinnrealisierungen, S. 17, Fn. 73.

durch Veräußerung oder anderen Leistungsaustausch.[126] Entscheidend ist der Zugang realer Wirtschaftsgüter, nicht der bloße Wertzuwachs bestehender Wirtschaftsgüter.[127] Hieraus ergibt sich, dass eingetretene Wertsteigerungen des Betriebsvermögens solange keinen Gewinn im Sinne des Einkommensteuergesetzes darstellen, wie diese Wertsteigerungen nicht durch einen Umsatzakt zu Tage getreten sind.[128] Das Realisationsprinzip konkretisiert damit das Markteinkommensprinzip, wonach im Unterschied zur strengen Reinvermögenszugangstheorie nur am Markt bestätigte und wirtschaftlich verursachte Einkommen erfasst werden.[129]

Das Realisationsprinzip verfolgt zwei wesentliche Zielrichtungen. Zum einen ist es Ausfluss des Vorsichtsprinzips und dient daher dem Gläubigerschutz.[130] Der Kaufmann soll sich im Zweifel eher ärmer als reicher rechnen, um sich selbst vor einer zu optimistischen Einschätzung der Geschäftslage und die Gläubiger vor einer Minderung der Haftungssubstanz durch überhöhte Gewinnentnahmen und -ausschüttungen zu schützen.[131]

Zum anderen dient das Realisationsprinzip dem Schutz des Steuerpflichtigen vor einer übermäßigen Besteuerung und ist damit Ausfluss des Leistungsfähigkeitsprinzips sowie des übergeordneten Verhältnismäßigkeitsprinzips.[132] Es sollen nicht unsicher erwartete Wertzuwächse besteuert werden, sondern nur solche, die von einem anderen Marktteilnehmer in Form einer Gegenleistung bestätigt und damit auch hinreichend sicher entstanden sind.[133] Unter diesem Aspekt dient das Realisationsprinzip also nicht nur der Beantwortung der Frage, ob der Steuerpflichtige überhaupt einen Vermögenszuwachs zu verzeichnen hat, sondern insbesondere auch dessen exakter Quantifizierung. Das Realisationsprinzip ist also zugleich Ausfluss des Vorsichtsprinzips und dient der Konkretisierung wirtschaftlicher Leistungsfähigkeit.[134]

126 BFH v. 29.11.1973 – IV R 181/71, BStBl. II 1974, 202; BFH v. 7.3.2007 – I R 18/06, DStR 2007, 1519; *Merkt* in: Baumbach/Hopt, HGB, § 252 Rn. 18; *Birk/Desens/Tappe*, Steuerrecht, § 5 Rn. 873; *Weber-Grellet* in: Schmidt, EStG, § 5 Rn. 78 f.

127 *Kirchhof* in: K/S/M, EStG, § 2 Rn. A 98 f.

128 *Lang*, Gewinnrealisierung, DStJG 4, 45, 58; *Tiedchen* in: H/H/R, EStG, § 5 Rn. 396.

129 *Hennrichs* in: Tipke/Lang, Steuerrecht, § 9 Rn. 402; *Hey* in: Tipke/Lang, Steuerrecht, § 7 Rn. 33; *Knobbe-Keuk*, Unternehmenssteuerrecht, S. 49, 244; *Lang*, Bemessungsgrundlage, S. 171 ff.

130 BFH v. 29.11.1973 – IV R 181/71, BStBl. II 1974, 202; *Knobbe-Keuk*, Unternehmenssteuerrecht, S. 47, 49, 244; *Birk/Desens/Tappe*, Steuerrecht, § 5 Rn. 872 f.; *Fasold*, Buchwertfortführung, S. 143.

131 *Meinert* in: BeckOK, EStG, § 5 Rn. 681; *Knobbe-Keuk*, Unternehmenssteuerrecht, S. 47; *Oellerich* in: BeckOK, EStG, § 6 Rn. 131.

132 *Lang*, Bemessungsgrundlage, S. 144 ff., 171 f.; *Kirchhof* in: K/S/M, EStG, § 2 Rn. A 98 f.; *Kredig*, Besteuerung stiller Reserven, S. 64.

133 *Lang*, Bemessungsgrundlage, S. 144 ff., 171 ff.; *Hennrichs* in: Tipke/Lang, § 9 Rn. 78 f., 111; *Koch*, Gewinnrealisierungen, S. 17; *Kredig*, Besteuerung stiller Reserven, S. 64 f.

134 *Kredig*, Besteuerung stiller Reserven, S. 277.

Das Realisationsprinzip gilt jedoch nicht uneingeschränkt. Es bestehen Ausnahmen, bei denen Wertsteigerungen im Betriebsvermögen auch ohne Umsatzakt zu realisieren sind.[135] So enthalten § 4 Abs. 1 i. V. m. § 6 Abs. 1 Nr. 4 EStG für die Entnahme und § 16 Abs. 3 EStG für die Betriebsaufgabe sog. Ersatzrealisationstatbestände, die zu einer Besteuerung führen, obwohl weder Umsatzakt noch Liquiditätszufluss vorliegen.[136]

3. Subjektsteuerprinzip

Im Einkommensteuerrecht sind Einkünfte von demjenigen zu versteuern, der sie erzielt. Sie werden von demjenigen erzielt, der sie auf Grund seiner Arbeit bzw. seines Vermögenseinsatzes unter Beteiligung am Markt erwirtschaftet.[137] Dies ergibt sich bereits aus der Anknüpfung an *„die natürliche Person"* (§ 1 Abs. 1 EStG) und *„den Steuerpflichtigen"* (§ 2 Abs. 1 EStG) im Einkommensteuergesetz. Die Einkünfte sind also nach der individuellen bzw. subjektiven Leistungsfähigkeit zu ermitteln und zu versteuern.[138] Folglich handelt es sich auch beim Subjektsteuerprinzip um ein Unterprinzip des Leistungsfähigkeitsprinzips.[139]

Damit im Zusammenhang steht die Frage der subjektiven Bindung stiller Reserven. Während teilweise vertreten wurde, dass stille Reserven nicht an einem Steuerpflichtigen, sondern an den Wirtschaftsgütern des Betriebsvermögens haften,[140] geht die ganz überwiegende Auffassung heute richtigerweise davon aus, dass auch stille Reserven an ein Steuerrechtssubjekt gebunden sind.[141] Dies entspricht dem personalistischen Prinzip der Einkommensteuer, wonach allein an das Einkommen eines Steuersubjekts und nicht an den Gewinn einer betrieblichen Einheit angeknüpft wird.[142]

135 *Birk/Desens/Tappe*, Steuerrecht, § 5 Rn. 874.

136 *Knobbe-Keuk*, Unternehmenssteuerrecht, S. 269; *Crezelius*, Steuerrecht II, § 8 Rn. 73; vgl. ausführlich zu den Ersatzrealisationstatbeständen und einem allgemeinen Entstrickungsgrundsatz unter 1. Teil: B. III.

137 *Hey* in: Tipke/Lang, Steuerrecht, § 8 Rn. 151.

138 *Lang*, Gewinnrealisierung, DStJG 4, 45, 47; *Danz*, FR 2018, 160; BFH v. 27.10.2015 – X R 28/12, DStR 2015, 2834, 2841; *Schober* in: BeckOK, AO, § 3 Rn. 70; *Birk/Desens/Tappe*, Steuerrecht, § 5 Rn. 599.

139 *Hey* in: GS Trzaskalik, S. 219, 221 f.; *Danz*, FR 2018, 160, 163.

140 Vgl. *Knobbe-Keuk*, Unternehmenssteuerrecht, S. 820.

141 BFH v. 27.10.2015 – X R 28/12, DStR 2015, 2834, 2841; *Niehus/Wilke* in: H/H/R, EStG, § 6 Rn. 1502; *Hey* in: GS Trzaskalik, S. 219, 222; *Wendt* in: FS Crezelius, S. 457, 459; *Hennrichs* in: Tipke/Lang, Steuerrecht, § 9 Rn. 430; *Birk/Desens/Tappe*, Steuerrecht, § 6 Rn. 1192; *Kredig*, Besteuerung stiller Reserven, S. 68; *Beisse*, Gewinnrealisierung, DStJG 4, 13, 14 f.; *Trzaskalik*, Gewinnrealisierung, DStJG 4, 145, 159.

142 *Beisse*, Gewinnrealisierung, DStJG 4, 13, 14; *Trzaskalik*, Gewinnrealisierung, DStJG 4, 145, 159; *Wassermeyer*, BB 1994, 1, 2; *Benecke/Schnittker*, FR 2010, 555, 556; *Kredig*, Besteuerung stiller Reserven, S. 68.

Aus dem Subjektsteuerprinzip lässt sich also ableiten, dass stille Reserven grundsätzlich dann aufgedeckt werden müssten, wenn sie die betriebliche Sphäre desjenigen Steuerpflichtigen, bei dem sie gebildeten wurden, verlassen.[143] Demnach ist ein Übergang stiller Reserven von einer Person auf eine andere mit dem Subjektsteuerprinzip nicht zu vereinbaren.[144] Denn in diesem Fall hätte der Übertragende stille Reserven nicht versteuert, obwohl sie bei ihm gebildet wurden und spiegelbildlich hätte der Übernehmende stille Reserven zu versteuern, die nicht bei ihm entstanden sind.[145] Die Buchwertfortführung bei der Übertragung von Wirtschaftsgütern oder betrieblichen Einheiten von einem Einkommensteuersubjekt auf ein anderes stellt also grundsätzlich eine Durchbrechung des Subjektsteuerprinzips dar.[146]

II. Entstehung stiller Reserven

Da es bei der Vorschrift des § 6 Abs. 3 EStG um die Vermeidung der Aufdeckung stiller Reserven geht, lohnt es sich, zunächst einen Blick auf die Gründe für die Entstehung stiller Reserven zu werfen. Dabei sollen eine rechtstechnische und eine wertungsorientierte Betrachtung erfolgen.

1. Rechtstechnische Begründung

Grundvoraussetzung für die Bildung stiller Reserven war der Übergang von der Quellentheorie[147] zur Reinvermögenszugangstheorie[148] mit Einführung des Einkommensteuergesetz 1920. Erst ab diesem Zeitpunkt wurden Vermögensmehrungen allgemein und damit auch Wertzuwächse innerhalb der zur Einkommenserzielung eingesetzten Wirtschaftsgüter bei der Einkommensteuer berücksichtigt.[149] Einkommen wurde als Zugang zum Reinvermögen während einer bestimmten Zeitspanne definiert.[150]

Durch das Einkommensteuergesetz 1925 wurde die Reinvermögenszugangstheorie wieder eingeschränkt und der bis heute das Einkommensteuergesetz durchziehende

143 *Hey* in: GS Trzaskalik, 219, 222; *Danz*, FR 2018, 160; *Tipke*, Gewinnrealisierung, DStJG 4, 1, 10.

144 BFH v. 17.12.2007 – GrS 2/04, DStR 2008, 545, 550; BFH v. 25.1.2017, – X R 59/14, DStR 2017, 1308, 1313; *Kulosa* in: Schmidt, EStG, § 6 Rn. 690; *Mutscher* in: Frotscher, EStG, § 6 Rn. 464; *Werndl* in: K/S/M, EStG, § 6 Rn. J 4.

145 *Wendt* in: FS Crezelius, S. 457, 459.

146 BFH v. 20.7.2005 – X R 22/02, DStR 2005, 1723, 1725; *Hey* in: GS Trzaskalik, 219, 220, 222; *Wendt* in: FS Crezelius, S. 457, 460; vgl. zu der Frage, ob dieser Verstoß rechtfertigbar ist unter 1. Teil: B. IV. 2.

147 Vgl. unter 1. Teil: A. II. sowie *Fuisting*, Preußische direkte Steuern, S. 57 ff.

148 Vgl. hierzu *Schanz*, FinArch. 1896, Bd. 13, 1 ff.

149 *Kirchhof* in: BeckOK, EStG, § 2 Rn. 144 f.; *Birk/Desens/Tappe*, Steuerrecht, § 5 Rn. 591.

150 *Schanz*, FinArch. 1896, Bd. 13, 1 ff.; *Hey* in: Tipke/Lang, § 7 Rn. 30; *Birk/Desens/Tappe*, Steuerrecht, § 5 Rn. 591.

Dualismus der Einkunftsarten geschaffen.[151] Danach beruhen die Überschusseinkunftsarten auf der Quellentheorie, wonach Wertsteigerungen im Privatvermögen unbeachtlich sind, während die Gewinneinkunftsarten für die Gewinnermittlung weiter an der Reinvermögenszugangstheorie (unter Modifizierung durch die Markteinkommenstheorie) festhalten.[152] Gesetzlicher Anknüpfungspunkt ist insoweit § 4 Abs. 1 EStG, der Gewinn als den Unterschiedsbetrag des Betriebsvermögens zum Ende zweier aufeinander folgender Wirtschaftsjahre definiert.[153]

Ein solcher Vergleich des Betriebsvermögens setzt eine Bewertung aller Wirtschaftsgüter des Betriebsvermögens voraus, da sich anderenfalls ein Unterschiedsbetrag nicht feststellen ließe.[154] Der tatsächliche Wert eines Wirtschaftsguts wird sich allerdings – insbesondere mit abnehmender Fungibilität – häufig nicht eindeutig bestimmen lassen. Aufgrund dieser – jeder Bewertung innewohnenden – Unsicherheit, hat der Gesetzgeber Regelungen zu treffen, nach welchen Grundsätzen und Kriterien das Betriebsvermögen am Ende eines Wirtschaftsjahres zu bewerten ist. Insofern ordnet § 5 Abs. 1 EStG an, dass für diejenigen, die gesetzlich zur Buchführung verpflichtet sind, auch für die Steuerbilanz grundsätzlich die Bewertungsregeln des HGB heranzuziehen sind und das Betriebsvermögen mit den Werten anzusetzen ist, die sich nach den handelsrechtlichen Grundsätzen ordnungsgemäßer Buchführung ergeben (Maßgeblichkeitsprinzip).[155] Darüber hinaus finden diese Grundsätze auch für alle anderen Bezieher von Gewinneinkünften Anwendung.[156]

Obwohl das Maßgeblichkeitsprinzip teilweise von steuerrechtlichen Spezialnormen überlagert wird, hat das Vorsichtsprinzip als Grundsatz ordnungsgemäßer Buchführung auch Eingang ins Steuerrecht gefunden.[157] Es findet seinen Ausdruck insbesondere im Anschaffungswert- und Realisationsprinzip, wonach Wirtschaftsgüter mit den Anschaffungskosten anzusetzen sind (§ 6 Abs. 1 Nr. 1 und Nr. 2 EStG) und etwaige Werterhö-

151 *Hey* in: Tipke/Lang, § 8 Rn. 181 ff.; *Buschkühle*, Unentgeltliche Übertragung von Mitunternehmeranteilen, S. 73; *Kirchhof* in: BeckOK, EStG, § 2 Rn. 125.

152 *Ratschow* in: Blümich, EStG, § 2 Rn. 43 f.; *Hey* in: Tipke/Lang, § 8 Rn. 181 ff.; *Buschkühle*, Unentgeltliche Übertragung von Mitunternehmeranteilen, S. 73; *Kirchhof* in: BeckOK, EStG, § 2 Rn. 125.

153 *Birk/Desens/Tappe*, Steuerrecht, § 5 Rn. 591.

154 *Kredig*, Besteuerung stiller Reserven, S. 62.

155 *Kanzler* in: H/H/R, EStG, vor §§ 4–7 Rn. 23; *Seiler* in: K/S/M, EStG, § 4 Rn. A 18; *Grashoff*, Grundzüge des Steuerrechts, 2. Kap. Rn. 77; *Kredig*, Besteuerung stiller Reserven, S. 62.

156 Dies ergibt sich aus dem Beziehungsgeflecht zwischen § 4 Abs. 1 und § 5 Abs. 1 EStG und aus § 141 Abs. 1 S. 2 AO; *Seiler* in: K/S/M, EStG, § 4 Rn. A 18; BFH v. 4.7.1990 – GrS 1/89, BStBl. II 1990, 830; *Kanzler* in: H/H/R, EStG, vor §§ 4–7 Rn. 23.

157 *Moxter/Engel-Ciric*, BB 2014, 489; *Tiedchen* in: H/H/R, EStG, § 5 Rn. 376 f.; *Kredig*, Besteuerung stiller Reserven, S. 62.; vgl. zum Vorsichtsprinzip unter 1. Teil: B. I. 2.

hungen bis zum Realisationsakt unberücksichtigt bleiben.[158] Neben solchen Werterhöhungen können auch anfängliche Unterbewertungen sowie erhöhte Absetzungen oder Sonderabschreibungen zu eine Diskrepanz zwischen tatsächlichem Wert und Buchwert führen.[159] Der tatsächliche Verkehrswert eines bilanzierten Wirtschaftsguts ist aufgrund des Vorsichtsprinzips also häufig höher als der in der Bilanz ausgewiesene Buchwert. Bei diesem Unterschiedsbetrag handelt es sich um die in einem Wirtschaftsgut enthaltenen stillen Reserven. Folglich sind stille Reserven als Differenz zwischen Buchwert und einem höheren gemeinen Wert oder Teilwert eines Wirtschaftsguts zu definieren.[160]

2. Stille Reserven als Wertungsentscheidung

Neben der rechtstechnischen Begründung ist die Entstehung stiller Reserven auch unter Wertungsaspekten zu betrachten. Dem liegt der Gedanke zugrunde, dass die Implementierung steuerrechtlicher Vorschriften und Prinzipien durch den Gesetzgeber immer das Ergebnis einer Abwägung zwischen dem Fiskalinteresse des Staates und den Individualinteressen des Steuerpflichtigen ist.[161] Es ist also die Frage zu stellen, was den Gesetzgeber dazu bewogen hat, das Vorsichtsprinzip, konkretisiert durch das Realisationsprinzip, für die steuerliche Gewinnermittlung heranzuziehen und dadurch die Entstehung stiller Reserven im Steuerrecht zuzulassen.

Dem Steuerrecht liegt nämlich grundsätzlich eine ganz andere Zielrichtung zugrunde. Während das handelsrechtliche Vorsichtsprinzip in erster Linie dem Kapitalerhalt und damit dem Gläubigerschutz dient,[162] zielen die steuerrechtlichen Vorschriften auf eine gerechte Besteuerung unter Berücksichtigung der individuellen Leistungsfähigkeit.[163] Die Entstehung stiller Reserven im Steuerrecht bedarf demnach einer besonderen Begründung.

Eine solche Begründung lässt sich im Verhältnismäßigkeitsprinzip finden.[164] Der Grundsatz der Verhältnismäßigkeit und das Übermaßverbot werden als übergreifende

158 *Hennrichs* in: Tipke/Lang, § 9 Rn. 78; *Kredig*, Besteuerung stiller Reserven, S. 62; vgl. zum Realisationsprinzip oben unter 1. Teil: B. I. 2.

159 *Hennrichs* in: Tipke/Lang, § 9 Rn. 401; *Knobbe-Keuk*, Unternehmenssteuerrecht, S. 49 f.; *Kredig*, Besteuerung stiller Reserven, S. 62 f.

160 *Merkt* in: Baumbach/Hopt, HGB, § 252 Rn. 13; *Hennrichs* in: Tipke/Lang, § 9 Rn. 401; *Winnefeld*, Bilanz-HB, Kap. D Rn. 1925.

161 *Fasold*, Buchwertfortführung, S. 143.

162 *Kempermann* in: K/S/M, EStG, § 5 Rn. B 96; *Weber-Grellet* in: Schmidt, EStG, § 5 Rn. 77; vgl. hierzu unter 1. Teil: B. I. 2.

163 *Tiedchen* in: H/H/R, EStG, § 5 Rn. 376 f.; *Fasold*, Buchwertfortführung, S. 143.

164 *Beisse*, Gewinnrealisierung, DStJG 4, 13, 40; *Tipke*, Gewinnrealisierung, DStJG 4, 1, 4 ff.; *Fasold*, Buchwertfortführung, S. 144; *Vogel*, StuW 1974, 193, 199 f.; *Baldauf*, System der Gewinnrealisierung, S. 41.

Leitlinien staatlichen Handelns zwingend aus dem Rechtsstaatsprinzip abgeleitet[165] und erstrecken sich konsequenterweise auch auf den staatlichen Steuerzugriff.[166] Schon der Entwurfsbegründung zum Einkommensteuergesetz 1920, in welchem Wertzuwächse aufgrund des Übergangs zur Reinvermögenszugangstheorie erstmals steuerpflichtig waren, lässt sich entnehmen, dass der Gesetzgeber eine sofortige Besteuerung ohne Realisationsakt dem Steuerpflichtigen nicht zumuten wollte.[167] Dort heißt es: *„Der Entwurf ist nun auch hier der Ansicht, dass einem Steuerpflichtigen nicht zugemutet werden soll, gewerbliche Gewinne, die noch nicht durch entsprechende Veräußerung realisiert sind, bereits als Einkommen zu versteuern.“*[168]

Indem die Übernahme des Vorsichts- und Realisationsprinzips in das Steuerrecht also die Entstehung stiller Reserven ermöglicht, hat sich der Gesetzgeber bewusst für einen Besteuerungsaufschub bis zum Realisationsakt entschieden. Hierdurch räumt der Gesetzgeber dem temporären Verschonungsinteresse des Steuerpflichtigen gegenüber dem sofortigen Besteuerungsinteresse des Staates den Vorrang ein.[169] Diesem Abwägungsergebnis liegt der Gedanke zugrunde, dass der Steuerpflichtige ohne entsprechenden Realisationsakt eben noch nicht hinreichend sicher und messbar in seiner Leistungsfähigkeit gesteigert ist.[170] Mangels Umsatzakt fehlt es sowohl an einer Bestätigung der Wertsteigerung am Markt als auch an einem Zufluss realer Wirtschaftsgüter oder Liquidität.

Dabei könnte insbesondere der fehlende Liquiditätszufluss zur Folge haben, dass der Steuerpflichtige gezwungen wäre, Wirtschaftsgüter, die er zum Betrieb seines Unternehmens benötigt, zu veräußern, um die Steuer zu bezahlen, bloß weil diese in ihrem Wert gestiegen sind.[171] Eine sofortige Besteuerung jeglichen Wertzuwachses im Betriebsvermögen könnte den Steuerpflichtigen seiner wirtschaftlichen Existenzgrundlage berauben, was zudem volkswirtschaftliche Zielvorstellungen beeinträchtigen würde.[172] Schließlich wäre die sofortige Besteuerung schwerer mit dem verfassungsrechtlichen Bestandsschutz vereinbar (Art. 14 GG).[173] Wenn die Besteuerung einen

165 BVerfG v. 5.3.1968 – 1 BvR 579/67, NJW 1968, 979, 981.

166 *Lang*, Bemessungsgrundlage, S. 144 f.; *Tipke*, Gewinnrealisierung, DStJG 4, 1, 4 f., insbesondere Fn. 11.

167 *Kirchhof* in: BeckOK, EStG, § 2 Rn. 125; *Vogel*, StuW 1974, 193, 199.

168 RT-Prot. 1919/20,15, Anlage Nr. 1624, S. 57.

169 *Fasold*, Buchwertfortführung, S. 144; *Moxter/Engl-Ciric*, BB 2014, 489.

170 *Costede*, StuW 1996, 19, 21.

171 *Tipke*, Gewinnrealisierung, DStJG 4, 1, 5.

172 *Becker*, Grundlagen der Einkommensteuer, S. 231; *Fasold*, Buchwertfortführung, S. 144; *Vogel*, StuW 1974, 193, 199.

173 *Kirchhoff* in: K/S/M, EStG, § 2 Rn. A 98 f.; *Vogel*, StuW 1974, 193, 200; *Tipke*, Gewinnrealisierung, DStJG 4, 1, 5.

faktischen Zwang zur Veräußerung von Wirtschaftsgütern zur Folge hätte, griffe der Staat nicht mehr auf einen Zugang von Wirtschaftsgütern zu, sondern er griffe in die bestehende Vermögenssubstanz ein.[174] Eine verhältnismäßige und eigentumsschonende Besteuerung[175] wäre nicht (mehr) gewährleistet.

Der sofortige Steuerzugriff aufgrund bloßer Wertzuwächse im Betriebsvermögen würde die Interessen des Steuerpflichtigen daher bedeutend schwerer beeinträchtigen, als eine Besteuerung zu einem späteren Realisationszeitpunkt. Soweit eine steuerliche Erfassung von Wertzuwächsen also auch zu einem späteren Zeitpunkt noch möglich ist, tritt das sofortige Besteuerungsinteresse des Staates aus Verhältnismäßigkeitsgründen hinter dem Verschonungsinteresses des Steuerpflichtigen zurück. Diesem Abwägungsergebnis trägt der Steuergesetzgeber Rechnung, indem er das handelsrechtliche Vorsichtsprinzip in das Einkommensteuergesetz übernimmt und durch die Kombination aus Anschaffungskosten- und Realisationsprinzip konkretisiert.

Im Ergebnis führt die Entstehung stiller Reserven also zu einem Besteuerungsaufschub und ist Ausdruck des Verhältnismäßigkeitsprinzips unter Berücksichtigung des Leistungsfähigkeitsprinzips und volkswirtschaftlicher Interessen. Damit liegen der Entstehung stiller Reserven vergleichbare Motive zugrunde, wie sie heute der Buchwertfortführungsvorschrift des § 6 Abs. 3 EStG beigemessen werden, nämlich der Bestandsschutz betrieblicher Einheiten mit dem übergeordneten Ziel gesamtvolkswirtschaftlicher Interessen.[176]

III. Aufdeckung stiller Reserven

Wie die vorangehenden Erläuterungen gezeigt haben, handelt es sich bei der Entstehung stiller Reserven also um einen Besteuerungsaufschub. Aus Verhältnismäßigkeitsgründen wird zeitweilig auf die Besteuerung von Wertzuwächsen verzichtet. Dieser Aufschub kann jedoch nicht von unbegrenzter Dauer sein.[177] Das wirft die Frage auf, wann diese Verschonungszeit endet und die stillen Reserven aufzudecken, also zu versteuern sind.

Aus dem Realisationsprinzip folgt, dass dies grundsätzlich der Zeitpunkt ist, in welchem die Steigerung der Leistungsfähigkeit durch Umsatzakt am Markt bestätigt wird.[178] Da es aber keinen übergeordneten allgemeinen Tatbestand der Gewinnrealisierung gibt, muss für die Aufdeckung stiller Reserven ein gesetzlicher Einzeltatbestand

174 *Vogel*, StuW 1974, 193, 200; *Tipke*, Gewinnrealisierung, DStJG 4, 1, 5.

175 BVerfG v. 21.6.2006 – 2 BvL 2/99, DStR 2006, 1316, 1319; *Winnefeld*, Bilanz-HB, Rn. 105.

176 Vgl. hierzu oben unter 1. Teil: A. III. 3.

177 *Trzaskalik*, Gewinnrealisierung, DStJG 4, 145, 155; *Fasold*, Buchwertfortführung, S. 141.

178 Vgl. oben unter 1. Teil: B. I. 2.

erfüllt sein.[179] Im Folgenden soll daher näher auf die Veräußerung, die Entnahme und die Betriebsaufgabe eingegangen werden. Denn diese Realisationstatbestände kommen als Grundtatbestände für die Buchwertfortführung nach § 6 Abs. 3 EStG in Betracht und sind daher von besonderer Relevanz für die Einordnung dieser Vorschrift.

1. Veräußerung

Die Besteuerung stiller Reserven bei der Veräußerung von Einzelwirtschaftsgütern des Betriebsvermögens ergibt sich schon aus der Anwendung der handelsrechtlichen Gewinnermittlungsvorschriften. Danach ist eine Forderung zu aktivieren, wenn der Vermögensgegenstand ausgeliefert, der Anspruch auf die Gegenleistung entstanden und die Gefahr des zufälligen Untergangs (sog. Preisgefahr) auf den Käufer übergegangen ist.[180] Durch die Aktivierung der Forderung werden die stillen Reserven in der Bilanz sichtbar. Das Betriebsvermögen i. S. d. § 4 Abs. 1 EStG hat sich erhöht und ein steuerrechtlich relevanter Gewinn ist entstanden.

Das Bedürfnis für einen (weiteren) Besteuerungsaufschub besteht ab diesem Zeitpunkt nicht mehr. Ein tatsächlicher Liquiditätszufluss mag zwar noch nicht stattgefunden haben, ist aber, abgesehen von dem jeder Forderung anhaftenden Ausfallrisiko, mit hoher Wahrscheinlichkeit zu erwarten. Insbesondere ist die Höhe des Vermögenszuwachses konkret festgelegt und von einem anderen Marktteilnehmer bestätigt worden. Damit hat sich die Leistungsfähigkeit des Steuerpflichtigen messbar und hinreichend sicher erhöht.

Entsprechendes gilt für die Veräußerung eines ganzen Betriebs, Teilbetriebs oder Mitunternehmeranteils. Unabhängig davon, ob man die Besteuerung eines solchen Veräußerungsgewinns schon aus den allgemeinen Gewinnermittlungsvorschriften ableitet[181] oder die Vorschrift des § 16 Abs. 1 S. 1 EStG für konstitutiv hält,[182] ist die Situation hinsichtlich der Besteuerung stiller Reserven mit derjenigen bei der Veräußerung von Einzelwirtschaftsgütern vergleichbar. Da der Veräußerungsbegriff im Steuerrecht Entgeltlichkeit voraussetzt,[183] steht der Veräußerung einer betrieblichen Sachgesamtheit im Regelfall eine Gegenleistung in Form des Kaufpreises gegenüber. Dieser umfasst sowohl einen etwaigen Firmen- oder Geschäftswert als auch die im Betrieb enthaltenen

179 *Beisse*, Gewinnrealisierung, DStJG 4, 13, 17.

180 BFH v. 8.9.2005 – IV R 40/04, DStR 2005, 1892, 1893; *Krawitz*, DStR 1997, 886, 888; *Tiedchen* in: MüKo, Bilanzrecht, § 252 HGB Rn. 66.

181 Vgl. BFH v. 2.3.1989 – IV R 128/86, BStBl. II 1989, 543, 544; *Schallmoser* in: Blümich, EStG, § 16 Rn. 3 f.; *Wacker* in: Schmidt, EStG, § 16 Rn. 5; *Hennrichs* in: Tipke/Lang, § 9 Rn. 463.

182 Vgl. *Geissler* in: H/H/R, EStG, § 16 Rn. 3.

183 *Trossen* in: K/S/M, EStG, § 16 Rn. A 50.

stillen Reserven.[184] Der Wertzuwachs im Betriebsvermögen wird also auch hier durch Umsatzakt am Markt und entsprechendem Mittelzufluss bestätigt (realisiert).

Folglich rechtfertigt und erfordert das – durch das Realisationsprinzip konkretisierte – Leistungsfähigkeitsprinzip eine Besteuerung der stillen Reserven zum Veräußerungszeitpunkt. Die zuvor bestehenden – aus dem Verhältnismäßigkeitsprinzip abgeleiteten – Einwände stehen einer Besteuerung nicht (mehr) entgegen. Das Subjektsteuerprinzip wird ebenfalls berücksichtigt, denn die stillen Reserven werden in dem Zeitpunkt, indem sie die betriebliche Sphäre des Steuerpflichtigen verlassen, von demjenigen versteuert, bei dem sie auch gebildet worden sind.

Im Ergebnis ist die Aufdeckung stiller Reserven bei einer Veräußerung des entsprechenden Wirtschaftsguts bzw. der betrieblichen Sachgesamtheit im Ganzen also aus jedem Blickwinkel systemgerecht. Die Bildung stiller Reserven und deren Aufdeckung im Veräußerungsfall stellen demnach den gesetzlichen und systemimmanenten Regelfall dar.

2. Entnahme

Es ist nun zu klären, wie sich der Ersatzrealisationstatbestand der Entnahme in § 4 Abs. 1 S. 2 EStG steuersystematisch einordnen und rechtfertigen lässt. Neben Tatbestand und Rechtsfolge ist dabei auch auf den sog. *„finalen Entnahmebegriff"* einzugehen.

a) Tatbestand und Rechtsfolge

Entnahmen sind Wirtschaftsgüter, die der Steuerpflichtige dem Betrieb für sich, seinen Haushalt oder für andere betriebsfremde Zwecke im Laufe des Wirtschaftsjahres entnommen hat (§ 4 Abs. 1 S. 2 EStG). Da Entnahmen das Betriebsvermögen mindern und damit den steuerlichen Gewinn im Rahmen des Betriebsvermögensvergleichs negativ beeinflussen, sind sie dem steuerlichen Gewinn wieder hinzuzurechnen (§ 4 Abs. 1 S. 1 EStG), denn außerbetrieblich veranlasste Wertabgänge dürfen den Gewinn nicht mindern.[185]

Dabei sind die Entnahmen allerdings nicht mit dem Buchwert der entnommenen Wirtschaftsgüter anzusetzen, sondern mit ihrem Teilwert oder gemeinen Wert (§ 6 Abs. 1 Nr. 4 S. 1 EStG). Dies hat zur Folge, dass eine Entnahme zur Aufdeckung der in dem entnommenen Wirtschaftsgut enthaltenen stillen Reserven, also der Besteuerung der Differenz zwischen Buchwert und Teil- bzw. gemeinem Wert, führt.[186] Es kommt zu

184 *Beisse*, Gewinnrealisierung, DStJG 4, 13, 25.

185 *Wied* in: Blümich, EStG, § 4 Rn. 121; *Meyer* in: BeckOK, EStG, § 4 Rn. 567.

186 *Stöcker* in: Korn, EStG, § 4 Rn. 278.1; *Wied* in: Blümich, EStG, § 4 Rn. 489.

einer Besteuerung ohne Vorliegen eines Umsatzaktes unter Durchbrechung des Realisationsprinzips.[187] Man spricht daher auch von einem Ersatzrealisationstatbestand.[188]

Der Entnahmetatbestand ist erfüllt, wenn ein Wirtschaftsgut aus dem Betriebsvermögen zu betriebsfremden Zwecken ausscheidet.[189] Erforderlich hierfür ist eine ausdrückliche oder schlüssige Entnahmehandlung, die von einem Entnahmewillen getragen wird.[190] Eine Entnahmehandlung bei notwendigem Betriebsvermögen liegt dann vor, wenn der betriebliche Funktionszusammenhang dauerhaft völlig gelöst wird.[191] Da Gegenstände des gewillkürten Betriebsvermögens von ihrer Zuordnung her grundsätzlich neutral sind, hängt die Zuordnung hier allein vom Willen des Steuerpflichtigen ab.[192] Aus diesem Grund ist bei gewillkürtem Betriebsvermögen eine eindeutige Dokumentation des Entnahmewillens notwendig, wofür die Behandlung in der Buchführung ein starkes Indiz darstellt.[193] Eine Entnahmehandlung ist jedenfalls immer dann gegeben, wenn das entsprechende Wirtschaftsgut vom Betriebsvermögen des Steuerpflichtigen in dessen Privatvermögen überführt wird.[194]

Die Rechtsprechung ist früher dem sog. *„finalen Entnahmebegriff"* gefolgt.[195] Danach wurde ein Vorgang schon dann als Entnahme eingeordnet, wenn dadurch die spätere Erfassung der stillen Reserven vereitelt wurde.[196] Blieb die Realisierung der im Bilanzansatz des jeweiligen Wirtschaftsguts vorhandenen stillen Reserven hingegen gesichert, sollte eine Entnahme nicht vorliegen.[197] Hintergrund dieser Rechtsprechung war,

187 *Trzaskalik*, Gewinnrealisierung, DStJG 4, 145, 153 ff.; *Knobbe-Keuk*, Unternehmenssteuerrecht, S. 269.

188 *Knobbe-Keuk*, Unternehmenssteuerrecht, S. 269; *Hennrichs* in: Tipke/Lang, § 9 Rn. 460; *Seiler* in: K/S/M, EStG, § 4 Rn. B 109; *Weber-Grellet*, NZG 2003, 766; *Meyer* in: BeckOK, EStG, § 4 Rn. 567.

189 BFH v. 25.6.2003 – X R 72/98, DStRE 2003, 1132, 1133; *Bode* in: Kirchhof, EStG, Aufl. 18, § 4 Rn. 87 ff.; *Stöcker* in: Korn, EStG, § 4 Rn. 279.

190 BFH v. 9.8.1989 – X R 20/86, BStBl. II 1990, 128; BFH v. 25.11.1997 – VIII R 4/94, DStRE 1998, 246, 248; BFH v. 25.6.2003 – X R 72/98, DStRE 2003, 1132, 1133; *Stöcker* in: Korn, EStG, § 4 Rn. 279.

191 BFH v. 23.9.2009 – IV R 70/06, DStRE 2010, 144, 145; BFH v. 17.9.1997 – IV R 97/96, BFH/NV 1998, 311; BFH v. 17.1.2002 – IV R 74/99, DStRE 2002, 601, 602; *Meyer* in: BeckOK, EStG, § 4 Rn. 588; *Bode* in: Kirchhof, EStG, Aufl. 18, § 4 Rn. 87; *Seiler* in: K/S/M, EStG, § 4 Rn. B 112; *Musil* in: H/H/R, EStG, § 4 Rn. 156; *Wied* in: Blümich, EStG, § 4 Rn. 463.

192 *Musil* in: H/H/R, EStG, § 4 Rn. 175.

193 BFH v. 25.11.1997 – VIII R 4/94, DStRE 1998, 246, 248; *Bode* in: Kirchhof, EStG, Aufl. 18, § 4 Rn. 87; *Musil* in: H/H/R, EStG, § 4 Rn. 175.

194 *Seiler* in: K/S/M, EStG, § 4 Rn. B 113.

195 BFH v. 25.6.2003 – X R 72/98, DStRE 2003, 1132, 1134; hat diesen mittlerweile aber ausdrücklich aufgegeben: BFH v. 17.7.2008 – I R 77/06, BStBl. II 2009, 464, *Frotscher* in: Frotscher, EStG, § 4 Rn. 430b; *Musil* in: H/H/R, EStG, § 4 Rn. 192.

196 BFH v. 16.7.1969 – I 266/65, BStBl. II 1970, 175; BFH v. 7.10.1974 – GrS 1/73, BStBl. II 1975, 168; *Frotscher* in: Frotscher, EStG, § 4 Rn. 337.

197 BFH v. 25.6.2003 – X R 72/98, DStRE 2003, 1132, 1134.

dass der Bundesfinanzhof den Zweck der Entnahmevorschrift vor allem in der Sicherstellung der Erfassung stiller Reserven sah.[198]

Diese Rechtsprechung wurde zu Recht kritisiert. Sie ist mit dem Wortlaut des Entnahmetatbestands nicht vereinbar und läuft auf eine steuerverschärfende Analogie hinaus.[199] Wenn der Gesetzgeber einen allgemeinen Entstrickungstatbestand nicht vorgesehen hat,[200] ist es mit dem Grundsatz der Tatbestandsmäßigkeit der Besteuerung unvereinbar, den Entnahmetatbestand über den Wortlaut hinaus zu einem solchen auszudehnen.[201] Diese Entscheidung obliegt allein dem Gesetzgeber.[202] Mittlerweile ist der Gesetzgeber jedoch tätig geworden und hat geregelt, dass Vorgänge, durch welche das deutsche Besteuerungsrecht hinsichtlich des Gewinns aus der Veräußerung oder der Nutzung eines Wirtschaftsguts ausgeschlossen oder beschränkt wird, einer Entnahme gleichstehen (§ 4 Abs. 1 S. 3 EStG).[203] Aufgrund der gegen den finalen Entnahmebegriff vorgebrachten Bedenken hat diese Regelung – entgegen der Gesetzesbegründung[204] – keinen deklaratorischen, sondern konstitutiven Charakter.[205]

Im Ergebnis hat der Gesetzgeber zwar kein allgemeines Entstrickungsprinzip geschaffen, wohl aber einen konkreten Entstrickungstatbestand für Fälle mit Auslandsbezug.[206] Dadurch hat der finale Entnahmebegriff weitestgehend seine Bedeutung verloren.[207] Soweit das Gesetz nicht ausdrücklich etwas Gegenteiliges anordnet (wie z.B. in § 4 Abs. 1 S. 3 EStG) spielt die Sicherstellung der Besteuerung der stillen Reserven für das Vorliegen einer Entnahme also keine Rolle.[208]

b) Rechtfertigung

Aufgrund des Teilwertansatzes führt die Entnahme zur Aufdeckung der stillen Reserven, obwohl es an einem entsprechenden Realisationsakt fehlt. Damit durchbricht die Entnahmeregelung das Prinzip, dass der Einkommensteuer nur erwirtschaftete Einkünfte un-

198 BFH v. 7.10.1974 – GrS 1/73, BStBl. II 1975, 168.
199 *Knobbe-Keuk*, Unternehmenssteuerrecht, S. 272; *Meyer* in: BeckOK, EStG, § 4 Rn. 581, 618.
200 *Bode* in: Kirchhof, EStG, Aufl. 18, § 4 Rn. 106; *Musil* in: H/H/R, EStG, § 4 Rn. 179.
201 *Lang*, Gewinnrealisierung, DStJG 4, 45, 71 ff.; *Meyer* in: BeckOK, EStG, § 4 Rn. 581, 618; *Wied* in: Blümich, EStG, § 4 Rn. 478.
202 *Meyer* in: BeckOK, EStG, § 4 Rn. 618.
203 *Loschelder* in: Schmidt, EStG, § 4 Rn. 329.
204 BT-Drs. 16/2710 v. 25.9.2006, S. 28.
205 *Musil* in: H/H/R, EStG, § 4 Rn. 224; *Bode* in: Kirchhof, EStG, Aufl. 18, § 4 Rn. 106.
206 *Bode* in: Kirchhof, EStG, Aufl. 18, § 4 Rn. 108; *Musil* in: H/H/R, EStG, § 4 Rn. 220.
207 *Koch*, Gewinnrealisierung, S. 23; *Frotscher* in: Frotscher, EStG, § 4 Rn. 341 a; *Musil* in: H/H/R, EStG, § 4 Rn. 191.
208 *Musil* in: H/H/R, EStG, § 4 Rn. 191.

terliegen.[209] Diese Durchbrechung des Realisationsprinzips, dass – wie oben dargelegt – Ausfluss des Leistungsfähigkeitsprinzips ist,[210] bedarf einer besonderen Rechtfertigung.

Diese kann sich nur daraus ergeben, dass die Interessenabwägung zwischen dem sofortigen Besteuerungsinteresse des Staates und dem Interesse des Steuerpflichtigen an einem weiteren Aufschub der Besteuerung im Zeitpunkt einer Entnahme zugunsten des Staates ausfällt. Die Position des Steuerpflichtigen und seine Interessenlage haben sich im Vergleich zur Entstehung der stillen Reserven nicht in bedeutendem Maße verändert. Weder wird ein Wertzuwachs im Rahmen der Entnahme durch einen Umsatzakt bestätigt, noch kommt es zu einem Mittel- oder Liquiditätszufluss. An einer hinreichend sicheren und messbaren Leistungsfähigkeitssteigerung fehlt es also weiterhin.

Der entscheidende Grund, weshalb eine Besteuerung nun mit dem Verhältnismäßigkeitsgrundsatz vereinbar ist, muss demnach im erhöhten Fiskalinteresse liegen. Er besteht darin, dass die Entnahme den letztmöglichen Zeitpunkt darstellt, indem eine Besteuerung der stillen Reserven überhaupt erfolgen kann.[211] Anderenfalls würde das Besteuerungsrecht hinsichtlich der stillen Reserven endgültig verloren gehen.[212] Dies würde der Reinvermögenszugangstheorie, auf welcher die Gewinneinkunftsarten basieren, diametral entgegenstehen.[213] Zudem wäre der Veräußerungstatbestand durch eine vorherige Entnahme in das Privatvermögen unterlaufbar.[214] Will man den Dualismus der Einkunftsarten also beibehalten, muss das Realisationsprinzip an dieser Stelle durchbrochen werden.

Zudem lässt sich argumentieren, dass der Steuerpflichtige durch die Entnahmehandlung zum Ausdruck gebracht hat, dass er das entsprechende Wirtschaftsgut für seinen Betrieb und damit für die Einkünfteerzielung nicht mehr benötigt.[215] Unter diesem Gesichtspunkt greift auch das oben genannte Argument, dass eine Besteuerung ohne Realisationsakt zur Veräußerung betrieblich benötigter Wirtschaftsgüter zwingen könnte,[216] nicht mehr.

Im Ergebnis lassen sich der Besteuerungstatbestand der Entnahme und die Durchbrechung des Realisationsprinzips dadurch rechtfertigen, dass das Interesse des

209 *Lang*, Gewinnrealisierung, DStJG 4, 45, 66.

210 Vgl. hierzu oben unter 1. Teil: B. I. 2.

211 *Knobbe-Keuk*, Unternehmenssteuerrecht, S. 271; *Fasold*, Buchwerfortführung, S. 141; *Koch*, Gewinnrealisierung, S. 23.

212 *Knobbe-Keuk*, Unternehmenssteuerrecht, S. 271; *Hennrichs* in: Tipke/Lang, § 9 Rn. 460; *Baldauf*, System der Gewinnrealisierung, S. 41; *Kredig*, Besteuerung stiller Reserven, S. 66.

213 *Fasold*, Buchwerfortführung, S. 141.

214 *Trzaskalik*, Gewinnrealisierung, DStJG 4, 145, 156.

215 Sollte es – dem engen Betriebsbegriff folgend – in einem anderen Betrieb des Steuerpflichtigen benötigt werden, wäre die Buchwertfortführung über die Vorschrift des § 6 Abs. 5 S. 1 EStG möglich.

216 Vgl. oben unter 1. Teil: B. II. 2.

Steuerpflichtigen an einem (weiteren) Besteuerungsaufschub hinter das sofortige Besteuerungsinteresse des Staates zurücktreten muss.[217] Die damit verbundenen Unsicherheiten und Einschränkungen der Rechtsposition des Steuerpflichtigen sind als ultima ratio hinzunehmen, da eine Besteuerung sonst gar nicht (mehr) erfolgen könnte.[218]

3. Betriebsaufgabe

Einen weiteren Ersatzrealisationstatbestand stellt die Betriebsaufgabe dar. Nach § 16 Abs. 3 S. 1 EStG gilt die Aufgabe eines Gewerbebetriebs oder eines Mitunternehmeranteils als Veräußerung.

a) Tatbestand

Eine Betriebsaufgabe liegt vor, wenn sich der Steuerpflichtige entschlossen hat, den Betrieb aufzugeben, er aus diesem Grund seine gewerbliche Tätigkeit endgültig einstellt und alle wesentlichen Betriebsgrundlagen in einem einheitlichen Vorgang und zeitlich konzentriert an verschiedene Abnehmer veräußert oder in das Privatvermögen überführt, so dass dadurch der Betrieb als selbständiger Organismus dauerhaft zu bestehen aufhört.[219] Von der Betriebsveräußerung unterscheidet sich die Betriebsaufgabe dadurch, dass die organisatorische Einheit im Rahmen der Betriebsaufgabe zerschlagen wird, während der Betrieb bei der Betriebsveräußerung durch den Erwerber fortgeführt wird.[220]

Außerdem ist die Betriebsaufgabe von der vorübergehenden Betriebsunterbrechung abzugrenzen, bei der es an der erforderlichen Endgültigkeit mangelt.[221] Hier gilt der Betrieb nicht als aufgegeben bis die Aufgabe ausdrücklich erklärt wird (§ 16 Abs. 3b EStG). Eine solche Betriebsunterbrechung liegt insbesondere vor, wenn der Steuerpflichtige alle wesentlichen Betriebsgrundlagen des Betriebs verpachtet und sowohl die

217 *Tipke*, Gewinnrealisierung, DStJG 4, 1, 5; *Fasold*, Buchwertfortführung, S. 148.

218 *Tipke*, Gewinnrealisierung, DStJG 4, 1, 5; *Knobbe-Keuk*, Unternehmenssteuerrecht, S. 271; *Kredig*, Besteuerung stiller Reserven, S. 66; *Baldauf*, System der Gewinnrealisierung, S. 41.

219 BFH v. 29.10.1981 – IV R 138/78, BStBl. II 1982, 381; BFH v. 5.7.1984 – IV R 36/81, BStBl. II 1984, 711; BFH v. 19.5.2005 – IV R 17/02, DStR 2005, 1093, 1094; EStR H. 16 (2); *Hennrichs* in: Tipke/Lang, § 9 Rn. 464; *Wacker* in: Schmidt, EStG, § 16 Rn. 173; *Reiß* in: Kirchhof, EStG, Aufl. 16, § 16 Rn. 193; *Seer* in: Kirchhof, EStG, Aufl. 18, § 16 Rn. 175.

220 *Stahl* in: Korn, EStG, § 16 Rn. 234; *Reiß* in: Kirchhof, EStG, Aufl. 16, § 16 Rn. 193; *Seer* in: Kirchhof, EStG, Aufl. 18, § 16 Rn. 175; *Wacker* in: Schmidt, EStG, § 16 Rn. 174; *Kulosa* in: H/H/R, EStG, § 16 Rn. 505; a. A. *Baldauf*, System der Gewinnrealisierung, S. 160 ff.

221 *Hennrichs* in: Tipke/Lang, § 9 Rn. 465.

Möglichkeit als auch die Absicht bestehen, den Betrieb später wieder aufzunehmen und fortzuführen.[222]

Schließlich ist die Betriebsaufgabe von der allmählichen Betriebsabwicklung abzugrenzen, bei der die Veräußerung oder Überführung der einzelnen Wirtschaftsgüter in das Privatvermögen nicht in zeitlich konzentrierter Weise, sondern über einen längeren Zeitraum erfolgen.[223] Dabei kommt es nicht zur Aufdeckung aller stillen Reserven in einem Zeitpunkt, sondern zu einer sukzessiven Besteuerung unter Anwendung der Gewinnermittlungsvorschriften und des Entnahmetatbestands im jeweiligen Zeitpunkt der Verwertung der Einzelwirtschaftsgüter.[224]

Parallel zur finalen Entnahmetheorie hatte der Bundesfinanzhof in der Vergangenheit eine sog. Theorie der finalen Betriebsaufgabe vertreten. Danach sollte eine Betriebsaufgabe vorliegen, wenn der Betrieb durch einen Vorgang in seiner ertragsteuerlichen Einordnung derart geändert wurde, dass die Erfassung der stillen Reserven nicht mehr gewährleistet war.[225] Auch diese Rechtsprechung hat der Bundesfinanzhof mittlerweile ausdrücklich aufgegeben und dabei selbst eingeräumt, dass es an einer gesetzlichen Grundlage fehlte.[226] Im Gegenzug hat der Gesetzgeber mit § 16 Abs. 3a EStG einen entsprechenden Ersatzrealisationstatbestand geschaffen, der den Ausschluss oder die Beschränkung des Besteuerungsrechts der Bundesrepublik Deutschland hinsichtlich des Gewinn aus der Veräußerung sämtlicher Wirtschaftsgüter des Betriebs einer Betriebsaufgabe gleichstellt.

Allerdings scheint der Bundesfinanzhof trotz der Abkehr von der finalen Betriebsaufgabetheorie inkonsequenterweise an der sog. Substitutionsrechtsprechung festzuhalten.[227] Danach soll ein Aufgabeentschluss – oder ein Entnahmewille – durch einen substituierenden Rechtsvorgang ersetzt werden können, wenn der Betrieb dadurch in seiner ertragsteuerlichen Einordnung geändert wird.[228] Diese – in der Literatur umstrit-

222 BFH v. 13.11.1963 – GrS 1/63 S, NJW 1964, 942; BFH v. 18.8.2009 – X R 20/06, DStR 2009, 2478; *Birk/Desens/Tappe*, Steuerrecht, § 5 Rn. 731; vgl. ausführlich zu den Voraussetzungen und Rechtsfolgen der Betriebsunterbrechung bzw. Betriebsverpachtung: *Kulosa* in: H/H/R, EStG, § 16 Rn. 660 ff.

223 *Schallmoser* in: Blümich, EStG, § 16 Rn. 467 f.

224 *Graw* in: K/S/M, EStG, § 16 Rn. F 32.

225 BFH v. 7.10.1974 – GrS 1/73, BStBl. II 1975, 168; BFH v. 13.12.1983 – VIII R 90/81, BStBl. II 1984, 474; BFH v. 19.2.1998 – IV R 38/97, NVwZ 1998, 1112; *Musil* in: H/H/R, EStG, § 4 Rn. 177; *Graw* in: K/S/M, EStG, § 16 Rn. F 33.

226 BFH v. 28.10.2009 – I R 99/08, DStR 2010, 40, 41.

227 BFH v. 5.7.2018 – VI R 67/15, DStR 2018, 2325; *Meyer* in: BeckOK, EStG, § 4 Rn. 581 f.

228 BFH v. 7.10.1974 – GrS 1/73, BStBl. II 1975, 168; BFH v. 13.12.1983 – VIII R 90/81, BStBl. II 1984, 474; BFH v. 19.2.1998 – IV R 38/97, NVwZ 1998, 1112; *Musil* in: H/H/R, EStG, § 4 Rn. 177; *Graw* in: K/S/M, EStG, § 16 Rn. F 33.

tene[229] – Rechtsprechung ist aus den gleichen Gründen wie die finale Entnahme- bzw. Aufgabetheorie abzulehnen. Sie fußt auf einer zu extensiven Auslegung der Entnahme- und Aufgabetatbestände und missachtet, dass der Wortlaut der Vorschriften ein willentliches Verhalten nahe legt.[230] Vergleichbar mit der früheren Rechtsprechung zum finalen Entnahmebegriff und der Theorie zur finalen Betriebsaufgabe versucht der Bundesfinanzhof, einen allgemeinen Entstrickungsgrundsatz in die bestehenden Besteuerungstatbestände hineinzupressen.[231]

Einen solchen Grundsatz kennt das Gesetz – auch nach Ansicht der Rechtsprechung – aber gerade nicht.[232] Der Wortlaut der Vorschriften enthält für eine solche Auslegung keinerlei Anhaltspunkte. Die Auslegung, insbesondere bei steuerbegründenden Vorschriften, findet ihre Grenze aber am möglichen Wortsinn einer Vorschrift.[233] Eine Besteuerung der stillen Reserven im letztmöglichen Zeitpunkt wäre grundsätzlich zwar gerechtfertigt. Insoweit gelten dieselben Überlegungen wie bei der Rechtfertigung des Entnahmetatbestands.[234] Es wäre aber allein Aufgabe des Gesetzgebers einen entsprechenden Tatbestand zu schaffen.

b) Rechtsfolge

Rechtsfolge der Betriebsaufgabe ist die Besteuerung nach den Grundsätzen der Betriebsveräußerung. Dabei sind bei der Ermittlung des Aufgabe- bzw. Veräußerungsgewinns für diejenigen Wirtschaftsgüter, die im Rahmen der Betriebsaufgabe veräußert werden, die Veräußerungspreise (§ 16 Abs. 3 S. 6 EStG) und für diejenigen Wirtschaftsgüter die ins Privatvermögen übernommen werden die gemeinen Werte im Zeitpunkt der Aufgabe anzusetzen (§ 16 Abs. 3 S. 7 EStG) und davon die Buchwerte zzgl. etwaiger Veräußerungskosten abzuziehen (§ 16 Abs. 2 EStG). Demnach kommt es zur Aufdeckung der im Betrieb verhafteten stillen Reserven.

Umstritten ist, ob die Vorschrift dem Grunde nach überhaupt einen eigenen Anwendungsbereich hat oder ob ihr nur klarstellender Charakter zukommt, weil sich die Rechtsfolge schon aus allgemeinen Gewinnermittlungsvorschriften, insbesondere den

229 Vgl. *Knobbe-Keuk*, Unternehmenssteuerrecht, S. 283, 890 f.; *Musil* in H/H/R, EStG, § 4 Rn. 177; *Meyer* in: BeckOK, EStG, § 4 Rn. 581 f.; *Bode* in: Kirchhof, EStG, Aufl. 18, § 4 Rn. 90; *Wied* in: Blümich, EStG, § 4 Rn. 468.

230 *Bode* in: Kirchhof, EStG, Aufl. 18, § 4 Rn. 90; *Meyer* in: BeckOK, EStG, § 4 Rn. 581 f.

231 *Knobbe-Keuk*, Unternehmenssteuerrecht, S. 283, 890 f.

232 BFH v. 9.2.1972 – I R 205/66, BStBl. II 1972, 455; *Meyer* in: BeckOK, EStG, § 4 Rn. 581 f., 618.

233 BFH v. 9.2.1972 – I R 205/66, BStBl. II 1972.

234 Vgl. Hierzu oben unter 1. Teil: B. III. 2. b).

Bewertungs- und Entnahmeregelungen ergibt.[235] Der Bundesfinanzhof sieht in der Betriebsaufgabe nach § 16 Abs. 3 EStG insoweit einen Entnahmevorgang eigener Art, den er als „*Totalentnahme*“ bezeichnet.[236] Richtigerweise regeln die allgemeinen Bewertungs- und Entnahmeregelungen aber nur die Feststellung des laufenden Gewinns und erfassen somit nicht die Betriebsaufgabe.[237] Denn der Betriebsvermögensvergleich ist nur bei einem fortbestehenden Betrieb möglich und auch der Entnahmetatbestand setzt voraus, dass Einzelwirtschaftsgüter aus einem bestehenden Betrieb ausscheiden.[238] Aus diesem Grund ist die Vorschrift für die steuerliche Erfassung der stillen Reserven bei Betriebsbeendigung konstitutiv.[239]

Daneben ist die Regelung hinsichtlich der Besteuerungshöhe relevant, indem sie in Satz 7 den Ansatz des gemeinen Wertes anordnet.[240] Bei bloßen Sachentnahmen von Einzelwirtschaftsgütern wäre üblicherweise der Teilwert statt des gemeinen Wertes anzusetzen.[241] Dies widerspräche aber den Voraussetzungen einer Betriebsaufgabe. Denn die Teilwertdefinition geht – im Gegensatz zur Betriebsaufgabe – ausdrücklich von einer Fortführung des Betriebes aus (§ 6 Abs. 1 Nr. 1 S. 3 EStG).

Schließlich hat die Regelung in jedem Fall konstitutive Wirkung hinsichtlich des Freibetrags in § 16 Abs. 4 EStG und hinsichtlich der Steuervergünstigungen für den Veräußerungs- bzw. Aufgabegewinn in § 34 EStG.[242] Diesen Regelungen liegt die Überlegung zu Grunde, dass es eine übermäßige Belastung darstellt, wenn alle stillen Reserven, die sich über viele Jahre angesammelt haben, in einem Moment zu versteuern sind.[243] Aus diesem Grund sind die Steuerbegünstigungen insbesondere bei der allmählichen Betriebsabwicklung nicht anwendbar, da es sich hier nicht um eine Aufdeckung in zeitlich konzentrierter Form handelt.[244]

235 Insoweit für deklaratorische Wirkung: BFH v. 3.6.1965 – IV 351/64, BStBl. II 1965, 576; *Schallmoser* in: Blümich, EStG, § 16 Rn. 3 f.; *Wacker* in: Schmidt, EStG, § 16 Rn. 5; für einen rechtsbegründenden Charakter: *Geissler* in: H/H/R, EStG, § 16 Rn. 3; *Reiß* in: Kirchhof, EStG, Aufl. 16, § 16 Rn. 8; *Baldauf*, System der Gewinnrealisierung, S. 148 ff.; *Koch*, Gewinnrealisierung, S. 25 f.; *Crezelius*, Steuerrecht II, § 6 Rn. 23.

236 BFH v. 7.10.1974 – GrS 1/73, BStBl. II 1975, 168.

237 *Baldauf*, System der Gewinnrealisierung, S. 148 ff.

238 *Geissler* in: H/H/R, EStG, § 16 Rn. 3; *Reiß* in: Kirchhof, EStG, Aufl. 16, § 16 Rn. 8.

239 *Crezelius*, Steuerrecht II, § 6 Rn. 23; *Geissler* in: H/H/R, EStG, § 16 Rn. 3; *Reiß* in: Kirchhof, EStG, Aufl. 16, § 16 Rn. 8.

240 *Wacker* in: Schmidt, EStG, § 16 Rn. 5.

241 Vgl. § 6 Abs. 1 Nr. 4 S. 1 HS. 1 EStG und oben unter 1. Teil: B. III. 2. a).

242 *Schallmoser* in: Blümich, EStG, § 16 Rn. 4.

243 *Seelig* in: BeckOK, EStG, § 34 Rn. 6; *Lindberg* in: Blümich, EStG, § 34 Rn. 4 f.; *Kobor* in: H/H/R, EStG, § 16 Rn. 700.

244 *Schallmoser* in Blümich, EStG, § 16 Rn. 467.

c) Rechtfertigung

Da sich eine Betriebsaufgabe – wie dargestellt – aus Veräußerungen und Entnahmen der Einzelwirtschaftsgüter zusammensetzen kann,[245] ist auch im Hinblick auf die Rechtfertigung und steuersystematische Einordnung der Betriebsaufgabe zu differenzieren.

Soweit die Betriebsaufgabe zu einer Aufdeckung stiller Reserven aufgrund der Veräußerung von Einzelwirtschaftsgütern führt (§ 16 Abs. 3 S. 6 EStG), ist die Regelung systemgerecht. Es handelt sich um den im Einklang mit den wesentlichen Besteuerungsprinzipien stehenden Regelfall, wonach Wertzuwächse im Betriebsvermögen unversteuert bleiben, bis diese durch Umsatzakt am Markt realisiert werden. Die im Hinblick auf die Rechtfertigung einer Aufdeckung der stillen Reserven im Veräußerungsfall angestellten Überlegungen gelten entsprechend.[246]

Sind im Rahmen einer Betriebsaufgabe allerdings Wirtschaftsgüter mit ihrem gemeinen Wert anzusetzen, ohne dass diese veräußert werden (§ 16 Abs. 3 S. 7 EStG), handelt es sich, wie bei der Entnahme, um einen Ersatzrealisationstatbestand.[247] Stille Reserven werden aufgedeckt, obwohl es an einem Umsatzakt fehlt. Diese Durchbrechung des Realisationsprinzips ist rechtfertigungsbedürftig. Als Begründung ist die gleiche Argumentation heranzuziehen, wie bei der Rechtfertigung des Entnahmetatbestands in § 4 Abs. 1 EStG.[248] Danach ist die Besteuerung ausnahmsweise auch ohne Realisation zulässig, weil eine Erfassung der stillen Reserven ansonsten gar nicht mehr möglich wäre.[249]

Im Ergebnis handelt es sich also bei der Betriebsaufgabe nur um einen Ersatzrealisationstatbestand, soweit die Aufgabe des Betriebs mit der Entnahme von Einzelwirtschaftsgütern verbunden ist. Nur insoweit stellt die Rechtsfolge eine Ausnahme im Regelungskonzept des Einkommensteuergesetzes dar. Ansonsten handelt es sich um den systemgerechten Regelfall.

4. Zwischenergebnis

Wie die Ausführungen gezeigt haben, liegt der Entstehung stiller Reserven eine Abwägungsentscheidung des Gesetzgebers zugrunde. Wertsteigerungen des Betriebsvermögens sind nach der Reinvermögenszugangstheorie zu besteuern. Da jede sofortige Besteuerung von Wertzuwächsen allerdings eine unverhältnismäßige Belastung des

245 Vgl. oben unter 1. Teil: B. III. 3. a).
246 Vgl. oben unter 1. Teil: B. III. 1.
247 *Koch*, Gewinnrealisierung, S. 23.
248 Vgl. oben unter 1. Teil: B. III. 2. b).
249 *Tipke*, Gewinnrealisierung, DStJG 4, 1, 5.

Steuerpflichtigen zur Folge hätte und wirtschaftliche Existenzen bedrohen sowie volkswirtschaftliche Interessen beeinträchtigen könnte, verzichtet der Gesetzgeber zeitweilig auf eine Besteuerung von Wertsteigerungen im Betriebsvermögen. Technisch erfolgt dieser Verzicht durch die Übernahme des Vorsichts- und Realisationsprinzips in die Steuerbilanz.

Dieser Besteuerungsaufschub endet, wenn ein – stille Reserven enthaltendes – Einzelwirtschaftsgut oder die Sachgesamtheit veräußert werden. In diesem Zeitpunkt endet die Verschonungsbedürftigkeit des Steuerpflichtigen, da sich Wertsteigerungen (stille Reserven) im Veräußerungspreis niederschlagen und damit von einem anderen unabhängigen Marktteilnehmer bestätigt werden. Zudem hat der Steuerpflichtige einen entsprechenden Mittelzufluss zu verzeichnen, aus welchem er die anfallende Steuer finanzieren kann.

Die Besteuerung stiller Reserven im Veräußerungszeitpunkt fügt sich ohne Wertungswiderspruch zu den wesentlichen Besteuerungsprinzipien in das bestehende Steuersystem ein und wird technisch durch die einfachgesetzlichen Buchführungs- und Bewertungsregelungen sowie den Veräußerungstatbestand in § 16 Abs. 1 EStG umgesetzt. Es handelt sich um den gesetzlichen Regelfall, wonach Wertzuwächse im Betriebsvermögen solange unversteuert bleiben, bis sie durch Umsatzakt realisiert werden.

Von diesem Regelfall sind Ausnahmen möglich. So ist es in bestimmten Fällen gerechtfertigt, Wertzuwächse des Betriebsvermögens auch ohne Realisationsakt zu besteuern. Dies ist insbesondere dann der Fall, wenn eine spätere Besteuerung dieser Wertzuwächse gar nicht mehr möglich wäre. Etwa wenn ein deutsches Besteuerungsrecht aufgrund von DBA-Regelungen wegfällt oder wenn Wirtschaftsgüter aufgrund des Dualismus der Einkunftsarten in Zukunft nicht mehr zum Betriebsvermögen gehören. Um einen endgültigen Verlust zu verhindern, kann der Gesetzgeber in diesen Fällen bestimmen, dass die zuvor im Betriebsvermögen entstandenen stillen Reserven aufzudecken sind.

So wie sich der Gesetzgeber aus Verhältnismäßigkeitsgründen im Grundsatz für einen Besteuerungsaufschub bis zur Realisation entschieden hat, kann er sich, legitimiert durch die Gefahr des endgültigen Untergangs der stillen Reserven, für eine Besteuerung ohne Realisationsakt entscheiden. An dieser Stelle setzen die Ersatzrealisationstatbestände des Einkommensteuergesetzes an. Mit dem Entnahmetatbestand, dem Betriebsaufgabetatbestand, soweit dieser nicht auf Veräußerungen beruht, und dem Entstrickungstatbestand hat sich der Gesetzgeber für eine Durchbrechung des Realisationsprinzips entschieden und entsprechende Ausnahmetatbestände geschaffen.

Bei der Auslegung dieser Vorschriften sind Sinn und Zweck der Regelungen zu berücksichtigen. Dies darf aber nicht dazu führen, die bestehenden Tatbestände soweit auszudehnen, dass stille Reserven per se aufzudecken sind, wenn ansonsten deren Besteuerung nicht mehr gesichert ist, wie es die Rechtsprechung in der Vergangenheit durch den finalen Entnahme- bzw. Aufgabebegriff getan hat. Eine Grenze wird insoweit durch den Wortlaut der Norm gesetzt.

Schließlich ist zu beachten, dass es sich bei den Ersatzrealisationstatbeständen um Ausnahmetatbestände handelt, die im Zweifel eng auszulegen sind. Es wäre Sache des Gesetzgebers durch die Schaffung neuer – ggf. auch deutlich weiterer – Besteuerungstatbestände zu reagieren, wie er dies beispielsweise durch die Schaffung des Entstrickungstatbestands in § 4 Abs. 1 S. 3 EStG getan hat.[250] Eine selbständige Ausdehnung der bestehenden Einzeltatbestände durch die Rechtsprechung ist hingegen mit der Tatbestandsmäßigkeit der Besteuerung und daher mit dem Rechtsstaatsprinzip nicht vereinbar.[251]

IV. Die Buchwertfortführung im System des EStG

Es ist zu klären, wie sich die Buchwertfortführung nach § 6 Abs. 3 EStG in das beschriebene Regelungssystem einfügt. Dafür ist die Frage zu beantworten, welcher steuerliche Grundtatbestand überhaupt in Betracht kommt und welches Verhältnis zwischen der Vorschrift des § 6 Abs. 3 EStG und einer etwaigen Gewinnrealisation besteht.

1. Steuerlicher Grundtatbestand des § 6 Abs. 3 EStG

In diesem Kapitel soll geklärt werden, welcher Besteuerungstatbestand bei einer unentgeltlichen und vollständigen Übertragung von betrieblichen Sachgesamtheiten dem Grunde nach erfüllt ist. Denn bei der Vorschrift des § 6 Abs. 3 EStG handelt es sich um eine Bewertungsvorschrift. Wenn diese Vorschrift durch den Buchwertansatz also eine Aufdeckung stiller Reserven verhindern soll, ist zu klären, aus welchem Besteuerungstatbestand sich eine solche Aufdeckung überhaupt ergäbe. Hieraus werden sich Rückschlüsse darauf ziehen lassen, in welchem Verhältnis die Vorschrift zur Gewinnrealisation steht und wie sie im Zweifelsfall auszulegen ist. In Betracht kommen die bereits angesprochenen Gewinnrealisierungstatbestände der Veräußerung, Entnahme und Betriebsaufgabe.

a) Veräußerung

Die Ansicht, dass die unentgeltliche Übertragung von (Teil-)Betrieben oder Mitunternehmeranteilen eine Veräußerung der Einzelwirtschaftsgüter des Betriebsvermögens oder der Sachgesamtheit im Ganzen darstellt, wird – soweit ersichtlich – nirgends ver-

250 *Meyer* in: BeckOK, EStG, § 4 Rn. 618.
251 *Beisse*, Gewinnrealisierung, DStJG 4, 13, 39.

treten. Vielmehr schließen sich die Tatbestände gegenseitig aus, da eine Veräußerung im steuerrechtlichen Sinne Entgeltlichkeit voraussetzt,[252] während § 6 Abs. 3 EStG ausdrücklich die Unentgeltlichkeit der Übertragung anordnet.

Auch bei teilentgeltlichen Übertragungen ist eine Überschneidung der Anwendungsbereiche nicht möglich, da sowohl bei der Betriebsveräußerung als auch bei § 6 Abs. 3 EStG die Einheitstheorie gilt.[253] Danach ist ein teilentgeltlicher Veräußerungsvorgang einer betrieblichen Sachgesamtheit einheitlich als voll entgeltlich oder voll unentgeltlich zu beurteilen und wird nicht in einen entgeltlichen und einen unentgeltlichen Vorgang aufgespalten.[254] Folglich stellt die unentgeltliche Übertragung betrieblicher Sachgesamtheiten keine Veräußerung dar.[255] Eine Anknüpfung der Buchwertfortführung an die Gewinnrealisierung durch Veräußerung, also den gesetzlichen Regelfall, scheidet damit von vornherein aus.

b) Entnahme

Die unentgeltliche Übertragung betrieblicher Sachgesamtheiten könnte eine Entnahme darstellen. Voraussetzung einer Entnahme ist, dass die Verknüpfung eines Wirtschaftsguts mit dem Betriebsvermögen erkennbar gelöst wird und das Wirtschaftsgut deshalb aus dem Betriebsvermögen ausscheidet.[256] Im Falle der unentgeltlichen Übertragung einer Sachgesamtheit verlässt grundsätzlich aber kein Wirtschaftsgut die betriebliche Sphäre.[257] Es kommt nicht zu einem außerbetrieblich veranlassten Wertabgang im Betriebsvermögen, der über die Entnahmeregelung auszugleichen wäre.[258] Vielmehr wird das der jeweiligen Sachgesamtheit zugeordnete Betriebsvermögen i. d. R. vollständig übertragen. Dies gilt sogar, wenn man dem – von der Rechtsprechung aufgegebenen – finalen Entnahmebegriff folgt.[259] Denn die unentgeltliche Betriebsübertragung vereitelt nicht die spätere Besteuerung. Sämtliche Wirtschaftsgüter bleiben mit ihrem bisherigen Buchwert steuerverstrickt, weshalb die Besteuerung der in ihnen enthaltenen stillen Reserven sichergestellt ist.

252 BFH v. 23.4.1971 – IV 201/65, BStBl. II 1971, 686; *Trossen* in: K/S/M, EStG, § 16 Rn. A 50.
253 Vgl. zur Unentgeltlichkeit und zur Einheitstheorie unter 1. Teil: C. III.; *Wacker* in: Schmidt, EStG, § 16 Rn. 58; *Schallmoser* in: Blümich, EStG, § 16 Rn. 22.
254 BFH v. 7.2.1995 – VIII R 36/93, DStR 1995, 1541, 1542; *Mutscher* in: Frotscher, EStG, § 6 Rn. 478; *Strahl* in: Korn, EStG, § 6 Rn. 107.
255 BFH v. 23.4.1971 – IV 201/65, BStBl. II 1971, 686; *Gratz/Uhl-Ludäscher* in: H/H/R, EStG, § 6 Rn. 1200; *Geissler*, FR 2014, 152, 154; *Trossen* in: K/S/M, EStG, § 16 Rn. A 67.
256 Vgl. oben unter 1. Teil: B. III. 2. a).
257 *Koch*, Gewinnrealisierung, S. 36.
258 Vgl. oben unter 1. Teil: B. III. 2. a).
259 *Koch*, Gewinnrealisierung, S. 36 f.; vgl. zum finalen Entnahmebegriff oben unter 1. Teil: B. III. 2. a).

Die Übertragung eines Mitunternehmeranteils kann den betrieblichen Funktionszusammenhang der einzelnen Wirtschaftsgüter schon deshalb nicht lösen, weil den einzelnen Mitunternehmern keine unmittelbaren Rechte an den Wirtschaftsgütern des Betriebsvermögens zustehen, sondern lediglich Gesellschafterrechte.[260] Dies gilt genauso für die Übertragung von Teil-Mitunternehmeranteilen oder die Aufnahme einer weiteren Person in ein Einzelunternehmen. Der Entnahmetatbestand in § 4 Abs. 1 EStG knüpft wie die Definition des Mitunternehmers in § 15 Abs. 1 S. 1 Nr. 2 EStG ausdrücklich an *„den Betrieb"* an.[261] Auch bei der Aufnahme einer weiteren Person in ein Einzelunternehmen oder einer Teil-Mitunternehmeranteilsübertragung liegt aber insgesamt stets nur ein einziger Betrieb vor (der ggf. von mehreren gemeinsam betrieben wird).[262] Dessen Betriebsvermögen wird durch die von § 6 Abs. 3 erfassten Übertragungen aber gerade nicht gemindert.[263]

Im Ergebnis erfüllt die unentgeltliche Übertragung einer Sachgesamtheit i. S. d. § 6 Abs. 3 EStG also nicht die Voraussetzungen des Entnahmebestands.[264]

c) Betriebsaufgabe

Schließlich könnte bei der unentgeltlichen Übertragung betrieblicher Sachgesamtheiten der Ersatzrealisationstatbestand der Betriebsaufgabe erfüllt sein.[265] Der Wortlaut des § 16 Abs. 3 S. 1 EStG ist insoweit wenig ergiebig. Die Rede ist lediglich von einer *„Aufgabe des Gewerbebetriebs"*. Eine unentgeltliche Betriebsübertragung ließe sich nach allgemeinem Sprachgebrauch ggf. unter den Begriff *„Aufgabe"* subsumieren, wenn man allein auf die Tätigkeit des Übertragenden abstellt, die dieser durch die Übertragung des gesamten Betriebs häufig aufgeben wird.[266]

Eine solche Auslegung ist jedoch zu weit. Zum einen sind Ersatzrealisationstatbestände aufgrund ihres Ausnahmecharakters eng auszulegen. Zum anderen berücksichtigt diese Auslegung nicht, dass sich der Betriebsbegriff aus einer Tätigkeits- und einer Zustands-

260 *Hennrichs* in: Tipke/Lang, § 10 Rn. 5.

261 *Koch*, Gewinnrealisierung, S. 50 ff.

262 Vgl. hierzu auch oben unter 1. Teil: A. I. 2.

263 *Koch*, Gewinnrealisierung, S. 50 ff.

264 Im Ergebnis so auch: BFH v. 24.10.1951 – IV 233/51 U, BStBl. III 1952, 5; BFH v. 23.4.1971 – IV 201/65, BStBl. II 1971, 686; BFH v. 5.7.1990 – GrS 4–6/89, MittBayNot 1990, 372, 375; *Gratz/Uhl-Ludäscher* in: H/H/R, EStG, § 6 Rn. 1200; *Koch*, Gewinnrealisierung, S. 36 ff.; *Füssenich/Rode* in: BeckOK, EStG, § 16 Rn. 62; *Mutscher* in: Frotscher, EStG, § 6 Rn. 464.

265 vgl. *Troost*, Buchwertfortführung. S. 108 ff.; *Mutscher* in: Frotscher, EStG, § 6 Rn. 464; *Baldauf*, System der Gewinnrealisierung, S. 160 ff., 206 f.

266 *Beisse*, Gewinnrealisierung, DStJG 4, 13, 33; *Trossen* in: K/S/M, EStG, § 16 Rn. A 50; *Koch*, Gewinnrealisierung, S. 31 f.

komponente zusammensetzt und daher auch betriebsbezogen auszulegen ist.[267] Aus diesem Grund erfordert der Betriebsaufgabetatbestand neben der Tätigkeitseinstellung nach überzeugender Auffassung in Rechtsprechung und Literatur, dass der Betrieb als selbständiger Organismus dauerhaft zu bestehen aufhört.[268] Hieran fehlt es aber bei der Übertragung von Sachgesamtheiten. Weder findet eine Zerschlagung der betrieblichen Einheit statt, noch ist deren Lebensfähigkeit durch die bloße Übertragung beeinträchtigt. Vielmehr besteht die selbständige organisatorische Einheit in den Händen des Erwerbers unverändert fort und ist auch weiterhin auf eine nachhaltige, selbständige Marktteilnahme mit Gewinnerzielungsabsicht gerichtet.[269]

Diesem Auslegungsergebnis lässt sich das Subjektsteuerprinzip entgegen halten.[270] So wird vertreten, dass eine Betriebsaufgabe vorläge, weil der Betriebsbegriff untrennbar mit dem jeweiligen Steuersubjekt verbunden sei.[271] Die gesetzliche Systematik und Historie sprechen jedoch gegen eine solche Ausdehnung des Betriebsaufgabetatbestands. Insbesondere zeigt die Entstehungsgeschichte der Buchwertfortführungsvorschrift und des Aufgabetatbestands, dass der historische Gesetzgeber dem strengen Realisationsprinzip folgte und davon ausging, dass bei einer unentgeltlichen Betriebsübertragung die Voraussetzungen des parallel eingefügten Betriebsaufgabetatbestands (§ 30 Abs. 4 EStG 1925) – oder irgendeines anderen Besteuerungstatbestands – nicht vorlagen.[272] Stattdessen folgt das Einkommensteuergesetz dem Grundgedanken, dass die unentgeltliche Übertragung betrieblicher Einheiten nicht als Beendigung des Betriebs des Rechtsvorgängers und Eröffnung des Betriebs durch den Nachfolger betrachtet werden, sondern steuerlich eine unveränderte Betriebsfortführung vorliegt.[273]

Schließlich sprechen auch Sinn und Zweck des § 16 Abs. 3 EStG sowie dessen Rechtfertigung gegen eine Erfassung unentgeltlicher Betriebsübertragungen durch den Betriebsaufgabetatbestand. Wie aufgezeigt, rechtfertigt sich die Aufdeckung stiller Reserven im Rahmen des § 16 Abs. 3 EStG durch die zugrundeliegenden Entnahmen und/oder Veräußerungen der jeweiligen Einzelwirtschaftsgüter. Die Situation bei unentgeltlichen Betriebsübertragungen ist aber eine andere. Weder wird ein Einzelwirtschaftsgut

267 Vgl. zum Betriebsbegriff oben unter 1. Teil: A. I. 1.

268 BFH v. 29.10.1981 – IV R 138/78, BStBl. II 1982, 381; BFH v. 5.7.1984 – IV R 36/81, BStBl. II 1984, 711; BFH v. 19.5.2005 – IV R 17/02, DStR 2005, 1093, 1094; EStR H. 16 (2); *Hennrichs* in: Tipke/Lang, § 9 Rn. 464; *Wacker* in: Schmidt, EStG, § 16 Rn. 173; *Reiß* in: Kirchhof, EStG, Aufl. 16, § 16 Rn. 193; *Seer* in: Kirchhof, EStG, Aufl. 18, § 16 Rn. 175; a. A. *Baldauf*, System der Gewinnrealisierung, S. 160 ff.

269 *Koch*, Gewinnrealisierung, S. 33 ff.

270 Vgl. hierzu nachfolgend unter 1. Teil: B. IV. 2.

271 *Baldauf*, System der Gewinnrealisierung, S. 160 ff.

272 Vgl. oben unter 1. Teil: A. III. 2 und 1. Teil: A. IV.

273 So ausdrücklich BFH v. 24.10.1951 – IV 233/51 U, BStBl. III 1952, 5.

veräußert, noch wird ein Einzelwirtschaftsgut entnommen. Damit fehlt es mangels Realisation und mangels Gefahr eines Untergangs der stillen Reserven an einem Rechtfertigungsgrund für deren sofortige Aufdeckung.

Diese Überlegungen gelten für die Übertragung von Mitunternehmeranteilen und Teilen davon entsprechend. Soweit man auf den reinen Betrieb abstellt, bleibt dieser durch die Übertragung eines Mitunternehmeranteils unangetastet. Stellt man auf den gesamten Mitunternehmeranteil ab, wird dieser ebenfalls nicht zerschlagen, denn der Übertragende bleibt mit seinem Rest-Mitunternehmeranteil wie bislang beteiligt und gibt seine Mitunternehmerstellung nicht auf.[274] Stellt man auf den übertragenen Teil-Mitunternehmeranteil ab, wird auch dieser nicht zerschlagen oder aufgegeben, sondern geschlossen übertragen und besteht bei dem Erwerber unverändert fort.[275]

Im Ergebnis erfüllt die unentgeltliche Übertragung einer Sachgesamtheit also auch nicht den Tatbestand der Betriebsaufgabe.[276]

2. Subjektsteuerprinzip vs. Realisationsprinzip

Es wurde bereits festgestellt, dass die Übertragung stiller Reserven von einem Steuerpflichtigen auf einen anderen grundsätzlich dem Subjektsteuerprinzip widerspricht, da auch stille Reserven an ein bestimmtes Einkommensteuersubjekt gebunden sind.[277] Hieraus wird in Rechtsprechung und Literatur teilweise gefolgert, dass das Subjektsteuerprinzip bei unentgeltlichen Betriebsübertragungen zu einer Aufdeckung stiller Reserven führen würde, soweit dieses nicht ausnahmsweise unter Anwendung des § 6 Abs. 3 EStG durchbrochen wird.[278]

Dem ist entgegen zu halten, dass ein Prinzip allein keinen Besteuerungstatbestand ersetzen kann. Eine Theorie oder ein Prinzip stellen keine ausreichende Rechtsgrundlage dafür dar, einen bestimmten Lebenssachverhalt der Besteuerung zu unterwerfen.[279] Der auf das Rechtsstaatsprinzip und den Vorbehalt des Gesetzes zurückgehende Grundsatz der Tatbestandsmäßigkeit der Besteuerung verlangt eine hinreichend bestimmte Er-

274 *Koch*, Gewinnrealisierung, S. 55.

275 *Koch*, Gewinnrealisierung, S. 55.

276 Im Ergebnis so auch: BFH v. 23.4.1971 – IV 201/65, BStBl. II 1971, 686; BFH v. 5.7.1990 – GrS 4–6/89, MittBayNot 1990, 372, 375; *Trossen* in: K/S/M, EStG, § 16 Rn. A 67; *Wassermeyer*, BB 1994, 1; *Geissler*, FR 2014, 152, 154; *Koch*, Gewinnrealisierung, S. 36; *Gratz/Uhl-Ludäscher* in: H/H/R, EStG, § 6 Rn. 1200; *Kulosa* in: H/H/R, EStG, § 16 Rn. 505; a. A. *Baldauf*, System der Gewinnrealisierung, S. 165.

277 *Buschkühle*, Unentgeltliche Übertragung von Mitunternehmeranteilen, S. 84 f.

278 BFH v. 20.7.2005 – X R 22/02, DStR 2005, 1723, 1725; BFH v. 17.12.2007 – GrS 2/04, DStR 2008, 545, 550; BFH v. 25.1.2017 – X R 59/14, DStR 2017, 1308, 1313; *Wendt* in: FS Crezelius, S. 459 f.; *Werndl* in: K/S/M, EStG, § 6 Rn. J 65; *Baldauf*, System der Gewinnrealisierung, S. 161.

279 *Geissler* in: H/H/R, EStG, § 16 Rn. 3.

mächtigungsgrundlage.[280] Eine verfassungskonforme Besteuerung liegt nur vor, wenn die einschlägigen Gewinnrealisationstatbestände hinreichend klar feststehen.[281] Demnach kann das Subjektsteuerprinzip für sich allein nicht zu einer Aufdeckung der stillen Reserven bei unentgeltlichen Betriebsübertragungen führen. Es ist lediglich im Zweifelsfall bei der Auslegung der bestehenden Besteuerungstatbestände heranzuziehen.

Die bisherigen Ausführungen haben allerdings gezeigt, dass eine Besteuerung im Zeitpunkt einer unentgeltlichen Betriebsübertragung – möge sie auch dem Subjektsteuerprinzip entsprechen – mit dem Realisationsprinzip nicht vereinbar wäre. Sollte man den Entnahme- oder Aufgabetatbestand unter Berücksichtigung des Subjektsteuerprinzips also so weit auslegen, dass eine unentgeltliche Betriebsübertragung erfasst wäre, würde man hierdurch das Realisationsprinzip durchbrechen.[282]

Demnach kommt es zu einer Kollision zwischen Subjektsteuer- und Realisationsprinzip. Damit stellt sich die Frage, welchem Prinzip der Vorrang einzuräumen ist. Bei beiden Prinzipien handelt es sich um Subprinzipien des Leistungsfähigkeitsprinzips, welches seinerseits auf Art. 3 GG zurückgeht.[283] Damit stehen die Prinzipien zunächst gleichwertig nebeneinander. Es lässt sich also nicht ein Prinzip generell stärker gewichten als das andere.

Wie aufgezeigt, liegt der Entstehung und Aufdeckung stiller Reserven eine Abwägungsentscheidung des Gesetzgebers zugrunde.[284] Diese Gründe, die den Gesetzgeber dazu bewogen haben, die Bildung stiller Reserven grundsätzlich zuzulassen und Wertzuwächse nur in bestimmten Fällen schon vor einer Realisierung zu besteuern, sind bei der Konkretisierung und Auslegung steuerrechtlicher Eingriffstatbestände zu berücksichtigen (Telos). Hieraus folgt, dass eine Aufdeckung stiller Reserven dort erfolgen muss, wo das Gesetz sie zwecknotwendigerweise fordert – also bei Veräußerungen, Entnahmen, Betriebsaufgaben –, dass sie jedoch aufgeschoben bleiben muss, wo die spätere steuerliche Erfassung sichergestellt ist und eine Realisierung den Steuerpflichtigen derart belasten würde, dass der Gesetzgeber – unter Berücksichtigung des Verhältnismäßigkeitsprinzips – eine Besteuerung nicht vorgesehen hat.[285]

280 BVerfG v. 23.10.1986 – 2 BvL 7/84, NJW 1987, 943; *Wernsmann* in: H/H/S, AO, § 4 Rn. 650; *Kredig*, Besteuerung stiller Reserven, S. 276.

281 *Kredig*, Besteuerung stiller Reserven, S. 277.

282 *Buschkühle*, Unentgeltliche Übertragung von Mitunternehmeranteilen, S. 82.

283 *Buschkühle*, Unentgeltliche Übertragung von Mitunternehmeranteilen, S. 84 f.

284 Hierzu oben unter 1. Teil: B. II. 2; *Buschkühle*, Unentgeltliche Übertragung von Mitunternehmeranteilen, S. 86.

285 *Beisse*, Gewinnrealisierung, DStJG 4, 13, 40.

Anders als bei Entnahmen und Betriebsaufgaben droht bei unentgeltlichen Betriebsübertragungen aber gerade kein Untergang der stillen Reserven. Hierfür sorgt die Vorschrift des § 6 Abs. 3 S. 3 EStG. Während sich die Sätze 1 und 2 des § 6 Abs. 3 EStG mit der Gewinnermittlung des bisherigen Betriebsinhabers und der Verhinderung der Aufdeckung der stillen Reserven bei diesem befassen, regelt Satz 3 die Bewertung der Wirtschaftsgüter in der Steuerbilanz des Rechtsnachfolgers. Danach ist dieser an die in Satz 1 genannten Werte des bisherigen Betriebsinhabers und damit an die Buchwerte gebunden. Ein Wahlrecht des Übernehmers besteht also nicht. Hierdurch wird sichergestellt, dass die stillen Reserven – wenn auch bei einer anderen Person – erhalten bleiben und im Falle einer Realisation vom Rechtsnachfolger zu versteuern sind.[286] Damit fehlt es an genau dem Aspekt, der die Interessenabwägung im Rahmen der Rechtfertigung der Ersatzrealisationstatbestände zugunsten einer sofortigen Besteuerung ausfallen lässt.[287] Sinn und Zweck der Ersatzrealisationstatbestände, nämlich den Untergang der stillen Reserven zu verhindern, können auf die Fälle unentgeltlicher Betriebsübertragungen also nicht übertragen werden.

Die Entscheidung des Gesetzgebers, zugunsten des Realisationsprinzips eine Durchbrechung des Subjektsteuerprinzips zuzulassen, ist demnach eine Grundsatzentscheidung, die es zu respektieren gilt. Es handelt sich auch nicht um eine unbeabsichtigte Regelungslücke, die im Wege einer Analogie geschlossen werden könnte. Unabhängig davon, dass Analogien zulasten des Steuerpflichtigen nur unter größter Zurückhaltung vorgenommen werden dürfen,[288] fehlt es sowohl an einer unbeabsichtigten Regelungslücke als auch an der vergleichbaren Interessenlage. Denn der historische Gesetzgeber hat das Subjektsteuerprinzip gerade bewusst durchbrochen. Die Gesetzeshistorie und insbesondere die Gesetzesbegründung zum Einkommensteuergesetz 1925 zeigen, dass der Gesetzgeber die unentgeltliche Übertragung betrieblicher Sachgesamtheiten ertragsteuerlich nicht erfassen wollte und daher bewusst keinen Besteuerungstatbestand geschaffen hat.[289] Zudem haben die vorherigen Ausführungen gezeigt, dass es mangels Gefahr eines Untergangs der stillen Reserven auch an einer vergleichbaren Interessenlage fehlt.

Aus diesen Gründen ist die Durchbrechung des Subjektsteuerprinzips in den Fällen unentgeltlicher Betriebsübertragungen unter Berücksichtigung der Wertungsentscheidung des Gesetzgebers und des Verhältnismäßigkeitsprinzips gerechtfertigt.[290] Eine entsprechend weite Auslegung der Ersatzrealisationstatbestände (Ausnahmetatbestän-

286 BFH v. 28.1.2001 – VIII B 54/01, DStRE 2001, 1267; *Oellerich* in: BeckOK, EStG, § 6 Rn. 2767.

287 Vgl. hierzu oben unter 1. Teil: B. III.

288 *Gersch* in: Klein, AO, § 4 Rn. 37.

289 Vgl. hierzu oben unter 1. Teil: A. III. 2.

290 *Beisse*, Gewinnrealisierung, DStJG 4, 13, 40; *Buschkühle*, Unentgeltliche Übertragung von Mitunternehmeranteilen, S. 86.

de) unter Berufung auf das Subjektsteuerprinzip wäre mit rechtsstaatlichen Grundsätzen nicht vereinbar.[291]

3. Regel-Ausnahmeverhältnis

Schließlich ist die Frage zu beantworten, welches Regel-Ausnahmeverhältnis zwischen der Buchwertfortführung nach § 6 Abs. 3 EStG und einer etwaigen Gewinnrealisation besteht. Handelt es sich bei der Gewinnrealisierung um den Grundsatz und bei der Buchwertfortführung um eine Ausnahme oder umgekehrt. In der Literatur wird teilweise vertreten, bei der Vorschrift des § 6 Abs. 3 EStG handle es sich um eine systemwidrige Ausnahmevorschrift.[292] Diese Ansicht stellt maßgeblich auf die Durchbrechung des Subjektsteuerprinzips ab. Auch der Bundesfinanzhof betont, dass § 6 Abs. 3 EStG ausnahmsweise das Subjektsteuerprinzip durchbreche.[293] Dem ist insoweit zuzustimmen, als die Durchbrechung eines Prinzips stets eine Ausnahme von diesem Prinzip darstellt. Anderenfalls wäre es kein Prinzip.

In zwei Punkten ist dieser Ansicht jedoch zu widersprechen. Zum einen haben die vorangehenden Ausführungen gezeigt, dass die unentgeltliche und vollständige Übertragung von betrieblichen Sachgesamtheiten keinen Besteuerungstatbestand erfüllt und damit dem Grunde nach schon nicht zu einer Aufdeckung stiller Reserven führt. Das Subjektsteuerprinzip wird also nicht erst durch § 6 Abs. 3 S. 1 EStG durchbrochen, sondern bereits durch das Fehlen eines einschlägigen Besteuerungstatbestands.

Zum anderen mag es sich bei der Buchwertfortführung zwar um eine Ausnahme vom Subjektsteuerprinzip handeln, dies sagt aber noch nichts darüber aus, ob eine Regelung oder eine Nicht-Regelung systemimmanent ist. Naturgemäß führt die Durchbrechung eines Prinzips zu einer Ausnahme von diesem Prinzip. Das macht die Durchbrechung aber noch nicht zu einer Ausnahme im gesetzlichen Regelungssystem. Es kann nicht pauschal darauf geschlossen werden, dass eine – ein Prinzip durchbrechende – Regelung insgesamt systemwidrig sei. Denn wie der vorliegende Anwendungsfall zeigt, verhilft die Durchbrechung eines Prinzips (Subjektsteuerprinzip) gerade einem anderen Prinzip (Realisationsprinzip) zur Geltung. Für die Frage nach dem Regel-Ausnahmeverhältnis hilft die isolierte Prinzipienbetrachtung also nicht weiter.

Es ist stattdessen zu fragen, wie sich eine Rechtsfolge in das Gesamtregelungskonzept des Einkommensteuergesetzes einfügt. Wenn § 6 Abs. 3 S. 1 EStG für die Gewinner-

291 Vgl. *Beisse*, Gewinnrealisierung, DStJG 4, 13, 39.

292 Vgl. *Märkle*, StBJb 87/88, 309, 323; *Werndl* in: K/S/M, EStG, § 6 Rn. J 4 und J 65; *Stein*, ZEV 2019, 131, 132; *Baldauf*, System der Gewinnrealisierung, S. 82 f.

293 BFH v. 20.7.2005 – X R 22/02, DStR 2005, 1723, 1725; BFH v. 17.12.2007 – GrS 2/04, DStR 2008, 545, 550; BFH v. 25.1.2017 – X R 59/14, DStR 2017, 1308, 1313.

mittlung des bisherigen Betriebsinhabers nur deklaratorischen Charakter hat,[294] kann die Vorschrift keine Ausnahme von einem allgemeinen Grundsatz sein, wonach stille Reserven bei unentgeltlichen Übertragungen zu versteuern wären. Vielmehr bestätigt sie das Gegenteil: Es existiert ein allgemeiner Rechtsgedanke, wonach die unentgeltliche Betriebsübertragung ertragsteuerlich grundsätzlich nicht mit einer Aufdeckung stiller Reserven verbunden ist.[295] Wenn das Gesetz insgesamt eine Aufdeckung der stillen Reserven nicht vorsieht, kann eine Vorschrift die dies lediglich deklaratorisch feststellt, nicht als systemwidrige Ausnahmevorschrift bezeichnet werden.

Eine systemwidrige Ausnahmevorschrift käme überhaupt nur dann in Betracht, wenn unentgeltliche Übertragungen betrieblicher Sachgesamtheiten grundsätzlich die Voraussetzungen eines Besteuerungstatbestands erfüllen würden und § 6 Abs. 3 S. 1 EStG für bestimmte Konstellationen ausnahmsweise die Freistellung von der Besteuerung anordnen würde.[296] Dies ist aber – wie gezeigt – nicht der Fall. Nur entgeltliche Übertragungen führen grundsätzlich zu einer Aufdeckung der stillen Reserven. Daher stellt die Aufdeckung stiller Reserven gegenüber der Buchwertfortführung den Regelfall dar, wenn ihr ein entgeltlicher Übertragungssachverhalt zugrunde liegt. Fehlt es, wie in den Fällen des § 6 Abs. 3 EStG, an einer entgeltlichen Übertragung, lautet der Regelfall, dass eine unentgeltliche Übertragung nicht zu einer Aufdeckung stiller Reserven führt, solange nicht ausnahmsweise einer der Ersatzrealisationstatbestände erfüllt ist. Auf diese Weise werden unentgeltliche Übertragungsvorgänge systemgerecht aus dem Markteinkommenstatbestand ausgeschlossen und dadurch dem Realisationsprinzip hinreichend Rechnung getragen, welches seinerseits das Leistungsfähigkeitsprinzip konkretisiert.[297]

Diese Rechtsfolge der Nicht-Besteuerung fügt sich auch widerspruchsfrei in das dargelegte Regelungskonzept ein, wonach eine Besteuerung von Wertzuwächsen grundsätzlich bis zum Zeitpunkt der Realisation (i. d. R. Veräußerung) aufgeschoben wird. Nur unter besonderen Umständen, nämlich wenn ansonsten ein endgültiger Untergang der stillen Reserven droht, ist eine vorherige Besteuerung im Rahmen der gesetzlichen Ersatzrealisationstatbestände ausnahmsweise gerechtfertigt.[298] Es fehlt also nicht nur an den Voraussetzungen eines Besteuerungstatbestands, sondern auch wertungsmäßig an

294 So auch BFH v. 5.7.1990 – GrS 4–6/89, MittBayNot 1990, 372, 375; BFH v. 6.5.2010 – IV R 52/08, DStR 2010, 1374, 1376; *Strahl* in: Korn, EStG, § 6 Rn. 469; *Oellerich* in: BeckOK, EStG, § 6 Rn. 2667; *Koch*, Gewinnrealisierung, S. 57.

295 BFH v. 5.7.1990 – GrS 4–6/89, MittBayNot 1990, 372; BFH v. 6.5.2010 – IV R 52/08, DStR 2010, 1374, 1376; *Schindler* in: Kirchhof, EStG, Aufl. 18, § 6 Rn. 193.

296 So aber *Baldauf*, die im Ergebnis sogar Verfassungswidrigkeit der Vorschrift annimmt, weil es sich um eine nicht erforderliche Subventionsregelung handle, die gegen das Leistungsfähigkeitsprinzip verstoße, *Baldauf*, System der Gewinnrealisierung, S. 83 ff.

297 *Hennrichs* in: Tipke/Lang, EStG, § 9 Rn. 431; *Knobbe-Keuk*, Unternehmenssteuerrecht, S. 244.

298 Vgl. hierzu oben unter 1. Teil: B. III.

einem gesteigerten Besteuerungsinteresse des Staates, welches das Verschonungsinteresse des Steuerpflichtigen überwiegen und eine Durchbrechung des Realisationsprinzips rechtfertigen würde.[299]

Im Ergebnis mag die Nicht-Besteuerung eine Ausnahme vom Subjektsteuerprinzip sein, sie ergibt sich allerdings bereits aus zutreffender Gesetzesauslegung und fügt sich systemgerecht in das Regelungskonzept des Einkommensteuergesetzes ein. Der Grundsatz lautet demnach, dass eine unentgeltliche Betriebsübertragung nicht zur Aufdeckung stiller Reserven führt. Dies ist nur ausnahmsweise der Fall, nämlich wenn einer der Ersatzrealisationstatbestände erfüllt ist.

4. Weitere Fälle der Buchwertfortführung im EStG

Das Einkommensteuergesetz kennt neben § 6 Abs. 3 EStG weitere Fälle der Buchwertfortführung. So ordnet § 6 Abs. 5 S. 1 EStG die Buchwertfortführung bei der Überführung von Einzelwirtschaftsgütern an. Zudem enthält § 16 Abs. 3 S. 2 EStG eine Buchwertfortführungsvorschrift für Realteilungssachverhalte. Der Vollständigkeit halber soll an dieser Stelle kurz erläutert werden, warum diese Buchwertfortführungsvorschriften – anders als § 6 Abs. 3 S. 1 EStG – sehr wohl ihren eigenen Anwendungsbereich haben

Die Vorschrift des § 6 Abs. 5 S. 1 EStG erfasst die Überführung von Einzelwirtschaftsgütern von einem Betriebsvermögen in ein anderes Betriebsvermögen desselben Steuerpflichtigen. In diesen Fällen ist eine Buchwertfortführungsvorschrift notwendig, weil sich diese Folge nicht zwangsläufig aus dem Gesetz ergibt. Vielmehr wäre unter Anwendung des (vorzugswürdigen) engen Betriebsbegriffs der Ersatzrealisationstatbestand der Entnahme erfüllt. Denn durch die Überführung eines Wirtschaftsguts kommt es zu einem Wertabgang innerhalb des einen Betriebsvermögens. Diese Wertminderung ist auch außerbetrieblich veranlasst, denn nach dem zu favorisierenden engen Betriebsbegriff sind die Zwecke des einen Betriebes aus der Sicht eines anderen Betriebes (auch desselben Steuerpflichtigen) fremd.[300] Unter Wertungsgesichtspunkten ist es aber gerechtfertigt, dass trotz Vorliegens der Entnahmevoraussetzungen eine Besteuerung unterbleibt. Denn zum einen fehlt es am Realisationsakt am Markt und zum anderen bleibt das Wirtschaftsgut weiterhin steuerverstrickt. Das Bedürfnis für eine sofortige Besteuerung besteht also nicht. Aus diesem Grund ordnet § 6 Abs. 5 S. 1 EStG systemgerecht eine Buchwertfortführung an.

299 Vgl. hierzu oben unter 1. Teil: B. II. 2. und 1. Teil: B. III.

300 Vgl. zum engen Betriebsbegriff oben unter 1. Teil: A. I. 1. und zu den Voraussetzungen einer Entnahme unter 1. Teil: B. III. 2. und 1. Teil: B. IV. 1. b).

Vergleichbares gilt für die Buchwertfortführungsvorschrift bei Realteilungen von Mitunternehmerschaften nach § 16 Abs. 3 S. 2 EStG. Denn die Realteilung einer Personengesellschaft stellt grundsätzlich eine Betriebsaufgabe dar.[301] Die Mitunternehmerschaft besteht nicht weiter fort. Sie wird zerschlagen und auf die jeweiligen Mitunternehmer aufgeteilt. Wenn in diesem Rahmen jedoch Teilbetriebe, Mitunternehmeranteile oder einzelne Wirtschaftsgüter in das Betriebsvermögen der einzelnen Mitunternehmer übertragen werden, fällt die Interessenabwägung ebenfalls (weiterhin) zugunsten der Steuerpflichtigen aus. Für die Aufdeckung der stillen Reserven ohne Vorliegen eines Umsatzakts besteht kein Grund, da eine Besteuerung auch zu einem späteren Realisationszeitpunkt erfolgen kann. Daher ordnet § 16 Abs. 3 S. 2 EStG auch in diesen Fällen systemgerecht die Buchwertfortführung an.

Im Ergebnis haben die Buchwertfortführungsvorschriften in § 6 Abs. 5 S. 1 EStG und § 16 Abs. 3 S. 2 EStG also konstitutiven Charakter und verhindern innerhalb ihres Anwendungsbereichs die sich grundsätzlich aus dem Gesetz ergebende Aufdeckung der stillen Reserven aufgrund einer Entnahme bzw. Betriebsaufgabe. Hier liegt der maßgebliche Unterschied zu § 6 Abs. 3 EStG, dem von vornherein schon kein Besteuerungstatbestand zugrunde liegt.

V. Zusammenfassung und Zwischenergebnis

Die Ausführungen haben gezeigt, dass sowohl die Entstehung stiller Reserven als auch deren Aufdeckung auf Wertungsentscheidungen des Gesetzgebers zurückgehen. Solange eine Wertsteigerung des Betriebsvermögens nicht durch Umsatzakt realisiert ist, verzichtet der Gesetzgeber auf die Besteuerung, indem er die bloße Wertsteigerung (noch) nicht als Gewinn i. S. d. Einkommensteuergesetzes betrachtet. Vielmehr räumt er im Rahmen einer Interessenabwägung dem Verschonungsinteresse des Steuerpflichtigen bis zum Veräußerungszeitpunkt den Vorrang ein. Von diesem Grundsatz lässt er Ausnahmen zu, wenn anderenfalls ein Untergang der stillen Reserven zu befürchten wäre. Aus diesem Grund ordnen die Ersatzrealisationstatbestände ausnahmsweise eine sofortige Besteuerung ohne Umsatzakt an, weil eine spätere Besteuerung ansonsten nicht mehr gewährleistet wäre.

Im Fall der unentgeltlichen Übertragung betrieblicher Sachgesamtheiten ist der Veräußerungstatbestand mangels Gegenleistung nicht erfüllt. Stille Reserven wären also nur aufzudecken, wenn die Voraussetzungen eines Ersatzrealisationstatbestandes vorliegen. Dies ist allerdings nicht der Fall. Für eine Entnahme fehlt es an der erforderlichen Minderung des Betriebsvermögens, denn dieses bleibt gerade ungeschmälert erhalten. Eine

301 BFH v. 29.3.2011 – VIII R 28/08, NJW 2011, 2991, 2992 Rn. 19; *Kulosa* in: H/H/R, EStG, § 16 Rn. 542.

Betriebsaufgabe scheitert daran, dass der Betrieb nicht zerschlagen, sondern vom Nachfolger (unverändert) fortgeführt wird.

Eine extensivere Auslegung des Aufgabetatbestands unter Berufung auf das Subjektsteuerprinzip ist abzulehnen. Sie ist mit dem Betriebsbegriff nicht vereinbar und übersieht, dass die Ersatzrealisationstatbestände als Ausnahmetatbestände eng auszulegen sind. Zudem missachtet sie die Entscheidung des Gesetzgebers, unentgeltliche Betriebsübertragungen grundsätzlich nicht als steuerbare Steigerung der Leistungsfähigkeit des Übertragenden zu betrachten.[302] Denn eine derartig weite Auslegung würde auf die Begründung einer neuen Steuerpflicht hinauslaufen, die das Gesetz nicht hergibt. Dies würde rechtsstaatlichen Prinzipien wie dem Vorbehalt des Gesetzes und der Tatbestandsmäßigkeit der Besteuerung entgegenstehen.

Es wäre allein Sache des Gesetzgebers, entsprechende Tatbestände zu schaffen,[303] wie er dies z. B. als Reaktion auf die Rechtsprechung zum finalen Entnahmebegriff durch die Schaffung des Entstrickungstatbestands in § 4 Abs. 1 S. 3 EStG getan hat.[304] Tut er dies nicht, ist es gerade Ausdruck der gesetzgeberischen Gestaltungsfreiheit, unentgeltliche Übertragungen anders zu behandeln als Entnahmen oder Betriebsaufgabesachverhalte.[305] Insbesondere die unterschiedlichen Interessenlagen stützten diese gesetzgeberische Entscheidung. Denn ein Verlust der stillen Reserven droht bei unentgeltlichen Betriebsübertragungen – anders als bei Entnahmen und Aufgaben – grundsätzlich gerade nicht. Ein Zurücktreten des Subjektsteuerprinzips hinter das Realisationsprinzip ist unter diesem Gesichtspunkt gerechtfertigt und hinzunehmen. Es wurde, wie auch die Gesetzgebungshistorie zeigt, vom Gesetzgeber bewusst durchbrochen. Der Rechtsanwender ist an diese Wertungsentscheidung gebunden.

Hinsichtlich der Vermeidung der Aufdeckung stiller Reserven ist die Vorschrift des § 6 Abs. 3 EStG also rein deklaratorisch, da schlicht kein Besteuerungstatbestand greift, soweit betriebliche Sachgesamtheiten unentgeltlich übertragen werden.[306] Demnach entspricht es gerade dem Regelungskonzept des Einkommensteuergesetzes, dass im Fall unentgeltlicher Betriebsübertragungen stille Reserven unversteuert bleiben. Nur wenn die Voraussetzungen eines Ersatzrealisationstatbestands erfüllt sind, kommt es ausnahmsweise zu einer Besteuerung ohne Realisationsakt.

302 *Trossen* in: K/S/M, EStG, § 16 Rn. A 67.

303 *Meyer* in: BeckOK, EStG, § 4 Rn. 581 f., 618.

304 Vgl. zum Entstrickungstatbestand oben unter 1. Teil: B. III. 2. a).

305 *Hey* in: GS Trzaskalik, 219, 229.

306 So auch BFH v. 5.7.1990 – GrS 4–6/89, MittBayNot 1990, 372, 375; BFH v. 6.5.2010 – IV R 52/08, DStR 2010, 1374, 1376; *Strahl* in: Korn, EStG, § 6 Rn. 469; *Oellerich* in: BeckOK, EStG, § 6 Rn. 2667; *Koch*, Gewinnrealisierung, S. 57.

Im Ergebnis handelt es sich bei den von § 6 Abs. 3 EStG erfassten Konstellationen der Buchwertfortführung also um den gesetzlichen Regelfall. Hingegen ist die Besteuerung stiller Reserven ohne Realisationsakt als Ausnahme begründungsbedürftig.

C. Voraussetzungen des § 6 Abs. 3 EStG

In diesem Kapitel werden die Voraussetzungen des § 6 Abs. 3 EStG dargestellt und kritisch hinterfragt. Was unter einem Betrieb, einem Teilbetrieb und einem Mitunternehmeranteil bzw. an einem Teil daran zu verstehen ist, wurde bereits oben dargestellt.[307] Die im Folgenden erörterten Voraussetzungen gelten für alle von § 6 Abs. 3 EStG erfassten Sachgesamtheiten, soweit nicht ausdrücklich etwas anderes gilt.

I. Persönlicher Anwendungsbereich der Vorschrift

Übertragende und Erwerber im Sinne des § 6 Abs. 3 EStG können grundsätzlich natürliche Personen, Mitunternehmerschaften oder Körperschaften sein.[308] Der Wortlaut ist insoweit nicht beschränkt. Eine Ausnahme besteht allerdings für die Übertragung von Teilen von Mitunternehmeranteilen und die Aufnahmen in bestehende Einzelunternehmen. Der Erwerber muss in diesen Fällen ausdrücklich eine natürliche Person sein (§ 6 Abs. 3 S. 1 Hs. 2 EStG). Insbesondere eine Übertragung auf Körperschaften oder auf andere Personengesellschaften ist bei Teilen von Mitunternehmeranteilen daher nicht möglich.[309]

Bei konsequenter Anwendung der bisherigen Ergebnisse dieser Arbeit ist dem nicht zu folgen. Wenn die Buchwertfortführungsvorschrift des § 6 Abs. 3 EStG nur deklaratorischen Charakter hat, geht eine derartige Einschränkung ins Leere. Denn einen eigenen Besteuerungstatbestand vermag diese (Bewertungs-)Vorschrift nicht zu begründen. Es ist kein Grund ersichtlich, warum allein durch die Tatsache, dass statt einer natürlichen Person eine Personengesellschaft oder eine Körperschaft beteiligt wird, ein Besteuerungstatbestand erfüllt sein soll. Der Schluss, dass automatisch eine Betriebsaufgabe vorliegt, lässt sich gerade nicht ziehen.[310] Vielmehr bleibt es bei den obigen Ergebnis-

307 Vgl. hierzu oben unter 1. Teil: A. I.

308 *Strahl* in: Korn, EStG, § 6 Rn. 470; *Oellerich* in: BeckOK, EStG, § 6 Rn. 2677; *Prinz* in: Bordewin/Brandt, EStG, § 6 Rn. 810.

309 BMF v. 3.3.2005, IV B 2 – S 2241 – 14/05, BStBl. I 2005, 458 Rn. 1; *Ehmcke* in: Blümich, EStG, § 6 Rn. 1243; *Gratz/Uhl-Ludäscher* in: H/H/R, EStG, § 6 Rn. 1261; *Oellerich* in: BeckOK, EStG, § 6 Rn. 2757; a.A. im Hinblick auf Personengesellschaften, an denen nur natürliche Personen beteiligt sind: *Strahl* in: Korn, EStG, § 6 Rn. 470.4; *Korn*, KÖSDI 2005, 14633, 14634.

310 So aber ohne weitere Begründung: *Gratz/Uhl-Ludäscher* in: H/H/R, EStG, § 6 Rn. 1261; *Ehmcke* in: Blümich, EStG, § 6 Rn. 1243.

sen, dass es für eine Entnahme an einer Betriebsvermögensminderung und für eine Betriebsaufgabe an einer Zerschlagung der jeweiligen Sachgesamtheit fehlt.[311]

Schließlich findet die Vorschrift insgesamt keine Anwendung bei unentgeltlichen Übertragungen auf Kapitalgesellschaften an denen der Übertragende beteiligt ist oder von Kapitalgesellschaften auf ihre Gesellschafter, denn in diesen Fällen gehen die Regelungen zur verdeckten Einlage und zur verdeckten Gewinnausschüttung vor.[312]

II. Übertragung einer betrieblichen Sachgesamtheit

Die Vorschrift des § 6 Abs. 3 EStG erfasst die „Übertragung" betrieblicher Sachgesamtheiten. Eine Übertragung liegt vor, wenn das wirtschaftliche Eigentum an den zu der jeweiligen Sachgesamtheit gehörenden Vermögensgegenständen bzw. an der Sachgesamtheit selbst auf einen anderen Steuerpflichtigen übergeht.[313] Der Erwerber muss also wirtschaftlicher Eigentümer der übertragenen Sachgesamtheit bzw. der zu dieser gehörenden Wirtschaftsgüter werden. Insoweit finden die Grundsätze des § 39 Abs. 2 Nr. 1 AO Anwendung.[314] Wirtschaftliches Eigentum geht grundsätzlich mit der zivilrechtlichen Eigentumsübertragung des Betriebs bzw. dessen Wirtschaftsgüter auf der Erwerber über. Nur wenn ein anderer die tatsächliche Sachherrschaft in der Weise ausüben kann, dass er den Eigentümer für die gewöhnliche Nutzungsdauer von der Einwirkung auf das Wirtschaftsgut ausschließen kann, weicht die wirtschaftliche Eigentümerschaft von der zivilrechtlichen ab.

Die Übertragung einer betrieblichen Sachgesamtheit i. S. d. § 6 Abs. 3 EStG ist von einer „Überführung" i. S. d. § 6 Abs. 5 S. 1 EStG abzugrenzen. Eine Überführung liegt vor, wenn die Zuordnung von Wirtschaftsgütern zu einem Betriebsvermögen desselben Steuerpflichtigen geändert wird, ohne, dass ein Rechtsträgerwechsel stattfindet.[315] Wenn Wirtschaftsgüter also von einem Betriebsvermögen des Steuerpflichtigen in ein anderes Betriebsvermögen desselben Steuerpflichtigen wechseln, ohne dass ein Übergang des zivilrechtlichen oder wirtschaftlichen Eigentums stattfindet.[316] In diesen Fäl-

311 Vgl. hierzu oben unter 1. Teil: B. IV. 1. b). und 1. Teil: B. IV. 1. c).

312 BFH v. 29.10.1991 – VIII R 2/86, DStR 1992, 1014; BFH v. 20.7.2005 – X R 22/02, DStR 2005, 1723; BMF v. 3.3.2005 – IV B 2 – S 2241 – 14/05, DStR 2005, 475, Rn. 2; *Prinz* in: Bordewin/Brandt, EStG, § 6 Rn. 811; *Kulosa* in: Schmidt, EStG, § 6 Rn. 653; *Schindler* in: Kirchhof, EStG, Aufl. 18, § 6 Rn. 198; *Gratz/Uhl-Ludäscher* in: H/H/R, EStG, § 6 Rn. 1245, 1248; ausführlich zu diesem Thema: *Koch*, Gewinnrealisierungen, S. 72 ff.

313 BFH v. 9.5.1996 – IV R 77/95, DStR 1996, 1401; *Strahl* in: Korn, EStG, § 6 Rn. 474.1; *Oellerich* in: BeckOK, EStG, § 6 Rn. 2682; *Prinz* in: Bordewin/Brandt, EStG, § 6 Rn. 831 f.

314 *Oellerich* in: BeckOK, EStG, § 6 Rn. 2682.

315 *Ehmcke* in: Blümich, EStG, § 6 Rn. 1289.

316 *Niehus/Wilke* in: H/H/R, EStG, § 6 Rn. 1526.

len liegen unter Anwendung des engen Betriebsbegriffs regelmäßig die Voraussetzungen einer Entnahme im Hinblick auf das überführte Wirtschaftsgut vor.[317]

Von einer Betriebsaufgabe unterscheidet sich die Übertragung einer betrieblichen Sachgesamtheit dadurch, dass die betriebliche Organisationseinheit im Rahmen einer Übertragung bestehen bleibt, während diese bei einer Betriebsaufgabe zu bestehen aufhört.[318] Übertragung eines Betriebs und Aufgabe eines Betriebs schließen sich also grundsätzlich aus.

III. Unentgeltlichkeit der Übertragung

§ 6 Abs. 3 EStG erfasst ausdrücklich nur *„unentgeltliche"* Übertragungen betrieblicher Einheiten. Es kommt daher darauf an, dass die Übertragung ohne Gegenleistung des Erwerbers erfolgt.[319] Eine Gegenleistung liegt dabei dann vor, wenn die beiderseitigen Leistungen nach kaufmännischen Gesichtspunkten abgewogen wurden.[320] Erforderlich für eine Unentgeltlichkeit ist hingegen, dass der Übertragende dem Erwerber den Gegenstand schenkweise überlassen will, also eine Bereicherungsabsicht vorliegt.[321] Dabei ist davon auszugehen, dass zwischen fremden Personen grundsätzlich keine Veranlassung für unentgeltliche Zuwendungen besteht, während bei nahestehenden Personen eine widerlegbare Vermutung dafür besteht, dass die Übertragung auf familiären Gründen beruht und damit voll unentgeltlich oder teilentgeltlich ist.[322]

Eine teilentgeltliche Übertragung liegt vor, wenn das geleistete Entgelt (bewusst) unter dem Verkehrswert der übertragenen Sachgesamtheit liegt.[323] Bei teilentgeltlichen Übertragungen von Betrieben, Teilbetrieben und Mitunternehmeranteilen gilt der gesamte Vorgang trotzdem als voll unentgeltlich i. S. d. § 6 Abs. 3 EStG, solange das gezahlte Entgelt nicht über die Buchwerte der insgesamt übertragenen Wirtschaftsgüter (steuerliches Kapitalkonto) hinaus geht (Einheitstheorie).[324] Denn eine teilentgelt-

317 Vgl. hierzu oben unter 1. Teil: B. IV. 4. und unter 1. Teil: A. I. 1.

318 Vgl. zur Betriebsaufgabe oben unter 1. Teil: B. III. 3.

319 *Gratz/Uhl-Ludäscher* in: H/H/R, EStG, § 6 Rn. 1230; *Schindler* in: Kirchhof, EStG, Aufl. 18, § 6 Rn. 195.

320 BFH v. 31.5.1972 – I R 49/69, BStBl. II 1972, 696; *Gratz/Uhl-Ludäscher* in: H/H/R, EStG, § 6 Rn. 1230.

321 BFH v. 26.6.2002 – IV R 3/01, NJW-RR 2003, 253, 254; BFH v. 14.1.2010 – IV R 13/06, BeckRS 2010, 25016250; *Strahl* in: Korn, EStG, § 6 Rn. 99; *Oellerich* in: BeckOK, EStG, § 6 Rn. 2688.

322 BFH v. 1.3.2018 – IV R 16/15, DStR 2018, 1362, 1363; BMF v. 11.3.2010 – IV C 3 – S 2221/09/10004, BStBl. I 2010, 227, Rz. 5; *Geissler* in: H/H/R, EStG, § 16 Rn. 73; *Gratz/Uhl-Ludäscher* in: H/H/R, EStG, § 6 Rn. 1230.

323 *Strahl* in: Korn, EStG, § 6 Rn. 107.

324 *Schindler* in: Kirchhof, EStG, Aufl. 18, § 6 Rn. 196; *Mutscher* in: Frotscher, EStG, § 6 Rn. 478; *Strahl* in: Korn, EStG, § 6 Rn. 107.

liche Übertragung einer betrieblichen Einheit stellt einkommensteuerrechtlich einen einheitlichen Vorgang dar, der nicht in ein Anschaffungsgeschäft und eine Schenkung aufzuteilen ist.[325] Dementsprechend ist insgesamt von einer entgeltlichen Übertragung auszugehen, wenn der Veräußerungspreis über dem steuerlichen Kapitalkonto liegt.[326]

Die Übernahme von Verbindlichkeiten begründet bei der Übertragung von Einzelwirtschaftsgütern grundsätzlich einen entgeltlichen Vorgang.[327] Da die zu einem Betrieb oder Mitunternehmeranteil gehörenden Passiva jedoch einen Teil der zu übertragenden Sachgesamtheit darstellen, werden Schulden im Hinblick auf § 6 Abs. 3 EStG nicht als Entgelt betrachtet.[328] Dies gilt selbst dann, wenn die Passiva die Buchwerte der Aktiva überschreiten und das Kapitalkonto insgesamt negativ ist.[329] Auch hier gilt also eine einheitliche Betrachtung.

Im Ergebnis fallen typischerweise Betriebsübergänge durch Erbfall, vorweggenommene Erbfolge und andere Schenkungen betrieblicher Sachgesamtheiten in den Anwendungsbereich des § 6 Abs. 3 EStG.[330] Die Unentgeltlichkeit grenzt den § 6 Abs. 3 EStG dabei sowohl vom Realisationstatbestand der Betriebsveräußerung,[331] als auch von anderen Buchwertfortführungsvorschriften, wie den Einbringungsfällen der §§ 20 und 24 UmwStG ab. Denn bei der Einbringung betrieblicher Sachgesamtheiten in Personen- oder Kapitalgesellschaften gegen Gewährung oder Erhöhung von Gesellschafterrechten handelt es sich um Tauschvorgänge, die schon wegen ihres Entgeltcharakters nicht unter § 6 Abs. 3 EStG fallen.[332]

IV. Besteuerung der stillen Reserven sichergestellt

Zum Veranlagungszeitraum 2017 wurde § 6 Abs. 3 S. 1 EStG um den Zusatz erweitert *„sofern die Besteuerung der stillen Reserven sichergestellt ist.“* Hieran fehlt es insbesondere, wenn das Besteuerungsrecht der Bundesrepublik Deutschland hinsichtlich des Gewinns aus der Veräußerung eines Wirtschaftsguts ausgeschlossen oder beschränkt wird

325 BFH v. 7.2.1995 – VIII R 36/93, DStR 1995, 1541, 1542; *Mutscher* in: Frotscher, EStG, § 6 Rn. 478; *Strahl* in: Korn, EStG, § 6 Rn. 107.

326 BMF v. 13.1.1993 – IV B 3 – S 2190 – 37/92; BStBl. I. 80, Rz. 35.

327 *Ortmann-Babel* in: Lademann, EStG, § 6 Rn. 1007.

328 BFH v. 5.7.1990 – GrS 4–6/89, MittBayNot 1990, 372, 375; *Ortmann-Babel* in: Lademann, EStG, § 6 Rn. 1007; *Wacker* in: Schmidt, EStG, § 16 Rn. 38.

329 BFH v. 23.4.1971 – IV 201/65, BeckRS 1971, 22001020; BFH v. 24.8.1972 – VIII R 36/66, BStBl. II 1973, 111; BMF v. 13.1.1993 – IV B 3 – S 2190 – 37/92; BStBl. I. 80, Rz. 30.

330 *Kulosa* in: Schmidt, EStG, § 6 Rn. 652; *Wacker* in: Schmidt, EStG, § 16 Rn. 25 ff., 45 ff. und 35 ff.; *Oellerich* in: BeckOK, EStG, § 6 Rn. 2687.

331 Vgl. hierzu oben unter 1. Teil: B. III. 1. und 1. Teil: B. IV. 1. a).

332 *Ehmcke* in: Blümich, EStG, § 6 Rn. 1223; *Oellerich* in: BeckOK, EStG, § 6 Rn. 2680; *Mutscher* in: Frotscher, EStG, § 6 Rn. 466 a f.

(§ 4 Abs. 1 S. 3 EStG).[333] Dies ist z. B. dann der Fall, wenn Teilbetriebe, Mitunternehmeranteile oder einzelne Wirtschaftsgüter, die bislang einer inländischen Betriebsstätte zugeordnet waren, künftig einer ausländischen Betriebsstätte zugeordnet werden (vgl. § 4 Abs. 1 S. 4 EStG).[334] Die Einschränkung ist allerdings nicht auf Auslandssachverhalte beschränkt.[335] Daher ist auch im Fall der Übertragung eines Mitunternehmeranteils an einer nur gewerblich geprägten Personengesellschaft auf einen steuerbefreiten Rechtsträger, bei dem die Beteiligung kein wirtschaftlicher Geschäftsbetrieb ist, die Besteuerung der stillen Reserven nicht sichergestellt.[336]

Durch die Aufnahme dieses Zusatzes sollte nach der Gesetzesbegründung lediglich eine sprachliche Anpassung an die Regelungen zur Buchwertfortführung in § 6 Abs. 5 S. 1 EStG (Einzelwirtschaftsgüter) und in § 16 Abs. 3 S. 2 EStG (Realteilung) erreicht werden.[337] In der Sache war eine Änderung nicht beabsichtigt, da nach älterer Rechtsprechung des Bundesfinanzhofs eine Betriebsübertragung zu Buchwerten auch vorher nur in Betracht kam, wenn die stillen Reserven beim Erwerber steuerverstrickt blieben (sog. finale Betriebsaufgabetheorie).[338]

Da eine derart extensive Auslegung des Betriebsaufgabetatbestands allerdings abzulehnen ist und auch der Bundesfinanzhof seine Rechtsprechung zur finalen Aufgabetheorie mittlerweile aufgegeben hat,[339] hätte der Gesetzgeber – entgegen seiner Intention – ein einschränkendes Tatbestandsmerkmal für die Buchwertfortführung geschaffen. Zu berücksichtigen ist jedoch, dass § 6 Abs. 3 S. 1 EStG nach den bisherigen Ergebnissen nur eine Bewertungsvorschrift mit deklaratorischem Charakter ist und sich die Buchwertfortführung bereits aus korrekter Gesetzesauslegung ergibt. Alleiniger Maßstab für die Aufdeckung stiller Reserven kann also weiterhin nur die Verwirklichung eines Besteuerungstatbestands sein. § 6 Abs. 3 EStG allein kann eine Besteuerung nicht begründen.

Die Voraussetzungen der Entnahme und der Betriebsaufgabe sind aus den gleichen Gründen wie bislang nicht erfüllt.[340] Dass die Besteuerung der stillen Reserven nicht sichergestellt ist, kann hieran allein nichts ändern. An dieser Stelle setzt jedoch der Entstrickungstatbestand des § 16 Abs. 3a EStG an. Um zu verhindern, dass stille Reserven

333 *Oppel* in: BeckOK, EStG, § 16 Rn. 1050; *Hänsch*, NWB 2017, 935, 937 f.

334 *Schallmoser* in: Blümich, EStG, § 16 Rn. 406.

335 *Hänsch*, NWB 2017, 935, 938.

336 *Strahl* in: Korn, EStG, § 6 Rn. 469.5; Müller/Dorn/Hoffmann in: L/B/P, EStG, § 6 Rn. 1488; *Hänsch*, NWB 2017, 935, 938 f.

337 BT-Drs. 18/9956, 5.

338 BT-Drs. 18/9956, 5; vgl. zur (aufgegebenen) finalen Betriebsaufgabetheorie oben unter 1. Teil: B. III. 3. a).

339 Vgl. hierzu oben unter 1. Teil: B. III. 3. a).

340 Vgl. hierzu oben unter 1. Teil: B. IV. 1. b). und 1. Teil: B. IV. 1. c).

dem deutschen Steuerzugriff entzogen werden, wird eine Betriebsaufgabe fingiert, die zur Aufdeckung der stillen Reserven führt, wenn der Gewinn aus einer späteren Veräußerung der im Betrieb enthaltenen Wirtschaftsgüter nicht mehr uneingeschränkt dem deutschen Steuerzugriff unterliegt.[341]

Der Gesetzgeber hat mit dieser Vorschrift auf die Änderung der Rechtsprechung in Bezug auf die Aufgabe des finalen Betriebsaufgabebegriffs reagiert.[342] Diese gesetzgeberische Entscheidung ist insofern zu begrüßen, als dass sie eine ausreichende Gesetzesgrundlage schafft und damit dem Grundsatz der Tatbestandsmäßigkeit der Besteuerung genügt. Die vorherige Rechtsprechung des Bundesfinanzhofs zur finalen Betriebsaufgabe war gerade abzulehnen, da es an einer entsprechenden gesetzlichen Regelung fehlte.[343] Die Regelung lässt sich – als Ausnahmeregelung – auch rechtfertigen, da der drohende Untergang der stillen Reserven dazu führt, dass das Interesse des Steuerpflichtigen an einem weiteren Besteuerungsaufschub hinter das Besteuerungsinteresse des Staates zurücktreten muss.

Für die Buchwertfortführung nach § 6 Abs. 3 EStG gilt im Ergebnis Folgendes: Wird durch die Übertragung einer betrieblichen Einheit der Entstrickungstatbestand des § 16 Abs. 3a EStG erfüllt, so findet auch die Buchwertfortführung nach § 6 Abs. 3 EStG keine Anwendung, da die Besteuerung der stillen Reserven nicht sichergestellt ist. Soweit die einschränkende Formulierung in § 6 Abs. 3 S. 1 EStG *„sofern die Besteuerung der stillen Reserven sichergestellt ist"* jedoch weiter gefasst ist, als der Tatbestand des § 16 Abs. 3a EStG (z. B. Inlandssachverhalte), geht die Formulierung nach der hier vertretenen Ansicht ins Leere, da die Voraussetzungen eines Besteuerungstatbestands nicht erfüllt sind.[344]

Dies ist beispielsweise der Fall bei der Übertragung eines Mitunternehmeranteils an einer nur gewerblich geprägten Personengesellschaft auf einen steuerbefreiten (gemeinnützigen) Rechtsträger, bei dem die Beteiligung keinen wirtschaftlichen Geschäftsbetrieb darstellt. Zwar ist aufgrund der Steuerbefreiung die Besteuerung der stillen

341 *Schallmoser* in: Blümich, EStG, § 16 Rn. 494; *Wacker* in: Schmidt, EStG, § 16 Rn. 175; *Graw* in: K/S/M, EStG, § 16 Rn. G 1 ff.; ausführlich zu der Frage, in welchen Fällen das Besteuerungsrecht der Bundesrepublik Deutschland eingeschränkt oder ausgeschlossen ist: *Kulosa* in: H/H/R, EStG, § 16 Rn. 625 f.

342 *Rode* in: BeckOK, EStG, § 16 Rn. 1106; *Graw* in: K/S/M, EStG, § 16 Rn. G 2.

343 Vgl. oben unter 1. Teil: B. III. 3. a).

344 Dies ist anders zu beurteilen, wenn man (unter Anwendung der finalen Betriebsaufgabetheorie) eine Betriebsaufgabe nach § 16 Abs. 3 S. 1 EStG allein deshalb für gegeben hält, weil der Betrieb durch einen Rechtsvorgang in seiner ertragsteuerlichen Einordnung so verändert wird, dass die Erfassung der stillen Reserven nicht mehr gewährleistet ist: BFH v. 19.2.1998 – IV R 38/97, NVwZ 1998, 1112; OFD Frankfurt v. 27.7.2016 – S 2241 A – 129 – St 213, DB 2016, 1966; BT-Drs. 18/9956, 5; *Hänsch*, NWB 2017, 935, 938; Vgl. hierzu oben unter 1. Teil: B. III. 3. a).

Reserven nicht mehr sichergestellt i. S. d. § 6 Abs. 3 EStG, es fehlt aber an den Voraussetzungen des § 16 Abs. 3a EStG. Denn dieser knüpft allein an eine Beschränkung des Besteuerungsrechts der Bundesrepublik Deutschland an, welches in Fällen ohne Auslandsbezug aber nicht beschränkt sein kann.

V. Einheitlicher Übertragungsvorgang

Die herkömmliche Ansicht in Rechtsprechung, Finanzverwaltung und weiten Teilen der Literatur setzt für die Anwendbarkeit des § 6 Abs. 3 EStG voraus, dass – wie bei der Vorgängervorschrift des § 7 Abs. 1 EStDV – das wirtschaftliche Eigentum an allen funktional wesentlichen Betriebsgrundlagen in einem einheitlichen Vorgang unter Aufrechterhaltung des wirtschaftlichen Organismus auf einen Erwerber übertragen wird.[345] Diese Voraussetzung ist unter Berücksichtigung der wesentlichen Auffassungen in Rechtsprechung, Finanzverwaltung und Literatur sowie der bisherigen Ergebnisse dieser Arbeit näher zu betrachten.

1. Ansicht in der Rechtsprechung

Nach früherer Rechtsprechung war es erforderlich, dass das wirtschaftliche Eigentum an allen wesentlichen Betriebsgrundlagen (bei Mitunternehmeranteilen auch solchen des Sonderbetriebsvermögens) in einem einheitlichen Vorgang auf den Erwerber übertragen wird.[346] Dabei ist für die Einordnung eines Wirtschaftsguts als wesentliche oder unwesentliche Betriebsgrundlage im Rahmen des § 6 Abs. 3 EStG allein auf die sog. funktionale Betrachtungsweise abzustellen.[347] Danach ist nach den tatsächlichen Umständen des Einzelfalls unter Berücksichtigung der besonderen Verhältnisse des jeweiligen Betriebs zu ermitteln, ob das jeweilige Wirtschaftsgut zur Erreichung des Betriebszwecks erforderlich ist und ihm ein besonderes wirtschaftliches Gewicht für die Betriebsführung zukommt.[348] Ob und in welchem Umfang in einem Wirtschaftsgut stille Reserven enthalten sind (sog. quantitative Betrachtungsweise) spielt für die Einordnung als wesentliche Betriebsgrundlage im Rahmen des § 6 Abs. 3 EStG keine

345 BFH v. 2.9.1992 – XI R 26/91, BFH/NV 1993, 161; BFH v. 25.1.2017 – X R 59/14, ZEV 2017, 471, 472; BMF v. 3.3.2005 – IV B 2 – S 2241 – 14/05, DStR 2005, 475 Rn. 4 ff.; *Mutscher* in: Frotscher, EStG, § 6 Rn. 470; *Kulosa* in: Schmidt, EStG, § 6 Rn. 645; *Wacker* in: Schmidt, EStG, § 16 Rn. 15; *Trossen* in: K/S/M, EStG, § 16 Rn. A 64; *Ehmcke* in: Blümich, EStG, § 6 Rn. 1222 ff.

346 BFH v. 14.7.1993, X R 74 – 75/90, DStR 1993, 1854; 1855; BFH v. 31.8.1995 – VIII B 21/93, DStR 1995, 1870.

347 BFH v. 31.8.1995 – VIII B 21/93, DStR 1995, 1870; BFH v. 24.8.2000 – IV R 51–98, DStR 2000, 1768, 1769; BMF v. 3.3.2005 – IV B 2 – S 2241–15/05, DStR 2005, 475 Rn. 3; *Wendt*, FR 2005, 468, 470.

348 BFH v. 17.4.1997 – VIII R 2/95, DStR 1997, 1880.

Rolle.[349] Wollte man also von der Buchwertfortführung profitieren, so mussten alle funktional wesentlichen Betriebsgrundlagen auf einmal übertragen werden. Lediglich solche Wirtschaftsgüter, die für die Erreichung des Betriebszwecks unwesentlich sind, durften nach früherer Rechtsprechung zurückbehalten, ausgegliedert oder auf Dritte übertragen werden, ohne die Buchwertfortführung dadurch zu gefährden.

Von dieser Rechtsprechung ist der Bundesfinanzhof mit Urteil vom 2.8.2012 teilweise abgerückt und hat entschieden, dass die Buchwertfortführung nach § 6 Abs. 3 EStG auch dann zu gewähren sei, wenn funktional wesentliche Betriebsgrundlagen des Sonderbetriebsvermögens vorher bzw. zeitgleich zur Betriebsübertragung nach § 6 Abs. 5 EStG zum Buchwert ausgegliedert werden.[350] Eine einschränkende Auslegung des § 6 Abs. 3 S. 1 EStG käme nur dann in Betracht, wenn die wirtschaftliche Lebensfähigkeit der entsprechenden Sachgesamtheit und damit die Einkünfteerzielung des betreffenden Einzelunternehmers oder der Personengesellschaft durch Übertragungen von Einzelwirtschaftsgütern in einer Weise berührt würde, dass es wirtschaftlich zu einer Zerschlagung des Betriebs und damit im Ergebnis zu einer Betriebsaufgabe käme.[351] Nur dann sei der Zweck des § 6 Abs. 3 EStG, die Existenz der übertragenen Sachgesamtheit als Wirtschaftseinheit zu sichern, verfehlt.[352] An dieser (weiten) Auslegung des § 6 Abs. 3 EStG hält der Bundesfinanzhof auch weiterhin ausdrücklich fest.[353] Obwohl die Entscheidung zur Übertragung von Mitunternehmeranteilen erging, ist sie auch auf die Übertragung von Betrieben und Teilbetrieben anwendbar.[354]

Ausdrücklich offen gelassen hatte der Bundesfinanzhof zunächst, ob diese Rechtsprechung auch anwendbar ist, wenn eine wesentliche Betriebsgrundlage nicht zum Buchwert ausgegliedert, sondern unter Realisierung der in dem jeweiligen Wirtschaftsgut enthaltenen stillen Reserven entnommen oder veräußert wird.[355] Insoweit hat der Bundesfinanzhof mittlerweile allerdings entschieden, dass die Veräußerung von Sonderbetriebsvermögen jedenfalls im Vorfeld der unentgeltlichen Übertragung eines Mitunternehmeranteils für die Buchwertfortführung nach § 6 Abs. 3 EStG ebenfalls unschädlich sei.[356] Es käme auf eine stichtagsbezogene Betrachtungsweise an und daher sei es für die Anwendbarkeit des § 6 Abs. 3 EStG unerheblich, ob und wann ein Wirtschaftsgut das Betriebsvermögen zuvor verlassen hat und welche steuerlichen Folgen dieser Vorgang

349 *Gratz/Uhl-Ludäscher* in: H/H/R, EStG, § 6 Rn. 1208; *Wendt*, FR 2005, 468, 470.
350 BFH v. 2.8.2012 – IV R 41/11, DStR 2012, 2118.
351 BFH v. 2.8.2012 – IV R 41/11, DStR 2012, 2118, 2123 Rn. 39.
352 BFH v. 2.8.2012 – IV R 41/11, DStR 2012, 2118, 2123 Rn. 39.
353 BFH v. 12.5.2016 – IV R 12/15, DStR 2016, 1518, 1521 Rn. 27.
354 BFH v. 2.8.2012 – IV R 41/11, DStR 2012, 2118, 2124 Rn. 43; *Wendt*, FR 2015, 457, 460; *Strahl* in: Korn, EStG, § 6 Rn. 473; *Wachter*, DB 2013, 200, 205; *Kulosa* in: Schmidt, EStG, § 6 Rn. 650.
355 BFH v. 2.8.2012 – IV R 41/11, DStR 2012, 2118, 2123 Rn. 39.
356 BFH v. 9.5.2014 – IV R 29/14, DStR 2015, 211.

im Hinblick auf das ausgeschiedene Einzelwirtschaftsgut auslöst.[357] Der sog. Gesamtplanrechtsprechung hat der Bundesfinanzhof im Rahmen des § 6 Abs. 3 EStG damit eine Absage erteilt.[358] Entscheidend sei allein, ob im Übertragungszeitpunkt noch eine funktionsfähige betriebliche Sachgesamtheit übertragen wird.[359] Im Anschluss hieran hat das FG Düsseldorf jüngst entschieden, dass § 6 Abs. 3 EStG sogar Anwendung finden könne, wenn wesentliche Betriebsgrundlagen nicht nur kurz vorher, sondern auch zeitgleich veräußert werden.[360]

2. Auffassung der Finanzverwaltung[361]

Die Finanzverwaltung hat auf die Änderung der Rechtsprechung des Bundesfinanzhofs mit einem Nichtanwendungserlass reagiert und hält an der herkömmlichen Auffassung bislang fest.[362] Eine gleichzeitige Inanspruchnahme der Steuervergünstigung nach § 6 Abs. 3 EStG einerseits und nach § 6 Abs. 5 EStG andererseits sei danach nicht möglich. Vielmehr sei weiterhin Tz. 7 des BMF-Schreibens zu § 6 Abs. 3 EStG vom 3. März 2005 anzuwenden.[363] Danach führt die Entnahme, Überführung oder Übertragung funktional wesentlichen Sonderbetriebsvermögens in zeitlichem und sachlichem Zusammenhang mit der Übertragung eines Mitunternehmeranteils zur Aufdeckung der in dem Mitunternehmeranteil enthaltenen stillen Reserven.[364]

Nach Ansicht der Finanzverwaltung berücksichtige die geänderte Rechtsprechung den historischen Willen des Gesetzgebers nicht hinreichend.[365] Dieser habe ausweislich der Gesetzesbegründung zu § 6 Abs. 3 EStG die Regelung des § 7 Abs. 1 EStDV gerade unverändert übernehmen wollen.[366] Zu § 7 Abs. 1 EStDV war aber von der Rechtsprechung anerkannt, dass alle funktional wesentlichen Betriebsgrundlagen zu übertragen

357 BFH v. 9.5.2014 – IV R 29/14, DStR 2015, 211, 213.

358 BFH v. 12.5.2016 – IV R 12/15, DStR 2016, 1518, 1520; BFH v. 2.8.2012 – IV R 41/11, DStR 2012, 2118; *Gratz/Uhl-Ludäscher* in: H/H/R, EStG, § 6 Rn. 1225.

359 *Wendt*, FR 2015, 457, 460.

360 FG Düsseldorf v. 19.4.2018 – 15 K 1187/17 F, NZG 2018, 874; Rev. beim BFH unter Az: IV R 14/18.

361 Im Folgenden dargestellt ist die Auffassung der Finanzverwaltung bis November 2019. Mit BMF-Schreiben vom 20.11.2019 – IV C 6 – S 2241/15/1003 hat die Finanzverwaltung ihre Auffassung teilweise geändert und sich im Wesentlichen der dargestellten Ansicht des Bundesfinanzhofs (vgl. 1. Teil: C. V. 1.) angeschlossen. Am Erfordernis eines einheitlichen Übertragungsvorgangs hält die Finanzverwaltung grundsätzlich aber weiterhin fest. Ausführlich und kritisch dazu *Viskorf/Wegener*, ZEV 2020, 85.

362 BMF v. 12.9.2013 – IV C 6 – S 2241/10/10002, BStBl. I 2013, 1164.

363 BMF v. 12.9.2013 – IV C 6 – S 2241/10/10002, BStBl. I 2013, 1164.

364 BMF v. 3.3.2005 – IV B 2 – S 2241 – 14/05, DStR 2005, 475 Rn. 7.

365 BMF v. 12.9.2013 – IV C 6 – S 2241/10/10002, BStBl. I 2013, 1164.

366 BMF v. 12.9.2013 – IV C 6 – S 2241/10/10002, BStBl. I 2013, 1164.

seien.[367] Zudem spreche die ausdrückliche Zurückbehaltungsmöglichkeit von Sonderbetriebsvermögen bei Teilen von Mitunternehmeranteilen in § 6 Abs. 3 S. 2 EStG dafür, dass der Gesetzgeber nur in diesen Fällen einen temporären Zurückbehalt von Wirtschaftsgütern ermöglichen wollte.[368] Ein gleitender Generationenübergang sollte ermöglicht werden, nicht hingegen eine Zerstückelung des Betriebs auf mehrere verschiedene Rechtsträger.[369]

3. Literaturansichten zum einheitlichen Übertragungsvorgang

Die Rechtsprechungsänderung durch den Bundesfinanzhof wurde in der Literatur überwiegend positiv aufgenommen.[370] Sie erleichtere die Unternehmensnachfolge in Familienunternehmen und sorge für mehr Planungssicherheit.[371] Allerdings wird ihr teilweise auch vorgeworfen, dass sie mit dem bisherigen Betriebsbegriff nicht vereinbar sei.[372] Die Begriffe *„Betrieb"* und *„Mitunternehmeranteil"* bei § 6 Abs. 3 EStG einerseits und bei § 16 EStG andererseits würden nicht mehr einheitlich ausgelegt.[373] Zudem ergäben sich Wertungswidersprüche zur Übertragung von Teilen von Mitunternehmeranteilen unter Zurückbehalt von Sonderbetriebsvermögen, da § 6 Abs. 3 S. 2 EStG für diesen Fall ausdrücklich eine Sperrfrist vorsieht.[374]

Ähnlich verhält sich das Meinungsbild zur Ausweitung der Rechtsprechung auf die vorherige oder ggf. sogar zeitgleiche Veräußerung bzw. Entnahme von wesentlichen Betriebsgrundlagen im Rahmen einer unentgeltlichen Betriebsübertragung. Die Befürworter halten eine solche Rechtsfortbildung für konsequent und sachgerecht, weil die Besteuerung stiller Reserven ohne Umsatzakt vermieden wird.[375] Es entstünden auch keine ungerechtfertigten Steuervorteile, da die zum Buchwert übertragenen stillen Reserven weiter erhalten bleiben und die in den entnommenen bzw. veräußerten Wirt-

367 Vgl. hierzu oben unter 1. Teil: C. V. 1.

368 BMF v. 12.9.2013 – IV C 6 – S 2241/10/10002, BStBl. I 2013, 1164; vgl. zu den Besonderheiten bei der Übertragung von Teilen von Mitunternehmeranteilen und Aufnahmen in Einzelunternehmen unter: 1. Teil: C. VIII.

369 BMF v. 12.9.2013 – IV C 6 – S 2241/10/10002, BStBl. I 2013, 1164.

370 *Reiß* in: Kirchhof, EStG, Aufl. 16, § 16 Rn. 86 b; *Strahl* in: Korn, EStG, § 6 Rn. 473.1; *Gratz/Uhl-Ludäscher* in: H/H/R, EStG, § 6 Rn. 1224; *Müller/Dorn/Hoffmann* in: L/B/P, EStG, § 6 Rn. 1405; *Wartenburger*, MittBayNot 2013, 266, 269; *Wachter*, DB 2013, 200, 202, 206; *Kanzler*, FR 2012, 1113, 1121; *Geck*, ZEV 2012, 685, 691, 692; *Bode*, DB 2012, 2375 f.; *Blumers*, DB 2013, 1625, 1628.

371 *Wachter*, DB 2013, 200, 202; *Geck*, ZEV 2012, 685, 691, 692; *Wartenburger*, MittBayNot 2013, 266, 269.

372 *Brandenberg*, DB 2013, 17, 19; *Wacker* in: Schmidt, EStG, § 16 Rn. 15.

373 *Kulosa* in: Schmidt, EStG § 6 Rn. 650.

374 *Brandenberg*, DB 2013, 17, 22; *Gratz/Uhl-Ludäscher* in: H/H/R, EStG, § 6 Rn. 1224.

375 *Strahl* in: Korn, EStG, § 6 Rn. 473.1; *Reiß* in: Kirchhof, EStG, Aufl. 16, § 16 Rn. 86 c; *Bünning*, BB 2015, 368, 370; *Oellerich* in: BeckOK, EStG, § 6 Rn. 2754.

schaftsgütern enthaltenen stillen Reserven gerade versteuert werden.[376] Die Gegner halten an den bereits genannten Argumenten fest.[377]

4. Stellungnahme

Die Änderung der Rechtsprechung durch den Bundesfinanzhof ist unter praktischen Gesichtspunkten zu begrüßen. Sie schafft Rechtssicherheit und bietet Gestaltungsspielraum für den Rechtsanwender im Rahmen von Betriebsübertragungen. Es soll nun auf die dargestellten Sichtweisen im Hinblick auf Wortlaut, Systematik, Historie und Telos unter Berücksichtigung der bisherigen Ergebnisse dieser Arbeit eingegangen werden.

a) Wortlaut

Der Wortlaut des § 6 Abs. 3 EStG zwingt weder zu der einen, noch zu der anderen Auffassung. Zwar umfasst ein Betrieb bzw. Mitunternehmeranteil grundsätzlich alle zu der Sachgesamtheit gehörenden Wirtschaftsgüter.[378] Dies heißt aber nicht, dass die Übertragung einer Sachgesamtheit ihrer Wortbedeutung nach zwangsläufig auch die Übertragung aller dazugehörigen Wirtschaftsgüter umfasst. Auch von der Finanzverwaltung ist insoweit anerkannt, dass eine Betriebsübertragung nicht zwingend die Übertragung unwesentlicher Wirtschaftsgüter voraussetzt.[379]

Die Grenze bei funktional wesentlichen Wirtschaftsgütern zu ziehen ist sicherlich vertretbar, aber keinesfalls die einzig denkbare Auslegungsmöglichkeit. Vielmehr ist der Wortlaut „Übertragung eines Betriebs" auch dann noch erfüllt, wenn eine funktional wesentliche Betriebsgrundlage zurückbehalten wird, der Betrieb aber darüber hinaus in einem funktionsfähigen Zustand übertragen und ohne größere Veränderungen vom Erwerber weiter betrieben wird. Man würde im allgemeinen Sprachgebrauch durchaus noch von dem gleichen Betrieb und damit einer *„Übertragung dieses Betriebs"* sprechen können.

b) Systematik

Soweit in der Finanzverwaltung und Teilen der Literatur vorgebracht wird, dass die Begriffe *„Betrieb"* und *„Mitunternehmeranteil"* in § 6 Abs. 3 EStG und § 16 EStG nicht mehr einheitlich ausgelegt werden würden, ist dem zweierlei entgegen zu halten. Zum einen wurde der Begriff *„wesentliche Betriebsgrundlage"* bereits zu Zeiten des § 7 Abs. 1

376 *Strahl* in: Korn, EStG, § 6 Rn. 473.1; *Müller/Dorn/Hoffmann* in: L/B/P, EStG, § 6 Rn. 1405.

377 *Ehmcke* in: Blümich, EStG, § 6 Rn. 1222c; *Kulosa* in: Schmidt, EStG, § 6 Rn. 650; *Wacker* in: Schmidt, EStG, § 16 Rn. 15.

378 Vgl. hierzu oben unter 1. Teil: A. I.

379 BMF v. 3.3.2005 – IV B 2 – S 2241 – 14/05, DStR 2005, 475 Rn. 8.

EStDV normspezifisch und damit unterschiedlich ausgelegt, nämlich rein funktional bei § 6 Abs. 3 EStG und quantitativ-funktional im Rahmen des § 16 EStG (bzw. § 7 Abs. 1 EStDV).[380] Wenn man für die Übertragung eines Betriebs also an dessen wesentliche Betriebsgrundlagen anknüpft, dann lagen den Vorschriften auch schon vor der Rechtsprechungs- und vor der Gesetzesänderung unterschiedliche Betriebsbegriffe zugrunde. Zum anderen lässt sich eine normspezifische und damit unterschiedliche Auslegung gerade durch die divergierenden Gesetzeszwecke rechtfertigen.[381] Während es bei § 16 EStG um einen Besteuerungstatbestand und in Verbindung mit § 34 EStG um die Ermäßigung der Besteuerung bei der Zusammenballung von Einkünften geht, dient § 6 Abs. 3 EStG der Sicherung der Liquidität der nach einem Rechtsträgerwechsel fortgeführten betrieblichen Einheit.[382]

Weiterhin wird vorgebracht, dass der Zurückbehalt bzw. die zeitgleiche Ausgliederung wesentlicher Betriebsgrundlagen aus folgenden Gründen mit der Gesetzessystematik nicht vereinbar sei: Zum einen sei § 6 Abs. 3 S. 2 EStG überflüssig, wenn ein Zurückbehalt wesentlicher Betriebsgrundlagen ohnehin möglich wäre.[383] Zum anderen führe die in § 6 Abs. 3 S. 2 EStG enthaltene Sperrfrist zu einem Wertungswiderspruch zu S. 1 der Vorschrift, der eine solche gerade nicht enthält.[384] Obwohl auch die systematisch vergleichbare Vorschrift in § 6 Abs. 5 EStG nur für einzelne Fälle (S. 4) eine Sperrfrist vorsieht,[385] ist dieses systematische Gegenargument nicht vollständig von der Hand zu weisen. Es lässt sich dadurch erklären, dass der Gesetzgeber bei der Schaffung der Vorschrift von der bisherigen Rechtsprechung des Bundesfinanzhofs zur Gesamtplanrechtsprechung und zum einheitlichen Übertragungsvorgang ausging.

Dennoch führt diese systematische Ungereimtheit nicht dazu, dass die neue Rechtsprechung des Bundesfinanzhofs insgesamt systemwidrig ist. Vielmehr zeigt sich unter Berücksichtigung der bisherigen Ergebnisse, dass sich die neue Rechtsprechung insgesamt viel besser in das gesetzliche Regelungskonzept einfügt als die vorherige Auffassung. Wie oben dargelegt, entspricht es gerade dem Grundverständnis des Einkommensteuergesetzes, dass die Besteuerung stiller Reserven im Regelfall bis zum Eintritt eines Realisationsakts aufgeschoben wird und nur ausnahmsweise, wenn ansonsten ein endgültiger Untergang stiller Reserven droht, eine sofortige Aufdeckung der stillen Re-

380 BFH v. 2.10.1997, IV R 84/96, DStR 1998, 76; *Wacker* in: Schmidt, EStG, § 6 Rn. 100f.; *Hörger/Schulz*, DStR 1998, 233.
381 *Blumers*, DB 2013, 1625, 1626f.; *Bünning*, BB 2015, 368, 370.
382 BFH v. 9.12.2014 – IV R 29/14, DStR 2015, 211, 213.
383 *Gratz/Uhl-Ludäscher* in: H/H/R, EStG, § 6 Rn. 1224.
384 *Brandenberg*, DB 2013, 17, 22.
385 FG Düsseldorf v. 19.4.2018 – 15 K 1187/17 F, NZG 2018, 874, 877 Rn. 29.

serven stattfindet.[386] Eine Aufdeckung aller in dem Betrieb enthaltenen stillen Reserven kann also nur systemimmanent sein, wenn der Zurückbehalt einer wesentlichen Betriebsgrundlage dazu führen würde, dass die Erfassung aller stillen Reserven in der Zukunft gefährdet ist.

Zu unterscheiden ist insoweit zwischen der ausscheidenden wesentlichen Betriebsgrundlage als solcher und dem Betrieb im Übrigen. Unumstritten ist, dass die Veräußerung oder Entnahme einer funktional wesentlichen Betriebsgrundlage (wie auch jedes andere Wirtschaftsgut) im Rahmen einer ansonsten unentgeltlichen Betriebsübertragung zu einer Besteuerung der in dem entnommenen/veräußerten Wirtschaftsgut enthaltenen stillen Reserven führt. Denn im Fall der Veräußerung liegt ein Realisationsakt vor und im Fall der Entnahme droht ein Untergang der stillen Reserven. Nur im Fall des § 6 Abs. 5 EStG ist eine Ausgliederung des Einzelwirtschaftsguts zum Buchwert möglich, da es an einem Umsatzakt fehlt und ein Untergang der stillen Reserven nicht droht, weil das Wirtschaftsgut Betriebsvermögen bleibt.

Dieser Umgang mit dem jeweils entnommenen, veräußerten oder ausgegliederten Wirtschaftsgut (bzw. der wesentlichen Betriebsgrundlage) sagt aber noch nichts darüber aus, wie mit der unentgeltlichen Übertragung der (restlichen) Sachgesamtheit zu verfahren ist. Einziger Maßstab kann auch hier nur sein, ob ein (Ersatz-)Realisationstatbestand erfüllt ist. In Betracht kommt allein eine Betriebsaufgabe. Unter Heranziehung der Betriebsaufgabedefinition liegt eine solche aber nur vor, wenn der Betrieb als selbständiger Organismus dauerhaft zu bestehen aufhört (Zerschlagung).[387] Gehört eine funktional wesentliche Betriebsgrundlage nicht mehr zum Betriebsvermögen, kann hieraus aber nicht zwangsläufig darauf geschlossen werden, dass der Betrieb zu bestehen aufhört.[388] Vielmehr kann ein solches Ausscheiden sogar den Schluss rechtfertigen, dass das entsprechende Wirtschaftsgut für die Funktionsfähigkeit der Sachgesamtheit künftig gerade nicht mehr von wesentlicher Bedeutung ist.[389] Die Sachgesamtheit besteht dann ohne das ausgeschiedene Wirtschaftsgut fort.

Dieses Ergebnis fügt sich ohne Widerspruch in das System des Einkommensteuergesetzes ein, wonach die Besteuerung aufgeschoben bleibt bis es zu einem Realisationsakt kommt oder ausnahmsweise ein Ersatzrealisationstatbestand eingreift, weil ansonsten der Untergang der stillen Reserven droht. Vorliegend liegen weder ein Realisationsakt, noch die Voraussetzungen eines Ersatzrealisationstatbestands vor und vor allem droht auch kein Untergang der stillen Reserven. Denn diejenigen Wirtschaftsgüter die wei-

386 Vgl. hierzu oben unter 1. Teil: B. IV. 3.

387 Vgl. hierzu oben unter 1. Teil: B. III. 3. a).

388 So aber wohl *Kulosa* in: Schmidt, EStG, § 6 Rn. 649.

389 BFH v. 2.8.2012 – IV R 41/11, DStR 2012, 2118, 2123, Rn. 39.

terhin zur Sachgesamtheit gehören, bleiben auch weiterhin steuerverstrickt und sind daher einer späteren Besteuerung zugänglich.

Damit spielt es nach der hier vertretenen Ansicht keine Rolle, ob funktional wesentliche Betriebsgrundlagen kurz vor, zeitgleich oder kurz nach einer unentgeltlichen Betriebsübertragung veräußert, entnommen oder ausgegliedert werden. In allen Fällen kommt es allein darauf an, ob der Vorgang im Einzelfall zu einer Zerschlagung und damit zu einer Existenzbeendigung des Betriebs führt, die eine Betriebsaufgabe zur Folge hat.[390] Ist dies zu verneinen, sind zwar die in dem zurückbehaltenen Wirtschaftsgut enthaltenen stillen Reserven aufzudecken,[391] die (restliche) Sachgesamtheit muss jedoch ertragsteuerneutral auf den Erwerber übergehen. Für eine einschränkende Auslegung des § 6 Abs. 3 EStG besteht kein Anlass. Zumal es sich bei der Buchwertfortführung nicht um eine – eng auszulegende – Ausnahmevorschrift, sondern um den gesetzlichen Regelfall handelt.

c) Historie

Zuzugeben ist, dass sich aus den Gesetzesbegründungen ergibt, dass der Gesetzgeber bei der Überführung der Regelung von § 7 Abs. 1 EStDV in § 6 Abs. 3 EStG und im Rahmen des UntStFG 2001 inhaltlich offenbar keine Änderungen des § 6 Abs. 3 EStG anstrebte.[392] Hieraus abzuleiten, dass die neue Rechtsprechung den historischen Willen des Gesetzgebers nicht hinreichend berücksichtige,[393] geht jedoch zu weit. Insbesondere kann allein aus der Gesetzesbegründung nicht darauf geschlossen werden, dass der Gesetzgeber für alle Ewigkeit die bisherige Auslegung der Vorschrift zementieren wollte. Eine fehlende gesetzgeberische Intention hinsichtlich der Inhaltsänderung einer Vorschrift hindert die Rechtsprechung nicht per se daran, deren Auslegung zu ändern.

Zudem lässt sich der Entstehungsgeschichte im Hinblick auf die Regelung des § 6 Abs. 3 S. 2 EStG auch nicht entnehmen, dass der Gesetzgeber mit der Vorschrift grundsätzlich eine Zerstückelung des Betriebs verhindern wollte.[394] Indem die Vorschrift des § 6 Abs. 3 EStG ausdrücklich Teilbetriebe und Teile von Mitunternehmeranteilen erfasst, bringt der Gesetzgeber vielmehr zum Ausdruck, dass eine faktische Zerstückelung von

390 So auch FG Düsseldorf v. 19.4.2018 – 15 K 1187/17 F, NZG 2018, 874.

391 Soweit nicht die Buchwertfortführungsvorschrift für Einzelwirtschaftsgüter nach § 6 Abs. 5 EStG eingreift.

392 BT-Drs. 14/23 v. 9.11.1998, S. 173; BT-Drs. 14/6882 v. 10.9.2001, S. 32, BT-Drs. 14/7344 v. 8.11.2001, S. 7.

393 Vgl. BMF v. 12.9.2013 - IV C 6 – S 2241/10/10002, BStBl. I 2013, 1164.

394 BFH v. 12.5.2016 – IV R 12/15, DStR 2016, 1518, 1522 Rn. 35.

Betrieben und Mitunternehmeranteilen unschädlich ist, soweit die Teile ihrerseits fortbestehen.[395]

Vor allem ist bei einer historischen Auslegung der Vorschrift aber ihre gesamte Entstehungsgeschichte zu berücksichtigen. Insoweit haben die bisherigen Ausführungen gezeigt, dass der historische Gesetzgeber bei der Implementierung des § 20 EStG 1925 – als Vorgängervorschrift sowohl des § 7 Abs. 1 EStDV als auch des heutigen § 6 Abs. 3 EStG – bei unentgeltlichen Betriebsübertragungen gar nicht von der Erfüllung eines Besteuerungstatbestands ausging. Insbesondere sah er den parallel eingeführten Betriebsaufgabetatbestand nicht als erfüllt an. Unter diesem Gesichtspunkt fügen sich die hier vertretene Ansicht und die geänderte Rechtsprechung des Bundesfinanzhofs sehr wohl in den historischen Gesamtkontext ein.

d) Telos

Schließlich sprechen Sinn und Zweck der Buchwertfortführung sowie der Ersatzrealisationstatbestände gegen eine pauschale Aufdeckung der stillen Reserven bei Zurückbehalt einer wesentlichen Betriebsgrundlage. Die Ersatzrealisationstatbestände dienen der Verhinderung eines dauerhaften Verlusts der stillen Reserven. Ein solches Risiko besteht bei den hier relevanten Fallgestaltungen aber gerade nicht. Durch den Fortbestand des Betriebs in den Händen des Erwerbers bleiben die Wirtschaftsgüter weiterhin steuerverstrickt.

Die im Rahmen der Übertragung entnommenen bzw. veräußerten Wirtschaftsgüter unterliegen hingegen einer sofortigen (laufenden) Besteuerung. Nur soweit § 6 Abs. 5 EStG Anwendung findet, wird auf eine Besteuerung verzichtet, im Gegenzug bleiben die Wirtschaftsgüter aber auch hier – im Rahmen eines anderen Betriebsvermögens – steuerverhaftet. Aus diesem Grund besteht auch keinerlei Missbrauchsrisiko. Es besteht also überhaupt kein Bedürfnis dafür, den – aus Verhältnismäßigkeitsgründen gewährten – Besteuerungsaufschub hinsichtlich der in der Sachgesamtheit verhafteten stillen Reserven aufzuheben.

Hingegen können für eine Buchwertfortführung weiterhin genau die Gründe angeführt werden, die den Gesetzgeber dazu bewogen haben, die Bildung stiller Reserven und eine Buchwertfortführung überhaupt zuzulassen. Nämlich eine Liquiditätsschonung von Unternehmen bis zu demjenigen Zeitpunkt, indem sich eine Wertsteigerung und damit die Leistungsfähigkeit durch Umsatzakt am Markt hinreichend sicher bestätigt haben und ein entsprechender Mittelzufluss gegeben ist.

395 BFH v. 12.5.2016 – IV R 12/15, DStR 2016, 1518, 1522 Rn. 35.

e) Ergebnis

Im Ergebnis sprechen die stärkeren Argumente gegen die Voraussetzung eines *„einheitlichen Übertragungsvorgangs“* der die Übertragung aller funktional wesentlichen Betriebsgrundlagen erfordert. Zwar lässt der Wortlaut insoweit Auslegungsspielraum und im Hinblick auf die Gesetzesformulierung in § 6 Abs. 3 S. 2 EStG und der dort vorgesehenen Sperrfrist kommt es zu einem Wertungswiderspruch. Dieser ist vor dem Hintergrund der gesamtsystematischen Einordnung in das gesetzliche Regelungskonzept jedoch hinzunehmen. Insbesondere aus Systematik und Telos ergibt sich, dass die Übertragung aller wesentlichen Betriebsgrundlagen für die Anwendbarkeit der Buchwertfortführung i. S. d. § 6 Abs. 3 EStG keine relevante Voraussetzung darstellt. Auch die Gesetzgebungshistorie und die Einordnung der Vorschrift als gesetzlicher Regelfall[396] sprechen für eine weite Auslegung.

Aus diesen Gründen ist die Rechtsprechungsänderung durch den Bundesfinanzhof zu begrüßen. Richtigerweise ist mit der Ansicht des FG Düsseldorf sogar noch weiter zugehen, und auch eine zeitgleiche Veräußerung bzw. ein Zurückbehalt von wesentlichen Betriebsgrundlagen zuzulassen.[397] Dafür spricht auch, dass es für die Anwendbarkeit des § 6 Abs. 3 EStG auf den Betrieb als solchen nicht darauf ankommen kann, ob die stillen Reserven eines ausscheidenden Wirtschaftsgut erhalten bleiben (§ 6 Abs. 5 EStG) oder im Rahmen einer Veräußerung oder Entnahme versteuert werden.[398] Die beiden Sachverhalte sind unabhängig voneinander zu beurteilen.

Stattdessen ist bei allen Übertragungsvorgängen die Frage zu stellen, ob die (Mit-) Übertragung einer wesentlichen Betriebsgrundlage für die Fortführung des Betriebes unabdingbar ist oder nicht.[399] Nur wenn diese Frage bejaht wird und der Erwerber anderenfalls eine Sachgesamtheit erhält, die aufgrund der überragenden Bedeutung des zurückbehaltenen Wirtschaftsguts nicht mehr lebensfähig ist, liegt eine Zerschlagung und damit eine Betriebsaufgabe vor. Aus diesem Grund ist es mit der hier vertretenen Ansicht unvereinbar, den Schluss zu ziehen, wenn eine wesentliche Betriebsgrundlage nicht mitübertragen wird, läge stets eine Betriebsaufgabe im Ganzen vor.[400] Vielmehr muss die These lauten: Soweit eine betriebliche Sachgesamtheit nicht zerschlagen, sondern fortgeführt wird und daher keine Betriebsaufgabe vorliegt, sind die Buchwerte unabhängig von einer (Mit-)Übertragung der wesentlichen Betriebsgrundlagen zwingend

396 Vgl. hierzu oben unter 1. Teil: B. IV. 3.

397 FG Düsseldorf v. 19.4.2018 – 15 K 1187/17 F, NZG 2018, 874; Rev. beim BFH unter Az: IV R 14/18; so auch *Reiß* in: Kirchhof, EStG, Aufl. 16, § 16 Rn. 142 a.

398 *Wachter*, DB 2013, 200, 205.

399 So z. B. auch *Reiß* in: Kirchhof, EStG, Aufl. 16, § 16 Rn. 86 b.

400 So aber z. B. *Ehmcke* in: Blümich, EStG, § 6 Rn. 1222 a; *Mutscher* in: Frotscher, EStG, § 6 Rn. 471; *Schindler* in: Kirchhof, EStG, Aufl. 18, § 6 Rn. 203.

fortzuführen. Im Ergebnis bedarf es statt des Erfordernisses einer einheitlichen Übertragung aller wesentlichen Betriebsgrundlagen also vielmehr einer Zerschlagungsprüfung.

VI. Erwerb einer (Mit-) Unternehmerstellung

Die Anwendbarkeit des § 6 Abs. 3 EStG erfordert, dass der Erwerber, neben dem wirtschaftlichen Eigentum an der Sachgesamtheit bzw. an deren Einzelwirtschaftsgütern, eine (Mit-)Unternehmerstellung erlangt.[401] Das Erfordernis ergibt sich bereits aus dem Wortlaut der Vorschrift *„Übertragung eines Betriebs"* in Kombination mit der Definition des Betriebsbegriffs. Denn dieser beinhaltet eine selbständige und nachhaltige Tätigkeit, die sich als Beteiligung am allgemeinen wirtschaftlichen Verkehr darstellt (tätigkeitsbezogene Komponente).[402] Selbständig tätig ist dabei nur, wer Unternehmerrisiko trägt und Unternehmerinitiative entfaltet.[403]

Demnach kann die Übertragung eines Betriebs nur vorliegen, wenn der Erwerber einen Betrieb im Sinne dieser Definition erhält, also auch eine entsprechende Unternehmerstellung erlangt. Anderenfalls würden lediglich einzelne oder alle Betriebsmittel, nicht aber der Betrieb als solcher übertragen.[404] Entsprechendes gilt im Hinblick auf Mitunternehmeranteile. Die Übertragung eines Mitunternehmeranteils i. S. d. § 6 Abs. 3 EStG setzt voraus, dass der Erwerber auch eine Mitunternehmerstellung erlangt,[405] also dass er Mitunternehmerrisiko trägt und die Möglichkeit zur Entfaltung von Mitunternehmerinitiative besteht.[406]

Die sich aus den bisherigen Ergebnissen dieser Arbeit abgeleitete Kontrollüberlegung, ob anderenfalls ein Besteuerungstatbestand erfüllt wäre, bestätigt dieses Ergebnis. Denn wenn der Erwerber im Zuge der Übertragung einer Sachgesamheit eine (Mit-)Unternehmerstellung nicht erhält, wäre ein Besteuerungstatbestand regelmäßig erfüllt. Im

401 BFH v. 15.7.1986 – VIII R 154/85, BStBl. II 1986, 896; BFH v. 2.9.1992 – XI R 26/91, BFH/NV 1993, 161, 162; FG Niedersachsen v. 27.11.2014 – 1 K 10294/13, BB 2015, 750; *Mutscher* in: Frotscher, EStG, § 6 Rn. 483; *Strahl* in: Korn, EStG, § 6 Rn. 474.3.3; *Kulosa* in: H/H/R, EStG, § 16 Rn. 507. *Korn*, KÖSDI 2018, 20597, 20602; *Messner*, MittBayNot 2018, 1, 3; *Kepper*, NZG 2019, 211, 214.

402 Vgl. zur Definition eines Betriebs oben unter 1. Teil: A. I. 1.

403 *Birk/Desens/Tappe*, Steuerrecht, S. 213 Rn. 694.

404 BFH v. 2.9.1992 – XI R 26/91, BFH/NV, 161, 163

405 BFH v. 15.7.1986 – VIII R 154/85, BStBl. II 1986, 896; *Graw* in: K/S/M, EStG, § 6 Rn. F 42; *Strahl* in: Korn, EStG, § 6 Rn. 474.3.3; *Kulosa* in: H/H/R, EStG, § 16 Rn. 507; *Stahl* in: Korn, EStG, § 16 Rn. 288; von besonderer Relevanz ist die Erlangung der Mitunternehmerstellung des Erwerbers, insbesondere auch für die erbschaftsteuerlichen Verschonungsvorschriften der §§ 13 a, b ErbStG. Diese sind nur anwendbar, wenn der Bedachte Mitunternehmer wird: BFH v. 6.5.2015 – II R 34/13, DStR 2015, 1799.

406 Vgl. zur Mitunternehmerstellung unter 1. Teil: A. I. 2. und 3. Teil: B. IV. 1.

Fall eines Einzelunternehmens würde der Erwerber – mangels Unternehmerstellung – nicht *„den Betrieb"* sondern lediglich einzelne oder alle Betriebsmittel erhalten.[407] Dann wäre hinsichtlich der übertragenen Wirtschaftsgüter der Entnahmetatbestand erfüllt,[408] denn um diese wäre das bisherige Betriebsvermögen zu betriebsfremden Zwecken gemindert worden.

Bei der *„Übertragung"* eines Personengesellschaftsanteils, ohne Übertragung der Mitunternehmerstellung (mangels MU-Risiko und –Initiative des Erwerbers), kommt hingegen eine Aufgabe des Mitunternehmeranteils in Betracht.[409] Denn der Übertragende ist aufgrund der zivilrechtlich wirksamen Übertragung des Personengesellschaftsanteils in der Regel nicht (mehr) Mitunternehmer.[410] Bei diesem fehlt es an dem für die Mitunternehmerstellung grundsätzlich notwendigen Gesellschaftsverhältnis.[411] Der Erwerber ist zwar Gesellschafter, bei diesem fehlt es aber an ausreichendem Mitunternehmerrisiko und der Möglichkeit zur Entfaltung von Mitunternehmerinitiative. Der Mitunternehmeranteil existiert steuerlich also nicht mehr.

Im Ergebnis ist das Erfordernis der Erlangung einer (Mit-)Unternehmerstellung des Erwerbers also eine berechtigte Voraussetzung für die Buchwertfortführung im Rahmen des § 6 Abs. 3 EStG, welche sich aus dem Wortlaut ableiten lässt. Zudem haben die vorstehenden Ausführungen gezeigt, dass dieses Ergebnis auch mit Blick auf den deklaratorischen Charakter des § 6 Abs. 3 EStG systemkongruent ist, da anderenfalls ein Besteuerungstatbestand erfüllt wäre.

VII. Einstellung der Tätigkeit des Übertragenden

Als weitere Voraussetzung des § 6 Abs. 3 EStG fordern die Rechtsprechung sowie Teile der Literatur, dass der Übergeber seine bisherige gewerbliche Tätigkeit aufgibt.[412] Diese Voraussetzung bildet die Kehrseite der soeben behandelten Erlangung einer (Mit-) Unternehmerstellung des Erwerbers. Sie soll sich ebenfalls aus der tätigkeitsbezogenen

407 BFH v. 2.9.1992 – XI R 26/91, BFH/NV, 161, 163.

408 *Strahl* in: Korn, EStG, § 6 Rn. 474.3.3; BFH v. 2.9.1992 – XI R 26/91, BFH/NV, 161, 163.

409 *Graw* in: K/S/M, EStG, § 6 Rn. F 42; BFH v. 15.7.1986 – VIII R 154/85, BStBl. II 1986, 896; *Kulosa* in: H/H/R, EStG, § 16 Rn. 507; *Stahl* in: Korn, EStG, § 16 Rn. 288.

410 BFH v. 15.7.1986 – VIII R 154/85, BStBl. II 1986, 896.

411 BFH v. 15.7.1986 – VIII R 154/85, BStBl. II 1986, 896; vgl. zur Definition eines Mitunternehmers oben unter 1. Teil: A. I. 2; allerdings wird statt eines zivilrechtlichen Gesellschaftsverhältnis auch ein vergleichbares Gemeinschaftsverhältnis für ausreichend erachtet: BFH v. 1.9.2011 – II R 67/09, DStRE 2012, 38, 40; vgl. zur Mitunternehmerstellung des Nießbrauchers unter 3. Teil: B. III. 2. c).

412 BFH v. 12.4.1989 – I R 105/85, BStBl. II 1989, 653; BFH v. 2.9.1992 – XI R 26/91, BFH/NV 1993, 161; BFH v. 25.1.2017 – X R 59/14, DStR 2017, 1308, 1312 Rn. 40 ff.; *Tiedtke/Wälzholz*, DStR 1999, 217 ff.; *Ehmcke* in: Blümich, EStG, § 6 Rn. 1222 f.; *Trossen* in: K/S/M, EStG, § 16 Rn. A 64; *Oellerich* in: BeckOK, EStG, § 6 Rn. 2727; kritisch dazu: *Korn*, KÖSDI 2018, 20597, 20599.

Auslegung des (Gewerbe-)Betriebsbegriffs ergeben.[413] Ungeklärt ist dabei die Frage, ob eine solche Tätigkeitseinstellung auch bei Übertragungen von Mitunternehmeranteilen erforderlich ist.[414] Jedenfalls für Teile von Mitunternehmeranteilen bzw. bei Aufnahmen in Einzelunternehmen wird überwiegend vertreten, dass sich bereits aus der Natur der Sache ergäbe, dass eine Tätigkeitseinstellung nicht gefordert werden kann, da in diesen Fällen der Übertragende wesensnotwendig selbst mitunternehmerisch beteiligt bleibt.[415] Schließlich sieht die h. M. bei land- und forstwirtschaftlichen Betrieben aufgrund einer bereichspezifischen Ausnahme von einer Tätigkeitseinstellung als Voraussetzung für die Buchwertfortführung nach § 6 Abs. 3 EStG ab.[416]

Das Tatbestandsmerkmal der Tätigkeitseinstellung wird insbesondere im Rahmen von Nießbrauchskonstellationen relevant und wird in Literatur und Rechtsprechung regelmäßig auch in diesem Zusammenhang diskutiert.[417] Aus diesem Grund soll auch im Folgenden von einer näheren Auseinandersetzung vorerst abgesehen werden und stattdessen eine ausführliche Diskussion zum Erfordernis der Tätigkeitseinstellung innerhalb des dritten Teils dieser Arbeit erfolgen.

VIII. Teil-Mitunternehmeranteile und Aufnahme in Einzelunternehmen

Neben den bisher erläuterten allgemeinen Voraussetzungen des § 6 Abs. 3 EStG ist an dieser Stelle auf Besonderheiten hinsichtlich der Übertragung von Teilen von Mitunternehmeranteilen und hinsichtlich der Aufnahme natürlicher Personen in bestehende Einzelunternehmen einzugehen. Insoweit wurde § 6 Abs. 3 S. 1 HS. 2 EStG im Zuge des Unternehmenssteuerfortentwicklungsgesetzes vom 20. Dezember 2001 in die Vorschrift aufgenommen. Die Vorschrift regelt ausdrücklich, dass die Buchwertfortführung nach S. 1 auch bei der unentgeltlichen Aufnahme einer natürlichen Person in ein bestehendes Einzelunternehmen sowie bei der unentgeltlichen Übertragung eines Teils eines Mitunternehmeranteils auf eine natürliche Person gilt.

413 *Ehmcke* in: Blümich, EStG, § 6 Rn. 1222 f.; vgl. auch oben unter 1. Teil: A. I. 1.

414 Dafür: *Gluth*, EStB 2017, 403, 406; dagegen: FG Münster v. 24.6.2014 – 3 K 3886/12, EFG 2014, 1951; *Kulosa* in: Schmidt, EStG, § 6 Rn. 646; dagegen nun auch BMF v. 20.11.2019 – IV C 6 – S 2241/15/10003, DStR 2019, 2482 Rn. 7.

415 *Hübner/Friz*, DStR 2017, 2353, 2358; *Gluth*, EStB 2017, 403, 406; *Mutscher* in: Frotscher, EStG, § 6 Rn. 486; *Oellerich* in: BeckOK, EStG, § 6 Rn. 2759; a. A. *Ehmcke* in: Blümich, EStG, § 6 Rn. 1222 f.

416 BFH v. 26.2.1987 – IV 325/84, BStBl. II 1987, 772; BFH v. 25.1.2017 – X R 59/14, DStR 2017, 1308, 1313; *Kulosa* in: Schmidt, EStG, § 6 Rn. 646.

417 Vgl. BFH v. 25.1.2017 – X R 59/14, DStR 2017, 1308, 1312; *Gräfe/Kraft*, ZEV 2017, 471, 477; *Strahl* in: Korn, EStG, § 6 Rn. 474.3.1 ff.; *Spiegelberger*, notar 2017, 419, 421; *Hübner/Friz*, DStR 2017, 2353; *Messner*, MittBayNot 2018, 1 ff.; *Kulosa* in: Schmidt EStG, § 6 Rn. 646; *Ehmcke* in: Blümich, EStG, § 6 Rn. 1222 f.

Dabei sollte es sich nach Ansicht des Gesetzgebers um eine nur klarstellende Ergänzung handeln, denn auch zuvor hat die herrschende Meinung den § 6 Abs. 3 EStG bzw. deren Vorgängervorschrift des § 7 Abs. 1 EStDV bereits analog oder sinngemäß auf die entsprechenden Konstellationen angewendet.[418] Hieran waren allerdings Zweifel aufgekommen, da der Bundesfinanzhof für entgeltliche Aufnahmen in Einzelunternehmen die Tarifbegünstigung für Veräußerungsgewinne versagt hatte und der Begriff des Mitunternehmeranteils in § 16 Abs. 1 Nr. 2 EStG und § 7 Abs. 1 EStDV bis dahin identisch ausgelegt wurde.[419]

Neben der Beschränkung des Anwendungsbereichs auf natürliche Personen,[420] besteht für die Übertragung von Teilen von Mitunternehmeranteilen und für die Aufnahme in Einzelunternehmen eine weitere Besonderheit. Denn für diese Fälle lässt Satz 2 der Vorschrift ausdrücklich den Zurückbehalt wesentlicher Betriebsgrundlagen zu, sofern der Erwerber den übernommenen Mitunternehmeranteil über einen Zeitraum von mindestens fünf Jahren nicht veräußert oder aufgibt. Aus der Formulierung *„die weiterhin zum Betriebsvermögen derselben Mitunternehmerschaft gehören“* ergibt sich, dass dieser Satz 2 nur auf Teilmitunternehmeranteile und Aufnahmen in Einzelunternehmen anwendbar sein kann.[421] Denn in den anderen Fällen (ganzer Betrieb, Teilbetrieb oder ganzer Mitunternehmeranteil) kann ein vom Übertragenden zurückbehaltenes Wirtschaftsgut nicht *„weiterhin zum Betriebsvermögen derselben Mitunternehmerschaft“* gehören, da der Übertragende selbst gar nicht mehr an der betrieblichen Einheit beteiligt ist.[422]

Diese Sonderregelung in Satz 2 wurde ebenfalls im Zuge des Unternehmenssteuerfortentwicklungsgesetzes 2001 in das Gesetz aufgenommen.[423] Hintergrund war die damalige Rechtsprechung des Bundesfinanzhofs, wonach der Buchwertansatz nach § 6 Abs. 3 EStG auch bei der Übertragung von Teilen von Mitunternehmeranteilen nur in Betracht kam, wenn etwaiges Sonderbetriebsvermögen quotenkongruent mit auf den Erwerber übertragen wurde.[424] Der Gesetzgeber wollte vor dem Hintergrund dieser

418 BT-Drs. 14/6882 v. 10.9.2001, S. 32; BFH v. 12.10.2005 – X R 35/04, BFH/NV 2006, 521; OFD Düsseldorf v. 9.9.1999 – S 1978d – 4 – St 111 K, FR 1999, 1147; *Ehmcke* in: Blümich, EStG, § 6 Rn. 1242; *Wacker* in: Schmidt, EStG, § 16 Rn. 430; *Gratz/Uhl-Ludäscher* in: H/H/R, EStG, § 6 Rn. 1261; *Groh*, DB 2001, 2162, 2165; a. A. *Geissler*, FR 2001, 1029, 1038.

419 BFH v. 31.8.1995 – VIII B 21/93, DStR 1995, 1870; BFH v. 18.10.1999 – GrS 2/98, DStR 2000, 64; *Geissler*, FR 2001, 1020 ff.; *Wendt*, FR 2005, 468, 469.

420 Vgl. hierzu bereits oben unter 1. Teil: C. I.

421 BMF v. 3.3.2005 – IV B 2 – S 2241 – 14/05, DStR 2005, 475 f. Rn. 5; *Kulosa* in: Schmidt, EStG, § 6 Rn. 664; *Ehmcke* in: Blümich, EStG, § 6 Rn. 1245 ff.

422 *Kulosa* in: Schmidt, EStG, § 6 Rn. 664.

423 *Wendt*, FR 2005, 468, 475.

424 BT-Drs. v. 10.10.2001 – 14/7084, 7; BFH v. 24.8.2000 – IV R 51/98, DStR 2000, 1768, 1769; BFH v. 12.5.2016 – IV R 12/15, DStR 2016, 1518, 1521; Gratz/Uhl-Ludäscher in: H/H/R, EStG, § 6

Rechtsprechung eine Erleichterung bei Umstrukturierungen zu Gunsten von Personengesellschaften in der Generationennachfolge herbeiführen, da gerade in diesen Fällen häufig zunächst (nur) Teilanteile im Wege der vorweggenommenen Erbfolge übertragen werden.[425] Im Gegenzug sollte die gleichzeitig eingeführte fünf-jährige Haltefrist missbräuchliche Gestaltungen verhindern oder zumindest erschweren.[426]

Unter Berücksichtigung der bisherigen Ergebnisse dieser Arbeit lässt sich dazu Folgendes sagen: Die Ausführungen zur Voraussetzung des einheitlichen Übertragungsvorgangs haben gezeigt, dass die (Mit)Übertragung von funktional wesentlichen Betriebsgrundlagen für die Buchwertfortführung nach der hier vertretenen Ansicht nicht zwingend erforderlich ist.[427] Daraus folgt, dass der Gesetzgeber eine Erleichterungsmöglichkeit geschaffen hat, der es gar nicht bedurft hätte, weil sich dieses Ergebnis entgegen der Ansicht des Bundesfinanzhofs bereits aus zutreffender Gesetzesauslegung ergibt. Demnach ist auch Satz 2 der Vorschrift nach der hier vertretenen Ansicht nur deklaratorisch, soweit der Zurückbehalt wesentlicher Betriebsgrundlagen ermöglicht wird.

Ein Wertungswiderspruch ergibt sich jedoch aus der in Satz 2 aufgenommenen Sperrfrist. Denn bei konsequenter Gesetzesanwendung ist der Zurückbehalt wesentlicher Betriebsgrundlagen bei Übertragung eines ganzen Mitunternehmeranteils nach der hier vertretenen Ansicht ohne Sperrfrist möglich (S. 1), während der Fall, den der Gesetzgeber eigentlich privilegieren wollte (Teilmitunternehmeranteile), einer Sperrfrist unterliegt (S. 2). Aus diesem Wertungswiderspruch ergibt sich das stärkste Argument gegen die hier vertretene Ansicht.[428] Im Ergebnis ist aus den o. g. Gründen – insbesondere der Gesamtsystematik und des Regelungszwecks – jedoch an der hier vertretenen Auffassung festzuhalten.[429] Bei konsequenter Fortführung des hier vertretenen Ansatzes, läuft die Sperrfrist ins Leere. Denn ein Sperrfristverstoß führt (nur) dazu, dass § 6 Abs. 3 S. 1 EStG nicht anwendbar wäre. Aufgrund des nur deklaratorischen Charakters des § 6 Abs. 3 S. 1 EStG wäre ein Besteuerungstatbestand dadurch aber noch nicht automatisch erfüllt.

Es bleibt zu hoffen, dass der Bundesfinanzhof den eingeleiteten Rechtsprechungswandel weiter fortsetzt und mit der Ansicht des FG Düsseldorf von dem zwingenden Er-

Rn. 1262; Märkle, DStR 2001, 685; *Wendt*, FR 2005, 468, 469; *Schulze zur Wiesche*, DStR 2012, 2414, 2417.

425 Plenarprotokoll des Bundesrats 771, S. 721; BFH v. 12.5.2016 – IV R 12/15, DStR 2016, 1518, 1521.

426 Plenarprotokoll des Bundesrats 771, S. 721.

427 Vgl. hierzu oben unter 1. Teil: C. V.

428 Vgl. hierzu oben unter 1. Teil: C. V. 2. und 1. Teil: C. V. 3.

429 Vgl. hierzu oben unter 1. Teil: C. V. 4.

fordernis der Übertragung aller wesentlichen Betriebsgrundlagen insgesamt absieht.[430] In diesem Fall wäre es Sache des Gesetzgebers, die Vorschrift des § 6 Abs. 3 S. 2 EStG ersatzlos zu streichen um den angesprochenen Wertungswiderspruch zu beseitigen. Alternativ käme eine Ausdehnung der Sperrfrist auf alle von § 6 Abs. 3 EStG erfassten Konstellationen in Betracht. Nach der hier vertretenen Ansicht müsste man in diesem Fall allerdings zunächst überhaupt einen Besteuerungstatbestand schaffen.

Notwendig ist eine solche Sperrfrist nicht.[431] Denn ein Missbrauchspotential, dem durch etwaige Sperrfristen entgegen zu wirken wäre, ist nicht erkennbar. Für die übertragene Sachgesamtheit besteht, solange nicht eine Zerschlagung droht, ohnehin kein Besteuerungsbedürfnis, weil die stillen Reserven erhalten bleiben.[432] Kommt es hingegen zu einer Zerschlagung greift der Aufgabetatbestand des § 16 Abs. 3 EStG. Hinsichtlich des zurückbehaltenen Wirtschaftsguts ist zu differenzieren: Entweder sind die in dem zurückbehaltenen Wirtschaftsgut enthaltenen stillen Reserven sofort zu versteuern, weil der Entnahmetatbestand erfüllt ist. So liegt der Fall bei der Übertragung einer ganzen Sachgesamtheit (S. 1), da der Übertragende in der Folge nicht mehr (Mit-)Unternehmer ist und das zurückbehaltene Wirtschaftsgut somit nicht mehr zum Betriebsvermögen gehört.

Oder die in den zurückbehaltenen Wirtschaftsgütern enthaltenen stillen Reserven bleiben beim Übertragenden erhalten und können zu einem späteren (Realisations-)Zeitpunkt besteuert werden. So liegt der Fall bei der Übertragung eines Teils eines Mitunternehmeranteils oder bei der Aufnahme in ein Einzelunternehmen unter disquotalem Zurückbehalt wesentlicher Betriebsgrundlagen. Denn hier bleibt der Übertragende ja gerade Mitunternehmer und das zurückbehaltene Wirtschaftsgut bleibt dem Betriebsvermögen einschließlich der darin enthaltenen stillen Reserven erhalten. Ein Risiko, dass stille Reserven ohne Besteuerung verloren gehen, existiert also gar nicht.

IX. Zusammenfassung

Die herkömmliche Ansicht in Rechtsprechung, Finanzverwaltung und Literatur verlangt für die Anwendbarkeit des § 6 Abs. 3 EStG grundsätzlich, dass das wirtschaftliche Eigentum an allen funktional wesentlichen Betriebsgrundlagen der Sachgesamtheit in einem einheitlichen Vorgang unter Aufrechterhaltung des wirtschaftlichen Organismus auf einen Erwerber ohne ein Entgelt übertragen wird, der Übertragende seine im

430 Vgl. hierzu oben unter 1. Teil: C. V. 1.

431 Zweifelnd hinsichtlich der Notwendigkeit einer Sperrfrist zur Missbrauchsvermeidung auch *Wendt*, FR 2005, 468, 476.

432 Vgl. hierzu oben unter 1. Teil: C. V. 4. b).

Rahmen der übertragenen Sachgesamtheit ausgeübte Tätigkeit aufgibt und die Besteuerung der stillen Reserven sichergestellt ist.[433]

Die Erfordernisse der unentgeltlichen Übertragung und der Sicherstellung der Besteuerung stiller Reserven ergeben sich ausdrücklich aus dem Wortlaut der Vorschrift. Diese Voraussetzungen stehen auch im Einklang mit der steuersystematischen Einordnung des § 6 Abs. 3 EStG und den bisherigen Ergebnissen dieser Arbeit. Denn eine entgeltliche Übertragung einer Sachgesamtheit löst den Besteuerungstatbestand der Veräußerung aus und die Überführung eines Einzelwirtschaftsguts erfüllt dem Grunde nach den Tatbestand der Entnahme.[434] Ebenso kommt es zu einer Besteuerung, wenn durch die Übertragung das Besteuerungsrecht der Bundesrepublik Deutschland beschränkt wird (Entstrickung nach § 4 Abs. 1 S. 3 EStG oder § 16 Abs. 3a EStG).[435] Soweit ein deutsches Besteuerungsrecht aber grundsätzlich bestehen bleibt und die Besteuerung der stillen Reserven aufgrund innerdeutscher Gegebenheiten nicht gesichert ist, geht diese Voraussetzung nach der hier vertretenen Ansicht allerdings ins Leere, da ein entsprechender Besteuerungstatbestand nicht existiert und § 6 Abs. 3 EStG einen solchen nicht begründen kann.

Das Erfordernis der einheitlichen Übertragung aller funktional wesentlichen Betriebsgrundlagen auf den Erwerber ist entgegen der (noch) h. M. abzulehnen. Der Wortlaut erzwingt diese Voraussetzung nicht. Telos, Systematik und Historie der Vorschrift sprechen gegen eine entsprechend einschränkende Auslegung der Vorschrift.[436] Es ist stattdessen darauf abzustellen, ob die betriebliche Einheit durch ein Zurückbehalt bzw. eine Veräußerung oder Überführung wesentlicher Betriebsgrundlagen zerschlagen wird und deshalb der Besteuerungstatbestand der Betriebsaufgabe erfüllt ist. Maßgeblich ist, ob der Erwerber eine funktionsfähige Einheit erhält und den Betrieb fortführt.

Einen solchen Wechsel des Blickwinkels vom Übertragenden auf den Erwerber hat der Bundesfinanzhof in seiner neueren Rechtsprechung zur Ausgliederung wesentlicher Betriebsgrundlagen selbst angedeutet.[437] Dieser Ansatz ist konsequent weiter zu verfolgen und mit der Rechtsprechung des FG Düsseldorf auf solche Konstellationen auszu-

433 BFH v. 2.9.1992 – XI R 26/91, BFH/NV 1993, 161; BFH v. 14.7.1993, X R 74 – 75/90, DStR 1993, 1854; 1855; BMF v. 3.3.2005 – IV B 2 – S 2241 – 14/05, DStR 2005, 475; *Mutscher* in: Frotscher, EStG, § 6 Rn. 470; *Müller/Dorn/Hoffmann* in: L/B/P, EStG, § 6 Rn. 1381 ff.; *Oellerich* in: BeckOK, EStG, § 6 Rn. 2697 ff.; *Ehmcke* in: Blümich, EStG, § 6 Rn. 1222 ff.

434 Vgl. hierzu oben unter 1. Teil: C. II. unter 1. Teil: C. III. und unter 1. Teil: C. VI.

435 Vgl. hierzu oben unter 1. Teil: C. IV.

436 Vgl. hierzu oben unter 1. Teil: C. V. 4.

437 BFH v. 2.8.2012 – IV R 41/11, DStR 2012, 2118 Rn. 39 und 47; FG Düsseldorf v. 19.4.2018 – 15 K 1187/17 F, NZG 2018, 874, 876.

dehnen, bei denen funktional wesentliche Betriebsgrundlagen zeitgleich zur Übertragung der betrieblichen Einheit veräußert oder entnommen werden.[438]

Erforderlich für die Buchwertfortführung nach § 6 Abs. 3 EStG ist richtigerweise, dass der Erwerber eine (Mit-)Unternehmerstellung hinsichtlich der erworbenen betrieblichen Einheit erlangt.[439] Anderenfalls liegt keine Betriebsfortführung durch den Erwerber vor. Die Frage, ob der Übertragende darüber hinaus spiegelbildlich seine Tätigkeit einstellen muss, ist im dritten Teil dieser Arbeit zu beantworten.

D. Zwischenergebnis

Die Buchwertfortführung im Rahmen unentgeltlicher Übertragungen von betrieblichen Einheiten dient deren Bestandsschutz bzw. der Sicherung von Liquidität und verfolgt damit sowohl Individual- als auch volkswirtschaftliche Interessen. Nach Ansicht des historischen Gesetzgebers ergab sich allerdings bereits aus der Gesetzessystematik, dass unentgeltliche Betriebsübertragungen mangels Realisationsakt nicht zu einer Aufdeckung stiller Reserven führen. Mit der Einführung des § 20 EStG 1925 – der Ursprungsvorschrift § 6 Abs. 3 EStG – wollte der Gesetzgeber daher gar nicht primär die Aufdeckung stiller Reserven vermeiden, sondern lediglich sicherstellen, dass der Erwerbende die Buchwerte seines Vorgängers übernimmt, um einen Untergang der stillen Reserven zu verhindern.

Heute wird hingegen häufig der Eindruck erweckt, bei der Vorschrift des § 6 Abs. 3 EStG handle es sich um eine den Steuerpflichtigen begünstigende Ausnahmevorschrift, die ausnahmsweise eine Aufdeckung der stillen Reserven verhindere.[440] Die Ausführungen haben jedoch gezeigt, dass dieses Verständnis nicht nur im Hinblick auf die Historie der Vorschrift verfehlt ist, sondern insbesondere die Systematik des Einkommensteuergesetzes außer Acht lässt. Diesem liegt der Gedanke zugrunde, dass Wertsteigerungen des Betriebsvermögens (erst) im Zeitpunkt ihrer Realisation durch Umsatzakt zu besteuern sind, da erst in diesem Zeitpunkt die Leistungsfähigkeit hinreichend sicher und messbar gesteigert ist. Bis dahin verzichtet der Gesetzgeber auf die Besteuerung etwaiger Wertsteigerungen, indem er das Vorsichts- und Realisationsprinzips in die Steuerbilanz übernimmt (Maßgeblichkeitsprinzip) und dadurch die Bildung stiller Reserven im Steuerrecht überhaupt erst zulässt.

438 FG Düsseldorf v. 19.4.2018 – 15 K 1187/17 F, NZG 2018, 874, 876; *Reiß* in: Kirchhof, EStG, Aufl. 16, § 16 Rn. 142 a.

439 Vgl. hierzu oben unter 1. Teil: C. VI.

440 Vgl. z. B. BFH v. 20.7.2005 – X R 22/02, DStR 2005, 1723, 1725; *Stein*, ZEV 2019, 131, 132; *Prinz* in: Bordewin/Brandt, EStG, § 6 Rn. 802; *Müller/Dorn/Hoffmann* in: L/B/P, EStG, § 6 Rn. 1381.

Ein solcher vorübergehender Besteuerungsverzicht ist aus Verhältnismäßigkeitsgründen gerechtfertigt. Die Abwägung zwischen dem sofortigen Besteuerungsinteresse des Staates und dem Interesse des Steuerpflichtigen an einem Besteuerungsaufschub fällt grundsätzlich so lange zu Gunsten des Steuerpflichtigen aus, bis dieser die stillen Reserven durch Umsatzakt realisiert. Nur ausnahmsweise ist eine Aufdeckung der stillen Reserven ohne Umsatzakt gerechtfertigt. Nämlich dann, wenn ansonsten ein endgültiger Verlust drohen würde. Für diese Fälle hat der Gesetzgeber Ersatzrealisationstatbestände geschaffen.

Die unentgeltliche Übertragung betrieblicher Einheiten erfüllt grundsätzlich aber weder den Veräußerungstatbestand noch liegen die Voraussetzungen eines Ersatzrealisationstatbestands vor. Aus diesem Grund hat § 6 Abs. 3 EStG nur deklaratorischen Charakter. Statt einer Ausnahme von einem allgemeinen Prinzip stellt der (weitere) Besteuerungsaufschub also gerade den gesetzlichen Regelfall dar. Hieran vermag auch das Subjektsteuerprinzip nichts zu ändern. Dieses wird zwar zugunsten des Realisationsprinzips durchbrochen. Das ist aber gerade Ausfluss des gesetzgeberischen Entscheidungsspielraums. Keinesfalls kann das Subjektsteuerprinzip einen eigenen Besteuerungstatbestand begründen, der sich aus dem Gesetz nicht ergibt. Zudem besteht nach Sinn und Zweck der Ersatzrealisationstatbestände auch gar kein Grund, unentgeltliche Betriebsübertragungen zu besteuern. Es droht gerade kein Untergang der stillen Reserven.

Unter Berücksichtigung dieses Ergebnisses besteht keinerlei Anlass für eine einschränkende Auslegung der Vorschrift des § 6 Abs. 3 EStG. Alleiniger Maßstab für eine Aufdeckung stiller Reserven muss vielmehr sein, ob ein Besteuerungstatbestand erfüllt ist. Aus diesem Grund ist das Erfordernis der einheitlichen Übertragung aller funktional wesentlichen Betriebsgrundlagen abzulehnen. Entscheidend für die Buchwertfortführung ist vielmehr, ob die Sachgesamtheit zu existieren aufhört, weil sie zerschlagen wird und deshalb die Voraussetzungen einer Betriebsaufgabe vorliegen oder ob der Erwerber die betriebliche Einheit (möglicherweise in reduziertem Umfang) fortführt. Ist dies der Fall, sind auch die Buchwerte zwingend fortzuführen.

2. Teil Nießbrauch an betrieblichen Einheiten

Dieser 2. Teil der Arbeit behandelt den Nießbrauch an betrieblichen Einheiten aus zivilrechtlicher Sicht. Ein Verständnis der zivilrechtlichen Grundlagen des Nießbrauchs an unternehmerischen Sachgesamtheiten ist für die Anwendbarkeit des § 6 Abs. 3 EStG auf Übertragungen unter Nießbrauchsvorbehalt unerlässlich. Der Nießbrauch an Unternehmen und Gesellschaftsanteilen ist ein viel beschriebenes Thema. Eine erhebliche Anzahl an Detailfragen ist ungeklärt und hoch umstritten. Ziel dieser Arbeit ist nicht die umfassende Aufarbeitung und Beantwortung offener Fragestellungen zum Unternehmensnießbrauch allgemein, sondern die Darstellung derjenigen Aspekte, die Auswirkungen auf die Anwendbarkeit des § 6 Abs. 3 EStG haben können. Dieser Teil soll daher ein Verständnis für die Rechtsnatur und Auswirkungen eines Nießbrauchs an betrieblichen Einheiten auf die jeweilige Rechtsstellung von Besteller und Nießbraucher schaffen, um eine Basis für die späteren Untersuchungen zur Anwendbarkeit des § 6 Abs. 3 EStG zu legen.

Dabei ist zwischen Einzelunternehmen und Anteilen an Personengesellschaften zu unterscheiden. Denn Einzelunternehmen unterliegen grundsätzlich den Regelungen zum Nießbrauch an Sachen (§§ 1030 ff. BGB), während sich der Nießbrauch an Personengesellschaftsanteilen nach den Regelungen zum Rechtsnießbrauch (§§ 1068 ff. BGB) richtet.[441] Beteiligungen an Kapitalgesellschaften können ebenfalls mit Nießbrauchsrechten belastet werden.[442] Auch hier sind die Bestimmungen über den Nießbrauch an Rechten anwendbar.[443] Da Kapitalgesellschaftsbeteiligungen jedoch keine Übertragungsgegenstände i. S. d. des § 6 Abs. 3 EStG sind, wird auf Ausführungen hierzu verzichtet.[444]

Im Vordergrund dieses Teils steht neben der Zulässigkeit und Rechtsnatur des Unternehmensnießbrauchs die jeweilige Stellung von Nießbraucher und Nießbrauchsbesteller und deren Rechte und Pflichten. Hierfür sind die Besonderheiten und Eigenarten des Nießbrauchs am Einzelunternehmen und des Nießbrauchs am Personengesellschaftsanteil herauszuarbeiten, um in den Folgekapiteln Rückschlüsse auf die Erfüllung der Tatbestandsvoraussetzungen des § 6 Abs. 3 EStG ziehen zu können.

441 *Schön*, ZHR 1994, 229, 243.

442 Siehe ausführlich zum Nießbrauch an GmbH-Geschäftsanteilen: Barry, RNotZ 2014, 401.

443 *Herrler* in: Palandt, BGB, § 1068 Rn. 1 u. 3.

444 Bei Beteiligungen an Kapitalgesellschaften besteht auch kein Bedürfnis für eine Anwendbarkeit des § 6 Abs. 3 EStG. Die Fortführung der Anschaffungskosten beim Übernehmer ergibt sich unmittelbar aus § 17 Abs. 1 S. 4, Abs. 2 S. 5 EStG (sog. Fußstapfentheorie).

Unter A. werden zunächst Grundlagen zum Nießbrauch vorangestellt, bevor unter B. auf den Nießbrauch am Einzelunternehmen und unter C. auf den Nießbrauch am Personengesellschaftsanteil eingegangen wird.

A. Allgemeines

Zunächst werden die gesetzlichen Regelungen, die Rechtsnatur des Nießbrauchs und die mit Nießbrauchsgestaltungen verfolgten Ziele überblicksartig dargestellt. Sodann wird auf die in der Praxis üblichen Erscheinungsformen des Nießbrauchs eingegangen, um eine einheitliche Terminologie sicherzustellen.

I. Gesetzliche Regelungen und Rechtsnatur

Geregelt ist der Nießbrauch im 3. Buch des BGB (Sachenrecht) unter Abschnitt 4 (Dienstbarkeiten) in Titel 2 und umfasst die §§ 1030 bis 1089 BGB. Die Regelungen zum Nießbrauch sind in drei Untertitel gegliedert, den Nießbrauch an Sachen (§§ 1030 bis 1067 BGB), den Nießbrauch an Rechten (§§ 1068 bis 1084 BGB) und den Nießbrauch an einem Vermögen (§§ 1085 bis 1089 BGB). Dabei finden auf den Nießbrauch an Rechten grundsätzlich die Vorschriften über den Nießbrauch an Sachen entsprechende Anwendung, soweit das Gesetz nicht ausdrücklich etwas anderes bestimmt (§ 1068 Abs. 2 BGB).

Der Begriff *„Nießbrauch"* leitet sich aus der lateinischen Bezeichnung *„ususfructus„* ab, wobei „usus" für den Gebrauch und *„fructus"* für die Fruchtziehung steht.[445] Aus den gesetzlichen Regelungen und deren systematischer Stellung im Sachenrecht ergibt sich, dass es sich um ein höchstpersönliches[446] dingliches Recht handelt, dessen Inhalt darin besteht, die Nutzungen eines Gegenstands zu ziehen.[447] Nach § 1030 Abs. 2 BGB kann der Nießbrauch durch den Ausschluss einzelner Nutzungen beschränkt werden. Aus dem Umkehrschluss ergibt sich, dass im gesetzlichen Regelfall sämtliche Nutzungen vollumfänglich dem Nießbraucher zustehen.[448] Hierin besteht der Unterschied zu den weiteren Dienstbarkeiten des BGB, der Grunddienstbarkeit (§ 1018 BGB) und der beschränkten persönlichen Dienstbarkeit (§ 1090 BGB), welche dem Berechtigten lediglich partielle Nutzungsrechte im Hinblick auf den belasteten Gegenstand gewähren.[449]

445 *Hauck*, Nießbrauch an Rechten, S. 11.
446 Zur Ausnahme bei juristischen Personen siehe § 1059 a BGB.
447 *Heinze* in: Staudinger, BGB, Vorbem. zu §§ 1030 ff. Rn. 4, *Bayer* in: Ermann, BGB, vor § 1030 Rn. 1.
448 *Pohlmann* in: MüKo, BGB, § 1030 Rn. 5; *Prütting*, Sachenrecht, Rn. 901.
449 *Lemke* in: NK, BGB, § 1030 Rn. 2; vgl. ausführlich zur Abgrenzung zwischen Nießbrauch und beschränkter persönlicher Dienstbarkeit: *Schön*, Nießbrauch an Sachen, S. 296 ff.

Die gesetzlichen Grenzen der Nutzungsziehung des Nießbrauchsberechtigten ergeben sich aus den §§ 1036 und 1037 BGB. Danach hat der Nießbraucher die bisherige wirtschaftliche Bestimmung der Sache aufrechtzuerhalten und nach den Regeln einer ordnungsgemäßen Wirtschaft zu verfahren (§ 1036 Abs. 2 BGB). Zudem ist der Nießbraucher nicht berechtigt, die Sache umzugestalten oder wesentlich zu verändern (§ 1037 Abs. 1 BGB).[450] Schließlich bleibt die Dispositionsbefugnis über die nießbrauchbelastete Sache grundsätzlich beim Eigentümer.[451]

Umstritten ist die Rechtsnatur des Nießbrauchs. Hier stehen sich im Wesentlichen die Duldungs- und die Abspaltungstheorie gegenüber. Hintergrund dieses Rechtsstreits ist die Kategorisierung von Sachen und Rechten und die Frage ob durch ein Nießbrauchsrecht eine Sache selbst belastet wird oder stets nur die Rechte an einer Sache belastet werden können.[452]

Die Vertreter der Abspaltungstheorie betrachten den Nießbrauch als ein Recht an einer Sache selbst und sehen im Nießbrauch eine Abspaltung und Teilübertragung von Eigentümerbefugnissen auf den Nießbraucher.[453] Demgegenüber steht die Duldungstheorie, wonach der Eigentümer einer Sache die Nutzung der Sache durch den Nießbraucher zu dulden hat.[454] Hiernach sind die Befugnisse des Eigentümers hinsichtlich des Nutzungsrechts nur zeitlich suspendiert und fallen mit Erlöschen des Nießbrauchs automatisch zurück an den Eigentümer.[455]

Vorzugswürdig ist die Duldungstheorie. Zwar kann an einer Sache eine Belastung bestehen, tatsächlich belastet wird aber nicht die Sache selbst, sondern stets nur das Eigentumsrecht an der Sache, weil nur über dieses Recht auch verfügt werden kann.[456] Aus dieser Überlegung ergibt sich, dass die gesetzlichen Regelungen zum Nießbrauch an Sachen (§§ 1030 bis 1067 BGB) konsequenterweise nur den Nießbrauch am Eigentumsrecht an einer Sache betreffen, während die Regelungen zum Rechtsnießbrauch

450 Zur Ausnahme für die Gewinnung von Bodenschätzen siehe § 1037 Abs. 2 BGB.

451 *Wegmann* in: Bamberger/Roth, BGB, § 1030 Rn. 34; *Herrler* in: Palandt, BGB, § 1030 Rn. 7; *Bayer* in: Ermann, BGB, § 1030 Rn. 12; *Prütting*, Sachenrecht, Rn. 903; zu Ausnahmen vgl. § 1048 BGB für den Nießbrauch am Grundstück mit Inventar und § 1067 BGB für den Nießbrauch an verbrauchbaren Sachen. Ausführlich zu der str. Frage, ob der Eigentümer dem Nießbraucher mit dinglicher Wirkung die Befugnis zur Veräußerung oder Belastung der dienenden Sache einräumen kann (sog. Dispositionsnießbrauch): *Schön*, Nießbrauch an Sachen, S. 289 ff.

452 Hierzu ausführlich: *Hauck*, Nießbrauch an Rechten, S. 78 ff.

453 *Habersack*, Sachenrecht, § 1 Rn. 10 ff.; *Berger* in: Jauernig, BGB, vor § 854, Rn. 6.

454 BFH v. 16.12.1971 – V R 41/68, BStBl. II 1972, 238; *Hermes*, FR 2018, 825, 826; *Götz/Hülsmann*, Nießbrauch, Rn. 2; *Lemke* in: NK, BGB, § 1030 Rn. 4.

455 BGH v. 18.12.2015 – V ZR 269/14, NJW 2016, 1953, 1954; *Heinze* in: Staudinger, BGB, Vorbem. zu §§ 1030 ff. Rn. 5; *Götz/Hülsmann*, Nießbrauch, Rn. 2.

456 *Hauck*, Nießbrauch an Rechten, S. 87.

(§§ 1068 bis 1084 BGB) die Belastung aller sonstigen nießbrauchsfähigen Rechte erfassen.[457] Folglich ist das Eigentum an einer Sache kein Recht i. S. d. §§ 1068 ff. BGB, denn die §§ 1030 bis 1067 BGB (Sachnießbrauch) sind als leges speciales vorrangig anwendbar.[458]

Zudem ist die Abspaltungstheorie nicht in der Lage zu erklären, wie das Eigentum nach Erlöschen des Nießbrauchsrechts wieder zum vollständigen Recht wird.[459] So wäre konsequenterweise eigentlich eine Rückübertragung mittels Verfügung notwendig, wenn man von einer Abspaltung und Teilübertragung ausgeht.[460] Schließlich steht die Abspaltungstheorie im Widerspruch zur gesetzlichen Systematik, welche das Nießbrauchsrecht bei den Dienstbarkeiten und nicht im Abschnitt Eigentum verortet.[461] Im Ergebnis führt eine Nießbrauchsbestellung also nicht zu einer Abspaltung bzw. Zersplitterung des Eigentumsrechts, sondern lediglich zu einem zeitweiligen Verzicht auf die Ausübung des üblicherweise mit dem Eigentumsrecht verbundenen Nutzungsrechts.[462]

II. Gestaltungsziele und Motive

Die Gestaltungsziele und Motive für die Einräumung von Nießbrauchsrechten an betrieblichen Einheiten sind vielfältig. Grundsätzlich sind Nießbrauchgestaltungen immer dann in Erwägung zu ziehen, wenn das Vermögen und dessen Erträge vorübergehend unterschiedlichen Personen zugeordnet werden sollen.[463] Konkret kommen die folgenden Beweggründe in Betracht.

Wichtigster Beweggrund für die Einräumung eines Nießbrauchs dürfte die wirtschaftliche Versorgung des Übergebers im Rahmen der vorweggenommenen Erbfolge sein.[464] Eine Umfrage unter Notaren im Jahr 2002 ergab insoweit, dass Übertragungen von Gesellschaftsbeteiligungen auf Abkömmlinge in 26,5 % der Fälle gegen Einräumung eines Nießbrauchs erfolgen. Bei handwerks- und einzelkaufmännischen Betrieben lag die Nießbrauchquote bei 12,7 % und im Bereich der Landwirtschaft bei 20,1 %.[465] Neben

457 *Hauck*, Nießbrauch an Rechten, S. 87 f.
458 *Pohlmann* in: MüKo, BGB, § 1068 Rn. 8; *Hauck*, Nießbrauch an Rechten, S. 87 f.
459 *Lemke* in: NK, BGB, § 1030 Rn. 5; *Hermes*, Nießbrauchrecht, S. 46.
460 *Hauck*, Nießbrauch an Rechten, S. 122; *Hermes*, Nießbrauchrecht, S. 46.
461 *Heinze* in: Staudinger, BGB, Vorbem. zu §§ 1030 ff. Rn. 5; *Götz/Hülsmann*, Nießbrauch, Rn. 2.
462 Vgl. hierzu *Bodden*, ZEV 1997, 405, 406 f.
463 *Korn*, DStR 1999, 1461.
464 *Frank*, MittBayNot 2010, 96; *Heinze* in: Staudinger, BGB, Vorbem. zu §§ 1030 ff. Rn. 24; *Pohlmann* in MüKo, BGB, § 1030 Rn. 14.
465 *Bengel*, MittBayNot 2003, 270, 276, die Umfrage wurde unter 610 Notaren durchgeführt, von denen 211 Notare die Umfragebögen beantworteten. Darunter 59 Anwaltsnotare und 152 Nur-Notare. Unter der Annahme, dass ein hauptberuflicher Notar ca. 20.000 und ein Anwaltsnotar ca. 3.500 Einwohner betreut, kommt der Autor zu dem Ergebnis, dass die Umfrage ca. 3,3 Mio. Einwohner repräsentiert.

der wirtschaftlichen Absicherung des Übergebers selbst, kann die Einräumung eines Nießbrauchs auch der Versorgung Dritter dienen (beispielsweise einem Ehegatten oder weichendem Erben).[466]

Darüber hinaus können im Rahmen eines Nießbrauchs an einem Betrieb – je nach Gegenstand und Ausgestaltung der Nießbrauchvereinbarung – dem Nießbraucher bestimmte Verwaltungsbefugnisse vorbehalten werden.[467] Auf diese Weise verbleibt dem Übergeber weiterhin eine gewisse Einflussnahmemöglichkeit auf das Unternehmen.[468] Eine solche sukzessive Übertragung des Familienunternehmens auf den Nachfolger dürfte den meisten Unternehmern leichter fallen als die Aufgabe der Kontrolle in einem einzigen Schritt.[469]

Schließlich sind Nießbrauchsgestaltungen regelmäßig auch steuerlich motiviert.[470] Durch die Zuordnung der Erträge zum Nießbraucher kommt es zu einer interpersonellen Einkünfteverlagerung und dadurch ggf. zu einer besseren Ausnutzung von Freibeträgen und Progressionsvorteilen.[471] Weiterhin wurde zum 1.1.2009 das bis dahin geltende Abzugsverbot des § 25 ErbStG abgeschafft.[472] Seitdem kann der Kapitalwert des Nießbrauchs bei der lebzeitigen Übertragung vom Wert der Schenkung abgezogen werden, was zu erheblichen Schenkungsteuerersparnissen führen kann.

III. Erscheinungsformen in der Praxis

Die in der Praxis auftretenden Erscheinungsformen des Nießbrauchs lassen sich, neben dem Gegenstand an dem der Nießbrauch bestellt wird, insbesondere nach Anlass der Nießbrauchsbestellung und Inhalt der Nießbrauchsvereinbarung kategorisieren.

Betrachtet man den Anlass der Nießbrauchsbestellung, so ist in erster Linie zwischen Vorbehalts- und Zuwendungsnießbrauch zu unterscheiden. Beim Vorbehaltsnießbrauch werden Vermögensgegenstände unter Lebenden übertragen und der Übertragende behält sich den Nießbrauch an den übereigneten Gegenständen vor.[473] Beim Zuwendungsnießbrauch hingegen bestellt der Eigentümer einer Sache bzw. der Inhaber eines Rechts den Nießbrauch zugunsten eines anderen.[474] Bei der Zuwendung eines

466 *Haag* in: Viskorf, Familienunternehmen, S. 374 Rn. 1277.
467 Vgl. hierzu insbesondere 2. Teil: C. II.
468 *Fichtelmann*, DStR 1974, 267, 269.
469 *Haag* in: Viskorf, Familienunternehmen, S. 374 Rn. 1279.
470 *Lenders* in: Juris-PK, BGB, § 1030 Rn. 5; *Frank*, MittBayNot 2010, 96.
471 *Korn*, DStR 1999, 1461, 1462; *Frank*, MittBayNot 2010, 96.
472 *Geck, DStR 2009, 1005; Pohlmann* in: MüKo, BGB, § 1030 Rn. 14.
473 *Biergans*, DStR 1985, 327.
474 *Biergans*, DStR 1985, 327; *Trömer*, RNotZ 2016, 421, 425.

Nießbrauchsrechts durch Verfügung von Todes wegen handelt es sich um einen Vermächtnisnießbrauch.[475] Im Fall der für diese Arbeit relevanten Betriebsübertragungen unter Nießbrauchsvorbehalt handelt es sich in der Regel um Vorbehaltsnießbräuche. Der bisherige Inhaber einer betrieblichen Sachgesamtheit überträgt diese bereits zu Lebzeiten auf seinen Nachfolger und behält sich selbst ein Nießbrauchsrecht vor.

Insbesondere im Hinblick auf Unternehmen existieren weitere Unterscheidungen und Begrifflichkeiten. Die Rede ist vom Vollnießbrauch, vom Unternehmensnießbrauch, vom Vollrechtsnießbrauch, vom echten Nießbrauch, vom eigentlichen Nießbrauch, vom gesetzlichen Nießbrauch oder vom Ertragsnießbrauch. Von besonderer Bedeutung ist hierbei die Unterscheidung zwischen Ertragsnießbrauch und Vollnießbrauch (auch Unternehmensnießbrauch). Während einem Ertragsnießbraucher lediglich die Erträge eines Unternehmens ganz oder teilweise zustehen,[476] verfügt der Vollnießbraucher über eine eigene Unternehmerstellung.[477] Der Vollnießbraucher übt also selbst die unternehmerischen Mitwirkungsrechte aus und führt das Unternehmen eigenverantwortlich.[478] Die Rechte des Ertragsnießbrauchers sind hingegen auf (Teil-)Gewinnansprüche und Kontrollrechte begrenzt, ohne, dass diesem eine Einflussnahmemöglichkeit auf die unternehmerische Willensbildung zusteht.[479]

Teilweise ist bei Gesellschaftsanteilen auch vom Nießbrauch am Gewinnanspruch, am Gewinnanteil oder am Gewinnstammrecht die Rede.[480] Diese Konstruktionen ähneln dem Ertragsnießbrauch (und werden teilweise auch mit diesem gleichgesetzt)[481], da versucht wird, das Gewinnbezugsrecht von den Verwaltungsrechten zu lösen.[482] Während der Nießbrauch am Gewinnanspruch aber nur eine Dispositionsbefugnis

475 *Heinze* in: Staudinger, BGB, Vorbem. zu §§ 1030 ff. Rn. 21.

476 Eine Beschränkung des Nießbrauchs auf die Erträge ist sowohl bei Einzelunternehmen als auch bei Gesellschaftsanteilen zulässig: BFH v. 6.5.2010 – IV R 52/08, DStR 2010, 1374, 1375; BayObLG v. 3.7.1973 – Breg. 2 Z 25/73, BayObLGZ 1973, 168, 171; *Pohlmann* in: MüKo, BGB, § 1085 Rn. 13 f.; *von Sothen* in: MAH, Erbrecht, § 36 Rn. 296 ff.; *Stürner* in: Sörgel, BGB, § 1085 Rn. 6; *Heinze* in: Staudinger, BGB, Anh. zu §§ 1068 f. Rn. 29; *Herrler* in: Palandt, BGB, § 1085 Rn. 3; *Lemke* in: NK, BGB, § 1030 Rn. 52; *Krogoll*, ErbStB 2014, 314, 315; *Bitz* in: L/B/P, EStG, § 15 Rn. 31 b; a. A. im Hinblick auf Einzelunternehmen aber: *Bökelmann*, JR 1974, 202; *Wegmann* in: Bamberger/Roth, BGB, § 1085 Rn. 16; *Biergans*, DStR 1985, 327, 334.

477 *Korn*, DStR 1999, 1461, 1464; *Götz/Hülsmann*, Nießbrauch, S. 115.

478 *Herrler* in: Palandt, § 1085 Rn. 3; *von Sothen* in: MAH, Erbrecht, § 36 Rn. 293.

479 BayObLG v. 3.7.1973 – Breg. 2 Z 25/73, BayOblGZ 1973, 168, 169; *Söffing/Jordan*, BB 2004, 353, 354; *Wälzholz*, DStR 2010, 1930, 1931; *Bayer* in: Ermann, BGB, § 1085 Rn. 5; *Herrler* in: Palandt, BGB, § 1085 Rn. 3; *Wacker* in: Schmidt, EStG, § 15 Rn. 308; *Pohlmann* in: MüKo, BGB, § 1030 Rn. 8; *Frank*, DNotZ 2002, 217, 221; *Korn*, KÖSDI 2018, 20597, 20605.

480 BFH v. 9.4.1991 – IX R 78/88, NJW 1992, 335; 336; BFH v. 6.5.2010 – IV R 52/08, DStR 2010, 1374, 1375; *Sudhoff*, NJW 1971, 481, 484; *Teichmann*, ZGR 1972, 1, 21; *Finger*, DB 1977, 1033, 1034.

481 Z. B. *Bitz* in: L/B/P, EStG, § 15 Rn. 31 b, *Haag* in: MHdB GesR I, § 66 Rn. 48.

482 *Pohlmann* in: MüKo, BGB, § 1068 Rn. 29.

über die Zinsen beinhaltet und damit nicht zum gewünschten Ergebnis führt, ist die zivilrechtliche Zulässigkeit eines Nießbrauchs am Gewinnstammrecht bis heute ungeklärt.[483] Aufgrund der heute anerkannten Zulässigkeit eines dinglichen Nießbrauchs am Gesellschaftsanteil als solchem und der Möglichkeit der Beschränkung auf die Erträge (Ertragsnießbrauch), besteht eine praktische Relevanz für diese Konstruktionen nicht mehr.[484]

Die Begriffe des *„echten"* oder *„eigentlichen"* Nießbrauchs werden in der Regel ebenfalls für die Abgrenzung zum Ertragsnießbrauch verwendet.[485] Ein Vollrechtsnießbrauch soll vorliegen, wenn dem Nießbraucher über den gesetzlichen Regelfall hinaus weitere Rechte eingeräumt werden.[486] In der vorliegenden Arbeit soll in Abgrenzung zu individualvertraglichen Ausgestaltungen die Bezeichnung *„Nießbrauch nach gesetzlichem Leitbild"* verwendet werden, wenn im Rahmen der Nießbrauchsbestellung keine Abweichungen von den gesetzlichen Regelungen vereinbart werden.

Denkbar ist grundsätzlich auch die Vereinbarung eines Quoten- oder Bruchteilsnießbrauchs. Bei einem Bruchteilsnießbrauch ist nur ein ideeller Anteil des Gegenstands belastet, während bei einem Quotennießbrauch der Gegenstand als solcher belastet wird und dem Nießbraucher gegenüber dem Eigentümer nur eine dingliche Berechtigung an den Nutzungen hinsichtlich einer rechnerischen Quote zusteht.[487] Die Begriffe werden teilweise synonym verwendet und unterscheiden sich in ihren Auswirkungen nur, wenn ein Teil des Nießbrauchsgegenstands unbelastet übertragen werden soll.[488]

Für den Fall eines reinen Ertragsnießbrauchs – also einer Zuordnung der Erträge zum Nießbraucher ohne etwaige Verwaltungsrechte – ist eine quotale Beschränkung (der Erträge) unproblematisch.[489] Hingegen wird man die Zulässigkeit eines Quoten- oder Bruchteilsnießbrauchs an einem Einzelunternehmen ablehnen müssen, wenn das Nießbrauchsrecht auch Verwaltungsrechte umfassen soll, da die Leitung eines Einzelunternehmens nicht teilbar ist.[490] Gleiches ließe sich aufgrund der Einheitlichkeit der

483 BFH v. 13.5.1976 – IV R 83/75, NJW 1976, 1656, BFH v. 9.4.1991 – IX R 78/88, NJW 1992, 335, 336; *Hermanns*, MittRhNotK 1997, 149, 153 f.; *Pohlmann* in: MüKo, BGB, § 1068 Rn. 28 f.

484 *Barry*, RNotZ 2014, 401, 403 Fn. 13; *Pohlmann* in: MüKo, BGB, § 1068 Rn. 29.

485 *Paus*, BB 1990, 1675.

486 *Viskorf* in: Viskorf/Schuck/Wälzholz, ErbStG, § 13b Rn. 52.

487 BGH v. 06.06.2003 – V ZR 392/02, NJW-RR 2003, 1290; *Scheel* in: MAH, Erbrecht, § 49 Rn. 33; *Pohlmann* in: MüKo, BGB, § 1030 Rn. 89 f.; *Sandhaus*, Nießbrauch an Gesellschaftsanteilen, S. 103 f.; *Kleinert/Geuß*, DStR 2013, 288, 290; *Bitz* in: L/B/P, EStG, § 15 Rn. 31 b.

488 *Pohlmann* in: MüKo, BGB, § 1068 Rn. 23.

489 *Sandhaus*, Nießbrauch an Gesellschaftsanteilen, S. 99 f.; *Pohlmann* in: MüKo, BGB, § 1068 Rn. 23.

490 BayObLG v. 3.7.1973 – Breg. 2 Z 25/73, BayOblGZ 1973, 168, 172; *Nieder/Kössinger*, Testamentsgestaltung, § 10 Rn. 174.

Mitgliedschaft auch hinsichtlich eines Personengesellschaftsanteils vertreten.[491] Der Bundesfinanzhof geht für steuerliche Zwecke allerdings davon, dass ein Gesellschafter an einer Personengesellschaft mit einem Anteil mitunternehmerisch beteiligt sein kann, während es hinsichtlich eines weiteren Anteils an derselben Personengesellschaft an einer Mitunternehmerstellung fehlen kann.[492] Insoweit wird der Grundsatz der Einheitlichkeit des Personengesellschaftsanteils jedenfalls aus steuerlicher Sicht aufgeweicht.[493]

Schließlich ist der dingliche Nießbrauch vom schuldrechtlichen Nießbrauch abzugrenzen. Beim schuldrechtlichen Nießbrauch handelt es sich um ein rein obligatorisches Nutzungsrecht, auf welchen die gesetzlichen Regelungen des Nießbrauchs keine Anwendung finden.[494] Die vorliegende Arbeit behandelt ausschließlich den dinglichen Nießbrauch.

IV. Bestellung und Erlöschen

Der Nießbrauch als dingliches Recht entsteht grundsätzlich durch rechtsgeschäftliche Bestellung.[495] Bei beweglichen Sachen erfolgt die Bestellung des Nießbrauchsrechts durch Übergabe und Einigung (§ 1032 BGB). Bei Grundstücken ist Einigung und Eintragung ins Grundbuch erforderlich (§ 873 BGB). Die Bestellung des Nießbrauchs an Rechten erfolgt nach den für die Übertragung des Rechts geltenden Vorschriften (§ 1069 BGB). Der Nießbrauch an einem Vermögen einer Person kann nur durch die Bestellung des Nießbrauchs an den einzelnen zu dem Vermögen gehörenden Gegenständen bestellt werden (§ 1085 BGB).

Vom abstrakten dinglichen Erfüllungsgeschäft ist das zugrundeliegende verpflichtende Kausalgeschäft zu unterscheiden, welches den Eigentümer/Rechtsinhaber zur Nießbrauchseinräumung verpflichtet.[496] Beim Vorbehaltsnießbrauch ist das Kausalgeschäft regelmäßig im Schenkungsvertrag über das zu übertragende Wirtschaftsgut – an dem auch der Nießbrauch bestellt werden soll – enthalten. In der Praxis ist üblicherweise auch die Nießbrauchsbestellung bereits im Schenkungs- und Abtretungsvertrag enthalten.

Der Nießbrauch erlischt mit dem Tod des Nießbrauchers oder dem Erlöschen der juristischen Person (§ 1061 BGB). Ein Untergang der Sache oder des Rechts führt ebenfalls

491 Vgl. ausführlich hierzu *Sandhaus*, Nießbrauch an Gesellschaftsanteilen, S. 99 ff., der sich im Ergebnis für die Zulässigkeit eines Quotennießbrauchs am Personengesellschaftsanteil ausspricht, an der Zulässigkeit eines Bruchteilsnießbrauchs aber zweifelt.

492 BFH v. 16.5.2013 – II R 5/12, ZEV 2013, 409.

493 *Stein*, ZEV 2019, 131, 132; *Bitz* in: L/B/P, EStG, § 15 Rn. 31 b.

494 *Janssen/Nickel*, Unternehmensnießbrauch, S. 23.

495 *Heinze* in: Staudinger, BGB, Vorbem. zu §§ 1030 ff. Rn. 26; im Ausnahmefall kann ein Nießbrauch kraft Gesetzes entstehen: z. B. im Fall des § 1075 Abs. 1 BGB durch Surrogation.

496 *Götz/Hülsmann*, Nießbrauch, Rn. 91.

zum Erlöschen des Nießbrauchs soweit nicht eine Surrogation in Betracht kommt. Daneben erlischt ein Nießbrauchsrecht automatisch durch Befristung oder Eintritt einer auflösenden Bedingung, soweit diese Frist nicht über § 1061 BGB hinausgeht.[497] Eine rechtsgeschäftliche Aufhebung des Nießbrauchsrechts erfolgt an Grundstücken durch Aufgabeerklärung und Löschung im Grundbuch und bei Rechten und beweglichen Sachen durch einfache Aufgabeerklärung (§§ 1064, 1072 BGB).[498] Schließlich erlischt das Nießbrauchsrecht durch einen Zusammenfall von Eigentum und Nießbrauch in der derselben Person (Konsolidation nach § 1063 BGB) und durch gutgläubigen lastenfreien Erwerb eines Dritten.[499]

B. Nießbrauch am Einzelunternehmen

I. Zulässigkeit und Rechtsnatur

Obwohl bei der Schaffung des BGB bewusst auf Sonderregelungen zum Unternehmensnießbrauch verzichtet wurde,[500] ist dessen Zulässigkeit heute unumstritten.[501] Insbesondere ist der Nießbrauch am Handelsgeschäft in § 22 Abs. 2 HGB ausdrücklich genannt.[502] Hinsichtlich der Bestellung eines Nießbrauchs am Einzelunternehmen herrscht ebenfalls Einigkeit. Aufgrund des sachenrechtlichen Spezialitätsgrundsatzes ist das Nießbrauchsrecht – wie beim Nießbrauch am Vermögen[503] – an sämtlichen Gegenständen des Unternehmens einzeln, entsprechend den jeweiligen gesetzlichen Bestimmungen, zu bestellen.[504] Soweit es an speziellen Formvorschriften fehlt, kann dies auch konkludent oder durch zusammenfassenden Rechtsakt erfolgen.[505]

Umstritten ist hingegen die Frage, ob man einen einheitlichen umfassenden dinglichen Nießbrauch am Einzelunternehmen als solchem anerkennt.[506] Ausgangspunkt der Dis-

497 Vgl. OLG Hamm v. 02.08.2010 – 15 W 265/10, NJW-RR 2011, 95; *Pohlmann* in: MüKo, BGB, § 1030 Rn. 162.

498 *Bayer* in: Ermann, BGB, vor § 1030 Rn. 15.

499 *Bayer* in: Ermann, BGB, vor § 1030 Rn. 16.

500 Vgl. *Mugdan*, Materialien zum BGB, III. Band, S. 313.

501 BGH v. 18.11.1974 – VIII ZR 236/73, MDR 1975, 225; BFH v. 04.11.1980 – VIII R 55/77, BStBl II 1981, 396; BGH v. 02.11.2001 – V ZR 264/00, DNotZ 2002, 217, 218; *Pohlmann* in: MüKo, BGB, § 1085 Rn. 9.

502 *Heinze* in: Staudinger, BGB, Anh. zu §§ 1068 f. Rn. 20.

503 Vgl. § 1085 BGB.

504 *Schön*, Nießbrauch an Sachen, S. 101; *Söffing/Jordan*, BB 2004, 353; *Nieder/Kössinger*, Handbuch der Testamentsgestaltung, § 10 Rn. 175; *Wegmann* in: BeckOK, BGB, § 1085 Rn. 19; *Korn*, DStR 1999, 1461, 1464.

505 *Nieder/Kössinger*, Handbuch der Testamentsgestaltung, § 10 Rn. 175.

506 *Berger* in: Jauernig, BGB, § 1085 Rn. 4 f.

kussion sind Definition und Rechtsnatur eines Unternehmens.[507] Ein Unternehmen ist weder eine Sache noch ein Recht i. S. d. Bürgerlichen Gesetzbuchs. Es handelt sich auch nicht bloß um die Summe aller dem Unternehmen gewidmeten Rechte und Sachen. Denn erfasst sind darüber hinaus verschiedene Immaterialgüter wie Ruf, Organisation, Erfahrung, Beziehung zu Geschäftspartnern, Chancen etc., die gemeinsam als „*Tätigkeitsbereich*" bezeichnet werden und den Kern des Unternehmens ausmachen.[508] Dies wirft die Frage auf, wie sich der Nießbrauch am Unternehmen als solchem dogmatisch begründen lässt. Denn die Bestellung von Nießbrauchsrechten an allen zum Unternehmen gehörenden Sachen und Rechten erklärt noch nicht die Entstehung eines einheitlichen dinglichen Nießbrauchs am Unternehmen als Funktionseinheit, insbesondere nicht die Erfassung des Tätigkeitsbereichs.[509]

1. Begründungsansätze

Teilweise wurde gefolgert, dass ein einheitlicher dinglicher Nießbrauch an einem Einzelunternehmen nicht bestehen könne, da ein solcher schlicht nicht begründbar sei.[510] Es fehle am notwendigen sachenrechtlichen Übertragungstatbestand, da ein Unternehmen eben mehr sei als die Summe der in ihm zusammengefassten Einzelwirtschaftsgüter.[511] Nur an diesen Einzelwirtschaftsgütern lasse sich ein dinglicher Nießbrauch bestellen. Das Unternehmen sei gerade kein Rechtsobjekt im Sinne des BGB und daher können hieran auch keine absoluten Rechte bestehen.[512] Auch die Vertreter dieser Ansicht leugnen die Existenz eines Unternehmensnießbrauchs nicht per se. Ihrer Ansicht nach besteht der Nießbrauch am Einzelunternehmen allerdings nur aus der Summe der dinglichen Nießbrauchsrechte an den Einzelwirtschaftsgütern, die lediglich schuldrechtlich zu einem Nießbrauch am Unternehmen als solchem verbunden sind.[513]

Gegen diese Ansicht wird vorgebracht, dass sie den Interessen der Beteiligten nicht gerecht werde.[514] Sie schütze (mangels dinglicher Wirkung) den Nießbraucher nicht ausreichend, berücksichtigte die bei einem Unternehmen bestehende Funktionseinheit nicht richtig und könne nicht erklären, wie das Nießbrauchsrecht beim Austausch

507 Siehe zum Unternehmensbegriff ausführlich: *Schmidt*, Handelsrecht, § 3.
508 *Heinze* in: Staudinger, BGB, Anh. zu §§ 1068 f. Rn. 22.
509 *Heinze* in: Staudinger, BGB, Anh. zu §§ 1068 f. Rn. 20 ff.
510 RG v. 29.9.1904 – IV 116/04, RGZ 59, 25, 32; RG v. 26.1.1909 – VII 146/08, RGZ 70, 226, 232; RG v. 2.4.1919 – I 221/18, RGZ 95, 235, 237; *Grunsky*, BB 1972, 585, 586; *Bökelmann*, Unternehmensnießbrauch, S. 29 ff.
511 *Grunsky*, BB 1972, 585, 586.
512 *Bökelmann*, Unternehmensnießbrauch, S. 32; *Grunsky*, BB 1972, 585, 586.
513 *Bökelmann*, Unternehmensnießbrauch, S. 32; *Grunsky*, BB 1972, 585, 586.
514 *Pohlmann* in: MüKo, BGB, § 1085, Rn. 12.

von Einzelwirtschaftsgütern fortbesteht.[515] Aus diesem Grund geht die h. M. davon aus, dass durch die Bestellung von Nießbrauchsrechten an den Einzelwirtschaftsgütern ein einheitliches dingliches Nießbrauchsrecht auch am Unternehmen als solchem begründet wird.[516] Dabei wird das Unternehmen als rechtliche Einheit betrachtet und in der Konsequenz wie ein Objekt des Sachenrechts behandelt.[517]

Zu einem ähnlichen Ergebnis führt – mit abweichender Begründung – ein Ansatz von *Schön.* Dieser lehnt die Einordnung des Unternehmens als eigenständiges Rechtsobjekt ab, bejaht aber ebenfalls die Existenz eines umfassenden dinglichen Unternehmensnießbrauchs.[518] *Schön* begründet die übergreifende dingliche Wirkung mit einer entsprechenden Auslegung des § 1036 Abs. 2 BGB.[519] Nach dieser Vorschrift hat der Nießbraucher die bisherige wirtschaftliche Bestimmung der Sache aufrechtzuerhalten. Da die Bestimmung des Einzelwirtschaftsguts gerade in ihrer Zugehörigkeit und Funktion für das Unternehmen liege, werde *„die übergreifende Zweckbindung in den dinglichen Begründungsakt der Einzelgegenstände hineingelegt.“*[520] Auf diese Weise sei die wirtschaftliche Bestimmung der Einzelgegenstände Bestandteil der dinglichen Nießbrauchsbestellung.[521] Damit verneint *Schön* zwar die Einordnung eines Einzelunternehmens als Rechtsobjekt, erstreckt die dingliche Wirkung der Nießbrauchsrechte an den Einzelgegenständen aber trotzdem auf den übergreifenden Unternehmenszweck. In der Konsequenz entsteht ein umfassender dinglicher Unternehmensnießbrauch der auch den Tätigkeitsbereich erfasst.[522]

2. Stellungnahme

Das Ergebnis der h. M. ist begrüßenswert. Ihre ergebnisorientierte Begründung überzeugt hingegen nicht. Die Einordnung des Unternehmens als Rechtsobjekt, an welchem dingliche Rechte bestellt werden können, widerspricht der Konzeption des

515 *Heinze* in: Staudinger, BGB, Anh. zu §§ 1068 f. Rn. 26; *Lemke* in: NK, BGB, § 1030 Rn. 54.

516 BayObLG v. 3.7.1973 – Breg 2 Z 25/73, JR 1974; *Herrler* in: Palandt, BGB, § 1085 Rn. 4; *Frank*, DNotZ 2002, 217, 222; *Berger* in: Jauernig, BGB, § 1085 Rn. 7; *Lemke* in: NK, BGB, § 1030 Rn. 54; *Götz/Hülsmann*, Nießbrauch, Rn. 296; *Wegmann* in: Bamberger/Roth, BGB, § 1085 Rn. 18; *Heinze* in: Staudinger, BGB, Anh. zu §§ 1068 f. Rn. 25; *Stürner* in: Soergel, BGB, § 1085 Rn. 6.

517 *Heinze* in: Staudinger, BGB, Anh. zu §§ 1068 f. Rn. 25.

518 *Schön*, Nießbrauch an Sachen, S. 101; so auch *Pohlmann* in: MüKo, BGB, § 1085 Rn. 12; vgl. auch *Hauck*, Nießbrauch an Rechten, S. 287 ff.

519 *Schön*, Nießbrauch an Sachen, S. 101.

520 *Schön*, Nießbrauch an Sachen, S. 101; dieser Auslegung des § 1036 Abs. 2 BGB stimmt grundsätzlich auch *Schmidt* zu, der im Ergebnis eine dingliche Wirkung des Unternehmensnießbrauchs auf dieser Grundlage aber ablehnt, *Schmidt*, Handelsrecht, § 5 III Rn. 58, insbesondere Fn. 144.

521 *Schön*, Nießbrauch an Sachen, S. 60.

522 So auch *Spiegelberger*, notar 2017, 419, 420; *Pohlmann* in: MüKo, BGB, § 1085 Rn. 12; so ähnlich, aber nur von einem „dinglichen Charakter“ sprechend: *Hauck*, Nießbrauch an Rechten, S. 287 ff.

BGB.[523] Dieses kennt kein Sacheigentum an Funktionseinheiten oder Sachgesamtheiten, sondern lediglich an Einzelgegenständen.[524] Die wirtschaftliche Einheit „*Unternehmen*“ mag zwar als rechtliche Einheit, z. B. als „*Recht am eingerichteten und ausgeübten Gewerbebetrieb*“ anerkannt sein.[525] Dadurch wird ein Unternehmen aber noch nicht automatisch zu einem Rechtsobjekt, welches Gegenstand sachenrechtlicher Verfügungen sein kann. Soweit die h. M. das Unternehmen als eigenes dingliches Rechtsobjekt anerkennt, verletzt sie den sachenrechtlichen Spezialitätsgrundsatz. Sie ist daher jedenfalls in ihrer Begründung abzulehnen.

Die erstgenannte Ansicht vermag in ihrer Begründung zu überzeugen. Sie berücksichtigt die Grundsätze des Sachenrechts in hinreichender Weise und ist klar und eindeutig. Dennoch ist ihr Ergebnis unbefriedigend. Aus den von der h. M. vorgebrachten Argumenten ergibt sich ein Bedürfnis für einen umfassenden dinglichen Nießbrauch am Unternehmen.

Vorzugswürdig ist der Ansatz von *Schön*. Dieser gelangt ebenfalls zu einem umfassenden dinglichen Unternehmensnießbrauch, verzichtet dabei jedoch auf die Einordnung des Unternehmens als Rechtsobjekt.[526] Damit weicht er weit weniger von der gesetzlichen Grundkonzeption ab als die h. M., die ergebnisorientiert und ohne tiefergehenden Begründungsversuch gegen sachenrechtliche Grundsätze verstößt. Schließlich spricht für den Ansatz von *Schön*, dass dieser geeignet ist, eine umfassende dingliche Nießbrauchsbestellung auch bei anderen Sachgesamtheiten zu erklaren.[527] Insbesondere bei Sammlungen stellt sich die gleiche Problematik. Denn die Sammlung in ihrer Gesamtheit geht aufgrund der Verknüpfung der Einzelgegenstände in ihrem Wert und ihrer Bedeutung regelmäßig über die Summe ihrer Einzelgegenstände hinaus.[528] Auch hier führt *Schön's* Ansatz zu interessengerechten Ergebnissen, indem man die dingliche Wirkung des Nießbrauchs an den Einzelgegenständen auch auf die Sammlung als wirtschaftliche Einheit erstreckt.

Im Ergebnis sind ausschließlich die dem Unternehmen zugeordneten Einzelgegenstände Rechtsobjekt des Nießbrauchs. Dennoch erstreckt sich die dingliche Wirkung aufgrund der Zweckbestimmung dieser Einzelgegenstände auch auf das Unternehmen als solches.

523 *Schmidt*, Handelsrecht, § 5 I Rn. 1.
524 *Fritzsche* in: BeckOK, BGB, § 90 Rn. 16; *Schmidt*, Handelsrecht, § 5 I Rn. 1.
525 *Stürner* in: Soergel, BGB, § 1085 Rn. 6.
526 *Schön* bejaht ausdrücklich eine dingliche Wirkung des Unternehmensnießbrauchs. Bei der Lektüre der Kommentarliteratur ist teilweise der Eindruck zu gewinnen, dass dem nicht so sei. Häufig wird er als Gegenansicht zur h. M. aufgeführt, ohne kenntlich zu machen, dass er im Ergebnis weitestgehend mit der h. M. übereinstimmt und nur die Stellung des Unternehmens als Rechtsobjekt nicht akzeptiert. Insoweit zutreffend aber *Pohlmann* in: MüKo, BGB, § 1085 Rn. 12.
527 *Pohlmann* in: MüKo, BGB, § 1085 Rn. 12.
528 Zu einem Beispiel an einer Kunstsammlung: *Grunsky*, BB 1972, 585, 586.

II. Verwaltungsrechte

Die Rechte von Nießbraucher und Besteller richten sich auch in Fällen des Unternehmensnießbrauchs grundsätzlich nach den §§ 1030 bis 1084 BGB.[529] Ob die Vorschriften dabei direkt (soweit man den Unternehmensnießbrauch als Summe aus Einzelnießbräuchen betrachtet) oder analog (bei Akzeptanz eines einheitlichen Nießbrauchs am Rechtsobjekt Unternehmen) anzuwenden sind, ist unerheblich.[530] In beiden Fällen ist anerkannt, dass die Besonderheiten des Unternehmensnießbrauchs zu berücksichtigen sind. Hieraus ergibt sich, dass die §§ 1030 bis 1084 BGB dahingehend auszulegen sind, dass dem Unternehmensnießbraucher insgesamt ein weiterer Ermessenspielraum zukommt als dem Nießbraucher eines Einzelgegenstandes.[531]

So erhält der Nießbraucher neben dem dinglichen Nutzungsrecht am Betriebsvermögen mit der Nießbrauchsbestellung das Eigentum an den Wirtschaftsgütern des Umlaufvermögens.[532] Dies ergibt sich nach ganz überwiegender Ansicht aus einer entsprechenden Anwendung des § 1067 Abs. 1 BGB.[533] Aus dem Eigentumsrecht folgt die unbeschränkte Verfügungsbefugnis des Nießbrauchers über das Umlaufvermögen. Die Vorschrift des § 1067 Abs. 1 BGB normiert insoweit jedoch eine Wertersatzpflicht bei Beendigung des Nießbrauchs.

Außerdem ist der Nießbraucher in den Tätigkeitsbereich des Unternehmens einzuweisen.[534] Dies beinhaltet gerade diejenigen *„Dinge"*, die über die einzelnen Sachen und Rechte des Unternehmens hinausgehen und daher von der Einzelbestellung nicht erfasst sind. Der Besteller muss dem Nießbraucher daher Erfahrungen, Kenntnisse, Geschäftsbeziehungen etc. zugänglich machen und ihm den Tätigkeitsbereich überlassen.[535]

Das zum Unternehmen gehörende Anlagevermögen verbleibt im Eigentum des Nießbrauchsbestellers.[536] Der Nießbraucher ist (nur) zum Besitz berechtigt, § 1036 Abs. 1 BGB. Dem Unternehmensnießbraucher steht jedoch im Vergleich zum Nießbraucher

529 *Bayer* in: Ermann, § 1085 Rn. 5; *Biergans*, DStR 1985, 327, 328.

530 *Pohlmann* in: MüKo, BGB, § 1085 Rn. 16.

531 BGH v. 02.11.2001 – V ZR 264/00, DNotZ 2002, 217, *Bökelmann*, Unternehmensnießbrauch, S. 45; *Heinze* in: Staudinger, BGB Anh. zu §§ 1068 f. Rn. 34; *Schön*, Nießbrauch an Sachen, S. 205.

532 *Götz/Hülsmann*, Nießbrauch, S. 111.

533 *Herrler* in: Palandt, BGB, § 1085 Rn. 5; *Götz/Hülsmann*, Nießbrauch, S. 111; *Biergans*, DStR 1985, 327, 328; a. A. *Schön*, Nießbrauch an Sachen, S. 205, der stattdessen § 1048 BGB entsprechend anwenden will.

534 *Vossler* in: Oetker, HGB, §§ 25–28 Anh. Rn. 61; *Fichtelmann*, DStR 1974, 267, 271; *Berger* in: Jauernig, BGB, § 1085 Rn. 6 f.

535 *Fichtelmann*, DStR 1974, 267, 271; *Berger* in: Jauernig, BGB, § 1085 Rn. 6 f.

536 *Prütting*, Sachenrecht, Rn. 931; *Wegmann* in: BeckOK, BGB, § 1085 Rn. 20.

einer einzelnen Sache eine erweiterte Dispositionsbefugnis zu. Aus einer entsprechenden Anwendung des § 1048 BGB ergibt sich, dass der Unternehmensnießbraucher über Inventarstücke des Unternehmens innerhalb der Grenzen einer ordnungsgemäßen Wirtschaft verfügen kann.[537] Hinsichtlich der bestehenden Reinvestitionspflicht (§ 1048 Abs. 1 S. 2, 1041 BGB) steht dem Nießbraucher ebenfalls ein Ermessensspielraum zu. Dieser kann entscheiden, in welcher Weise er den Erlös dem Unternehmen wieder zuführt und statt einer Reinvestition in Anlagegüter beispielsweise auch Verbindlichkeiten des Unternehmens tilgen.[538]

Begrenzt wird der Ermessenspielraum des Nießbrauchers durch die aus den §§ 1036 Abs. 2, 1037 Abs. 1 und § 1041 BGB erwachsende Bestandserhaltungspflicht und die Verpflichtung zur Führung des Unternehmens im Rahmen einer ordnungsgemäßen Wirtschaft.[539] So kann der Nießbraucher zwar einzelne Betriebszweige aufgeben, muss aber den wesentlichen Charakter des Betriebs beibehalten.[540] Darüber hinaus ist der Nießbraucher auch verpflichtet – über die genannte Reinvestitionspflicht hinaus – notwendige Investitionen zu tätigen um dauerhaft konkurrenzfähig zu bleiben.[541] Die damit verbundenen Gewinnreduzierungen hat der Nießbraucher hinzunehmen.[542]

Im Ergebnis überlässt der Nießbrauchsbesteller dem Nießbraucher das Einzelunternehmen, inkl. der dazugehörigen Wirtschaftsgüter zur eigenen Bewirtschaftung (Selbstbewirtschaftung).[543] Dieser führt das Unternehmen wie ein potentieller Alleineigentumer im eigenen Namen und auf eigene Rechnung.[544] Damit führt die Nießbrauchsbestellung nach gesetzlichem Leitbild zu einem temporären Wechsel der Unternehmensträgerschaft.[545]

III. Vermögensrechte

Während die Vermögenssubstanz (Anlagevermögen) beim Eigentümer verbleibt, ist der Nießbraucher berechtigt, die Nutzungen zu ziehen (§ 1030 BGB Abs. 1 BGB). Anerkannt ist, dass die Unternehmensgewinne Nutzungen i. S. d. § 100 BGB darstel-

537 BGH v. 18.11.1974 – VIII ZR 236/73, BeckRS 1974, 31125901; *Heinze* in: Staudinger, BGB, Anh. zu §§ 1068 f. Rn. 35.

538 BGH v. 10.03.2006 – V ZR 45/05, ZEV 2006, 414, 415.

539 *Heinze* in: Staudinger, BGB, Anh. zu §§ 1068 f. Rn. 36

540 BGH v. 02.11.2001 – V ZR 264/00, DNotZ 2002, 217, 219.

541 *Grunsky*, BB 1972, 585, 587; *Bökelmann*, Unternehmensnießbrauch, S. 45 f.

542 *Grunsky*, BB 1972, 585, 587; *Bökelmann*, Unternehmensnießbrauch, S. 45 f.

543 *Schön*, ZHR 158 (1994), 229, 249; *Paus*, BB 1990, 1675.

544 *Biergans*, DStR 1985, 327, 328; *Schön*, Nießbrauch an Sachen, S. 204; *Herrler* in: Palandt, BGB, § 1085 Rn. 3; *Kepper*, NZG 2019, 211.

545 *Schmidt*, Handelsrecht, § 5 III Rn. 58 f.; BGH v. 18.11.1974 – VIII ZR 236/73, BeckRS 1974; *Fichtelmann*, DStR 1974, 267, 273.

len.[546] Eine genaue Einordnung als Frucht oder Gebrauchsvorteil ist auf dieses Ergebnis ohne Einfluss.[547]

Es stellt sich jedoch die Frage, ob die Unternehmensgewinne vollständig dem Nießbraucher zustehen. Im Umkehrschluss aus § 1030 Abs. 2 BGB ergibt sich, dass das Nutzungsziehungsrecht grundsätzlich unbeschränkt ist. Dies spricht im Zweifel für eine umfassende Zurechnung zum Nießbraucher. Da jedoch die Besonderheiten des Unternehmensnießbrauchs zu berücksichtigen sind, steht dem Nießbraucher nur der sog. Reingewinn zu.[548] Dieser ergibt sich durch Modifizierung des in der handelsrechtlichen Jahresbilanz ermittelten Gewinns.[549] Dafür sind neben dem bestimmungsgemäßen Ertrag des Unternehmensnießbrauchs insbesondere die Verhaltens- und Finanzierungspflichten des Nießbrauchers nach den §§ 1036 ff. BGB zu berücksichtigen. So gehören z. B. Gewinne aus außerordentlichen Anlageverkäufen nicht zum bestimmungsmäßigen Ertrag des Unternehmensnießbrauchers.[550]

Weiterhin steht der Gewinn dem Nießbraucher nur insoweit zu, wie er bei ordnungsgemäßer Wirtschaft eines verantwortlichen handelnden Betriebsinhabers entnommen werden könnte.[551] So sind alle zur Erhaltung des Unternehmens in seinem wirtschaftlichen Bestand erforderlichen Aufwendungen vom Nießbraucher zu tragen.[552] Dabei hat der Nießbraucher das Unternehmen nicht nur in seiner Substanz zu erhalten, sondern auch branchenübliche Investitionen in die Weiterentwicklung des Unternehmens zu tätigen.[553] Obwohl der Nießbrauchsbesteller Eigentümer des Anlagevermögens ist, fällt dem Unternehmensnießbraucher aufgrund seiner Substanzerhaltungspflicht die normale Abnutzung des Anlagevermögens zur Last.[554] Daher hat der Nießbraucher die betriebswirtschaftlich erforderlichen Abschreibungen zu tätigen und wenn er die dem Besteller gehörenden Gegenstände nicht selbst bilanziert, entsprechende gewinnmin-

546 BGH v. 8.1.1975 – VIII ZR 126/73, NJW 1975, 638, 640; BGH v. 12.5.1978 – V ZR 57/77, NJW 1978, 1578; *Stresemann* in: MüKo, BGB, § 99 Rn. 11; *Schön*, Nießbrauch an Sachen, S. 212.

547 *Stresemann* in: MüKo, BGB, § 99 Rn. 11, der den Unternehmensgewinn in analoger Anwendung des § 99 Abs. 2 BGB als Rechtsfrucht behandeln will; a. A. *Schön*, Nießbrauch an Sachen, S. 213, der den Unternehmensgewinn als Gebrauchsvorteil versteht.

548 *Fichtelmann,* DStR 1974, 267, 272; *Biergans,* DStR 1985, 327, 329; *Götz/Hülsmann,* Nießbrauch, S. 112; *Pohlmann* in: MüKo, BGB, § 1085 Rn. 28.

549 *Heinze* in: Staudinger, BGB, Anh. zu §§ 1068 f. Rn. 42; *Götz/Hülsmann,* Nießbrauch, S. 113; *Pohlmann* in: MüKo, BGB, § 1085 Rn. 28; *Schön,* Nießbrauch an Sachen, S. 215, der jedoch differenzierend darauf abstellt, dass die §§ 1036 ff. BGB nicht die dem Nießbraucher zustehenden Nutzungen beschränken, sondern nur dessen Entnahmerechte beschneiden.

550 *Biergans,* DStR 1985, 327, 329; *Schön,* Nießbrauch an Sachen, S. 214.

551 *Götz/Hülsmann,* Nießbrauch, S. 113.

552 *Wegmann* in: Bamberger/Roth, BGB, § 1085 Rn. 24; *Pohlmann* in: MüKo, BGB, § 1085 Rn. 28.

553 *Götz/Hülsmann,* Nießbrauch, S. 113.

554 LG Mannheim v. 4.5.1960 – 5 S 32/60, BB 1960, 1147; *Götz/Hülsmann,* Nießbrauch, S. 113.

dernde Rückstellungen zu bilden.[555] Hingegen sind außergewöhnliche Wertminderungen des Anlagevermögens nicht vom Nießbraucher zu tragen, da diese nicht dem bestimmungsgemäßen Gebrauch entsprechen.[556]

Damit steht dem Nießbraucher im Ergebnis der sog. Reingewinn zu, der sich aus der Handelsbilanz abzüglich bestimmungswidriger oder außergewöhnlicher Gewinnrealisierungen auf Kosten des Eigentümers und abzüglich aller zur Erhaltung des Unternehmens in seinem wirtschaftlichen Bestand notwendigen Aufwendungen ergibt. Diese Beschränkungen führen zu Entnahmebeschränkungen oder bei Liquiditätsmangel zu Einlagepflichten des Nießbrauchers. Dies führt auch dazu, dass dem Nießbraucher auftretende Verluste verschuldensunabhängig unmittelbar zuzurechnen sind.[557] Entnimmt der Nießbraucher mehr, als ihm zusteht oder erfüllt er etwaige Einlageverpflichtungen nicht, so besteht eine entsprechende Ausgleichspflicht bei Beendigung des Nießbrauchs.[558]

IV. Außenhaftung

Neben einer Verlusttragung bzw. Ausgleichsverpflichtung im Innenverhältnis, haftet der Nießbraucher nach § 25 Abs. 1 S. 1 HGB auch im Außenverhältnis für alle im Betrieb begründeten Verbindlichkeiten mit seinem persönlichen Vermögen einschließlich des Umlaufvermögens, wenn dieser die Firma fortführt.[559] Von § 25 HGB abweichende Vereinbarungen sind möglich, zu ihrer Wirksamkeit jedoch ins Handelsregister einzutragen (§ 25 Abs. 2 HGB). Auch im Innenverhältnis ist – in Abwesenheit vertraglicher Regelungen – davon auszugehen, dass der Nießbraucher die bestehenden Verbindlichkeiten zu übernehmen hat.[560] Denn es ist anzunehmen, dass der Besteller dem Nießbraucher nicht eine günstigere Stellung einräumen wollte, als er sie selbst gehabt hätte.[561] Für vom Nießbraucher eingegangene Verbindlichkeiten haftet nur dieser.[562] Der

555 *Heinze* in: Staudinger, BGB, Anh. zu § 1068 f. Rn. 43.

556 Als Beispiele werden insoweit Kriegseinwirkungen, entschädigungslose Verstaatlichung oder vollständige Zerstörung genannt: *Schön*, Nießbrauch an Sachen, S. 215; *Heinze* in: Staudinger, BGB, Anh. zu §§ 1068 f. Rn. 44.

557 *Götz/Hülsmann*, Nießbrauch, S. 114; *Schön*, Nießbrauch an Sachen, S. 219.

558 *Schön*, Nießbrauch an Sachen, S. 218.

559 RG v. 6.10.1931 – II 516/30, RGZ 133, 318, 322 f.; *Götz/Hülsmann*, Nießbrauch, S. 112 Rn. 300; *Bayer* in: Ermann, BGB, § 1085 Rn. 12; *Wegmann* in: Bamberger/Roth, BGB, § 1085 Rn. 23; *Herrler* in: Palandt, BGB, § 1085 Rn. 6.

560 *Heinze* in: Staudinger, BGB, Anh. zu §§ 1068 f. Rn. 39; *Pohlmann* in: MüKo, BGB, § 1085 Rn. 26; a. A. *Götz/Hülsmann*, Nießbrauch, S. 114.

561 *Heinze* in: Staudinger, BGB, Anh. zu §§ 1068 f. Rn. 39; *Pohlmann* in: MüKo, § 1085 Rn. 26.

562 BGH v. 10.03.2006 – V ZR 45/05, ZEV 2006, 414, 416, Rn. 21; *Godin*, Nutzungsrecht an Unternehmen, S. 24; *Bayer* in: Ermann, BGB, § 1085 Rn. 13.

Besteller haftet jedoch seinerseits nach § 25 Abs. 1 S. 1 HGB für die vom Nießbraucher eingegangen Verbindlichkeiten, wenn er nach Beendigung des Nießbrauchs das Unternehmen unter derselben Firma fortführt.[563]

V. Ergebnis und Zusammenfassung

Ein einheitlicher Nießbrauch am Einzelunternehmen kann durch Bestellung von Nießbrauchsrechten an den einzelnen zum Unternehmen gehörenden Vermögensgegenständen mit umfassender dinglicher Wirkung begründet werden. Auf diesen Unternehmensnießbrauch sind grundsätzlich die für die Einzelgegenstände geltenden Vorschriften der §§ 1030 ff. BGB anwendbar. Es sind jedoch die Besonderheiten eines Unternehmensnießbrauchs zu berücksichtigen. Aus diesem Grund steht dem Unternehmensnießbraucher ein weiteres Ermessen zu als beim Nießbrauch an Einzelgegenständen. Dieser Ermessensspielraum wird durch ein Bestandserhaltungsgebot und die Verpflichtung zur Betriebsführung im Rahmen ordnungsgemäßer Wirtschaft begrenzt.

Im Ergebnis kommt es bei einem Nießbrauch nach gesetzlichem Leitbild zu einem zeitweisen Übergang der Unternehmensträgerschaft vom Nießbrauchsbesteller auf den Nießbraucher.[564] Diesem stehen weitreichende Verfügungsbefugnisse zu. Er führt und leitet das Unternehmen wie ein eigenes.[565] Dementsprechend treffen ihn Gewinne und Verluste unmittelbar und er haftet im Außenverhältnis gegenüber Dritten. Soweit die Befugnisse und der Ermessensspielraum des Nießbrauchers durch das Gebot zur ordnungsgemäßen Bewirtschaftung eingeschränkt sind und die ihm zustehenden Erträge auf den Reingewinn begrenzt sind, wirkt sich dies häufig erst in Form von Ausgleichszahlungen bei Beendigung des Nießbrauchs aus.

Da eine Vielzahl an Fragen ungeklärt ist und insbesondere die Beurteilung, ob bestimmte Maßnahmen einer ordnungsgemäßen Betriebsführung entsprechen oder nicht, im Einzelfall Schwierigkeiten bereiten wird, sollten in die Nießbrauchsvereinbarung möglichst klare Regelungen aufgenommen werden. Hinzu kommt, dass die Bestellung von Nießbrauchsrechten an allen Einzelwirtschaftsgütern eines Unternehmens regelmäßig zu praktischen Schwierigkeiten führen dürfte. Dies erklärt, warum der Nießbrauch am Einzelunternehmen als solchem in der Praxis vergleichsweise selten anzutreffen ist.[566] Daher wird es sich im Rahmen von Einzelunternehmen häufig um Konstellationen han-

563 *Pohlmann* in: MüKo, BGB, § 1085 Rn. 27; *Herrler* in: Palandt, BGB, § 1085 Rn. 6; *Bayer* in: Ermann, BGB, § 1085 Rn. 16; *Heinze* in: Staudinger, BGB, Anh. zu §§ 1068 f. Rn. 40.

564 *Schmidt*, Handelsrecht, § 5 III Rn. 58 f.; BGH v. 18.11.1974 – VIII ZR 236/73, BeckRS 1974; *Fichtelmann*, DStR 1974, 267, 273.

565 *Biergans*, DStR 1985, 327, 328; *Schön*, Nießbrauch an Sachen, S. 204; *Vieweg/Werner*, Sachenrecht, § 16 Rn. 45; *Herrler* in: Palandt, BGB, § 1085 Rn. 3; *Kepper*, NZG 2019, 211.

566 *Frank*, DNotZ 2002, 217, 221.

deln, in denen der Nießbrauch (nur) an einer wesentlichen Betriebsgrundlage (häufig einem Grundstück) des Einzelunternehmens bestellt ist.[567]

C. Nießbrauch am Personengesellschaftsanteil

I. Zulässigkeit und Rechtsnatur

Die Zulässigkeit der Nießbrauchsbestellung an der Beteiligung an einer Personengesellschaft war lange Zeit umstritten, ist heute aber anerkannt.[568] Die Beteiligung an einer Personengesellschaft stellt eine einheitliche Rechtsposition i. S. d. § 1068 BGB dar.[569] Damit finden die Vorschriften über den Nießbrauch an Rechten Anwendung.[570]

Ausgangspunkt der früheren Diskussion war das Spannungsverhältnis zwischen sachenrechtlichen und gesellschaftsrechtlichen Prinzipien. So wurde die Zulässigkeit der Nießbrauchsbestellung zunächst mit der mangelnden Übertragbarkeit einer Personengesellschaftsbeteiligung (§ 719 Abs. 1 BGB) abgelehnt.[571] Denn an einem Recht, dass nicht übertragbar ist, kann ein Nießbrauch nicht bestellt werden (§ 1069 Abs. 2 BGB). Da die Übertragbarkeit von Beteiligungen an Personengesellschaften – mit Zustimmung der anderen Gesellschafter – aber heute anerkannt ist,[572] ist diese Position unhaltbar geworden.[573] Die Bestellung eines Nießbrauchs an einer Personengesellschaftsbeteiligung muss damit möglich sein, wenn alle Mitgesellschafter zustimmen oder eine entsprechende Belastungsmöglichkeit gesellschaftsvertraglich vereinbart ist.[574]

Eine ebenfalls – vorwiegend früher – verbreitete Ansicht hält der Zulässigkeit einer dinglichen Nießbrauchsbestellung am Personengesellschaftsanteil das gesellschafts-

567 Vgl. BFH v. 25.1.2017 – X R 59/14, DStR 2017, 1308.

568 BGH v. 20.4.1972 – II ZR 143/69, NJW 1972, 1755, 1756; BGH v. 9.11.1998 – II ZR 213–97, NJW 1999, 571; *Roth* in: Baumbach/Hopt, HGB, § 105 Rn. 44; *Herrler* in: Palandt, BGB, § 1068 Rn. 5; *Frank*, MittBayNot 2/2010, 96; *Schön*, ZHR 158 (1994), 229, 238; *Fichtelmann*, DStR 1974, 299, 304; *Wachter*, DStR 2013, 1929, 1930.

569 *Hauck*, Nießbrauch an Rechten, S. 359 ff.; *Stürner* in: Jauernig, BGB, § 719 Rn. 7; *Schön*, ZHR 158 (1994), 229, 238; *Fichtelmann*, DStR 1974, 299, 304.

570 *Hauck*, Nießbrauch an Rechten, S. 366.

571 *Mugdan*, Materialien zum BGB, III. Band, S. 301; *Hauck*, Nießbrauch an Rechten, S. 358; *Schön*, ZHR 158 (1994), 229, 238; *Lindemeier*, DNotZ 1999, 876, 887.

572 BGH v. 8.11.1965 – II ZR 223/64, NJW 1966, 499; BGH v. 14.1.2010 – IX ZR 78/09, NJW-RR 2010, 924; *Stürner* in: Jauernig, BGB, § 719 Rn. 7.

573 *Schön*, ZHR 158 (1994), 229, 238.

574 *Esch/Baumann/Schulze zur Wiesche*, Vermögensnachfolge, I Rn. 1601; *Petzoldt*, DStR 1992, 1171 ff.; Frank, MittBayNot 2/2010, 96, 97.

rechtliche Abspaltungsverbot entgegen.[575] Danach können mitgliedschaftliche Verwaltungsrechte auch mit Zustimmung aller Gesellschafter nicht auf gesellschaftsfremde Dritte übertragen werden (§ 717 S. 1 BGB).[576] Daraus wurde teilweise geschlossen, dass der Nießbraucher die volle Gesellschafterstellung einnehmen müsse und dadurch zum Gesellschafter auf Zeit wird, der den Anteil treuhänderisch für den Besteller hält (sog. Treuhandlösung).[577]

Die Treuhandlösung ist abzulehnen. Ihre Folge wäre kein echter dinglicher Nießbrauch, sondern der Übergang des Personengesellschaftsanteils. Zudem ist sie nicht notwendig. Denn dem Nießbrauch liegt ein Duldungs- und kein Abspaltungsgedanke zugrunde.[578] Gegenstand des Nießbrauchsrechts ist der Personengesellschaftsanteil im Ganzen.[579] Daher wird gerade kein Teil abgespalten und auf einen Dritten übertragen.[580] Zudem ist der Nießbraucher kein gesellschaftsfremder Dritter, sondern steht in einer Art Rechtsgemeinschaft mit dem Gesellschafter und wird in das Rechts- und Pflichtengefüge der Gesellschaft einbezogen.[581] So unterliegt der Nießbraucher bei der Ausübung von Verwaltungsrechten auch der gesellschaftsrechtlichen Treuepflicht.[582] Folglich wird das Abspaltungsverbot nicht verletzt und die Bestellung eines dinglichen Nießbrauchs am Personengesellschaftsanteil als solchem ist zulässig (sog. echte Nießbrauchslösung).[583]

Dieser echten Nießbrauchslösung folgend, wird der Nießbraucher Inhaber eines dinglichen Rechts an einem Recht, während allein der Besteller Gesellschafter bleibt.[584] Das Nießbrauchsrecht lastet mit dinglicher Wirkung auf dem Gesellschaftsanteil.[585]

575 Vgl. *Heinze* in: Staudinger, BGB, Anh. zu §§ 1068 f. Rn. 54, 60; *Pohlmann* in: MüKo, BGB, § 1068 Rn. 25; *Götz/Hülsmann*, Nießbrauch, S. 118.

576 *Hermanns*, ZIP 2005, 2284, 2285; *Enzinger* in: MüKo, HGB, § 109 Rn. 12; *Petzoldt*, DStR 1992, 1171, 1172; *Keul* in: MHdB GesR II, § 89 Rn. 1 ff.

577 *Lindemeier*, DNotZ 1999, 876, 889; *Hauck*, Nießbrauch an Rechten, S. 368 f.

578 Vgl. hierzu 2. Teil: A. I.

579 *Schmidt*, ZGR 1999, 601, 605; *Wälzholz*, DStR 2010, 1786, 1787; *Hermes*, Nießbrauchsrecht, S. 64.

580 BGH v. 3.7.1989 – II ZB 1/89, BWNotZ 1990, 20, 23.

581 OLG Düsseldorf v. 14.9.1998 – 3 Wx 209/98, DNotZ 1999, 440, 442; *Schäfer* in: MüKo, BGB, § 705 Rn. 96; *Hauck*, Nießbrauch an Rechten, S. 370; *Schön*, ZHR 158 (1994), 229, 237; *Hermes*, Nießbrauchsrecht, S. 63 ff.; *Heinze* in: Staudinger, BGB, Anh. zu §§ 1068 f. Rn. 60; *Götz/Hülsmann*, Nießbrauch, S. 123.

582 *Sittel*, Nießbrauch an Gesellschaftsanteilen, S. 70; Götz/Hülsmann, Nießbrauch, S. 134; *Pohlmann* in: MüKo, BGB, § 1068 Rn. 91; *Roth* in: Baumbach/Hopt, BGB, § 105 Rn. 46, *Hermes*, Nießbrauchsrecht, S. 85.

583 Heute ganz h. M. *Götz/Jorde*, FR 2003, 998; *Schäfer* in: MüKo, BGB, § 705 Rn. 96; *Heinze* in: Staudinger, BGB, Anh. zu §§ 1068 f. Rn. 60, *Frank*, MittBayNot 2010, 96; *Lemke* in: NK, BGB, § 1068 Rn. 10.

584 BGH v. 9.11.1998 – II ZR 213–97, NJW 1999, 571, 572; *Hermes*, Nießbrauchsrecht, S. 64.

585 *Pohlmann* in: MüKO, BGB, § 1068 Rn. 13.

II. Verwaltungsrechte

Der Schwerpunkt dieses zivilrechtlichen Grundlagenteils zum Nießbrauch am Personengesellschaftsanteil liegt auf der Zuordnung der mitgliedschaftlichen Verwaltungsrechte zwischen Nießbraucher und Besteller. Eine Auseinandersetzung mit dieser – hoch umstrittenen – Verteilungsfrage ist für den dritten Teil dieser Arbeit von großer Bedeutung. Denn die Zuordnung dieser Rechte hat maßgeblichen Einfluss auf die Mitunternehmerinitiative und damit auf das Bestehen einer etwaigen Mitunternehmerstellung bei Besteller und/oder Nießbraucher. Eine solche Mitunternehmerstellung des Betriebsübernehmers ist, wie im vorangegangenen Teil aufgezeigt,[586] notwendige Voraussetzung für die Anwendbarkeit der Buchwertfortführung nach § 6 Abs. 3 EStG.

Im Folgenden wird zunächst ausführlich auf das Stimmrecht als wichtigstes Verwaltungsrecht eingegangen. Im Anschluss werden weitere Verwaltungsrechte, wie die Geschäftsführungs- und Vertretungsbefugnis, Informations- und Kontrollrechte, Klage- und Widerspruchsrechte sowie das Recht auf Teilnahme an der Gesellschafterversammlung und das Zustimmungserfordernis des § 1071 BGB beleuchtet.

Dabei ist jeweils zunächst die Rechtslage bei einem Nießbrauch nach gesetzlichem Leitbild zu erörtern. Im Anschluss werden Überlegungen zur vertraglichen Zuordnung dieser Rechte angestellt.

1. Stimmrecht

Ausdrückliche Regelungen zur Verteilung des Stimmrechts zwischen Nießbraucher und Besteller enthält das Gesetz nicht, da man zu Zeiten des Entwurfs des BGB davon ausging, dass ein Nießbrauch an Personengesellschaftsanteilen schon mangels Übertragbarkeit der Anteile nicht begründbar sei.[587] Heute werden hinsichtlich der Zuweisung des Stimmrechts verschiedene Ansichten vertreten. Im Folgenden wird der Streitstand in der Literatur zusammengefasst, die Historie der Rechtsprechung dargestellt und umfassend Stellung bezogen, bevor auf die Gestaltungsgrenzen vertraglicher Zuweisungen des Stimmrechts eingegangen wird.

586 Vgl. hierzu oben unter 1. Teil: C. VI.

587 *Mugdan*, Materialien zum BGB, III. Band, S. 301; *Hauck*, Nießbrauch an Rechten, S. 358; *Schön*, ZHR 158 (1994), 229, 238; *Lindemeier*, DNotZ 1999, 876, 887.

a) Rechtslage ex lege

aa) Streitstand in der Literatur

Im Wesentlichen werden vier Ansichten zur Stimmrechtsberechtigung vertreten. Die beiden Extrempositionen weisen das Stimmrecht in allen Angelegenheiten entweder dem Gesellschafter (Nießbrauchsbesteller) oder dem Nießbraucher allein zu.

So wird vertreten, dass der Nießbraucher in allen Angelegenheiten allein stimmberechtigt sei und bei der Ausübung des Stimmrechts lediglich die §§ 1037 Abs. 1, 1041 S. 1 BGB zu berücksichtigen habe.[588] Danach hat der Nießbraucher die Sache in ihrem wirtschaftlichen Bestand zu erhalten und ist nicht berechtigt, diese wesentlich zu verändern. Diese Ansicht orientiert sich nah an den Regelungen zum Sachnießbrauch bzw. den Befugnissen des Nießbrauchers bei einem Einzelunternehmen. Ein Übergang des Stimmrechts auf den Nießbraucher ergebe sich entweder infolge der umfassenden dinglichen Belastung oder daraus, dass das Stimmrecht zu den Gebrauchsvorteilen eines Mitgliedschaftsrechts gehöre.[589]

Die Gegenansicht, die überwiegend als die h.M. bezeichnet wird, weist das Stimmrecht ausschließlich dem Gesellschafter zu.[590] Ein Übergang des Stimmrechts vom Gesellschafter auf den Nießbraucher ergebe sich weder aus dem Gesellschafts- noch aus dem Sachenrecht.[591] Insbesondere sei die Befugnis des Gesellschafters zur Stimmrechtsausübung weder Rechtsfrucht noch Gebrauchsvorteil.[592] Der Begriff der Nutzungen i.S. von § 100 BGB sei rein vermögensrechtlich zu verstehen und beinhalte keine gesellschaftsrechtlichen Mitwirkungsrechte.[593] Schließlich bestünden strukturelle Unterschiede zwischen dem Nießbrauch an Sachen und dem an Personengesellschaftsanteilen, welche die abweichende Behandlung rechtfertigen.[594]

588 *Wedemann*, NZG 2013, 1281, 1285 ff.; *Berger* in: Jauernig, BGB, § 1068 Rn. 4; *Bunke*, DNotZ 1968, 5, 17; *Sudhoff*, NJW 1971, 481, 482.

589 RG v. 25.10.1974 – VII 297/27, RGZ 118, 266, 268 f.; *Stresemann* in: MüKo, BGB, § 100 Rn. 3; *Hermes*, Nießbrauchsrecht, S. 90.

590 *Schmidt*, ZGR 1999, 601, 609; *Frank*, MittBayNot 2010, 96, 99; *Kruse*, RNotZ 2002, 69, 75; *Herrler* in: Palandt, BGB, § 1068 Rn. 5; *Pohlmann* in: MüKo, BGB, § 1068 Rn. 81; *Schmidt* in: MüKo, HGB, vor § 230 Rn. 21; *Heinze* in: Staudinger, BGB, Anh. zu §§ 1068 f. Rn. 72; *Götz/Hülsmann*, Nießbrauch, S. 130; *Hauck*, Nießbrauch an Rechten, S. 382 ff.; *Wachter*, GmbHR 2016, 1267, 1272; *Wachter*, DStR 2016, 2065, 2067; *Kepper*, NZG 2019, 211, 212.

591 *Götz/Hülsmann*, Nießbrauch, S. 130; *Pohlmann* in: MüKo, BGB, § 1068 Rn. 81.

592 Wachter, GmbHR 2016, 1267, 1272; *Pohlmann* in: MüKo, BGB, § 1068 Rn. 72; *Hauck*, Nießbrauch an Rechten, S. 383.

593 *Schön*, ZHR 158 (1994), 229, 248 ff.; *Hauck*, Nießbrauch an Rechten, S. 383.

594 *Kruse*, RNotZ 2002, 69, 75.

Einen Mittelweg zwischen diesen beiden Extrempositionen versucht die sog. Aufspaltungslösung zu finden. Das Stimmrecht soll demjenigen zustehen, der von der jeweiligen Abstimmungsentscheidung auch betroffen ist.[595] Danach soll das Stimmrecht bei Grundlagenbeschlüssen und solchen die die Substanz der Gesellschaft betreffen dem Gesellschafter zustehen, während über laufende Angelegenheiten und Beschlüsse die den Gewinn der Gesellschaft betreffen der Nießbraucher zu entscheiden habe.[596] Ein solcher Grundsatz lasse sich aus den §§ 1036 Abs. 2, 1066 Abs. 1 BGB entnehmen und berücksichtige im Übrigen die Einbeziehung des Nießbrauchers in den Gesellschafterverbund.[597]

Schließlich wird eine sog. Vergemeinschaftungslösung diskutiert.[598] Hiernach soll das Stimmrecht Gesellschafter und Nießbraucher gemeinsam zustehen. Diese müssten sich im Vorfeld auf eine gemeinsame Ausübung des Stimmrechts einigen, anderenfalls würde das Stimmrecht verfallen.[599] Danach würden Gesellschafter und Nießbraucher eine Untergruppe im Personenverband[600] oder eine Innengesellschaft[601] bilden. Auf diese Weise werde der natürliche Interessenkonflikt zwischen Nießbraucher (Ausschüttungsinteresse) und Gesellschafter (Investitionsinteresse) aus der Gesellschaft herausgehalten.[602] Zudem erübrige sich die bei der Aufspaltungslösung erforderliche – schwierige – Abgrenzung von Grundlagenbeschlüssen und solchen Beschlüssen, die laufende Angelegenheiten betreffen.[603]

bb) Historie der Rechtsprechung

In einem Beschluss zur Testamentsvollstreckung hat der Bundesgerichtshof im Jahr 1989 ausgeführt: „*die Testamentsvollstreckung bewirke, dass die Mitgliedschaftsrechte, wie bei der Bestellung eines Nießbrauchs, insgesamt von einem Dritten ausgeübt werden.*“[604]

Diesen Beschluss hat der Bundesfinanzhof in einem Urteil aus dem Jahr 1994 dahin interpretiert, dass der Bundesgerichtshof die Aufspaltungslösung vertritt: „*Wenn der*

595 *Janssen/Nickel*, Unternehmensnießbrauch, S. 50; *Flume*, BGB AT, § 17 VI; *Roth* in: Baumbach/Hopt, HGB, § 105 Rn. 46; *Schäfer* in: MüKo, BGB, § 705 Rn. 99; *Wedemann*, NZG 2013, 1281, 1283.

596 *Altendorf*, GmbH-StB 2018, 256, 257; *Schäfer* in: MüKo, BGB, § 705 Rn. 99; *Roth* in: Baumbach/Hopt, HGB, § 105 Rn. 46.

597 *Schäfer* in: MüKo, BGB, § 705 Rn. 99; *Schmidt*, ZGR 1999, 601, 608.

598 Für eine Vergemeinschaftungslösung eintretend insbesondere: *Schön*, ZHR 158 (1994), 229, 261 und *Hermes*, Nießbrauchsrecht, S. 91, 103 ff.

599 *Schön*, ZHR 158 (1994), 229, 261 f.

600 Vgl. der Ansatz von *Schön*, ZHR 158 (1994), 229, 255.

601 Vgl. der Ansatz von *Hermes*, Nießbrauchsrecht, S. 103 ff.

602 *Schön*, ZHR 158 (1994), 229, 261 f.; *Hermes*, Nießbrauchsrecht, S. 105.

603 *Schön*, ZHR 158 (1994), 229, 261.

604 BGH v. 3.7.1989 – II ZB 1/89, NJW 1989, 3152, 3155.

BGH in dieser Entscheidung offenbar davon ausgeht, dass die Mitwirkungsrechte grundsätzlich vom Nießbraucher ausgeübt werden, so versteht das der erkennende Senat in dem Sinne, dass der Nießbraucher […] ein das Mitwirkungsrecht des Gesellschafters ausschließendes eigenes Stimmrecht bei Beschlüssen der Gesellschafter über die laufenden Angelegenheiten der Gesellschaft […] hat."[605] Demnach vertritt der Bundesfinanzhof die Ansicht, dass dem Nießbraucher das Stimmrecht in laufenden Angelegenheiten zusteht, während das Stimmrecht in außerordentlichen Angelegenheiten oder Grundlagengeschäften beim Gesellschafter verbleibt. Damit hat sich der Bundesfinanzhof im Jahr 1994 der Aufspaltungslösung angeschlossen. Dem folgen ausdrücklich das FG Münster und das OLG Stuttgart in zwei Entscheidungen aus dem Jahr 2013.[606]

Allerdings ließ der Bundesgerichtshof die Frage, ob dem Nießbraucher in laufenden Angelegenheiten ein eigenes Stimmrecht zusteht, in einem späteren Urteil aus dem Jahr 1998 ausdrücklich offen.[607] Er führte lediglich aus, dass die Einräumung eines Nießbrauchs am Gesellschaftsanteil den Gesellschafter nicht daran hindere, bei Grundlagenbeschlüssen selbst abzustimmen.[608] Damit hat der Bundesgerichtshof 1998 jedenfalls einer alleinigen Stimmberechtigung des Nießbrauchers eine Absage erteilt, sich aber darüber hinaus nicht festgelegt. Insbesondere hat der Bundesgerichtshof nicht die vom Bundesfinanzhof vertretene Aufspaltungslösung bestätigt, was aus Gründen der Rechtssicherheit nahe gelegen hätte, wenn er dieser Auffassung gewesen wäre.

Eine Tendenz des Bundesgerichtshofs zur alleinigen Stimmrechtszuordnung zum Gesellschafter lässt sich in einen Beschluss aus dem Jahr 2011 hineininterpretieren. Hiernach soll der Nießbraucher einem Gesellschafter gleich stehen, „*wenn ihm neben der Beteiligung am Gewinn der Gesellschaft in atypischer Weise weitrechende Befugnisse zur Einflussnahme auf die Geschäftsführung und die Gestaltung der Gesellschaft eingeräumt sind.*"[609] Insbesondere der Wortlaut „*in atypischer Weise*" spricht für die Annahme, dass der Bundesgerichtshof jedenfalls heute davon ausgeht, dass dem Nießbraucher im gesetzlichen Regelfall kein Stimmrecht zusteht.

Dies entspricht der jüngeren Rechtsprechung des OLG Münchens. Danach besteht auch in laufenden Angelegenheiten der Gesellschaft keine gesellschaftsrechtliche Mitwirkungsbefugnis des Nießbrauchers.[610] Das Stimmrecht stünde – vorbehaltlich möglicher abweichender Vereinbarungen – grundsätzlich ausschließlich dem Gesellschafter

605 BFH v. 1.3.1994 – VIII R 35/92, NJW 1995, 1918, 1919.
606 FG Münster v. 4.7.2013 – 3 K 1804/12, BeckRS 2013, 96244, OLG Stuttgart v. 28.1.2013 – 8 W 25/13, RNotZ 2013, 452.
607 BGH v. 9.11.1998 – II ZR 213/97, NJW 1999, 571, 572.
608 BGH v. 9.11.1998 – II ZR 213/97, NJW 1999, 571.
609 BGH v. 5.4.2011 – II ZR 173/10, NZG 2011, 864.
610 OLG München v. 8.8.2016 – 31 Wx 204/16, nrkr, DStR 2016, 2000, 2001.

zu, denn auch nur dieser hafte nach § 128 HGB.[611] Zudem berühre eine Zuweisung von Mitverwaltungsrechten ohne gesonderte Vereinbarung in sachwidriger Weise die Substanz der Mitgliedschaft in der Gesellschaft.[612]

Soweit ersichtlich, hat der Bundesfinanzhof seit seinem Grundsatzurteil aus dem Jahr 1994 nicht mehr über die Zuordnung der Stimmrechte entscheiden müssen. In jüngeren Entscheidungen ließ er die Frage – unter Hinweis auf den zivilrechtlichen Streit – ausdrücklich offen.[613] Unklar ist, ob der Bundesfinanzhof hiermit eine Abkehr von der von ihm 1994 vertretenen Aufspaltungslösung andeuten will. In seiner Entscheidung im Jahr 1994 war der Bundesfinanzhof offensichtlich bemüht, im Sinne des Bundesgerichtshofs zu entscheiden. Das damalige Interpretationsergebnis, der Bundesgerichtshof würde zur Aufspaltungslösung tendieren, war – ex ante betrachtet – die naheliegende Option. Folglich spricht viel dafür, dass der Bundesfinanzhof sich einem entsprechenden Urteil des Bundesgerichtshofs auch heute anschließen und ggf. die Aufspaltungslösung aufgeben würde.

Im Ergebnis besteht in der Rechtsprechung insoweit Einigkeit, als das Stimmrecht jedenfalls bei Grundlagenbeschlüssen allein dem Gesellschafter zusteht. So vertritt kein Gericht die Auffassung einer ausschließlichen Zuordnung der Stimmrechte zum Nießbraucher. Darüber hinaus ist die Rechtsprechung uneinheitlich und unklar. Der Bundesgerichtshof hat die Frage der Stimmrechtsverteilung in laufenden Angelegenheiten ausdrücklich offen gelassen, während sich der Bundesfinanzhof der Aufspaltungslösung angeschlossen hat, weil er dies zum damaligen Zeitpunkt für die Ansicht des Bundesgerichtshofs hielt. Während das OLG Stuttgart und das FG Münster der Ansicht des Bundesfinanzhofs folgen, entschied das OLG München jüngst, dass in allen Angelegenheiten ausschließlich dem Gesellschafter Stimmrechte zustünden.

cc) Stellungnahme

Die Ansicht, nach welcher alle Stimmrechte ausschließlich dem Nießbraucher zustehen, kommt der Stellung des Nießbrauchers beim Einzelunternehmen am nächsten.[614] Dennoch ist diese Ansicht abzulehnen. Der echten Nießbrauchslösung folgend,[615] verfügt allein der Besteller über eine Gesellschafterstellung im zivilrechtlichen Sinne.

611 OLG München v. 8.8.2016 – 31 Wx 204/16, nrkr, DStR 2016, 2000, 2001; vgl. zur Haftung von Nießbraucher und Gesellschafter unter 2. Teil: C. IV.

612 OLG München v. 8.8.2016 – 31 Wx 204/16, nrkr, DStR 2016, 2000, 2001.

613 BFH v. 6.5.2015 – II R 34/13, DStR 2015, 1799, 1801; BFH v. 10.12.2008 – II R 32/07, BeckRS 25014705.

614 Vgl. hierzu 2. Teil: B. II.

615 Vgl. 2. Teil: C. I.

Dann müsste sich der Übergang des wichtigsten Gesellschafterrechts vom Besteller auf den Nießbraucher aus dem Gesetz ableiten lassen. Dies ist allerdings nicht der Fall.

Zunächst ist die Ausübung des Stimmrechts keine Nutzung i. S. d. §§ 1030, 100 BGB.[616] Das ergibt sich schon aus § 1066 BGB, der dem Nießbraucher eines Anteils an einer Miteigentümergemeinschaft ausdrücklich Verwaltungsrechte zuweist.[617] Diese Vorschrift wäre überflüssig, wenn das Gesetz die Verwaltungsrechte als Nutzungen im Sinne der §§ 1030, 100 BGB betrachten würde. Hierfür spricht auch, dass die 1. Kommission zum Entwurf des BGB ausdrücklich auf eine Regelung zur Stimmrechtsverteilung zwischen Aktionär und Nießbraucher verzichtete, da die Fallkonstellationen zu vielgestaltig seien.[618]

Ein umfassendes Stimmrecht des Nießbrauchers ergibt sich auch nicht aus einer Befugnis zur Selbstbewirtschaftung der Sache, welche sich für den Sachnießbrauch und für den Nießbrauch am Einzelunternehmen aus § 1036 BGB ableiten lässt.[619] Während § 1036 Abs. 1 BGB ein Besitzrecht des Sachnießbrauchers normiert, verpflichtet § 1036 Abs. 2 BGB zur Aufrechterhaltung der wirtschaftlichen Bestimmung einer Sache und dem Verfahren nach den Regeln einer ordnungsgemäßen Wirtschaft. Dies hat maßgeblichen Einfluss auf den Rechts- und Pflichtenkreis des Nießbrauchers beim Einzelunternehmen.[620]

Ein Übergang des Stimmrechts auf den Nießbraucher am Personengesellschaftsanteil lässt sich hieraus allerdings nicht ableiten.[621] Denn § 1036 BGB schließt eine Lücke, die beim Nießbrauch an einem Gesellschaftsanteil gar nicht besteht. Die Vorschrift regelt die unmittelbare Fürsorge für die Sache und deren ordnungsgemäße Bewirtschaftung.[622] Die Herrschaft über das Gesellschaftsvermögen und dessen ordnungsgemäße Bewirtschaftung wird bei Gesellschaftsanteilen allerdings bereits durch das Gesellschaftsrecht und insbesondere durch den Gesellschaftsvertrag bestimmt.[623] Anders als beim Sachnießbrauch und beim Nießbrauch am Einzelunternehmen, besteht eine grundsätzliche Befugnis zur Selbstbewirtschaftung beim Gesellschaftsanteil also nicht. Kurz gesagt: Ein Gesellschaftsanteil wird nicht bewirtschaftet.[624] Daher ist § 1036 BGB und die daraus abgeleitete Befugnis zur Selbstbewirtschaftung auf den Nießbrauch am

616 *Wachter*, GmbHR, 2016, 1267, 1272, *Barry*, RNotZ 2014, 401, 409.
617 *Pohlmann* in: MüKo, BGB, § 1068 Rn. 72.
618 *Mugdan*, Materialien zum BGB, III. Band, S. 311.
619 *Schön*, ZHR 158 (1994), 229, 248 f.; *Pohlmann* in: MüKo, BGB, § 1068 Rn. 73.
620 Vgl. hierzu oben unter 2. Teil: B. II.
621 *Pohlmann* in: MüKo, BGB, § 1068 Rn. 73.
622 *Schön*, ZHR 158 (1994), 229, 250; *Kruse*, RNotZ 2002, 69, 75.
623 *Kruse*, RNotZ 2002, 69, 75; *Schön*, ZHR 158 (1994), 229, 248 f.
624 *Hermes*, Nießbrauchsrecht, S. 93; *Kruse*, RNotZ 2002, 69, 75.

Gesellschaftsanteil nicht übertragbar. Folglich kann hieraus auch ein Übergang des Stimmrechts auf den Nießbraucher nicht abgeleitet werden.

Schließlich ergibt sich ein Übergang des Stimmrechts auch nicht aus einer analogen Anwendung des § 1066 BGB. Die Interessenlage ist nicht vergleichbar, da Umfang und Bedeutung der innerhalb einer Gesellschaft zu treffenden Entscheidungen erheblich weiter und vielfältiger sind als diejenigen bei einer Rechtsgemeinschaft nach den §§ 741 ff. BGB.[625] Daher würde eine Stimmrechtsbefugnis des Nießbrauchers sowohl den Gesellschafter als auch dessen Mitgesellschafter deutlich stärker belasten als § 1066 Abs. 1 BGB den Miteigentümer einer Sache.[626]

Interessengerecht erscheint die Aufspaltungslösung. Sie bietet einen Mittelweg zwischen den beiden Extrempositionen. Die Aufteilung des Stimmrechts bringt die Interessen und Rechte von Nießbraucher und Besteller in ein Gleichgewicht.[627] Sie enthält jedoch einen wesentlichen Schwachpunkt. In der Praxis ist eine klare Trennung zwischen Beschlüssen, die den Gesellschafter betreffen und solchen, die den Nießbraucher betreffen, kaum möglich.[628] So wird über laufende Angelegenheiten in einem Unternehmen häufig gar keine Beschlussfassung stattfinden. Eine Abgrenzung nach Beschlussfassungen, welche die Substanz der Gesellschaft betreffen und solchen, die sich lediglich auf den Gewinn auswirken, ist ebenfalls kaum möglich.[629] Denn Gewinn ist gerade die Mehrung des Unternehmensvermögens als Zuwachs zur Substanz.[630] Beschlussfassungen werden daher regelmäßig Gewinn und Substanz des Unternehmens berühren. Die Aufspaltungslösung scheitert daher an ihrer Impraktikabilität.[631] Sie verursacht Unklarheiten und widerspricht dadurch den Interessen von Besteller, Nießbraucher und Mitgesellschaftern.[632] Zudem lässt sich auch ein (Teil-)Übergang des Stimmrechts auf den Nießbraucher nicht aus dem Gesetz ableiten. Insbesondere sind die von den Vertretern der Aufspaltungslösung[633] angeführten §§ 1036 Abs. 2, 1066 Abs. 1 BGB – wie im vorherigen Absatz dargelegt – auf den Nießbrauch am Personengesellschaftsanteil nicht anwendbar.

625 *Pohlmann* in: MüKo, BGB, § 1068 Rn. 75.
626 *Pohlmann* in: MüKo, BGB, § 1068 Rn. 75.
627 *Wedemann*, NZG 2013, 1281, 1283; *Kruse*, RNotZ 2002, 69, 75.
628 *Schön*, ZHR 158 (1994), 229, 261; *Lindemeier*, DNotZ 1999, 876, 896; *Heinze* in: Staudinger, BGB, Anh. zu 1068 f. Rn. 72; *Kruse*, RNotZ 2002, 69, 75; *Wedemann*, NZG 2013, 1281, 1283; *Schmidt* in: MüKo, HGB, vor § 230 Rn. 21; *Pohlmann* in: MüKo, BGB, § 1068 Rn. 75.
629 *Lindemeier*, DNotZ 1999, 876, 896.
630 *Schön*, ZHR 158 (1994), 229, 261; *Lindemeier*, DNotZ 1999, 876, 896.
631 *Schmidt*, ZGR 1999, 601, 608; *Kruse*, RNotZ 2002, 69, 75.
632 *Wedemann*, NZG 2013, 1281, 1283.
633 Vgl. *Schäfer* in: MüKo, BGB, § 705 Rn. 99.

Der Vergemeinschaftungsansatz versucht die Abgrenzungsproblematik der Aufspaltungslösung zu umgehen. Eine Vorverlagerung der Entscheidungsfindung zwischen Nießbraucher und Gesellschafter zur gemeinsamen Stimmrechtsausübung soll deren Interessen hinreichend berücksichtigen und etwaige Differenzen aus der Gesellschaft heraushalten.[634] Dieser Ansatz muss sich allerdings zu Recht entgegen halten lassen, dass er die Abgrenzungsproblematik nur gegen andere Mängel *„eintauscht“*.[635] Der natürliche Interessengegensatz zwischen Nießbraucher (kurzfristige Gewinne) und Gesellschafter (langfristige Wertsteigerung) birgt ein erhebliches Risiko eines Stimmenverfalls, wenn diese sich nicht einigen können.

Ein Leerlauf der Stimme betrifft aber nicht nur die Beteiligten, sondern kann sich auch zu Lasten der Mitgesellschafter und der Entscheidungsfindung innerhalb der Gesellschaft auswirken.[636] Regelmäßig wird eine Beschlussfassung entweder mehr im Sinne des Nießbrauchers oder mehr im Sinne des Bestellers liegen. Dies schafft ein Drohpotential hinsichtlich des Verfalls des Stimmrechts. Es entsteht ein vom Zufall abhängiges Ungleichgewicht bei der vorangehenden Entscheidungsfindung zwischen Nießbraucher und Gesellschafter.[637] Eine derartige Blockademöglichkeit kann aber weder im Interesse der Beteiligten noch der Mitgesellschafter liegen.[638] Die beschriebene Verkomplizierung verbunden mit dem latenten Risiko des Stimmverfalls sprechen jedenfalls im gesetzlichen Regelfall gegen die Vergemeinschaftungslösung. Schließlich fehlt auch für den Vergemeinschaftungsansatz ein hinreichender Anhaltspunkt im Gesetz.

Damit ist im Ergebnis der traditionellen Ansicht in der Literatur und der Ansicht des OLG Münchens zu folgen, nach welcher das Stimmrecht in allen Angelegenheiten ausschließlich beim Gesellschafter verbleibt.[639] Sie ist hinreichend klar und praxistauglich und wird dem Umstand gerecht, dass der Nießbraucher gerade nicht Gesellschafter wird. Für dieses Ergebnis spricht auch, dass die Haftung gegenüber Gesellschaftsgläubigern nach h. M. im gesetzlichen Regelfall ausschließlich den Gesellschafter und nicht den Nießbraucher trifft.[640] Wünschenswert wäre, dass der Bundesgerichtshof sich diesem Ergebnis und der Ansicht des OLG Münchens ausdrücklich anschließt. In diesem Fall käme es zwar (zunächst) zu einer Diskrepanz zwischen zivilgerichtlicher und finanzgerichtlicher Rechtsprechung. Die Eruierung des Bundesfinanzhofs auf die Rechtsprechung des Bundesgerichtshofs spricht aber dafür, dass der Bundesfinanzhof

634 *Hermes*, Nießbrauchsrecht, S. 91 f. und S. 104 ff.; *Schön*, ZHR 158 (1994), 229, 261 f.
635 *Schmidt*, ZGR 1999, 601, 609.
636 *Kruse*, RNotZ 2002, 69, 75.
637 *Wedemann*, NZG 2013, 1281, 1284.
638 *Kruse*, RNotZ 2002, 69, 75.
639 OLG München v. 8.8.2016 – 31 Wx 204/16, nrkr, DStR 2016, 2000, 2001.
640 Aber str., siehe hierzu ausführlich: 2. Teil: C. IV.

in diesem Fall seine Rechtsprechung ebenfalls an diejenige des Bundesgerichtshofs anpassen würde und auf diesem Wege eine einheitliche Rechtsprechung herstellt. Solange entsprechende Urteile nicht vorliegen, bleibt die Rechtslage jedoch unsicher. Im Hinblick auf die Vielzahl der vertretenen Ansichten ist daher dringend anzuraten, die Stimmrechtsausübung vertraglich zu regeln.

b) Vertragsgestaltung

Ob und wieweit dem Nießbraucher das Stimmrecht durch vertragliche Regelungen übertragen werden kann ist von der Rechtsprechung bislang offen gelassen worden.[641] Eine Übertragbarkeit scheitert jedenfalls nicht am gesellschaftsrechtlichen Abspaltungsverbot, da der Nießbraucher kein gesellschaftsfremder Dritter ist.[642] Aus der Vertragsfreiheit ergibt sich, dass eine Übertragbarkeit des Stimmrechts vom Gesellschafter auf den Nießbraucher nach heute ganz h. M. grundsätzlich möglich ist.[643]

Voraussetzung ist allerdings, dass die anderen Gesellschafter einer solchen Übertragung im Gesellschaftsvertrag oder durch (ggf. konkludente) Nebenabrede zustimmen.[644] Nach der oben vertretenen Ansicht, wonach das Stimmrecht beim Nießbrauch nach gesetzlichem Leitbild grundsätzlich insgesamt beim Gesellschafter verbleibt,[645] wird man konsequenterweise auch davon ausgehen müssen, dass eine einfache Regelung zur Zulässigkeit einer Nießbrauchsbestellung im Gesellschaftsvertrag für eine Stimmrechtsübertragung nicht ausreicht. Vielmehr müssen die Mitgesellschafter ausdrücklich auch der Übertragung des Stimmrechts zustimmen.[646] In der Praxis wird daher häufig ein Zustimmungsbeschluss mit konkreter Bezugnahme auf die Nießbrauchsvereinbarung erforderlich sein.

Die Stimmrechtsübertragung auf den Nießbraucher obliegt allerdings gewissen Grenzen. So steht eine vollständige Stimmrechtsübertragung in sämtlichen Angelegenheiten dem Wesen des Nießbrauchs am Gesellschaftsanteil entgegen.[647] Jedenfalls ein gewisser Kernbestand muss beim Gesellschafter verbleiben, der grundlegende Entscheidungen selbst zu treffen hat.[648] Hierzu gehören solche Maßnahmen, die die Rechtsbeziehun-

641 BGH v. 9.11.1998 – II ZR 213/97, NJW 1999, 571, 572.

642 *Wachter*, DStR 2016, 2065, 2068; Vgl. zum Abspaltungsverbot: 2. Teil: C. I.

643 *Hermanns*, MittRhNotK 1999, 235, 236 f.; *Schmidt*, ZGR 1999, 601, 611; *Heinze* in: Staudinger, BGB, Anh. zu §§ 1068 f. Rn. 73; *Wachter*, DStR 2016, 2065, 2068 f.; *Kruse*, RNotZ 2002, 69, 75; *Pohlmann* in: MüKo, BGB, § 1068 Rn. 90.

644 *Schmidt*, ZGR 1999, 601, 611.

645 Vgl. hierzu oben unter 2. Teil: C. II. 1. a) cc).

646 Vgl. *Schmidt*, ZGR 1999, 601, 611.

647 *Wachter*, DStR 2016, 2065, 2068 f.

648 *Frank*, MittBayNot 2010, 96, 99; *Kruse*, RNotZ 2002, 69, 75 f.; *Wachter*, DStR 2016, 2065, 2068 f.; *Heinze* in: Staudinger, BGB, Anh. zu §§ 1068 f. Rn. 73.

gen der Gesellschafter untereinander ändern und die eine Veränderung des Gesellschaftszwecks oder Unternehmensgegenstands zur Folge haben.[649] Dies betrifft z.B. die Auflösung, Umwandlung oder Verschmelzung der Gesellschaft, Änderungen des Gesellschaftsvertrages, die Aufnahme neuer Gesellschafter, Maßnahmen der Kapitalbeschaffung und Abschlüsse von Unternehmensverträgen.[650] Eine Übertragung des Stimmrechts in diesen Angelegenheiten wäre mit dem Charakter des Nießbrauchs als Nutzungsrecht nicht vereinbar.[651] Die §§ 1037 Abs. 1, 1068 Abs. 1 BGB verbieten gerade die Umgestaltung oder wesentliche Veränderung des Nießbrauchsgegenstands.

Umstritten ist, ob auch die Feststellung des Jahresabschlusses und die Entscheidung über die Gewinnverwendung zu diesen Geschäften gehört. Die Einordnung dieser Geschäfte als Grundlagengeschäfte durch eine Entscheidung des Bundesgerichtshofs aus dem Jahr 1996 legt dies nahe.[652] Dem ist jedoch entgegen zu halten, dass die Mitwirkung des Gesellschafters am einzelnen Bilanzfeststellungsbeschluss zwar ein wichtiges Geschäft sein mag, die Struktur und den Unternehmensgegenstand der Gesellschaft aber nicht betrifft.[653] Vielmehr handelt es sich um eine Angelegenheit der laufenden Verwaltung durch die Gesellschafter.[654] Demnach gehören die Feststellung des Jahresabschlusses und die Entscheidung über die Gewinnverwendung nicht zu den zwingend dem Gesellschafter obliegenden Kernbereichsentscheidungen. Zwar handelt es sich grundsätzliche um eine Angelegenheit der Gesellschafter. Das Stimmrecht kann diesbezüglich aber vom Gesellschafter auf den Nießbraucher übertragen werden, da der Kernbereich nicht betroffen ist.

Diesem Ansatz (Kernbereich als Grenze der Übertragbarkeit des Stimmrechts) ließe sich entgegen halten, dass – wie das vorherige Beispiel zeigt – eine klare Grenzziehung in der Praxis nicht immer eindeutig möglich sein wird. Während dieses Argument beim Nießbrauch nach gesetzlichem Leitbild richtigerweise gegen die Abspaltungslösung vorgebracht wird, ist die Interessenlage und Schutzbedürftigkeit der Beteiligten vorliegend eine andere. Denn anders als im gesetzlichen Regelfall, haben sich die Beteiligten bewusst vom gesetzlichen Leitbild abgewandt und die Möglichkeit wahrgenommen, durch gezielte Vertragsgestaltung für eine individuelle Zuweisung des Stimmrechts zu sorgen.

649 *Hermanns,* MittRhNotK 1999, 235, 236.

650 BFH v. 6.5.2015 – II R 34/13, DStR 2015, 1799, 1802; *Kruse,* RNotZ 2002, 69, 76; *Wachter,* DStR 2016, 2065, 2068 f.; *Heinze* in: Staudinger, BGB, Anh. zu §§ 1068 f. Rn. 73; *Hermanns,* MittRhNotK 1999, 235, 236 f.

651 *Wachter,* DStR 2016, 2065, 2068.

652 BGH v. 29.3.1996 – II ZR 263/94, BGHZ 132, 263; daran anknüpfend auch BFH v. 16.12.2009 – II R 44/08, BeckRS 25015969; so auch *Wachter,* DStR 2016, 2065, 2068.

653 *Schmidt,* ZGR 1999, 601, 605 f.; *Hermanns,* MittRhNotK 1999, 235, 236.

654 BGH v. 15.1.2007 – II ZR 245/05, NJW 2007, 1685, 1687; *Schäfer* in: MüKo, § 705 Rn. 101.

Im Ergebnis ist eine Übertragung des Stimmrechts auf den Nießbraucher damit zulässig, wenn die übrigen Gesellschafter zustimmen und soweit nicht der Kernbereich des Mitgliedschaftsrechts erfasst ist.

c) Stimmrechtsvollmacht

Eine in der Praxis häufig anzutreffende Variante ist die Bevollmächtigung des Nießbrauchers zur Ausübung des dem Gesellschafter zustehenden Stimmrechts. Gegen eine solche Bevollmächtigung bestehen keine grundsätzlichen Bedenken.[655] Insbesondere kann der Nießbraucher auch zur Ausübung des Stimmrechts bei Grundlagengeschäften bevollmächtigt werden.

Eine solche Gestaltung hat aber kein Übergang des Stimmrechts zur Folge. Es wird lediglich ein fremdes Stimmrecht zur Ausübung überlassen.[656] Eine verdrängende Wirkung ließe sich nur durch eine unwiderrufliche Stimmrechtsvollmacht unter gleichzeitigem Stimmrechtsverzicht des Gesellschafters herbeiführen. Selbst wenn man eine solche Gestaltung – entgegen der Ansicht des Bundesgerichtshofs[657] – für zulässig erachtet, weil man ein Verstoß gegen das Abspaltungsverbot bei Nießbrauchskonstellationen verneint, erstreckt sich die Wirkung des Stimmrechtsverzichts jedenfalls nicht auf Beschlussgegenstände des Kernbereichs.[658] Denn wenn man einen Verstoß gegen das Abspaltungsverbot aufgrund der Eigenheiten von Nießbrauchskonstellationen ausnahmsweise ablehnt, dann müssen auch hinsichtlich der Grenzen die besonderen Charakteristika des Nießbrauchs berücksichtigt werden. Im Ergebnis lassen sich die Grenzen der vertraglichen Ausgestaltung des Nießbrauchs also auch mittels einer Stimmrechtsvollmacht nicht überwinden.[659]

2. Geschäftsführung und Stellvertretung

Die Geschäftsführungsbefugnis steht – soweit das Gesetz sie überhaupt dem Gesellschafter einräumt[660] – aus den zum Stimmrecht dargelegten Gründen ex lege grundsätzlich nur dem Gesellschafter zu.[661] Entsprechende Gegenansichten werden in vielfältiger

655 *Hermanns*, ZIP 2005, 2284, 2288.

656 *Wachter*, DStR 2016, 2065, 2071.

657 BGH v. 10.11.1951 – II ZR 111/50, NJW 1952, 178.

658 *Hermanns*, ZIP 2005, 2284, 2288; *Barry*, RNotZ 2014, 401, 411; *Wachter*, DStR 2016, 2065, 2071; *Schmidt* in: Scholz, GmbHG, § 47 Rn. 82; *Zöllner/Noack* in: Baumbach/Hueck, GmbHG, § 47 Rn. 50.

659 *Wachter*, DStR 2016, 2065, 2073; *Hermanns*, ZIP 2005, 2284, 2288.

660 Bei einem KG-Anteil besteht insoweit von vornherein schon keine organschaftliche Geschäftsführungsbefugnis des Kommanditisten, § 164 HGB.

661 *Schmidt* in: MüKo, HGB, vor § 230 Rn. 21; *Pohlmann* in: MüKo, BGB, § 1068 Rn. 82; *Frank*, MittBayNot 2010, 96, 99; *Kruse*, RNotZ 2002, 69, 77.

Weise mit den zum Stimmrecht dargelegten Begründungen auch hier vertreten.[662] Ihnen ist aus den zur Verteilung des Stimmrechts genannten Gründen nicht zu folgen.[663]

Die Geschäftsführungsbefugnis kann jedoch grundsätzlich – wie das Stimmrecht – unter Zustimmung der anderen Gesellschafter auf den Nießbraucher übertragen werden. Das Gebot der Selbstorganschaft steht dem nicht entgegen, da der Nießbraucher dinglich am Gesellschaftsanteil beteiligt ist.[664] Voraussetzung ist, dass der Gesellschafter seinerseits zur Geschäftsführung berechtigt wäre. Denn die Befugnisse des Nießbrauchers können naturgemäß (Belastung eines Rechts) nicht weitergehen als die des Gesellschafters.[665]

Die organschaftliche Vertretungsmacht, soweit sie denn überhaupt besteht,[666] verbleibt ebenfalls allein beim Gesellschafter. Der Nießbraucher kann aber – wie auch jeder andere Dritte – ohne verdrängende Wirkung zum rechtsgeschäftlichen Vertreter bestellt werden.[667]

3. Informations- und Kontrollrechte

Dem Nießbraucher stehen bei einem Nießbrauch nach gesetzlichem Leitbild eigene Informations- und Kontrollrechte zu.[668] Diese gehen nicht vom Gesellschafter auf den Nießbraucher über, sondern treten neben diejenigen des Gesellschafters.[669] Ob man das Informationsrecht des Nießbrauchers aus § 242 BGB ableitet[670] oder die §§ 716 BGB, 118, 166 HGB entsprechend anwendet,[671] kann dahinstehen. Der Informationsanspruch ist im gesetzlichen Regelfall auf Informationen beschränkt, die zur Bestimmung der auf den Nießbraucher entfallenden Nutzungen bedeutsam sind.[672] Dieses Informationsrecht verschafft keine Einflussnahmemöglichkeit auf die Entscheidungsfindung der Gesellschafter, sondern dient lediglich der Sicherung des Fruchtziehungsrechts.[673] Es umfasst z. B. eine Einsichtnahme in den Jahresabschluss einschließlich der Gewinn-

662 Vgl. z. B. *Frank*, MittBayNot 2010, 96, 99.

663 Vgl. hierzu oben unter 2. Teil: C. II. 1. a) cc).

664 *Frank*, MittBayNot 2010, 96, 99; *Hermes*, Nießbrauchsrecht, S. 95 f.; *Kruse*, RNotZ 2002, 69, 77; *Pohlmann* in: MüKo, BGB, § 1068 Rn. 82.

665 *Goebel*, Nießbrauch an Personengesellschaftsanteilen, S. 284; *Heinze* in: Staudinger, Anh. zu §§ 1068 f. Rn. 75.

666 Abweichend beim Kommanditisten.

667 *Finger*, DB 1977, 1033, 1039; *Lindemeier*, DNotZ 1999, 876, 895 Fn. 99; *Kruse*, RNotZ 2002, 69, 77.

668 *Sittel*, Nießbrauch an Gesellschaftsanteilen, S. 118 ff.; *Pohlmann* in: MüKo, BGB, § 1068 Rn. 82.

669 *Heinze* in: Staudinger, BGB, Anh. zu §§ 1068 f. Rn. 74.

670 Vgl. *Pohlmann* in: MüKo, BGB, § 1068 Rn. 82.

671 Vgl. *Heinze* in: Staudinger, BGB, Anh. zu §§ 1068 f. Rn. 74.

672 *Goebel*, Nießbrauch an Personengesellschaftsanteilen, S. 282.

673 OLG München v. 8.8.2016 – 31 Wx 204/16, nrkr, DStR 2016, 2000, 2001.

verwendung und Mitteilungen über Kapitalbewegungen auf Gesellschafterkonten des belasteten Anteils.[674] Damit handelt es sich beim originären Informationsrecht des Nießbrauchers um ein funktionales, auf die Informationsbedürfnisse des Nießbrauchers beschränktes, Recht.[675]

Ein weitergehendes Informationsrecht wird man dem Nießbraucher dann zubilligen müssen, wenn diesem ausdrücklich das Stimmrecht oder die Geschäftsführungsbefugnis übertragen wird. Zum einen muss gewährleistet sein, dass der Nießbraucher Entscheidungen auf umfassender Informationsgrundlage trifft. Zum anderen trifft den Nießbraucher, dem das Stimmrecht oder die Geschäftsführung übertragen ist, auch eine Haftung im Außenverhältnis.[676] Dies rechtfertigt ein umfassendes Informationsrecht des Nießbrauchers.[677]

Da dem Gesellschafter nach der hier vertretenen Ansicht jedenfalls für Beschlüsse, die den Kernbereich der Gesellschaft betreffen, das Stimmrecht verbleiben muss,[678] können dessen Informationsrechte nicht verdrängt werden, sondern bleiben in umfassender Weise bestehen. Die fortbestehende Haftung des Gesellschafters spricht ebenfalls für ein Fortbestehen seiner Informationsrechte.[679] Wer (unbeschränkt) haftet, muss sich auch umfassend informieren können. Demnach treten die Informationsrechte des Nießbrauchers neben diejenigen des Gesellschafters. Damit kommt es im Fall einer (auch nur teilweisen) Übertragung des Stimmrechts oder der Geschäftsführungsbefugnis auf den Nießbraucher zu einer Verdopplung der Informationsrechte.

4. Klage- und Widerspruchsrechte

Das Recht auf Feststellung der Nichtigkeit eines Beschlusses und die actio pro socio stehen als Gesellschafterrechte – wie das Stimmrecht – ex lege ausschließlich dem Besteller zu.[680] Demnach ist der Nießbraucher im gesetzlichen Regelfall darauf beschränkt, den Besteller im Innenverhältnis dazu zu bewegen, entsprechende Rechte auszuüben.[681] Anderenfalls könnte der Nießbraucher Einfluss auf die interne Entscheidungsfindung der Gesellschaft nehmen, was mit der hier vertretenen Ansicht zur Stimmrechtsverteilung im Konflikt stünde.

674 *Goebel*, Nießbrauch an Personengesellschaftsanteilen, S. 282.
675 *Kruse*, RNotZ 2002, 69, 77; *Goebel*, Nießbrauch an Personengesellschaftsanteilen, S. 282 ff.
676 Hierzu sogleich unter 2. Teil: C. IV.
677 *Goebel*, Nießbrauch an Personengesellschaftsanteilen, S. 284.
678 Vgl. hierzu oben unter 2. Teil: C. II. 1. b).
679 Hierzu sogleich unter 2. Teil: C. IV.
680 *Pohlmann* in: MüKo, BGB, § 1068 Rn. 82; *Goebel*, Nießbrauch an Personengesellschaftsanteilen, S. 284 ff.
681 *Goebel*, Nießbrauch an Personengesellschaftsanteilen, S. 285; *Hermes*, Nießbrauchsrecht, S. 100.

Gleiches muss für das Widerspruchsrecht des Kommanditisten aus § 164 S. 1 HS. 2 HGB gelten. Nach ganz h. M. ist die Vorschrift – entgegen dem missverständlichen Wortlaut – so zu verstehen, dass Geschäftsführungsangelegenheiten, die über den gewöhnlichen Geschäftsbetrieb hinausgehen, der Zustimmung aller Gesellschafter (einschließlich der Kommanditisten) bedürfen.[682] Daraus ergibt sich, dass das Widerspruchsrechts des Kommanditisten wie ein Stimmrecht zu behandeln ist. Demnach gelten die Ausführungen zum Stimmrecht entsprechend. Folglich steht das Widerspruchsrecht im gesetzlichen Regelfall ausschließlich dem Besteller zu.

Das Klagerecht auf Feststellung der Nichtigkeit und das Widerspruchsrecht müssen jedoch soweit dem Nießbraucher zustehen, wie diesem vertraglich das Stimmrecht zugewiesen ist.[683] Denn dem Nießbraucher wird durch die Übertragung von Stimmrechten eine gesellschafterähnliche Stellung eingeräumt die hinsichtlich des übertragenen Stimmrechts verdrängende Wirkung entfaltet. Dies rechtfertigt es, dem Nießbraucher auch entsprechende Schutzmöglichkeiten im Rahmen von Klage- und Widerspruchsrechten an die Hand zu geben. Dabei kommt es nicht zu einer Verdopplung von Klage- und Widerspruchsrecht, sondern zu einer Aufteilung. Diese Rechte sind als Schutzrechte stimmrechtsverwandt und stehen damit demjenigen zu, der auch stimmberechtigt im Rahmen der jeweiligen Beschlussfassung ist.[684] Die Aufteilung läuft damit parallel zur Stimmrechtsverteilung.[685] Nach der hier vertretenen Auffassung muss der Besteller jedenfalls für den Kernbereich betreffende Angelegenheiten klage- und widerspruchsberechtigt bleiben, da ihm diesbezüglich auch das Stimmrecht nicht genommen werden kann.

Etwas anderes muss für die actio pro socio gelten. Hierunter versteht man das Recht eines jeden Gesellschafters, von Mitgesellschaftern Erfüllung ihrer Verpflichtungen gegenüber der Gesellschaft zu verlangen und im eigenen Namen Klage auf Leistung an die Gesellschaft zu erheben.[686] Da die actio pro socio in keinem unmittelbaren Zusammenhang zum Stimmrecht steht, ist eine umfassende Parallelität – anders als beim Widerspruchsrecht – nicht denkbar. Es käme zu erheblichen Abgrenzungsschwierig-

682 RGZ 158, 302, 305 ff.; *Scheel* in: MHdB GesR II, § 7 Rn. 56; Roth in: Baumbach/Hopt, HGB, § 164 Rn. 2.

683 *Schön*, ZHR 158 (1994), 229, 263 f.; *Hermes*, Nießbrauchsrecht, S. 100; *Wälzholz*, NWB 2013, 1334, 1341.

684 *Schön*, ZHR 158 (1994), 229, 263 f.; a. A. *Goebel*, Nießbrauch an Personengesellschaftsanteilen, S. 285 f., der auch bei einer Stimmrechtsübertragung in bestimmten Angelegenheiten zu einer umfassenden Verdopplung der Klagerechte gelangt.

685 *Heinze* in: Staudinger, BGB, Anh. zu §§ 1068 f. Rn. 123; *Goebel*, Nießbrauch an Personengesellschaftsanteilen, S. 285.

686 *Schäfer* in: MüKo, BGB, § 705 Rn. 204.

keiten.[687] Dennoch erscheint eine Orientierung am Stimmrecht sachgerecht. Steht dem Nießbraucher – wie im gesetzlichen Regelfall – gar kein Stimmrecht zu, ist es nur konsequent, den Nießbraucher auch für die actio pro socio auf das Innenverhältnis zum Besteller zu verweisen.

Ist dem Nießbraucher das Stimmrecht allerdings – ggf. in nur geringem Umfang – übertragen, so sollte diesem die actio pro socio umfassend zustehen.[688] Denn die (beschränkte) Übertragung des Stimmrechts zeigt, dass ihm grundsätzlich unternehmerische Befugnisse und eine stärkere Position eingeräumt werden sollen. Wenn eine Aufteilung der actio pro socio aber nicht möglich ist, dann erscheint es vorzugswürdig, dem Nießbraucher dieses Recht umfassend und kumulativ zur actio pro socio des Gesellschafters einzuräumen. Damit kommt es zu einer Verdopplung des Rechts zur actio pro socio, wenn das Stimmrecht (ggf. nur in bestimmten Angelegenheiten) auf den Nießbraucher übertragen wird.[689]

5. Teilnahme an Gesellschafterversammlung

Das Recht zur Teilnahme an der Gesellschafterversammlung steht als Ausfluss des Stimmrechts ex lege allein dem Gesellschafter zu.[690] Hieraus ergibt sich ebenfalls bereits, dass dem Nießbraucher dann ein eigenes Teilnahmerecht zustehen muss, wenn diesem in bestimmten Angelegenheiten das Stimmrecht übertragen ist.[691] Anderenfalls könnte er das ihm übertragene Stimmrecht gar nicht ausüben.

Fraglich ist, ob der Gesellschafter sein Teilnahmerecht in diesem Fall verliert oder beide zur Teilnahme berechtigt sind, es also zu einer Verdopplung des Teilnahmerechts kommt. Nach der hier vertretenen Ansicht muss ein Kernbestand des Stimmrechts zwingend stets beim Gesellschafter verbleiben.[692] Konsequenterweise wird man dann den Gesellschafter auch nicht von der Teilnahme an der Gesellschafterversammlung ausschließen können. Hierfür spricht ebenfalls, dass das Recht des Gesellschafters zur Teilnahme an der Gesellschafterversammlung nach h. M. nicht entziehbar ist.[693] Ein partielles Teilnahmerecht des Gesellschafters und des Nießbrauchers nach Tagesordnungspunkten erscheint wenig praktikabel. Damit führt eine Übertragung des Stimm-

687 *Goebel*, Nießbrauch an Personengesellschaftsanteilen, S. 285 f.

688 *Goebel*, Nießbrauch an Personengesellschaftsanteilen, S. 285 f.

689 *Hermes*, Nießbrauchsrecht, S. 100.

690 OLG Koblenz v. 16.1.1992 – 6 U 963/91, NJW 1992, 2163; *Schmidt* in: MüKo, HGB, vor § 230 Rn. 21; *Hermes*, Nießbrauchsrecht, S. 97.

691 *Hermes*, Nießbrauchsrecht, S. 97.

692 Vgl. 2. Teil: C. II. 1. b).

693 *Schäfer* in: MüKo, BGB, § 709 Rn. 64; *Römermann* in: M/H/L/S, GmbHG, § 48 Rn. 74; *Altmeppen* in: Roth/Altmeppen, GmbHG, § 48 Rn. 4.

rechts auf den Nießbraucher im Ergebnis zu einer Verdopplung des Rechts auf Teilnahme an der Gesellschafterversammlung.

6. Zustimmungserfordernis des § 1071 BGB

Eine Einflussnahmemöglichkeit des Nießbrauchers auf die Verwaltungsrechte des Gesellschafters sieht § 1071 BGB vor. Hiernach bedarf der Rechtsinhaber (Gesellschafter) für die Aufhebung oder Änderung eines dem Nießbrauch unterliegenden Rechts der Zustimmung des Nießbrauchers, sofern der Nießbrauch beeinträchtigt wird. Dabei erfasst die Vorschrift nur das Abstimmungsverhalten des Gesellschafters und stellt kein allgemeines Veto-Recht des Nießbrauchers dar.[694] Zu den erfassten Maßnahmen gehören Änderungen der Gewinnverteilung zu Lasten des Nießbrauchers oder die ordentliche Kündigung durch den Gesellschafter.[695]

Umstritten ist die Rechtsfolge einer fehlenden Zustimmung beim Nießbrauch am Gesellschaftsanteil. Teilweise wird unter Verweis auf den Wortlaut und die Entstehungsgeschichte der Vorschrift eine absolute Unwirksamkeit der Maßnahme gefordert.[696] Dagegen spricht jedoch, dass die absolute Unwirksamkeit eines Beschlusses, bzw. dessen Anfechtbarkeit die Gesellschaft zu sehr belasten würde.[697] Zudem erscheint es unbillig, wenn sich sogar der Gesellschafter selbst auf die Unwirksamkeit eines gefassten Beschlusses berufen könnte, wenn dieser nicht vorab die Zustimmung des Nießbrauchers eingeholt hat.[698] Gegen eine relative Unwirksamkeit der Maßnahme nur im Verhältnis zwischen Gesellschafter und Nießbraucher wird zu Recht vorgebracht, dass dies aufgrund der Komplexität der Rechtsbeziehungen im Gesellschaftsrecht nicht praktikabel sei.[699] Aus diesen Gründen führt das Fehlen der Zustimmung des Nießbrauchers im Fall des § 1071 BGB nach überzeugender h. M. nur zu Schadensersatzansprüchen des Nießbrauchers gegen den Besteller.[700]

694 *Heinze* in: Staudinger, BGB, Anh. zu §§ 1068 f. Rn. 76; *Sittel*, Nießbrauch an Gesellschaftsanteilen, S. 87; *Teichmann*, ZGR 1972, 15 f.

695 *Sittel*, Nießbrauch an Gesellschaftsanteilen, S. 89; *Heinze* in: Staudinger, BGB, Anh. zu §§ 1068 f. Rn. 76.

696 OLG Aachen v. 28.4.2002 – 44 T 06/2003, RNotZ 2003, 398, 399; *Schön*, ZHR 158, 229, 266 ff.; *Heinze* in: Staudinger, BGB, Anh. zu §§ 1068 f. Rn. 76.

697 *Pohlmann* in: MüKo, BGB, § 1071 Rn. 13.

698 *Sittel*, Nießbrauch an Gesellschaftsanteilen, S. 89; *Pohlmann* in: MüKo, BGB, § 1071 Rn. 13.

699 *Heinze* in: Staudinger, BGB, Anh. zu §§ 1068 f. Rn. 76.

700 OLG Hamm v. 13.11.1970 – 15 W 280/70; NJW 1971, 13; OLG Düsseldorf v. 14.9.1998 – 3 Wx 209/98, DNotZ 1999, 440, 442; *Pohlmann* in: MüKo, BGB, § 1071 Rn. 13; *Bayer* in: Ermann, BGB, § 1071 Rn. 2; *Herrler* in: Palandt, BGB, § 1071 Rn. 1; *Kruse*, RNotZ 2002, 69, 82.

III. Vermögensrechte

1. Beteiligung am Gewinn

Während die Substanz der Beteiligung grundsätzlich beim Besteller verbleibt, steht dem Nießbraucher der auf den belasteten Gesellschaftsanteil entfallende bestimmungsgemäße Ertrag zu (§§ 1068 Abs. 2, 1030 Abs. 1, 99 Abs. 2 BGB). Dabei ist der bestimmungsgemäße Ertrag der durch Gesellschaftsvertrag oder Beschluss zur Entnahme vorgesehene Teil des handelsbilanziellen Gewinns.[701] Entnahmebeschränkungen sowie Gewinnanteile die dazu dienen, ein Verlustkonto aufzufüllen, gehen demnach zu Lasten des Nießbrauchers.[702] Ein Ausgleichsanspruch für nicht entnahmefähige Gewinne steht dem Nießbraucher auch bei Beendigung des Nießbrauchs nicht zu.[703] Vielmehr führen von der Ausschüttung ausgeschlossene Gewinne nach überzeugender Ansicht zu einem Substanzzuwachs, der – wie das Auseinandersetzungsguthaben – dem Besteller zusteht.[704]

Umstritten ist, wem außerordentlichen Erträge zustehen. Hierzu gehören insbesondere Gewinne aus der Realisierung stiller Reserven des Anlagevermögens oder Ausschüttungen aufgrund der Auflösung früherer Rücklagen. Nach überwiegender Ansicht steht dem Nießbraucher kein Anteil an den stillen Reserven bei Gegenständen des Anlagevermögens zu.[705] Dem ist zuzustimmen. Da die Mitgliedschaft in einer Gesellschaft nicht darauf gerichtet ist, aus der Veräußerung des Anlagevermögens Ertrag zu erzielen, gehören die entsprechenden Gewinne nicht zum bestimmungsgemäßen Ertrag und stehen damit im gesetzlichen Regelfall nicht dem Nießbraucher sondern dem Gesellschafter zu.[706]

701 So die ganz überwiegende Ansicht: BGH v. 20.3.1972 – ZR 143/69, NJW 1972, 1755, 1756; BFH v. 1.3.1994 – VIII R 35/92, NJW 1995, 1918, 1919; *Götz/Jorde*, FR 2003, 998, 1002 f.; *Heinze* in: Staudinger, BGB, Anh. zu §§ 1068 f. Rn. 79; *Wälzholz*, DStR 2010, 1786, 1788; *Esch/Baumann/Schulze zur Wiesche*, Vermögensnachfolge, I Rn. 1618; *Frank*, MittBayNot 2010, 96, 100; *Finger*, DB 1977, 1033, 1035; *Krogoll*, ErbStB 2014, 314, 316; a. A. *Sudhoff*, NJW 1971, 481, 482 f., der dem Nießbraucher den vollen bilanzmäßigen Gewinn zuweisen will.

702 *Götz/Jorde*, FR 2003, 998, 1002.

703 *Kruse*, RNotZ 2002, 69, 78; *Schmidt* in: MüKo, HGB, vor § 230 Rn. 18; *Heinze* in: Staudinger, BGB, Anh. zu §§ 1068 f. Rn. 80; *Goebel*, Nießbrauch an Personengesellschaftsanteilen, S. 406; a. A. Schön, ZHR 148 (1994), 229, 241 ff.

704 BGH v. 20.3.1972 – ZR 143/69, NJW 1972, 1755, 1756; *Kruse*, RNotZ 2002, 69, 78; *Sittel*, Nießbrauch an Gesellschaftsanteilen, S. 124 f.; *Schäfer* in: MüKo, BGB, § 705 Rn. 103; *Petzold*, DStR 1992, 1171, 1176; *Wälzholz*, NWB 2013, 1334, 1336 ff.

705 BFH v. 28.1.1992 – VIII R 207/85, DStR 1992, 711, 712; BFH v. 1.3.1994 – VIII R 35/92, NJW 1995, 1918, 1919; *Schön*, ZHR 158 (1994), 229, 245; *Biergans*, DStR 1985, 327, 331 f.; *Schulze zur Wiesche*, DStR 1995, 318, 320; *Frank*, MittBayNot 2010, 96, 100; *Wälzholz*, NWB 2013, 1334, 1338; differenzierend *Goebel*, Nießbrauch an Personengesellschaftsanteilen, S. 307 ff., 407.

706 BFH v. 28.1.1992 – VIII R 207/85, DStR 1992, 711, 712; *Hermes*, Nießbrauchsrecht, S. 135.

Für Ausschüttungen von Gewinnrücklagen, die in der Zeit vor Nießbrauchsbeginn gebildet worden, wird ebenfalls vertreten, dass diese dem Besteller und nicht dem Nießbraucher zustünden.[707] Hiergegen ist jedoch einzuwenden, dass thesaurierte Gewinne, unabhängig vom Zeitpunkt ihrer Entstehung, im Zeitpunkt des entsprechenden Ausschüttungsbeschlusses zu entnahmefähigen Gewinnen werden.[708] Zudem ist zu beachten, dass während der Nießbrauchszeit thesaurierte und nach Beendigung des Nießbrauchs aufgelöste Rücklagen dem Besteller zustehen; und zwar ohne Ausgleichsanspruch des Nießbrauchers. Spiegelbildlich ist es dann interessengerecht, wenn Gewinne aus der Auflösung von Gewinnrücklagen, auch wenn sie in der Zeit vor der Nießbrauchsbestellung erwirtschaftet worden, dem Nießbraucher zustehen.[709] Im Ergebnis ist das konsequent und führt dazu, dass der Nießbraucher den während der Nießbrauchszeit entnahmefähigen Gewinn erhält. Eine Ausgleichspflicht des Nießbrauchers im Innenverhältnis (§ 1039 Abs. 1 S. 2 BGB) besteht auch bei Beendigung des Nießbrauchs grundsätzlich nicht. Die Vorschrift ist zwar anwendbar, allerdings werden die durch Gewinnverwendungsbeschluss als entnahmefähig bezeichneten Gewinne in der Regel einer ordnungsgemäßen Wirtschaft entsprechen.[710]

Das Entnahmerecht des Gesellschafters nach § 122 Abs. 1 HGB in Höhe von 4 % besteht auch in Nießbrauchskonstellationen fort, gebührt als Ertrag jedoch dem Nießbraucher.[711] Da diesem jedoch keine gewinnunabhängigen Erträge zustehen, die zu Lasten der Substanz gehen würden, kann der Nießbraucher sie nur beanspruchen, soweit sie vom Gewinn gedeckt sind.[712]

2. Verlusttragung

Der Nießbraucher hat im gesetzlichen Regelfall unmittelbar keine Verluste zu tragen und auch eine Verlustausgleichspflicht bei Beendigung des Nießbrauchs besteht grundsätzlich nicht, da es sich hierbei nicht um eine „*Frucht*" des belasteten Gesellschaftsanteils handelt.[713] Es kommt jedoch zu einer mittelbaren Verlusttragung, wenn Gewinne

707 *Lemke* in: NK, BGB, § 1068 Rn. 16; *Wälzholz*, DStR 2010, 1786, 1789; *Roth* in: Baumbach/Hopt, HGB, § 105 Rn. 45; *Heinze* in: Staudinger, BGB, Anh. zu §§ 1068 f. Rn. 81.

708 *Pohlmann* in: MüKo, BGB, 1068 Rn. 59.

709 *Götz/Hülsmann*, Nießbrauch, S. 135; *Pohlmann* in: MüKo, BGB, § 1068 Rn. 59.

710 *Pohlmann* in: MüKo, BGB, 1068 Rn. 60.

711 *Heinze* in: Staudinger, BGB, Anh. zu §§ 1068 f. Rn. 85; *Lemke* in: NK, BGB, § 1068 Rn. 16.

712 *Bunke*, DNotZ 1968, 5, 11; *Kruse*, RNotZ 2002, 69, 79; *Lemke* in: NK, BGB, § 1068 Rn. 16; *Heinze* in: Staudinger, BGB, Anh. zu §§ 1068 f. Rn. 85; *Hepp-Schwab*, Mitgliedschaft und Nießbrauch, S. 164.

713 *Goebel*, Nießbrauch an Personengesellschaftsanteilen, S. 371 f.; *Teichmann*, ZGR 1972, 1, 14; *Schmidt* in: MüKo, HGB, vor § 230 Rn. 23; *Kruse*, RNotZ 2002, 69, 81; *Pohlmann* in: MüKo, BGB, § 1068 Rn. 67; *Escher/Haag* in: MHdB GesR II, § 27 Rn. 57; *Janssen/Nickel*, Unternehmensnießbrauch, S. 79.

nicht entnommen werden können, weil sie zum Ausgleich etwaiger Verluste anderer Jahre verwendet werden, etwa zur Auffüllung des Kapitalkontos oder zum Ausgleich eines Verlustvortragskontos.[714]

Eine interne Verlustausgleichsverpflichtung des Nießbrauchers gegenüber dem Gesellschafter ist allerdings ausnahmsweise dann zu bejahen, wenn dem Nießbraucher unternehmerische Verantwortung übertragen ist (Stimmrechte) und dieser eine Wertminderung des Gesellschaftsanteils in entsprechender Anwendung des § 1050 BGB zu vertreten hat.[715] Eine verschuldensunabhängige Ausgleichsverpflichtung ist hingegen abzulehnen.[716] Eine solche würde dem Charakter des Nießbrauchs als reines Fruchtziehungsrecht widersprechen und die Wertung des § 1050 BGB unterlaufen, wonach der Nießbraucher Veränderungen oder Verschlechterungen der Sache, welche durch die ordnungsgemäße Ausübung des Nießbrauchs verursacht sind, nicht zu vertreten hat.[717]

IV. Außenhaftung

Der Besteller des Nießbrauchs haftet als Gesellschafter weiterhin gesamtschuldnerisch für die Verbindlichkeiten der Gesellschaft.[718] Umstritten ist, ob daneben auch eine Haftung des Nießbrauchers besteht. Dies hängt maßgeblich davon ab, ob man dem Nießbraucher das Stimmrecht bzw. die Geschäftsführungsbefugnis zugesteht.[719] Denn aus dem Prinzip der Selbstorganschaft folgt, dass die unmittelbare Beteiligung an Willensbildung und Verwaltung einer Personengesellschaft zu einer persönlichen Haftung führt.[720] Es kommt im Ergebnis zu einer Parallelität von Mitverwaltung und Mithaftung.[721]

714 BFH v. 11.4.1973 – IV R 67/69, BStBl. II 1973, 528, 530; *Janssen/Nickel*, Unternehmensnießbrauch, S. 46 f.; *Kruse*, RNotZ 2002, 69, 81; *Petzold*, DStR 1992, 1171, 1176; *Schmidt* in: MüKo, HGB, vor § 230 Rn. 23; *Heinze* in: Staudinger, BGB, Anh. zu §§ 1068 f. Rn. 86; *Strahl*, KÖSDI 2019, 21355, 21360.

715 *Godin*, Nutzungsrecht an Unternehmen, S. 92; *Janssen/Nickel*, Unternehmensnießbrauch, S. 47; *Heinze* in: Staudinger, BGB, Anh. zu §§ 1068 f. Rn. 86; *Bunke*, DNotZ 1968, 5, 16; *Pohlmann* in: MüKo, BGB, § 1068 Rn. 67.

716 So aber *Schön*, ZHR 158 (1994), 229, 248; wohl auch *Kruse*, RNotZ 2002, 69, 81; für eine verschuldensunabhängige Verlusttragung des Nießbrauchers, wenn dieser alleinverantwortlich handelt: *Goebel*, Nießbrauch an Personengesellschaftsanteilen, S. 376.

717 *Janssen/Nickel*, Unternehmensnießbrauch, S. 47.

718 *Teichmann*, ZGR 1972, 1, 14; *Petzold*, DStR 1992, 1171, 1176; *Schäfer* in MüKo, BGB, § 705 Rn. 106, *Flume*, BGB AT, § 17 VI.

719 *Hepp-Schwab*, Mitgliedschaft und Nießbrauch, S. 185; *Heinze* in: Staudinger, BGB, Anh. zu §§ 1068 f. Rn. 91.

720 *Lindemeier*, DNotZ 1999, 876, 894; *Pfeifer*, NZG 2001, 296, 297.

721 *Hepp-Schwab*, Mitgliedschaft und Nießbrauch, S. 185; *Lindemeier*, DNotZ 1999, 876, 894; *Teichmann*, ZGR 1972, 1, 14; *Pohlmann* in: MüKo, BGB, § 1068 Rn. 91.

Dementsprechend sprechen sich diejenigen, die dem Nießbraucher das Stimmrecht zuweisen wollen, auch für eine Haftung des Nießbrauchers aus.[722] Konsequenterweise wird man dies abweichend beurteilen müssen, wenn man – wie vorliegend – sämtliche Verwaltungsrechte dem Besteller zuweist.[723] Dies ist die logische Folge daraus, dass er mangels Stimmrecht und Geschäftsführungsbefugnis auch keinen Einfluss auf die Entstehung von Verbindlichkeiten hat.[724] Im Ergebnis besteht bei einem Nießbrauch nach gesetzlichem Leitbild also keine Haftung des Nießbrauchers im Außenverhältnis.[725]

Im Umkehrschluss haftet der Nießbraucher jedoch dann, wenn diesem über den gesetzlichen Regelfall hinaus das Stimmrecht oder die Geschäftsführung übertragen wird. In diesem Fall ist der Nießbraucher in unternehmerischer Weise in die gesellschaftliche Willensbildung und Entscheidungsfindung einbezogen. Dies rechtfertigt es, die Haftung des Nießbrauchers gleichrangig neben diejenige des Gesellschafters treten zu lassen.[726] Für den Nießbrauch am Kommanditanteil bedeutet dies, dass den Nießbraucher – wie auch den Gesellschafter – eine Haftung nur trifft, wenn diesem das Stimmrecht zusteht und die Einlage nicht in voller Höhe einbezahlt ist oder ganz oder teilweise zurückbezahlt wurde (§ 171 Abs. 1 HGB).[727]

V. Zwischenergebnis und Zusammenfassung

1. Nießbrauch nach gesetzlichem Leitbild

Die Zulässigkeit eines Nießbrauchs am Personengesellschaftsanteil ist heute allgemein anerkannt. Insbesondere steht das gesellschaftsrechtliche Abspaltungsverbot nicht entgegen, da der Anteil eines Gesellschafters im Ganzen belastet wird und der Nießbraucher kein gesellschaftsfremder Dritter ist. Erforderlich ist allerdings – wie bei der Übertragung eines Personengesellschaftsanteils – die Zustimmung der anderen Gesellschafter.

Hoch umstritten in Literatur und Rechtsprechung ist die Aufteilung der Verwaltungsrechte zwischen Nießbraucher und Gesellschafter. Im Mittelpunkt steht dabei die Zu-

722 *Flume*, BGB AT, § 17 VI; *Schäfer* in: MüKo, BGB, § 705 Rn. 106; *Schön*, ZHR 158 (1994), 229, 256; vgl. zum Stimmrecht oben unter 2. Teil: C. II. 1. a) aa).

723 *Schmidt* in: MüKo, BGB, vor § 230 Rn. 24; *Hepp-Schwab*, Mitgliedschaft und Nießbrauch, S. 185; *Goebel*, Nießbrauch an Personengesellschaftsanteilen, S. 369 f., 376; *Kruse*, RNotZ 2002, 69, 81; *Pohlmann* in: MüKo, BGB, § 1068 Rn. 67.

724 *Teichmann*, ZGR 1972, 1, 14; *Lemke* in: NK, BGB, § 1068 Rn. 19.

725 So auch OLG München v. 8.8.2016 – 31 Wx 204/16, nrkr, DStR 2016, 2000, 2001; *Hepp-Schwab*, Mitgliedschaft und Nießbrauch, S. 185.

726 *Heinze* in: Staudinger, BGB, Anh. zu §§ 1068 f. Rn. 91; *Schäfer* in: MüKo, BGB, § 705 Rn. 106.

727 OLG München v. 8.8.2016 – 31 Wx 204/16, nrkr, DStR 2016, 2000, 2001; *Petzold*, DStR 1992, 1171, 1176.

ordnung des Stimmrechts. Nach der hier vertretenen Auffassung verbleibt das Stimmrecht bei einem Nießbrauch nach gesetzlichem Leitbild in allen Angelegenheiten ausschließlich beim Besteller.[728] Ein Übergang des Stimmrechts auf den Nießbraucher lässt sich aus den gesetzlichen Vorschriften nicht herleiten. Insbesondere ist das Selbstbewirtschaftungsgebot auf Personengesellschaftsanteile nicht übertragbar. Vermittelnde Lösungsansätze scheitern an ihrer Praxistauglichkeit. Entsprechendes gilt für die sonstigen Verwaltungsrechte des Gesellschafters, wie das Recht zur Geschäftsführung und Stellvertretung, Informations- und Kontrollrechte, Klage- und Widerspruchsrechte sowie das Recht zur Teilnahme an der Gesellschafterversammlung. Diese Rechte verbleiben im gesetzlichen Regelfall ausschließlich beim Besteller, da nur dieser über eine Gesellschafterstellung im zivilrechtlichen Sinne verfügt.

Dem Nießbraucher stehen nach dem gesetzlichen Leitbild lediglich ein funktional auf sein Fruchtziehungsrecht beschränktes Informationsrecht und das Zustimmungsrecht nach § 1071 BGB zu. Diese Rechte treten neben die originären Verwaltungsrechte des Gesellschafters und bieten keine Einwirkungsmöglichkeiten auf die Entscheidungsfindung innerhalb der Gesellschaft.

Vermögensmäßig steht dem Nießbraucher der entnahmefähige Handelsbilanzgewinn zu. Thesaurierte Gewinne oder solche, die zum Ausgleich vorheriger Verluste verwendet werden, sind nicht entnahmefähig und gehen zu Lasten des Nießbrauchers. Die Auflösung in der Vergangenheit gebildeter Gewinnrücklagen stellt hingegen einen entnahmefähigen Gewinn dar und steht damit dem Nießbraucher zu. Etwas anderes gilt für Gewinne aus der Aufdeckung stiller Reserven bei Veräußerung von Wirtschaftsgütern des Anlagevermögens, da diese Gewinne nicht zum bestimmungsgemäßen Ertrag einer Personengesellschaftsbeteiligung gehören. Verluste sind vom Nießbraucher nur mittelbar zu tragen, wenn es durch sie zu verringerten Entnahmebeträgen in den Folgejahren kommt. Auch im Außenverhältnis haftet der Nießbraucher im gesetzlichen Regelfall nicht.

Im Ergebnis handelt es sich beim Nießbrauch nach gesetzlichem Leitbild an einem Personengesellschaftsanteil damit um einen reinen Ertragsnießbrauch. Denn dem Nießbraucher stehen nach der hier vertretenen Ansicht keinerlei unternehmerische Befugnisse zu, er trägt keine Verluste und haftet nicht im Außenverhältnis. Aufgrund der Vielzahl an ungeklärten Fragen und mangels einheitlicher Rechtsprechung zur Verteilung der Verwaltungsrechte und insbesondere des Stimmrechts, sind detaillierte vertragliche Regelungen dringend zu empfehlen.[729]

728 2. Teil: C. II. 1. a) cc).

729 Vgl. *Hauck*, Nießbrauch an Rechten, S. 386.

2. Individualvertragliche Ausgestaltung

Die im gesetzlichen Regelfall ausschließlich dem Besteller zustehenden Verwaltungsrechte können durch ausdrückliche Vereinbarung und mit Zustimmung der anderen Gesellschafter weitgehend auf den Nießbraucher übertragen werden. Eine Grenze bildet der Kernbereich der Mitgliedschaft. Denn mit dem Wesen des Nießbrauchs ist es nicht vereinbar, dass dem Nießbraucher das Stimmrecht bei solchen Beschlussfassungen zusteht, durch welche die Rechtsbeziehung der Gesellschafter untereinander verändert wird.

Die vertragliche Zuordnung des Stimmrechts und die Übertragung der Geschäftsführungsbefugnis nehmen insoweit Schlüsselpositionen ein. Es handelt sich um diejenigen Verwaltungsrechte, die dem Nießbraucher eine Mitwirkung an der unternehmerischen Entscheidungsfindung vermitteln. Weitere Verwaltungsrechte, wie Informationsrechte, Klagerechte und das Recht zur Teilnahme an der Gesellschafterversammlung dienen der Absicherung der gesellschaftsrechtlichen Willensbildung und sind daher mit diesen Rechten unmittelbar verknüpft.[730] So erfordert die Stimmrechtsausübung eine Teilnahme an der Gesellschafterversammlung. Daneben bedarf jede Entscheidungsfindung einer angemessenen Informationsgrundlage welche durch Informations- und Kontrollrechte zu befriedigen ist. Um eine Aushöhlung zu vermeiden, müssen dem jeweiligen Stimmrechtsinhaber zudem über Klagerechte entsprechende Schutzmechanismen eingeräumt werden.

Schließlich kommt es durch die Einbeziehung des Nießbrauchers in die Entscheidungsprozesse der Gesellschaft zu einer Haftung des Nießbrauchers im Außenverhältnis und zu einer Erstreckung der gesellschaftsrechtlichen Treuepflicht auf den Nießbraucher. Hieraus ergeben sich ein Bedürfnis und eine Rechtfertigung für die Erweiterung der Informations-, Kontroll- und Klagerechte des Nießbrauchers. Wenn der Nießbraucher wie ein Gesellschafter haftet, müssen ihm auch gesellschafterähnliche Befugnisse eingeräumt werden, bei deren Ausübung er wiederum der gesellschaftsrechtlichen Treuepflicht unterliegt.[731]

Im Ergebnis hat eine Übertragung des Stimmrechts oder der Geschäftsführungsbefugnis auf den Nießbraucher damit erhebliche Folgewirkungen. Haftung, Treuepflicht, Informationsrechte und das Recht auf Teilnahme an der Gesellschafterversammlung erstrecken sich ohne besondere Vereinbarung auch auf den Nießbraucher. Statt einer bloßen Ertragsberechtigung – wie beim gesetzlichen Leitbild – trifft den Nießbraucher

730 Vgl. *Schön*, ZHR 158 (1994), 229, 264.

731 Vgl. *Sittel*, Nießbrauch an Gesellschaftsanteilen, S. 70; *Götz/Hülsmann*, Nießbrauch, S. 134; *Pohlmann* in: MüKo, BGB, § 1068 Rn. 91.

die volle unternehmerische Verantwortung. Da dem Besteller mindestens das Stimmrecht in Kernbereichsangelegenheiten verbleibt, er zudem weiter selbst haftet und ihm ebenfalls Klage- und Informationsrechte zustehen, kommt es zu einer weitgehenden Verdopplung unternehmerischer Rechte und Pflichten.

D. Vergleich

Das vorliegende Kapitel verdeutlicht die beträchtlichen Unterschiede zwischen einem Nießbrauch am Einzelunternehmen und einem Nießbrauch am Personengesellschaftsanteil. Ausgangspunkt ist deren unterschiedliche Rechtsnatur. Während bei einem Einzelunternehmen ausschließlich die dem Unternehmen zugeordneten Einzelgegenstände Rechtsobjekt des Nießbrauchs sind, stellt der Nießbrauch am Personengesellschaftsanteil einen *„einfachen"* Rechtsnießbrauch dar.

Die Rechtsstellung und die Befugnisse der Beteiligten divergieren ebenfalls ganz erheblich. Der Nießbrauch an einem Einzelunternehmen führt zu einem vollständigen Übergang der Unternehmensträgerschaft vom Besteller auf den Nießbraucher. Allein der Nießbraucher trägt die unternehmerische Verantwortung. Er führt das Unternehmen wie ein eigenes. Demgegenüber handelt es sich bei einem Nießbrauch am Personengesellschaftsanteil im gesetzlichen Regelfall um einen reinen Ertragsnießbrauch. Der Nießbraucher trägt keine unternehmerische Verantwortung. Anders als bei einem Nießbrauch am Einzelunternehmen kommt es nicht zu einem Übergang der Unternehmensträgerschaft auf den Nießbraucher.

Ursächlich hierfür ist das Bestehen einer zusätzlichen – gesellschaftsrechtlichen – Ebene. Unternehmensträger ist zivilrechtlich weder der Gesellschafter noch der Nießbraucher, sondern allein die Gesellschaft. Die dingliche Belastung bei einer Beteiligung liegt nicht unmittelbar auf den Einzelwirtschaftsgütern, sondern auf dem Personengesellschaftsanteil. Dadurch kommt es bei Personengesellschaften zu einem Nebeneinander von sachen- und gesellschaftsrechtlichen Bestimmungen.[732] Ein Übergang der gesellschaftsrechtlichen Verwaltungsrechte auf den Nießbraucher ergibt sich aus dem Sachenrecht jedoch nicht. Insbesondere ist das aus § 1036 BGB abgeleitete Gebot zur Selbstbewirtschaftung nicht auf Gesellschaftsanteile anwendbar. Da praktische Erwägungen einem gesetzlichen Übergang auf den Nießbraucher ebenfalls entgegenstehen, verbleiben die Verwaltungsrechte im gesetzlichen Regelfall ausschließlich beim Gesellschafter/Besteller.

Spiegelbildlich treffen die Gewinne und Verluste den Nießbraucher am Einzelunternehmen unmittelbar und auch nur dieser haftet im Außenverhältnis gegenüber Dritten.

732 *Schön*, ZHR 158 (1994), 229, 234

Den Personengesellschaftsnießbraucher trifft hingegen keine Haftung. Diese verbleibt nach gesellschaftsrechtlichen Maßstäben allein beim Gesellschafter/Besteller. Das ist interessengerecht, denn der Einzelunternehmens-Nießbraucher ist in allen Angelegenheiten alleinentscheidungsbefugt, während beim Nießbrauch am Personengesellschaftsanteil unternehmerische Entscheidungen bei der Gesellschaft liegen. Da sämtliche gesellschaftsrechtlichen Verwaltungsrechte beim Gesellschafter verbleiben, hat der Nießbraucher auch keine Einflussnahmemöglichkeit auf die Entscheidungsfindung innerhalb der Gesellschaft.

Im Ergebnis ist also festzuhalten, dass der Nießbraucher eines Einzelunternehmens über eine eigene Unternehmerstellung verfügt und den Eigentümer insoweit aus seiner Position verdrängt, während der Nießbrauchsberechtigte eines Personengesellschaftsanteils im gesetzlichen Regelfall nicht über die Möglichkeit zur Entfaltung von (Mit-) Unternehmerinitiative verfügt.

Durch individualvertragliche Ausgestaltung der Nießbrauchsvereinbarung (insb. Zuweisung von Stimmrechten) lässt sich die Stellung des Nießbrauchers am Personengesellschaftsanteil derjenigen eines Einzelunternehmers zwar annähern. Eine vollständige Gleichschaltung ist aufgrund gesellschaftsvertraglicher Besonderheiten und struktureller Unterschiede aber nicht möglich. Aufgrund des zwingend beim Gesellschafter verbleibenden Stimmrechts hinsichtlich solcher Angelegenheiten, die den Kernbereich der Mitgliedschaft betreffen, kann dieser nicht vollständig aus seiner unternehmerischen Position verdrängt werden. Im dritten Teil dieser Arbeit wird u. a. die Frage zu klären sein, ob und unter welchen Bedingungen die Beteiligten über eine (Mit-)Unternehmerstellung im steuerlichen Sinne verfügen.

3. Teil Buchwertfortführung bei Übertragungen unter Nießbrauchsvorbehalt

Dieser Teil der Arbeit verknüpft die beiden vorangegangenen Teile und behandelt die Buchwertfortführung nach § 6 Abs. 3 EStG bei der Übertragung betrieblicher Sachgesamtheiten unter Nießbrauchsvorbehalt. Neben einer Darstellung der wesentlichen Auffassungen in Rechtsprechung, Finanzverwaltung und Literatur wird unter Berücksichtigung der bisherigen Ergebnisse dieser Arbeit Stellung bezogen. Aufgrund der im zweiten Teil aufgezeigten, erheblichen strukturellen Unterschiede ist grundlegend zwischen der Übertragung von Einzelunternehmen (3. Teil: A.) und der Übertragung von Mitunternehmeranteilen (3. Teil: B.) zu unterscheiden.

A. Übertragung von Einzelunternehmen

I. Ansichten der Rechtsprechung

Hinsichtlich der Anwendbarkeit des § 6 Abs. 3 EStG auf Übertragungen von Einzelunternehmen unter Nießbrauchsvorbehalt ist maßgeblich zwischen der Rechtsprechung des IV. und VI. Senats zu land- und forstwirtschaftlichen Betrieben und der Rechtsprechung des I., X. und XI. Senats zu gewerblichen Betrieben zu unterscheiden.

1. Betriebe der Land- und Forstwirtschaft

Durch den IV. und VI. Senat des Bundesfinanzhofs ist seit Jahrzehnten anerkannt, dass die Übertragung eines land- und forstwirtschaftlichen Einzelunternehmens unter Nießbrauchsvorbehalt weder eine Entnahme noch eine Betriebsaufgabe darstellt und daher unter Anwendung des § 6 Abs. 3 EStG bzw. dessen Vorgängervorschrift des § 7 Abs. 1 EStDV ertragssteuerneutral zum Buchwert möglich ist.[733] Folge der Nießbrauchsbestellung sei die Entstehung zweier Betriebe, nämlich eines ruhenden in der Hand des Eigentümers (Erwerber) und eines wirtschaftenden in der Hand des Nießbrauchers (Übertragender).[734] Obwohl Eigentum und Bewirtschaftung auseinander-

733 BFH v. 26.2.1987 – IV R 325/8449, MittBayNot 1988, 48; BFH v. 24.2.2005 – IV R 28/00, BFH/NV 2005, 1062; BFH v. 23.10.2018 – VI R 5/17, DStRE 2019, 129, 132; BFH v. 8.5.2019 – IV R 26/17, DStR 2019, 2022; *Wendt*, FR 2017, 1055, 1061.

734 BFH v. 26.2.1987 – IV R 325/8449, MittBayNot 1988, 48; BFH v. 7.4.2016 – IV R 38/13, DStRE 2016, 968, 971; BFH v. 23.10.2018 – VI R 5/17, DStRE 2019, 129, 132; BFH v. 8.5.2019 – IV R 26/17, DStR 2019, 2022; FG Münster v. 18.12.1996 – 7 K 1087/93 E, EFG 1997, 740.

fallen, bleibe der Betrieb als selbständiger Organismus in der Hand des Nießbrauchers bestehen.[735]

Der Vorbehalt eines Nießbrauchs sei für die Anwendbarkeit des § 6 Abs. 3 EStG irrelevant, weil die Einkünfte weiterhin von dem bisherigen Eigentümer als Nießbraucher erzielt werden und es steuerrechtlich keinen Unterschied mache, ob der wirtschaftende Betrieb zusammen mit dem Eigentumsübergang oder erst zu einem späteren Zeitpunkt mit dem Wegfall des Nießbrauchsbetriebs übertragen wird.[736] Denn mit Beendigung des Nießbrauchs komme es zu einer Wiedervereinigung des ruhenden und des wirtschaftenden Betriebs in der Hand des Erwerbers, der den ursprünglichen Betrieb fortführe, weshalb eine Betriebsaufgabe nicht vorliege.[737] Allerdings könne der Eigentümer wählen, ob er wie im Fall einer Betriebsverpachtung (bewusst) die Betriebsaufgabe erklärt.[738]

2. Gewerbliche Betriebe

Nach der Rechtsprechung des XI. Senats war die Buchwertfortführungsvorschrift des § 7 Abs. 1 EStDV bei gewerblichen Einzelunternehmen nicht anwendbar, wenn der Übertragende sämtliche Betriebsmittel unentgeltlich auf einen Erwerber überträgt und diese sodann zurückpachtet oder auf sonstige Weise (weiter) nutzt.[739] Denn in diesem Fall werde nicht der Betrieb als solcher übertragen, sondern lediglich einzelne oder alle Betriebsmittel.[740] Zwingende Voraussetzung für die Buchwertfortführung nach § 7Abs. 1 EStDV sei bei gewerblichen Einzelunternehmen daher die Einstellung der bisherigen Tätigkeit des Übertragenden.[741] Nur dann erhalte der Erwerber den Betrieb als solchen und könne diesen auch fortführen.[742]

Anknüpfungspunkt für den XI. Senat war die vorherige Rechtsprechung des I. Senats zum Erfordernis der Tätigkeitseinstellung bei Betriebsveräußerungen.[743] Der I. Senat

735 BFH v. 7.4.2016 – IV R 38/13, DStRE 2016, 968, 971; BFH v. 26.2.1987 – IV R 325/8449, MittBayNot 1988, 48.
736 BFH v. 7.4.2016 – IV R 38/13, DStRE 2016, 968, 971; BFH v. 7.4.2016 – IV R 38/13, DStRE 2016, 968, 971.
737 BFH v. 7.4.2016 – IV R 38/13, DStRE 2016, 968, 971; BFH v. 23.10.2018 – VI R 5/17, DStRE 2019, 129, 132; BFH v. 8.5.2019 – IV R 26/17, DStR 2019, 2022.
738 BFH v. 26.2.1987 – IV R 325/8449, MittBayNot 1988, 48; BFH v. 7.4.2016 – IV R 38/13, DStRE 2016, 968, 971.
739 BFH v. 2.9.1992 – XI R 26/91, BFH/NV 1993, 161, 162.
740 BFH v. 2.9.1992 – XI R 26/91, BFH/NV 1993, 161, 162.
741 BFH v. 2.9.1992 – XI R 26/91, BFH/NV 1993, 161, 162.
742 BFH v. 2.9.1992 – XI R 26/91, BFH/NV 1993, 161, 162.
743 BFH v. 3.10.1984 – I R 119/81, BStBl. II 1985, 131; BFH v. 2.9.1992 – XI R 26/91, BFH/NV 1993, 161, 162.

hatte insoweit entschieden, dass eine tarifbegünstigte Betriebsveräußerung im Sinne des § 16 Abs. 1 EStG nur vorläge, wenn der Betrieb als solcher auf eine andere Person übergeht.[744] Diese Voraussetzung sei nicht gegeben, wenn der Übertragende seine Tätigkeit unter Nutzung fremden Eigentums fortführt, denn dann handle es sich nur um die Veräußerung von Einzelwirtschaftsgütern.[745] Vielmehr müsse der Übertragende seine bisherige gewerbliche Tätigkeit einstellen um einen Betrieb im Ganzen zu veräußern.[746] Diese Rechtsprechung zu Veräußerungsvorgängen hatte der I. Senat – ohne genauere Begründung – auch auf unentgeltliche Übertragungsvorgänge und damit auf die Gewährung der Buchwertfortführung nach § 7 Abs. 1 EStDV ausgedehnt.[747]

Der XI. Senat setzt diese Rechtsprechung des I. Senats fort und führt aus, dass sich die Voraussetzung der Tätigkeitseinstellung daraus ergäbe, dass der Gewerbebetriebsbegriff aufgrund der Formulierung in § 15 Abs. 2 S. 1 EStG tätigkeitsbezogen auszulegen sei.[748] Für den Betriebsbegriff in § 7 Abs. 1 EStDV könne insoweit nichts anderes gelten als für denjenigen in § 16 Abs. 1 Nr. 1 EStG, denn in beiden Fällen ginge es darum, die Veräußerung bzw. Übertragung des Unternehmens von der Veräußerung bzw. Übertragung der einzelnen Wirtschaftsgüter dieses Unternehmens zu unterscheiden.[749] Stellt der Übertragende seine Tätigkeit nicht ein, werde ein Betrieb nicht vollständig übertragen, weshalb die Voraussetzungen des § 7 Abs. 1 EStDV nicht vorlägen und die Schenkung der übertragenen Wirtschaftsgüter im Ergebnis Entnahmen darstellen.[750]

Einen Widerspruch zu Rechtsprechung des IV. Senats hinsichtlich der Übertragung land- und forstwirtschaftlicher Betriebe erkennt der XI. Senat nicht, da eine gewerbliche Betätigung nicht ohne weiteres mit der land- und forstwirtschaftlichen Betätigung vergleichbar sei.[751] Insbesondere fehle es für die Land- und Forstwirtschaft an einem – eine bestimmte Tätigkeit voraussetzenden – gesetzlichen Oberbegriff, wie ihn § 15 Abs. 2 S. 1 EStG für den Gewerbebetrieb enthalte.[752] Der IV. Senat lege den land- und forstwirtschaftlichen Betriebsbegriff sowohl bei Veräußerungen als auch bei unentgelt-

744 BFH v. 3.10.1984 – I R 119/81, BStBl. II 1985, 131.

745 BFH v. 3.10.1984 – I R 119/81, BStBl. II 1985, 131; vgl. zum Erfordernis der Beendigung der bisherigen gewerblichen Tätigkeit für die tarifbegünstigte Veräußerung oder Aufgabe eines Gewerbebetriebs auch: BFH v. 22.10.2014 – X R 28/11, BFH/NV 2015, 479.

746 BFH v. 3.10.1984 – I R 119/81, BStBl. II 1985, 131.

747 BFH v. 12.4.1989 – I R 105/85, BStBl. II 1989, 653.

748 BFH v. 2.9.1992 – XI R 26/91, BFH/NV 1993, 161, 162; vgl. zur tätigkeitsbezogenen Auslegung des Betriebsbegriffs oben unter 1. Teil: A. I. 1.

749 BFH v. 2.9.1992 – XI R 26/91, BFH/NV 1993, 161, 162.

750 BFH v. 2.9.1992 – XI R 26/91, BFH/NV 1993, 161, 162 f.

751 BFH v. 2.9.1992 – XI R 26/91, BFH/NV 1993, 161, 162.

752 BFH v. 2.9.1992 – XI R 26/91, BFH/NV 1993, 161, 162.

lichen Übertragungen insgesamt gerade nicht tätigkeitsbezogen, sondern rein objektbezogen aus.[753]

Vor dem Hintergrund dieser Rechtsprechungshistorie hat sich der Bundesfinanzhof am 25.1.2017 – soweit ersichtlich – zum ersten Mal ausdrücklich mit den Auswirkungen eines Nießbrauchsvorbehalts auf die Buchwertfortführung nach § 6 Abs. 3 EStG bei unentgeltlicher Übertragung eines gewerblichen Einzelunternehmens befasst. In dieser viel beachteten Entscheidung hat der X. Senat entschieden, dass die Anwendung des § 6 Abs. 3 S. 1 EStG voraussetze, dass der Übertragende seine bisherige gewerbliche Tätigkeit einstellt, woran es bei einem vorbehaltenen Nießbrauch fehle.[754] Mit dieser Entscheidung setzt der X. Senat die Rechtsprechung des I. und XI. Senats zum Erfordernis der Tätigkeitseinstellung im Rahmen des § 7 Abs. 1 EStDV fort. Neu ist insoweit nur, dass die Buchwertfortführungsvorschrift vom Gesetzgeber mittlerweile in § 6 Abs. 3 EStG übernommen wurde[755] und dass es – soweit ersichtlich – erstmals ausdrücklich um ein vorbehaltenes Nießbrauchsrecht bei einem gewerblichen Unternehmen ging.

Der X. Senat schließt sich ausdrücklich der Argumentation des I. und XI. Senats zur Vorgängervorschrift an und stellt klar, dass diese auch unter dem Regime des § 6 Abs. 3 S. 1 HS. 1 EStG gelte.[756] Vertiefend führt er aus, dass die Wahrung der wirtschaftlichen Einheit als eigentlicher Zweck des § 6 Abs. 3 EStG untrennbar mit der Tätigkeit des jeweiligen Betriebsinhabers für diesen Betrieb verbunden sei.[757] Diese wirtschaftliche Einheit sei, solange der Nießbrauch besteht, nicht gegeben, weshalb § 6 Abs. 3 EStG keine Anwendung finden könne.[758] Dem stünde die Rechtsprechung des IV. Senats zu land- und forstwirtschaftlichen Betrieben aus den vom XI. Senat vorgebrachten Gründen nicht entgegen, da es sich insoweit um eine bereichsspezifische Ausnahme handle.[759] Vielmehr gebiete die Gleichbehandlung entgeltlicher und unentgeltlicher Übertragungsvorgänge, dass der Übertragende – wie im Rahmen des § 16 Abs. 1 EStG – auch bei unentgeltlichen Übertragungen nicht nur die Betriebsmittel überträgt, sondern auch seine durch den betrieblichen Organismus bestimmte gewerbliche Tätigkeit aufgibt.[760] Hieran fehle es, wenn der Übertragende als Nießbraucher weiterhin unter Ein-

753 Vgl. zur Veräußerung eines land- und forstwirtschaftlichen Betriebs und anschließender Rückpacht: BFH v. 28.3.1985 – IV R 88/81, BStBl. II 1985, 508, sowie zur unentgeltlichen Übertragung eines land- und forstwirtschaftlichen Betriebs unter Nießbrauchsvorbehalt: BFH v. 26.2.1987 – IV R 325/8449, MittBayNot 1988, 48; BFH v. 2.9.1992 – XI R 26/91, BFH/NV 1993, 161, 162.

754 BFH v. 25.1.2017 – X R 59/14, ZEV 2017, 471.

755 Vgl. zur Gesetzgebungshistorie oben unter 1. Teil: A. II sowie unter 1. Teil: A. III. 1.

756 BFH v. 25.1.2017 – X R 59/14, ZEV 2017, 471, 474 Rn. 43 und 45.

757 BFH v. 25.1.2017 – X R 59/14, ZEV 2017, 471, 474 Rn. 47.

758 BFH v. 25.1.2017 – X R 59/14, ZEV 2017, 471, 474 Rn. 48.

759 BFH v. 25.1.2017 – X R 59/14, ZEV 2017, 471, 475 Rn. 55 f.

760 BFH v. 25.1.2017 – X R 59/14, ZEV 2017, 471, 475 Rn. 55 ff.

satz des übertragenen Vermögens gewerblich tätig ist.[761] Schließlich räume der Gesetzgeber durch § 6 Abs. 3 EStG dem Realisationsprinzip nur ausnahmsweise den Vorrang gegenüber dem Subjektsteuerprinzip ein, was für eine enge Auslegung der Norm sprechen würde.[762] Im Ergebnis liege daher eine Entnahme vor, wenn der Übertragende die bisherige Tätigkeit aufgrund eines vorbehaltenen Nießbrauchs fortführt.[763]

Anzumerken ist, dass das aktuelle Urteil des X. Senats eine Sonderkonstellation betraf. Es handelte sich um einen an einen Dritten verpachteten (also ruhenden) Gaststätten-Betrieb, dessen alleinige wesentliche Betriebsgrundlage das Gaststätten-Grundstück darstellte.[764] Entsprechend war auch das Nießbrauchsrecht nur an dem Grundstück bestellt (Sachnießbrauch) und nicht an dem (verpachteten) Unternehmen als solchem.[765] Der Bundesfinanzhof behandelt den Fall jedoch, als ob ein Nießbrauch an dem Gewerbebetrieb bestellt wäre und spricht allgemein von der Übertragung eines Betriebs unter Vorbehalt eines Nießbrauchs.[766] Dies ist konsequent, da das Grundstück die alleinige wesentliche Betriebsgrundlage darstellte und der Nießbrauch damit an *„allen"* wesentlichen Betriebsgrundlagen bestellt war. Zudem stellt er ausdrücklich klar, dass es unerheblich sei, ob ein aktiv betriebener oder ein verpachteter Betrieb unter Vorbehaltsnießbrauch übertragen wird.[767]

Im Ergebnis führt nach Ansicht der Rechtsprechung die Übertragung eines gewerblichen Einzelunternehmens unter Nießbrauchsvorbehalt zur Aufdeckung der stillen Reserven, während bei der Übertragung eines land- und forstwirtschaftlichen Betriebs unter Nießbrauchsvorbehalt die Buchwerte nach § 6 Abs. 3 EStG fortzuführen sind.

3. Freiberufliche Betriebe

Ob die unentgeltliche Übertragung eines freiberuflichen Betriebs unter Nießbrauchsvorbehalt die Anwendung des § 6 Abs. 3 EStG ausschließt ist – soweit ersichtlich – höchstrichterlich bislang nicht entschieden. In Veräußerungsfällen legt der Bundesfinanzhof einen ähnlichen Maßstab wie bei gewerblichen Betrieben an und fordert, dass der Veräußernde seine freiberufliche Tätigkeit in dem bisherigen örtlichen Wirkungs-

761 BFH v. 25.1.2017 – X R 59/14, ZEV 2017, 471.

762 Vgl. BFH v. 20.7.2005 – X R 22/02, DStR 2005, 1723, 1725 Rn; BFH v. 25.1.2017 – X R 59/14, ZEV 2017, 471, 474 Rn. 46.

763 BFH v. 25.1.2017 – X R 59/14, ZEV 2017, 471, 476 Rn. 67.

764 BFH v. 25.1.2017 – X R 59/14, ZEV 2017, 471; Vgl. zur Betriebsverpachtung oben unter 1. Teil: B. III. 3. a).

765 Vgl. zu den zivilrechtlichen Grundlagen der Bestellung eines Nießbrauchs am Unternehmen als solchem oben unter 2. Teil: B. I.

766 Vgl. hierzu BFH v. 25.1.2017 – X R 59/14, ZEV 2017, 471, 474 Rn. 48 f.

767 BFH v. 25.1.2017 – X R 59/14, ZEV 2017, 471, 475 Rn. 58.

kreis wenigstens für eine gewisse Zeit einstellt.[768] Aufgrund der vom Bundesfinanzhof propagierten Gleichbehandlung von entgeltlichen und unentgeltlichen Übertragungsfällen ist davon auszugehen, dass dieser die Anwendbarkeit des § 6 Abs. 3 EStG bei der Übertragung eines freiberuflichen Betriebs unter Nießbrauchsvorbehalt aus dem gleichen Grund ablehnen würde, wie er dies bei gewerblichen Einzelunternehmen entschieden hat.

II. Auffassung der Finanzverwaltung

Für land- und forstwirtschaftliche Betriebe hat sich die Finanzverwaltung der Ansicht des Bundesfinanzhofs angeschlossen und führt insoweit aus, dass die unentgeltliche Übertragung unter Zurückbehalt eines Nießbrauchs dazu führt, dass – nach den Grundsätzen der Betriebsverpachtung – zwei land- und forstwirtschaftliche Betriebe entstehen.[769] Ein aktiv bewirtschafteter in der Hand des Nießbrauchsverpflichteten und Hofübergebers sowie ein nicht aufgegebener in der Hand des neuen Eigentümers und Nießbrauchsverpflichteten.[770] Ebenso läge auch eine Betriebsveräußerung vor, wenn alle wesentlichen Betriebsgrundlagen veräußert und sogleich an den Veräußerer zurückverpachtet werden.[771]

Hinsichtlich gewerblicher oder freiberuflicher Betriebe lässt sich eine eindeutige Aussage nicht finden.[772] Das BMF-Schreiben betreffend Zweifelsfragen zu § 6 Abs. 3 EStG vom 3. März 2005 enthält keinerlei Ausführungen zur Anwendung der Vorschrift auf Nießbrauchskonstellationen.[773] Zu anderen Formen der Nutzungsüberlassung – wie beispielsweise einer Rückpacht – verhält sich das BMF-Schreiben ebenfalls nicht. Der sog. „*Nießbrauchserlass*" beschränkt sich auf die Behandlung des Nießbrauchs bei Einkünften aus Vermietung und Verpachtung und enthält konsequenterweise ebenfalls keine Hinweise in Bezug auf Betriebsübertragungen.[774]

768 BFH v. 18.5.1994 – I R 109/93, DStR 1994, 1843; BFH v. 23.1.1997 – IV R 36/95, DStR 1997, 610.
769 OFD Koblenz v. 13.8.2008 – S 2230 A – St 31 1, BeckVerw 126777.
770 OFD Koblenz v. 13.8.2008 – S 2230 A – St 31 1, BeckVerw 126777.
771 EStR 2012, H 14 unter „*Rückverpachtung*".
772 Dies entspricht dem Rechtsstand im Oktober 20219. Laut Rn. 7 des BMF-Schreibens vom 20.11.2019 (IV C 6 – S 2241/15/1003, BStBl. I 2019, 1291) ist die Übertragung eines im Ganzen verpachteten gewerblichen Einzelunternehmens unter Vorbehalt eines Nießbrauchsrechts von § 6 Abs. 3 EStG nicht erfasst. Damit hat die Finanzverwaltung das Urteil des BFH v. 25.1.2017 (X R 59/14, DStR 2017, 1308) übernommen. Unklar bleibt, ob und inwieweit die Finanzverwaltung ein Nießbrauchsrecht auch über diesen Einzelfall hinaus („*im Ganzen verpachtetes gewerbliches Einzelunternehmen*") für schädlich hält.
773 BMF v. 3.3.2005 – IV B 2 – S 2241 – 14/05, BStBl. I 2005, 458; aufgehoben durch BMF v. 20.11.2019 – IV C 6 – S 2241/15/1003.
774 BMF v. 30.9.2013 – IV C 1 – S 2253/07/10004, BStBl. I 2013, 1184.

Ein Anhaltspunkt hinsichtlich der (bisherigen) Auffassung der Finanzverwaltung lässt sich allerdings aus den EStR ableiten. Hier heißt es: *„Unentgeltlichkeit liegt auch vor, wenn sich der Übertragende den Nießbrauch an dem Betrieb vorbehält.“*[775] Auf den ersten Blick betrifft dieser Hinweis nur die Frage, ob ein Vorgang als *„entgeltlich“* oder *„unentgeltlich“* zu beurteilen ist.[776] Aus der systematischen Stellung dieses Hinweises lässt sich jedoch der Schluss ziehen, dass der Vorbehalt eines Nießbrauchs die Übertragung eines Betriebs nach Ansicht der Finanzverwaltung nicht hindert.[777] Anderenfalls wäre der Hinweis an dieser Stelle überflüssig. Denn eine tarifbegünstigte Veräußerung wäre (mangels Tätigkeitseinstellung) genauso wenig möglich wie eine unentgeltliche Übertragung.

Schließlich ist zu beachten, dass weder die grundlegende Entscheidung des XI. Senats zur (Nicht-)Anwendung des § 7 Abs. 1 EStDV bei Rückverpachtungsfällen, auf welche sich die aktuelle Entscheidung des X. Senats maßgeblich beruft, noch die aktuelle Entscheidung des X. Senats zum Nießbrauch im Bundessteuerblatt veröffentlicht wurden. Dementsprechend ist die Finanzverwaltung jedenfalls bislang nicht zur Anwendung dieser Entscheidungen gezwungen.[778]

Im Ergebnis entspricht die Auffassung der Finanzverwaltung zur Übertragung land- und forstwirtschaftlicher Betriebe derjenigen des Bundesfinanzhofs. § 6 Abs. 3 EStG findet demnach auch bei vorbehaltenem Nießbrauchsrecht Anwendung. Hinsichtlich der Übertragung gewerblicher und freiberuflicher Betriebe hat sich die Finanzverwaltung bislang nicht klar und einheitlich positioniert.[779] In der bisherigen Praxis der Finanzverwaltung soll ein Nießbrauchsvorbehalt für die Anwendung des § 6 Abs. 3 EStG generell unschädlich gewesen sein.[780]

III. Ansichten in der Literatur

In der Literatur ist die Anwendbarkeit des § 6 Abs. 3 EStG bei der Übertragung gewerblicher Einzelunternehmen unter Nießbrauchsvorbehalt sowohl im Ergebnis als auch in der Begründung umstritten. Ein Teil der Literatur hat sich der Rechtsprechung des Bundesfinanzhofs angeschlossen und lehnt die Buchwertfortführung ab, weil der

775 EStR 2012, H 16 (6) unter *„Nießbrauch“*.

776 Vgl. hierzu oben unter 1. Teil: C. III.

777 So wohl auch: *Spiegelberger*, Unternehmensnachfolge, § 4 Rn. 20.

778 Abweichend nun hinsichtlich BFH v. 25.1.2017 (X R 59/14, DStR 2017, 1308). Vgl. BMF v. 20.11.2019 – IV C 6 – S 2241/15/1003, BStBl. I 2019, 1291 Rn. 7.

779 Abweichend nun hinsichtlich der Übertragung eines im Ganzen verpachteten gewerblichen Einzelunternehmens: BMF v. 20.11.2019 – IV C 6 – S 2241/15/1003, BStBl. I 2019, 1291 Rn. 7.

780 Vgl. *Spiegelberger*, notar 2017, 419, 420 f.; *Dräger*, DB 2017, 2768, 2769.

Übertragende seine Tätigkeit nicht beende, was Tatbestandsvoraussetzung des § 6 Abs. 3 EStG sei.[781]

Nach anderer Ansicht müsste die Vorschrift auf die unentgeltliche Übertragung gewerblicher Einzelunternehmen unter Vorbehalt eines Nießbrauchsrechts jedoch Anwendung finden.[782] Diejenigen Autoren, die für die Ertragssteuerneutralität unter Anwendung des § 6 Abs. 3 EStG eintreten, spalten sich in ihrer Begründung allerdings noch einmal in zwei Lager auf. Die einen lehnen das Erfordernis der Tätigkeitseinstellung des Übertragenden insgesamt ab.[783] Der Wortlaut des § 6 Abs. 3 EStG gebe eine solche Tatbestandsvoraussetzung nicht her.[784] Auch die vom Bundesfinanzhof herangezogene tätigkeitsbezogene Auslegung im Rahmen des § 16 EStG sei auf § 6 Abs. 3 EStG nicht übertragbar.[785] Denn während das Erfordernis der Tätigkeitseinstellung bei Betriebsveräußerungen und Betriebsaufgaben zielführend sei und sich aus dem Sinn und Zweck dieser Vorschriften ergebe, sei die Zweckrichtung bei § 6 Abs. 3 EStG eine andere.[786] Es handle sich um eine Bewertungsvorschrift, die auf den Erhalt betrieblicher Einheiten abziele.[787]

Die andere (Unter-)Gruppe akzeptiert die Einstellung der bisherigen Tätigkeit des Übertragenden als selbständige Tatbestandsvoraussetzung des § 6 Abs. 3 EStG. Ihrer Ansicht nach führt die Übertragung einer betrieblichen Einheit unter Vorbehalt eines Nießbrauchs aber zur Einstellung der bisherigen Tätigkeit, weshalb diese Tatbestandsvoraussetzung erfüllt sei und die Buchwertfortführung im Ergebnis ebenfalls Anwendung finde.[788] Denn die bisherige gewerbliche Tätigkeit sei beendet, wenn alle wesentlichen Betriebsgrundlagen auf den Erwerber übertragen werden. Dann bezieht sich

781 *Ehmcke* in: Blümich, EStG, § 6 Rn. 1222 f.; *Kulosa* in: Schmidt, EStG § 6 Rn. 646; *Trossen* in: K/S/M, EStG, § 16 Rn. A 64; *Oellerich* in: BeckOK, EStG, § 6 Rn. 2727; *Hiller*, DStRK 2017, 250; *Lederle/Wanner*, DStR 2015, 2270, 2271; *Werndl* in: K/S/M, EStG, § 6 Rn. J 13; *Mutscher* in: Frotscher, EStG, § 6 Rn. 479; *Schindler* in: Kirchhof, EStG, Aufl. 18, § 6 Rn. 193; *Seer* in: Kirchhof, EStG, Aufl. 18, § 16 Rn. 74.

782 *Gratz/Uhl-Ludäscher* in: H/H/R, EStG, § 6 Rn. 1251; *Strahl* in: Korn, EStG, § 6 Rn. 474.0; *Spiegelberger*, notar 2017, S. 419, 421 ff.; *Messner*, MittBayNot 2018, 1, 2 f.; *Kepper*, NZG 2019, 211, 213 f.; *Korn*, KÖSDI 2018, 20597, 20599; *Hübner/Friz*, DStR 2017, 2353, 2360; *Schulze zur Wiesche*, StBp 2017, 273, 275; *Geck/Messner*, ZEV 2015, 91, 93; *Tiedtke/Wälzholz*, DStR 1999, 217, 222; *Stein*, ZEV 2019, 131, 132 f.; *Wendt*, FR 2017, 1055, 1061; so wohl auch *Gräfe/Kraft*, ZEV 2017, 471, 477; *Hörger/Rapp* in: L/B/P, EStG, § 16 Rn. 41; *Glanegger*, DStR 1998, 1329, 1330.

783 *Schulze zur Wiesche*, StBp 2017, 273, 275; *Spiegelberger*, notar 2017, S. 419, 421 ff.; *Glanegger*, DStR 1998, 1329, 1330; so wohl auch *Gräfe/Kraft*, ZEV 2017, 471, 477.

784 *Messner*, MittBayNot 2018, 1, 2; *Geck/Messner*, ZEV 2015, 91, 93.

785 *Gluth*, EStB 2017, 403, 405; *Spiegelberger*, notar 2017, 419, 421.

786 *Schulze zur Wiesche*, StBp 2017, 273, 275; *Hübner/Friz*, DStR 2017, 2353, 2359; *Spiegelberger*, notar 2017, 419, 421.

787 *Geck/Messner*, ZEV 2015, 91, 93; *Schulze zur Wiesche*, StBp 2017, 273, 275

788 *Tiedtke/Wälzholz*, DStR 1999, 217, 222; *Geissler* in: H/H/R, EStG, § 16 Rn. 115; *Hörger/Rapp* in: L/B/P, EStG, § 16 Rn. 41.

die Betätigung nicht mehr auf eigenes, sondern auf fremdes Betriebsvermögen und sei deshalb eine andere.[789] Die bisherige Tätigkeit – Führung eines aktiven Eigentumsbetriebs – gebe der Übertragende also auf.[790]

Schließlich wird vertreten, die Übertragung unter Nießbrauchsvorbehalt müsse ertragsteuerneutral möglich sein, da die Grundsätze der Betriebsverpachtung anwendbar sein.[791] Durch die Lösung des Nutzungsrechts von der übertragenen Substanz entstünden – wie bei einer Betriebsverpachtung – zwei Gewerbebetriebe.[792] Es komme zu einer Aufspaltung des übertragenen Betriebs in einen aktiven eigentumslosen Betrieb und einen passiven Eigentumsbetrieb, die bei Wegfall des Nießbrauchs in der Hand des Erwerbers wieder zu dem ursprünglichen Betrieb vereinigt werden (gleitende Generationennachfolge).[793] Wie in den Fällen der Betriebsverpachtung (§ 16 Abs. 3b EStG) sei hierin keine Betriebsaufgabe zu sehen.[794] Diese Ansicht entspricht grundsätzlich der Behandlung land- und forstwirtschaftlicher Betriebsübertragungen unter Nießbrauchsvorbehalt durch den Bundesfinanzhof.

Die Anwendbarkeit des § 6 Abs. 3 EStG auf die Übertragung land- und forstwirtschaftlicher Betriebe unter Nießbrauchsvorbehalt wird in der Literatur vergleichsweise wenig diskutiert. Ein Großteil der Autoren verweist auf die hierzu ergangene Rechtsprechung des IV. Senats, der die Buchwertfortführung grundsätzlich zulässt.[795] Umstritten ist zwar die Frage, ob die Veräußerung oder Aufgabe land- und forstwirtschaftlicher Betrieb eine Einstellung der Tätigkeit voraussetzt.[796] Obwohl der Bundesfinanzhof hier

789 *Hörger/Rapp* in: L/B/P, EStG, § 16 Rn. 41.

790 *Geissler* in: H/H/R, EStG, § 16 Rn. 115.

791 *Wendt*, FR 2017, 1055, 1061; *Gratz/Uhl-Ludäscher* in: H/H/R, EStG, § 6 Rn. 1251; *Spiegelberger*, notar 2017, 419, 422; *Kepper*, NZG 2019, 211, 213 f.; *Korn*, KÖSDI 2018, 20597, 20599.

792 *Geissler* in: H/H/R, EStG, § 16 Rn. 115; *Messner*, MittBayNot 2018, 1, 3; *Wendt*, FR 2017, 1055, 1061; *Schulze zur Wiesche*, StBp 2017, 273, 275; *von Sothen* in: MAH, Erbrecht, § 36 Rn. 293 f.

793 *Schulze zur Wiesche*, StBp 2017, 273, 275; *Wendt*, FR 2017, 1055, 1061.

794 *Wendt*, FR 2017, 1055, 1061; vgl. zur Betriebsverpachtung 1. Teil: B. III. 3. a).

795 *Kulosa* in: Schmidt, EStG, § 6 Rn. 646; *Paul* in: H/H/R, EStG, § 14 Rn. 26; *Gratz/Uhl-Ludäscher* in: H/H/R, EStG, § 6 Rn. 1211; *Ehmcke* in: Blümich, EStG, § 6 Rn. 1222 f.; *Strahl* in: Korn, EStG, § 6 Rn. 474.0; *Spiegelberger*, Unternehmensnachfolge, § 5 Rn. 58; *Schindler* in: Kirchhof, EStG, Aufl. 18, § 6 Rn. 193 Fn. 12; vgl. zur Rechtsprechung oben unter 3. Teil: A. I. 1.

796 Der IV. Senat des BFH hatte dies in der Vergangenheit ebenfalls verneint (BFH v. 28.3.1985 – IV R 88/81, BStBl. II 1985, 508) scheint davon aber wieder abgewichen zu sein (BFH v. 26.10.1989 – IV R 25/88, BStBl. II 1990, 373, 375); gegen das Erfordernis einer Tätigkeitseinstellung bei der Veräußerung land- und forstwirtschaftlicher Betriebe: *Stephany* in: Leingärtner, Kap. 50 Rn. 9; *Paul* in: H/H/R, EStG, § 14 Rn. 26; zweifelnd: *Mitterpleininger* in: L/B/P, EStG, § 14 Rn. 11; für ein solches selbständiges Tatbestandsmerkmal bei der Veräußerung land- und forstwirtschaftlicher Betriebe: *Geissler* in: H/H/R, EStG, § 16 Rn. 115; *Tiedke*, FR 1988, 233, 235; kritisch zur Ungleichbehandlung gewerblicher und land- und forstwirtschaftlicher Betriebe im Hinblick auf das Tätigkeitseinstellungserfordernis bei Veräußerungssachverhalten: *Kanzler*, FR 1996, 676, 678.

eine Parallelität annimmt,[797] kann aber nicht automatisch geschlossen werden, dass diejenigen Autoren, die im Rahmen des § 14 EStG eine Tätigkeitseinstellung fordern, den Vorbehalt eines Nießbrauchs für die Anwendbarkeit des § 6 Abs. 3 für schädlich halten. Denn es ließe sich auch hier argumentieren, dass § 6 Abs. 3 EStG aufgrund einer anderen Zielrichtung abweichend auszulegen sei oder dass die Übertragung unter Nießbrauchsvorbehalt gerade eine solche Tätigkeitseinstellung darstelle.

In der Literatur überwiegend kritisiert wird die Ungleichbehandlung von land- und forstwirtschaftlichen und gewerblichen Betrieben durch die Rechtsprechung.[798] Der Vorbehalt eines Nießbrauchs (und damit die Fortführung der Tätigkeit) müsse unabhängig von der Einkunftsart einheitlich behandelt werden und entweder in allen Fällen schädlich oder in allen Fällen unschädlich für die Buchwertfortführung sein.[799] Dies ergebe sich schon daraus, dass die Tätigkeitskomponente des Betriebsbegriffs auf § 15 Abs. 2 EStG zurückgehe, der für alle Betriebe geltende Merkmale enthalte.[800] Die Ungleichbehandlung sei demnach mit Art. 3 Abs. 1 GG nicht vereinbar.[801]

Hinsichtlich freiberuflicher Betriebe wird in der Literatur vertreten, dass das Einstellungserfordernis auch und erst Recht bei der Übertragung freiberuflicher Betriebe gelte bzw. gelten müsse.[802] Die Vertreter dieser Ansicht nehmen allerdings in der Regel konkreten Bezug auf die Rechtsprechung des Bundesfinanzhofs zu Veräußerungsfällen ohne näher darauf einzugehen.[803] Es ist daher oft nicht eindeutig ersichtlich, ob die entsprechenden Autoren ihre eigene Ansicht wiedergeben oder lediglich davon ausgehen, dass der Bundesfinanzhof diese Ansicht vertritt bzw. vertreten würde.[804] Schließlich ist davon auszugehen, dass diejenigen Autoren, die das Erfordernis einer Tätigkeitseinstellung im Rahmen des § 6 Abs. 3 EStG grundsätzlich ablehnen, auch bei der Übertragung freiberuflicher Betriebe an dieser Ansicht festhalten.

797 BFH v. 2.9.1992 – XI R 26/91, BFH/NV 1993, 161, 162.

798 *Ehmcke* in: Blümich, EStG, § 6 Rn. 1222 f.; *Schulze zur Wiesche*, StBp 2017, 273, 275; *Hörger/Rapp* in: L/B/P, EStG, § 16 Rn. 41; *Strahl* in: Korn, EStG, § 6 Rn. 474.0; *Korn*, KÖSDI 2018, 20597, 20599; *Wendt*, FR 2017, 1055, 1061; *Gluth*, EStB 2017, 403, 405; *Dötsch*, Juris PR-SteuerR 31/2017, Anm. 3; *Seer* in: Kirchhof, EStG, Aufl. 18, § 16 Rn. 239.

799 *Wendt*, FR 2017, 1055, 1061; *Wendt*, FR 2009, 427, 429; *Gosch*, StBp 1993, 20, 21; *Schulze zur Wiesche*, StBp 2017, 273, 275.

800 *Wendt*, FR 2017, 1055, 1061.

801 *Dötsch*, Juris PR-SteuerR 31/2017, Anm. 3; *Ehmcke* in: Blümich, EStG, § 6 Rn. 1222 f.

802 *Mutscher* in: Frotscher, EStG, § 6 Rn. 480; *Ehmcke* in: Blümich, EStG, § 6 Rn. 1222 f.; *Strahl* in: Korn, EStG, § 6 Rn. 474.0.

803 *Mutscher* in: Frotscher, EStG, § 6 Rn. 480; *Strahl* in: Korn, EStG, § 6 Rn. 474.0.

804 die wohl eigene Ansicht wiedergebend: *Ehmcke* in: Blümich, EStG, § 6 Rn. 1222 f.; nur auf die Rechtsprechung bezogen und ein striktes Erfordernis der Tätigkeitseinstellung für alle Gewinneinkunftsarten grundsätzlich ablehnend: *Strahl* in: Korn, EStG, § 6 Rn. 474.0.

IV. Eigene Ansicht und Stellungnahme

Zu den in Rechtsprechung und Literatur vertretenen Auffassungen ist unter Berücksichtigung der bisherigen Ergebnisse dieser Arbeit Stellung zu nehmen. Dabei soll zunächst geklärt werden, ob die Einstellung der bisherigen Tätigkeit überhaupt eine eigenständige Tatbestandsvoraussetzung im Rahmen des § 6 Abs. 3 EStG darstellt. Im Anschluss ist die Übertragung eines Einzelunternehmens unter Nießbrauchsvorbehalt unter die herausgearbeiteten Tatbestandsvoraussetzungen zu subsumieren.

1. Erfordernis der Tätigkeitseinstellung

Ob die Anwendbarkeit des § 6 Abs. 3 EStG als selbständiges Tatbestandsmerkmal generell eine Tätigkeitseinstellung des Übertragenden zwingend erfordert, ist unter Heranziehung der vier Auslegungsmethoden zu ermitteln.

a) Wortlaut

Der Wortlaut des § 6 Abs. 3 EStG fordert nicht ausdrücklich die Beendigung der Tätigkeit des Übertragenden. Zu fragen ist daher, ob die *„Übertragung eines Betriebs"* begrifflich eine Tätigkeitseinstellung voraussetzt. Anknüpfungspunkte können folglich nur die *„Übertragung"* und der *„Betrieb"* sein.

Eine Übertragung liegt vor, wenn der Erwerber wirtschaftlicher Eigentümer der zu dem Betrieb gehörenden Wirtschaftsgüter wird.[805] Der Übertragende muss sein wirtschaftliches Eigentum also aufgeben. Hieraus kann jedoch nicht zwingend auf eine Beendigung der Tätigkeit des Übertragenden geschlossen werden. Denn es ist anerkannt, dass ein – schuldrechtliches oder dingliches – Nutzungsrecht auch in langfristigen Fällen nicht die Entstehung wirtschaftlichen Eigentums beim Nutzungsberechtigten zur Folge hat, weil der Nutzungsberechtigte in der Regel nicht wie ein Eigentümer über die Sache verfügen kann.[806] Demnach hindert die weitere Tätigkeit des Übertragenden (nun als Pächter bzw. Nießbraucher des übertragenen Wirtschaftsguts) nicht den Übergang des wirtschaftlichen Eigentums auf den Erwerber.[807] Außerdem enthält der Begriff *„Übertragung"*, anders als der Begriff der *„Betriebsaufgabe"*, gerade keinen finalen Akt, sondern ließe sprachlich auch eine gleitende Übertragung zu.[808] Durch wörtliche Auslegung des Begriffs *„Übertragung"* lässt sich die Tatbestandsvoraussetzung einer Tätigkeitseinstellung daher nicht begründen.

805 Vgl. zur Übertragung oben unter 1. Teil: C. II.

806 BFH v. 14.2.2001 – X R 82/97, DStRE 2001, 756; BFH v. 20.10.2011 – IV R 35/08, BFH/NV 2012, 377; *Fischer* in: H/H/S, AO, § 39 Rn. 133 ff.

807 BFH v. 25.1.2017 – X R 59/14, DStR 2017, 1308, 1311 Rn. 34 ff.

808 *Messner*, MittBayNot 2018, 1, 2.

Ein anderes Bild könnte sich ergeben, wenn man den steuerlichen Betriebsbegriff hinzuzieht. Denn dieser enthält nach ganz überwiegender – und auch hier vertretener – Ansicht neben der Zustandskomponente eine Tätigkeitskomponente, die sich aus der ausdrücklichen Erwähnung der selbständigen und nachhaltigen Betätigung in § 15 Abs. 2 EStG ableiten lässt.[809] Erforderlich für die Übertragung eines Betriebs müsste demnach grundsätzlich sein, dass der Erwerber nach der Übertragung eine entsprechende Tätigkeit ausübt, da er anderenfalls keinen Betrieb in diesem Sinne erworben hätte. Hieraus ergibt sich das Erfordernis des Erwerbs einer Unternehmerstellung des Erwerbers.[810] Dieses Tatbestandsmerkmal stellt aber wiederum nur auf die Erwerberseite ab. Die Frage, ob der Übertragende seine Tätigkeit zwingend aufgeben muss, damit der Erwerbende eine entsprechende betriebliche Tätigkeit aufnehmen kann, ist damit immer noch nicht beantwortet.

Auf der einen Seite ließe sich mit dem Bundesfinanzhof argumentieren, dass der Übertragende dem Erwerber die Fortsetzung der bislang von ihm ausgeübten Tätigkeit ermöglichen müsse und dies eine Einstellung der bisherigen Tätigkeit erfordere.[811] Auf der anderen Seite ist beispielsweise in Betriebsverpachtungsfällen anerkannt, dass steuerlich zwei Betriebe entstehen und neben dem Pächter auch der Eigentümer, obwohl er seine aktive Tätigkeit (jedenfalls zeitweise) einstellt, weiterhin steuerlich als Inhaber eines Betriebs behandelt wird. Die aktive Tätigkeit des einen (Pächters) ist hier also unschädlich für das Innehaben eines (steuerlichen) Betriebs des anderen (Eigentümers), obwohl faktisch weiterhin nur ein einziger Betrieb besteht. Eine doppelte Betriebsinhaberschaft und damit auch eine doppelte Unternehmerstellung sind im Einkommensteuerrecht damit nicht per se ausgeschlossen.

Schließlich ist zu berücksichtigen, dass der 1. Teil dieser Arbeit gezeigt hat, dass die Vorschrift des § 6 Abs. 3 EStG keine Ausnahmevorschrift darstellt, sondern den gesetzlichen Regelfall abbildet und daher kein Grund besteht die Vorschrift übermäßig eng auszulegen.[812] Vor diesem Hintergrund lässt sich aus dem Wortlaut *„Übertragung eines Betriebs"* nicht ableiten, dass § 6 Abs. 3 EStG zwingend die Einstellung der Tätigkeit des bisherigen Betriebsinhabers erfordert.

809 Vgl. zum Betriebsbegriff oben unter 1. Teil: A. I. 1. Auch zivilrechtlich ist insoweit anerkannt, dass ein Unternehmen neben den materiellen Wirtschaftsgütern einen sog. Tätigkeitsbereich beinhaltet, vgl. hierzu oben unter 2. Teil: B. I.

810 Vgl. zur Unternehmerstellung des Erwerbers oben unter 1. Teil: C. VI.

811 BFH v. 2.9.1992 – XI R 26/91, BFH/NV 1993, 161, 162.

812 Vgl. hierzu oben unter 1. Teil: B. IV. 3.

b) Historie

Der X. Senat des Bundesfinanzhofs begründet das Erfordernis der Tätigkeitseinstellung u. a. damit, dass § 7 Abs. 1 EStDV vom I. und XI. Senat ebenfalls in diese Richtung ausgelegt worden ist und der Gesetzgeber den § 7 Abs. 1 EStDV durch das StEntlG 1999/2000/2002 wortgleich in § 6 Abs. 3 S. 1 HS. 1 EStG übernommen hat, ohne dass er an dieser Vorschrift etwas ändern wollte.[813]

Gegen diese Argumentation wird in der Literatur vorgebracht, dass § 6 Abs. 3 EStG durch das UntStFG 2001 dahingehend geändert wurde, dass nun auch die unentgeltliche Übertragung von Teilen von Mitunternehmeranteilen und die Aufnahme in Einzelunternehmen ausdrücklich zum Buchwert möglich ist.[814] In diesen Fällen beende der Übertragende seine bisherige Tätigkeit typischerweise gerade nicht, denn er bleibt ja mit einem Teil weiterhin (mit-)unternehmerisch beteiligt. Dann könne die Tätigkeitseinstellung auch bei der Übertragung ganzer Betriebe keine Tatbestandsvoraussetzung sein.[815]

Allerdings lässt sich gegen dieses in der Literatur vorgebrachte Gegenargument einwenden, dass man die erforderliche Tätigkeitseinstellung bei Teilanteilsübertragungen nur auf den übertragenen Teil-Anteil beziehen könnte.[816] Denn sowohl bei der Aufnahme in ein Einzelunternehmen als auch bei der Übertragung eines Teils eines Mitunternehmeranteils besteht im Ergebnis eine Mitunternehmerschaft zwischen Übertragendem und Erwerber. Dies hat zur Folge, dass die Befugnisse des Übertragenden im Vergleich zur vorherigen Situation beschränkt sind. Denn die mit dem übertragenen Teil zusammenhängenden Verwaltungs- und Vermögensrechte gehen mit einer Übertragung des Teil-Anteils (jedenfalls im gesetzlichen Regelfall) auf den Erwerber über. Insofern lässt sich vertreten, dass der Übertragende im Hinblick auf den übertragenen Teil seine Tätigkeit eingestellt hat, obwohl er hinsichtlich eines anderen Teils (derselben Mitunternehmerschaft) noch gewerblich (innerhalb derselben Mitunternehmerschaft) tätig wäre.

Zudem lässt sich argumentieren, dass bei der Aufnahme in ein Einzelunternehmen eine Einstellung der Tätigkeit gerade vorliegt, weil die gewerbliche Betätigung der Personengesellschaft im steuerrechtlichen Sinne keine Fortsetzung der gewerblichen Betätigung des Gesellschafters darstellt.[817] Vielmehr stellt die gewerblich tätige Personengesell-

813 BT-Drs. 14/265, 174; BFH v. 25.1.2017 – X R 59/14, ZEV 2017; 471, 473 f.

814 *Spiegelberger*, notar 2017, 419, 421 f.; *Messner*, MittBayNot 2018, 1, 2; *Korn*, KÖSDI 2018, 20597, 20599; *Kepper*, NZG 2019, 211, 213; vgl. zu dieser Gesetzesänderung oben unter 1. Teil: A. II. sowie unter 1. Teil: C. VIII.

815 *Spiegelberger*, notar 2017, 419, 421 f.; *Messner*, MittBayNot 2018, 1, 2.

816 *Schulze zur Wiesche*, StBp 2017, 273, 276; vgl. hierzu unter 3. Teil: B. V.

817 BFH v. 22.10.2014 – X R 28/11, BeckRS 2015 94223 Rn. 21.

schaft im steuerrechtlichen Sinn ein vom Gesellschafter zu trennendes eigenständiges Gewinnerzielungssubjekt dar.[818] Aus diesen Gründen vermögen die in der Literatur vorgebrachten Gegenargumente den historischen Begründungsansatz des Bundesfinanzhofs nicht vollends zu beseitigen.

Dennoch ist dem Bundesfinanzhof nicht zu folgen. Denn der vermeintlich historische Ansatz greift zu kurz. Der Bundesfinanzhof verweist schlicht auf die Auslegung des § 7 Abs. 1 EStDV, ohne dabei die ursprüngliche Intention des historischen Gesetzgebers zu berücksichtigen. Eine (womöglich fehlerhafte) Auslegung der Vorgängervorschrift in der Vergangenheit kann aber nicht herangezogen werden um diese Auslegung heute – unter Berufung auf die historische Auslegungsmethode – zu legitimieren. Mit anderen Worten: eine bestimmte Auslegung in der Vergangenheit trifft keine Aussage darüber, ob diese Auslegung richtig oder falsch ist.

Geht man in der Gesetzgebungshistorie hingegen weiter zurück und untersucht die Ursprünge der Vorschrift, so zeigt sich, dass der historische Gesetzgeber die Buchwertfortführung nicht durch zusätzliche Tatbestandsvoraussetzungen einengen wollte. Denn die Entstehungsgeschichte der Vorgängervorschriften des § 6 Abs. 3 EStG hat gezeigt, dass der historische Gesetzgeber dem Realisationsprinzip überragende Bedeutung einräumte.[819] Aus diesem Grund hielt er unentgeltliche Betriebsübertragungen mangels Realisationsakt nicht für einkommensteuerpflichtige Vorgänge und sah auch davon ab, einen entsprechenden Ersatzrealisationstatbestand zu schaffen.[820] Die Anerkennung eigenständiger – nicht ausdrücklich im Wortlaut enthaltener – Tatbestandsvoraussetzungen würde dieser Grundidee entgegenstehen. Daher spricht die historische Auslegung der Vorschrift eher gegen eine Tätigkeitseinstellung als selbständige Tatbestandsvoraussetzung des § 6 Abs. 3 EStG.

c) Systematik

Als wesentliches systematisches Argument für das Erfordernis einer Tätigkeitseinstellung im Rahmen des § 6 Abs. 3 EStG wird die Parallele zur Betriebsveräußerung nach § 16 Abs. 1 EStG angeführt. Die entgeltliche und unentgeltliche Übertragung seien gleich zu behandeln, weshalb die Beendigung der bisherigen gewerblichen Tätigkeit aufgrund der tätigkeitsbezogenen Auslegung des Betriebsbegriffs auch im Rahmen des

818 BFH v. 22.10.2014 – X R 28/11, BeckRS 2015 94223 Rn. 21.
819 Vgl. hierzu oben unter 1. Teil: A. III. 2.
820 Vgl. hierzu oben unter 1. Teil: A. III. 2.

§ 6 Abs. 3 EStG eine selbständige Tatbestandsvoraussetzung sei.[821] Zuzugeben ist diesem Argument, dass der steuerliche Betriebsbegriff grundsätzlich eine Tätigkeitskomponente enthält.[822] Hieraus pauschal zu schlussfolgern, dass eine Betriebsübertragung (entgeltlich oder unentgeltlich) stets und ausnahmslos eine Aufgabe der Tätigkeit des Übertragenden beinhalten müsse, geht allerdings zu weit. Auch eine Gleichbehandlung von entgeltlichen und unentgeltlichen Übertragungen ist keinesfalls zwingend.

Vielmehr rechtfertigen die unterschiedlichen Zielrichtungen, Rechtsfolgen und Regelungszusammenhänge der beiden Vorschriften eine unterschiedliche Auslegung bzw. unterschiedliche Tatbestandsvoraussetzungen.[823] Während es sich bei § 16 Abs. 1 EStG um einen Besteuerungstatbestand – unter Anwendung einer Tarifermäßigung – handelt, soll in den Fällen des § 6 Abs. 3 EStG eine Besteuerung insgesamt vermieden werden.[824] § 16 Abs. 1 EStG führt zur geballten Realisation aller stillen Reserven eines Betriebs, deren Wirkung durch eine Tarifermäßigung abgemildert werden soll.[825] Hingegen erfasst § 6 Abs. 3 EStG Fälle, in denen es an einem Realisationsakt gerade fehlt und eine Besteuerung jedenfalls dann unverhältnismäßig wäre, wenn diese auch zu einem späteren Zeitpunkt erfolgen könnte.[826] Die Regelungen stehen also nebeneinander und schließen sich gegenseitig gerade aus.[827] Insoweit wurde bereits zum Erfordernis der einheitlichen Übertragung aller wesentlichen Betriebsgrundlagen dargelegt, dass eine einheitliche Auslegung des Betriebsbegriffs in § 6 Abs. 3 EStG und § 16 EStG weder zwingend notwendig ist, noch vom Bundesfinanzhof selbst konsequent durchgehalten wird.[828]

Auffällig in diesem Zusammenhang ist, dass der Bundesfinanzhof für die Übertragung des Tätigkeitseinstellungserfordernisses von Veräußerungssachverhalten auf unentgeltliche Übertragungen ausdrücklich den Gleichheitssatz bemüht und im Verhältnis zu land- und forstwirtschaftlichen Betrieben die Ungleichbehandlung auf eine (angebliche) bereichsspezifische Ausnahme stützt.[829] Bei genauerer Betrachtung erscheint diese Anwendung des Gleichheitssatz bzw. dessen Durchbrechung willkürlich. Der Gleichheitsgrundsatz verlangt, dass Steuerpflichtige bei gleicher Leistungsfähigkeit gleich und

821 BFH v. 2.9.1992 – XI R 26/91, BFH/NV 1993, 161 f.; BFH v. 25.1.2017 – X R 59/14, ZEV 2017, 471, 475; *Tiedke/Wälzholz* DStR 1999, 217, 221 f.; vgl. hierzu auch oben unter 3. Teil: A. I. 2; vgl. zum Erfordernis der Tätigkeitseinstellung bei Veräußerungssachverhalten ausführlich *Tiedke*, DStR 1979, 543 ff.; *ders.* FR 1981, 445 ff.; *ders.* FR 1988, 233 ff.

822 Vgl. hierzu oben unter 1. Teil: A. I. 1.

823 *Wendt*, FR 2002, 127, 133; *Hübner/Friz*, DStR 2017, 2353, 2359.

824 *Gluth*, EStB 2017, 403, 405.

825 *Wendt*, FR 2002, 127, 133.

826 Vgl. hierzu oben unter 1. Teil: B. II. 2.

827 *Hübner/Friz*, DStR 2017, 2353, 2359.

828 Vgl. hierzu oben unter 1. Teil: C. V. 4. b).

829 BFH v. 25.1.2017 – X R 59/14, ZEV 2017, 471, 475.

bei unterschiedlicher Leistungsfähigkeit unterschiedlich zu besteuern sind.[830] Im Gegensatz zu Veräußerungsfällen fehlt es bei unentgeltlichen Übertragungen aber an einem Realisationsakt, der maßgeblicher Anhaltspunkt für die Steigerung der Leistungsfähigkeit ist.[831] Ein Liquiditätszufluss liegt in den Fällen des § 6 Abs. 3 EStG nicht vor. Der unentgeltlich Übertragende ist also weniger leistungsfähig als der Veräußernde. Damit wäre eine unterschiedliche Behandlung aufgrund unterschiedlicher Leistungsfähigkeit naheliegender.

Spiegelbildlich ist die unterschiedliche Behandlung gewerblicher und land- und forstwirtschaftlicher Betriebe kaum erklärbar. Der X. Senat spricht von einer bereichsspezifischen Ausnahme, ohne diese inhaltlich weiter zu begründen.[832] Schlicht falsch ist das Argument des XI. Senats, dass es im land- und forstwirtschaftlichen Bereich an einem gesetzlichen Oberbegriff fehle, der – wie § 15 Abs. 2 S. 1 EStG – eine bestimmte Tätigkeit beinhalte.[833] Vielmehr ist in Rechtsprechung und Literatur anerkannt, dass die Voraussetzungen des § 15 Abs. 2 EStG gleichermaßen für alle Gewinneinkunftsarten gelten.[834] Dies ergibt sich schon aus den in § 15 Abs. 2 EStG enthaltenen Negativmerkmalen.[835] Die Tätigkeitskomponente ist daher auch in land- und forstwirtschaftlichen sowie freiberuflichen Betrieben enthalten.[836]

Teilweise wird argumentiert, dass nur das Betriebsvermögen und nicht die Tätigkeit als Land- und Forstwirt übertragbar sei.[837] Korrekt ist, dass eine Tätigkeit nicht im zivilrechtlichen Sinne übertragbar ist. Dies gilt aber für gewerbliche Betriebe in gleichem Maße. Eine Ungleichbehandlung in Abhängigkeit von der Einkunftsart lässt sich damit nicht rechtfertigen.

Als weiteres Argument wird vorgebracht, dass der land- und forstwirtschaftliche Einkünftebegriff stärker substanzbezogen sei[838] und den betrieblichen Wirtschaftsgütern

830 Vgl. hierzu oben unter 1. Teil: B. I. 1.

831 Vgl. hierzu oben unter 1. Teil: B. I. 1. und 1. Teil: B. I. 2.

832 BFH v. 25.1.2017 – X R 59/14, ZEV 2017, 471, 475; *Dräger*, DB 2017, 2768 f.

833 BFH v. 2.9.1992 – XI R 26/91, BFH/NV 1993, 161, 162.

834 BFH v. 13.12.2001 – IV R 86/99, DStRE 2002, 329, 330; BFH v. 26.2.2004 – IV R 43/02, DStRE 2004, 489, 490; *Kube* in: Kirchhof, EStG, Aufl. 18, § 13 Rn. 4; *Hey* in: Tipke/Lang, § 8 Rn. 404, 426; *Birk/Desens/Tappe*, Steuerrecht, § 5 Rn. 737, 746; *Wendt*, FR 2017, 1055, 1061; *Geißler* in: H/H/R, EStG, § 16 Rn. 115.

835 BFH v. 13.12.2001 – IV R 86/99, DStRE 2002, 329, 330; BFH v. 26.2.2004 – IV R 43/02, DStRE 2004, 489, 490.

836 hiervon geht im Übrigen auch der IV. Senat selbst aus, vgl. hierzu BFH v. 28.3.1985 – IV R 88/81, BStBl. II 1985, 508.

837 BFH v. 28.3.1985 – IV R 88/81, BStBl. II 1985, 508; BFH v. 2.9.1992 – XI R 26/91, BFH/NV 1993, 161, 162; *Stephany* in: Leingärtner, § 50 Rn. 9.

838 *Strahl* in: Korn, EStG, § 6 Rn. 474.0.

eine überragende(re) Funktion zukomme.[839] Dies könnte für eine stärker objektbezogene Auslegung im Vergleich zu gewerblichen Betrieben sprechen. Auch dies lässt sich aber nicht pauschal bestätigen. Es ist nicht ersichtlich, warum die Land- und Forstwirtschaft stärker substanz- oder wirtschaftsgutsbezogen sein soll als beispielsweise Fabriken, Sandgruben, Kiesgruben, Windparks oder eigenständige Biogasanlagen zur Stromerzeugung, welche üblicherweise zur Erzielung gewerblicher Einkünfte führen. Zudem ist es auch für die landwirtschaftliche Einkünfteerzielung unerheblich, ob Eigentum an den bewirtschafteten Anbauflächen besteht.[840] Eine Ungleichbehandlung land- und forstwirtschaftlicher Betriebe gegenüber gewerblichen Betrieben lässt sich daher auch nicht durch eine größere Bedeutung von Wirtschaftsgütern oder eine höhere Substanzbezogenheit begründen.

Demnach ist im Ergebnis kein systematisches Argument ersichtlich, welches eine Differenzierung rechtfertigen könnte. Insbesondere ist auch die Leistungsfähigkeit eines unentgeltlich übertragenden Inhabers eines gewerblichen Betriebs nicht anders zu beurteilen als die Leistungsfähigkeit eines land- und forstwirtschaftlichen Betriebsinhabers, der seinen Betrieb unentgeltlich überträgt. In beiden Fällen fehlt es an einem Realisationsakt, der eine steuerbare Leistungsfähigkeitssteigerung begründen würde. Aus diesem Grund ist die Ungleichbehandlung mit dem Gleichheitssatz des Art. 3 Abs. 1 GG unvereinbar.[841] Dieser spricht vielmehr für eine Differenzierung zwischen entgeltlichen und unentgeltlichen Betriebsübertragungen und eine Gleichbehandlung unabhängig von der jeweiligen Einkunftsart.

Schließlich sind die im ersten Teil dieser Arbeit gewonnenen Erkenntnisse im Hinblick auf die systematische Einordnung des § 6 Abs. 3 EStG zu berücksichtigen. Insoweit hat die Untersuchung ergeben, dass die Vorschrift des § 6 Abs. 3 EStG rein deklaratorischer Natur ist und eine Aufdeckung stiller Reserven konsequenterweise nur in Betracht kommt, wenn die Voraussetzungen eines Besteuerungstatbestands erfüllt sind.

Eine Betriebsaufgabe muss aber gerade dann ausscheiden, wenn der bisherige Betriebsinhaber weiterhin unter Einsatz des bisherigen Betriebsvermögens tätig ist. Weder hat dieser dann seine Tätigkeit eingestellt, noch hat der Betrieb als selbständiger Organismus dauerhaft zu bestehen aufgehört.[842]

839 *Kulosa* in: Schmidt, EStG, § 6 Rn. 646.

840 Bis ins 19. Jahrhundert war der land- und forstwirtschaftliche Eigentumsbetrieb die Ausnahme und auch heute ist eine Tendenz zur vermehrten Zupachtung von Anbauflächen zu erkennen: *Schulze zur Wiesche*, StBp 2017, 273, 275.

841 So im Ergebnis auch *Dötsch*, Juris PR-SteuerR 31/2017, Anm. 3; *Ehmcke* in: Blümich, EStG, § 6 Rn. 1222 f.; *Wendt*, FR 2017, 1055, 1061; *Kepper*, NZG 2019, 211, 213.

842 Vgl. zu den Voraussetzungen einer Betriebsaufgabe oben unter 1. Teil: B. III. 3.; so im Ergebnis auch *Kulosa* in: Schmidt, EStG, § 6 Rn. 646; *Schulze zur Wiesche*, StBp 2017, 273, 275.

Zu prüfen ist daher, ob es durch die Übertragung und eine anschließende Rücküberlassung der Wirtschaftsgüter zur Fortführung der Tätigkeit an den Übertragenden (z. B. im Rahmen eines Pacht- oder Nießbrauchsverhältnisses) zu einer Entnahme kommt. Hierfür könnte sprechen, dass die übertragenen Wirtschaftsgüter nicht mehr zum Betriebsvermögen des die gewerbliche Tätigkeit weiter ausübenden Übertragenden gehören, weil sie diesem nicht mehr zuzurechnen sind. Da unentgeltliche Übertragungen im Rahmen vorweggenommener Erbfolge in der Regel keinen betrieblichen, sondern einen privaten Hintergrund haben, ließe sich argumentieren, dass das Betriebsvermögen des Übertragenden zu betriebsfremden Zwecken gemindert wurde.

Allerdings setzt die Entnahme von Wirtschaftsgütern des notwendigen Betriebsvermögens neben der Betriebsvermögensminderung voraus, dass der betriebliche Funktionszusammenhang aufgrund eines Entnahmewillens dauerhaft gelöst wird.[843] Dies ist bei einer Übertragung und anschließenden Rücküberlassung der Wirtschaftsgüter an den Übertragenden aber häufig nicht der Fall. So ist die Trennung von Eigentum und Tätigkeit z. B. in Rückverpachtungsfällen und bei Übertragungen unter Nießbrauchsvorbehalt in der Regel nur vorübergehender Natur. Wenn keine besonderen Anhaltspunkte vorliegen oder eine Betriebsaufgabe (durch den Erwerber) erklärt wird, ist davon auszugehen, dass Eigentum und Tätigkeit in der Hand des Erwerbers später wieder zusammenfallen.[844] Dann fehlt es – wie bei Betriebsverpachtungssachverhalten – aber am erforderlichen Entnahme- bzw. Aufgabewillen. Vielmehr wird der ursprungliche Betrieb unter Verwendung aller bisherigen Wirtschaftsgüter nach Wegfall des Überlassungsverhältnisses vom Erwerber unverändert fortgeführt. Damit fehlt es an der sowohl für eine Betriebsaufgabe als auch für eine Entnahme erforderlichen Endgültigkeit.

Die Berücksichtigung der systematischen Einordnung des § 6 Abs. 3 EStG (vgl. hierzu 1. Teil: B.) führt also ebenfalls zu dem Ergebnis, dass die Einstellung der Tätigkeit des Übertragenden keine eigenständige Tatbestandsvoraussetzung der Buchwertfortführung sein kann, da die Fortführung der Tätigkeit nicht per se zur Erfüllung der Tatbestandsvoraussetzungen eines Besteuerungstatbestands führt.

843 BFH v. 23.9.2009 – IV R 70/06, DStRE 2010, 144, 145; BFH v. 17.1.2002 – IV R 74/99, DStRE 2002, 601, 602; *Meyer* in: BeckOK, EStG, § 4 Rn. 588; *Bode* in: Kirchhof, EStG, Aufl. 18, § 4 Rn. 87; *Seiler* in: K/S/M, EStG, § 4 Rn. B 112; *Musil* in: H/H/R, EStG, § 4 Rn. 156; vgl. hierzu auch oben unter 1. Teil: B. III. 2. a).

844 Vgl. hierzu oben unter 3. Teil: A. I. 1. und 3. Teil: A. III.

d) Telos

Die Vorschrift des § 6 Abs. 3 EStG dient dem Bestandsschutz betrieblicher Einheiten bzw. der Sicherung der Liquidität mit dem übergeordneten Ziel der Förderung des Gemeinwohls durch den Erhalt von Produktivität, Arbeitsplätzen und letztlich dem Gesamtsteueraufkommen.[845] Dieser Zweck wäre dann beeinträchtigt, wenn die unentgeltliche Übertragung aus wirtschaftlicher Sicht zu einer Verkleinerung oder gar Zerschlagung des Betriebes führen würde. Hierauf hat die Einstellung der bisherigen Tätigkeit oder die Fortführung der bisherigen Tätigkeit durch den Übertragenden aber keine Auswirkungen. Ob die betriebliche Tätigkeit in Zukunft vom bisherigen Inhaber, vom Erwerber oder von beiden gemeinsam ausgeführt wird hat keinen Einfluss auf die Erfüllung dieser Zwecke. Relevant ist nur, dass die Übertragung insgesamt auf eine Fortführung des Betriebs unter Einsatz des bisherigen Betriebsvermögens gerichtet ist.

Der Regelungszweck der Vorschrift könnte dann gefährdet sein, wenn die Besteuerung der stillen Reserven in der Zukunft nicht mehr gewährleistet wäre. Diesbezüglich enthält die Vorschrift aber schon das eigenständige Tatbestandsmerkmal: *„Besteuerung der stillen Reserven sichergestellt“*. Ein Zusammenhang zwischen dieser Tatbestandsvoraussetzung und dem etwaigen Erfordernis einer Tätigkeitseinstellung ist nicht erkennbar. Die insoweit relevanten Anwendungsfälle (Rückpacht und Nießbrauch) zeigen gerade, dass Eigentum und Tätigkeit im Regelfall später wieder zusammenfallen und der Betrieb unter Erhalt aller stillen Reserven unverändert fortgeführt wird. Die Besteuerung der stillen Reserven in der Zukunft ist durch eine Fortführung der bisherigen Tätigkeit des Übertragenden jedenfalls nicht gefährdet. Ebenfalls nicht ersichtlich ist, warum unentgeltliche Betriebsübertragungen unter Fortführung der Tätigkeit weniger schützenswert sein sollen als solche bei denen die bisherige Tätigkeit eingestellt wird. In beiden Fällen würde eine Aufdeckung der stillen Reserven mangels entsprechendem Liquiditätszufluss die wirtschaftliche Situation des Betriebs gefährden.

Folglich spricht auch der Telos des § 6 Abs. 3 EStG gegen eine Einschränkung des Anwendungsbereichs durch das Erfordernis einer Tätigkeitseinstellung.[846]

e) Zwischenergebnis

Im Ergebnis sprechen die stärkeren Argumente gegen ein zwingendes Erfordernis einer Tätigkeitseinstellung im Rahmen des § 6 Abs. 3 EStG. Der Wortlaut als Ausgangspunkt jeder Auslegung fordert eine Beendigung jedenfalls nicht ausdrücklich. Aus der Historie der Vorschrift ergibt sich, dass der Gesetzgeber den Anwendungsbereich der Vorschrift

845 Vgl. zum Regelungszweck der Vorschrift oben unter 1. Teil: A. III.

846 So im Ergebnis auch *Messner*, MittBayNot 2018, 1, 3.

nicht durch besondere Tatbestandsmerkmale einengen wollte, sondern die unentgeltliche Übertragung ohne Aufdeckung stiller Reserven als Regelfall ansah. Dies bestätigt auch der Blick auf die Gesetzessystematik. Die von den Befürwortern des Einstellungserfordernisses herangezogene Parallele zu entgeltlichen Übertragungen ist nicht haltbar. Stattdessen lassen Regelungszusammenhang und Zweckrichtung der Vorschriften eine Ungleichbehandlung zu. Insbesondere führt der fehlende Realisationsakt bei unentgeltlichen Übertragungen zu einem Weniger an Leistungsfähigkeit im Vergleich zu entgeltlichen Übertragungen. Eine steuerliche Ungleichbehandlung ist daher nicht nur möglich, sondern geboten. Sinn und Zweck der Vorschrift sprechen ebenfalls gegen eine solche eigenständige Tatbestandsvoraussetzung. Denn die Schutzbedürftigkeit betrieblicher Einheiten, die ohne Mittelzufluss übertragen werden, besteht unabhängig davon, ob der Übertragende seine Tätigkeit einstellt oder nicht. Schließlich ist auch kein Missbrauchspotential oder ein Untergang stiller Reserven zu befürchten, was ein gesteigertes Interesse des Staates an einer sofortigen Besteuerung begründen könnte.

Die Ergebnisse zur systematischen Einordnung des § 6 Abs. 3 EStG im ersten Teil dieser Arbeit untermauern dieses Ergebnis. Denn ein Besteuerungstatbestand ist nicht allein deshalb erfüllt, weil der Übertragende seine Tätigkeit fortsetzt. Dies verdeutlicht insbesondere die in Rechtsprechung und Literatur gleichermaßen anerkannte Behandlung von Betriebsverpachtungen. In diesen Fällen wird davon ausgegangen, dass das zeitweise Auseinanderfallen von aktiver Tätigkeit und Betriebsvermögen nicht zu einer Besteuerung stiller Reserven führt, weil die Möglichkeit einer späteren Wiederaufnahme der Tätigkeit besteht und es daher an der für eine Entnahme oder Betriebsaufgabe erforderlichen Endgültigkeit fehlt. Zudem besteht kein Grund, eine unentgeltliche Übertragung mit sofortiger Rückpacht steuerrechtlich anders zu behandeln als eine unentgeltliche Übertragung eines Pachtbetriebs oder eine unentgeltliche Übertragung eines aktiven Betriebs mit anschließender Weiterverpachtung durch den Erwerber an einen Dritten. In diesen Fällen ist § 6 Abs. 3 EStG jedoch ohne Zweifel anwendbar, da der Übertragende seine Tätigkeit beendet hat.

Überzeugenderweise wenden daher der IV. und VI. Senat des Bundesfinanzhofs die Grundsätze der Betriebsverpachtung seit Jahrzehnten auf die unentgeltliche Übertragung land- und forstwirtschaftlicher Betriebe an und verlangen im Rahmen des § 6 Abs. 3 EStG keine Einstellung der Tätigkeit des Übertragenden. Ein haltbares Argument für eine differenzierte Beurteilung in Abhängigkeit von der Einkunftsart existiert nicht. Vielmehr erfordert Art. 3 Abs. 1 GG eine Gleichbehandlung gewerblicher, land- und forstwirtschaftlicher sowie freiberuflicher Betriebe, da die Leistungsfähigkeit der Übertragenden in allen Fällen gleich zu beurteilen ist.

In diesen Kontext passt auch die neuere Entwicklung der Rechtsprechung im Hinblick auf die einheitliche Übertragung aller wesentlichen Betriebsgrundlagen. Hier haben die Ausführungen gezeigt, dass die Rechtsprechung – richtigerweise – zunehmend zu einer mehr am Sinn und Zweck der Vorschrift orientierten Auslegung übergeht und die Ersatzrealisationstatbestände restriktiver anwendet als in der Vergangenheit.[847] Wünschenswert wäre, dass der Bundesfinanzhof seine Argumentation im Hinblick auf den einheitlichen Übertragungsvorgang auch auf die Tätigkeitseinstellung überträgt und die Anwendung des § 6 Abs. 3 EStG nur versagt, wenn eine Zerschlagung des Betriebs und damit im Ergebnis eine Betriebsaufgabe droht.[848] Dies würde sowohl dem Sinn und Zweck der Vorschrift, als auch ihrer systematischen Einordnung gerecht werden.

2. Erfüllung der Voraussetzungen des § 6 Abs. 3 EStG

Nachdem die Tatbestandsvoraussetzungen des § 6 Abs. 3 EStG herausgearbeitet worden sind, ist im Folgenden deren Erfüllung bei Vorbehalt eines Nießbrauchsrechts im Rahmen der Übertragung eines Einzelunternehmens zu untersuchen. Es muss sich um eine unentgeltliche Übertragung einer Sachgesamtheit handeln, bei welcher diese nicht zerschlagen wird, die Besteuerung der stillen Reserven gesichert ist und der Erwerber eine Unternehmerstellung erhält.

a) Unentgeltliche Übertragung

Erforderlich für die Übertragung eines Einzelunternehmens i. S. d. § 6 Abs. 3 EStG ist die Erlangung wirtschaftlichen Eigentums des Erwerbers an den zu dem Einzelunternehmen gehörenden Wirtschaftsgütern.[849] Wirtschaftsgüter sind steuerrechtlich grundsätzlich dem Eigentümer zuzurechnen (§ 39 Abs. 1 AO). Wird ein Nießbrauchsrecht an einem Einzelunternehmen als solchem bestellt, verbleiben die Wirtschaftsgüter des Anlagevermögens im gesetzlichen Regelfall im Eigentum des Bestellers, während der Nießbraucher Eigentümer des Umlaufvermögens wird.[850] Damit könnte die Anwendung des § 6 Abs. 3 EStG bereits daran scheitern, dass der Erwerber grundsätzlich nicht Eigentümer des Umlaufvermögens wird, weil dieses beim Nießbraucher verbleibt.

Allerdings kann das Umlaufvermögen in diesem Rahmen nicht maßgeblich sein. Denn in aller Regel handelt es sich hierbei nicht um wesentliche Betriebsgrundlagen und selbst von den Vertretern der insoweit engsten Ansicht wird nicht verlangt, dass auch

847 *Geck/Messner*, ZEV 2015, 91, 93; *Messner*, MittBayNot 2018, 1, 2; vgl. hierzu oben unter 1. Teil: C. V.

848 BFH v. 2.8.2012 – IV R 41/11, DStR 2012, 2118, 2123 Rn. 39; vgl. hierzu ausführlich oben unter 1. Teil: C. V. 1.

849 Vgl. hierzu oben unter 1. Teil: C. II.

850 Vgl. hierzu oben unter 2. Teil: B. II.

funktional unwesentliche Wirtschaftsgüter mitübertragen werden müssen.[851] Zudem wurde bereits dargelegt, dass selbst der Zurückbehalt funktional wesentlicher Betriebsgrundlagen nicht gegen die Anwendbarkeit des § 6 Abs. 3 EStG spricht.[852] Es genügt demnach, wenn der Erwerber wirtschaftlicher Eigentümer derjenigen Wirtschaftsgüter wird, die für eine Fortführung des Betriebs notwendig sind.

Da der Erwerber zivilrechtlicher Eigentümer des Anlagevermögens wird, wäre die Buchwertfortführung nur gefährdet, wenn das vorbehaltenen Nießbrauchsrecht zu einer abweichenden Beurteilung des wirtschaftlichen Eigentums gem. § 39 Abs. 2 Nr. 1 AO führt. Hierfür müsste der Nießbraucher die tatsächliche Herrschaft über das Anlagevermögen in der Weise ausüben, dass er den Eigentümer für die gewöhnliche Nutzungsdauer von der Einwirkung auf die Wirtschaftsgüter wirtschaftlich ausschließen kann.[853] Für wirtschaftliches Eigentum des Nießbrauchers spricht, dass diesem bei einem Einzelunternehmen – wie dargelegt – ein sehr weiter Ermessensspielraum zusteht, er sogar über einzelne Inventarstücke verfügen kann und das Unternehmen letztlich wie ein eigenes führt.[854]

Allerdings ist der Nießbraucher zur Führung des Unternehmens im Rahmen einer ordnungsgemäßen Wirtschaft verpflichtet, er unterliegt einer Bestandserhaltungspflicht und darf das Unternehmen als solches nicht vollständig umgestalten oder veräußern.[855] Schließlich fällt die Befugnis zur Führung des Unternehmens mit Wegfall des Nießbrauchsrechts zurück an den Eigentümer. Der Nießbraucher kann also nicht wie ein Eigentümer verfügen und diesen auch nicht dauerhaft und vollständig verdrängen. Aus diesen Gründen ist auch der Unternehmensnießbraucher, dessen rechtliche Stellung gegenüber dem Einzelwirtschaftsgutsnießbraucher erweitert ist, im gesetzlichen Regelfall nicht wirtschaftlicher Eigentümer des Einzelunternehmens bzw. der zu dem Einzelunternehmen gehörenden Wirtschaftsgütern des Anlagevermögens.[856]

Schließlich bestehen an der Unentgeltlichkeit der Übertragung keine Zweifel, da der Vorbehalt eines Nießbrauchs keine Gegenleistung für die Übertragung darstellt.[857] Viel-

851 Vgl. hierzu oben unter 1. Teil: C. V. 1; nur in Ausnahmefällen wie beispielsweise kurzfristig nicht ersetzbaren Warenlagern kann auch das Umlaufvermögen eine funktional wesentliche Betriebsgrundlage darstellen: BFH v. 24.6.1976 – IV R 200/72, BStBl. II 1976, 672; *Nitzschke* in: Blümich, UmwStG, § 20 Rn. 42.

852 Vgl. hierzu oben unter 1. Teil: C. V. 4.

853 *Koenig* in: Koenig, AO, § 39 Rn. 14 ff.

854 Vgl. hierzu oben unter 2. Teil: B. II.

855 Vgl. hierzu oben unter 2. Teil: B. II.

856 So im Ergebnis auch BFH v. 12.4.1989 – I R 105/85, BStBl. II 1989, 653; *Gratz/Uhl-Ludäscher* in: H/H/R, EStG, § 6 Rn. 1206; *Prinz* in: Bordewin/Brandt, EStG, § 6 Rn. 832.

857 BFH v. 5.7.1990 – GrS 4–6/89, MittBayNot 1990, 372, 374; BFH v. 9.12.2014 – IV R 29/14, DStR 2015, 211, 213; BFH v. 25.1.2017 – X R 59/14, ZEV 2017, 471, 473; BMF v. 13.1.1993 – IV B 3 – S 2190 – 37/92, BStBl. I 1993, 80 Rn. 10; EStR 2012, H 16 (6) unter „*Nießbrauch*"; *Kepper*, NZG

mehr behält sich der Übertragende die Nutzungen zurück und überträgt lediglich ein Minus. Der Erwerber erhält von vornherein nur durch einen Nießbrauch belastetes und dadurch in seinem Wert gemindertes Vermögen, weshalb es sich weder zivilrechtlich noch steuerrechtlich um eine Gegenleistung handelt.[858]

b) Besteuerung der stillen Reserven sichergestellt

Der Vorbehalt eines Nießbrauchsrechts an einem Einzelunternehmen gefährdet in keiner Weise die Besteuerung der in den Wirtschaftsgütern des Unternehmens enthaltenen stillen Reserven in der Zukunft. Vielmehr bleiben alle Wirtschaftsgüter weiterhin mit ihrem bisherigen Buchwert steuerverhaftet. Entweder im Betriebsvermögen des Nießbrauchers (aktiver Betrieb) oder im Betriebsvermögen des Erwerbers (ruhender Betrieb). Durch die Anordnung der Buchwertverknüpfung in § 6 Abs. 3 S. 3 EStG ist der Rechtsnachfolger an die Buchwerte des Vorgängers gebunden. Dementsprechend werden auch die beim Vorgänger angehäuften stillen Reserven (erst) im Fall einer Realisation bzw. bei Vorliegen der Voraussetzungen eines Ersatzrealisationstatbestandes vom Rechtsnachfolger aufgedeckt und von diesem versteuert. Die Gefahr eines unversteuerten Untergangs besteht nicht.

c) Keine Zerschlagung der betrieblichen Einheit

Die bisherigen Ausführungen haben gezeigt, dass weder die einheitliche Übertragung aller wesentlichen Betriebsgrundlagen noch die Einstellung der bisherigen Tätigkeit eine system- und zweckgerechte Tatbestandsvoraussetzung des § 6 Abs. 3 EStG darstellt und auch vom Wortlaut nicht zwingend gefordert werden. Stattdessen ist die Buchwertfortführung richtigerweise nur zu versagen, wenn die wirtschaftliche Lebensfähigkeit der entsprechenden Sachgesamtheit so berührt wird, dass es wirtschaftlich zu einer Zerschlagung des Betriebs kommt.[859]

Der Vorbehalt eines Nießbrauchs an einem Einzelunternehmen führt aber nicht zur Zerschlagung des Betriebs. Typischerweise finden unentgeltliche Betriebsübertragungen unter Nießbrauchsvorbehalt im Rahmen vorweggenommener Erbfolge bei Familienunternehmen statt. Der Übertragende möchte die Vermögenssubstanz bereits auf

2019, 211, 212; *Oellerich* in: BeckOK, EStG, § 6 Rn. 2687; *Schindler* in: Kirchhof, EStG, Aufl. 18, § 6 Rn. 195; *Krogoll*, ErbStB 2014, 314, 317; *Spiegelberger*, notar 2017, 419, 421; *Korn*, KÖSDI 2018, 20597, 20598.

858 BFH v. 26.2.1987 – IV R 325/8449, MittBayNot 1988, 48; BFH v. 18.11.2014 – IX R 49/13, DStR 2015, 27, 29; BMF v. 13.1.1993 – IV B 3 – S 2190 – 37/92, BStBl. I 1993, 80 Rn. 10; *Götz/Hülsmann*, Nießbrauch, S. 67 f.; *Weidenkaff* in: Palandt, BGB, § 525 Rn. 7.

859 BFH v. 2.8.2012 – IV R 41/11, DStR 2012, 2118, 2123 Rn. 39; vgl. hierzu oben unter 1. Teil: C. V. 4. e). und unter 3. Teil: A. IV. 1. e).

den Nachfolger übertragen, sich zur eigenen finanziellen Absicherung aber Erträge zurückbehalten und ggf. (noch) für einen gewissen Zeitraum Entscheidungsbefugnisse oder gar die gesamte Unternehmensführung zurückbehalten.[860] Der Nießbrauch bei Betriebsübertragungen führt daher zu einer gleitenden Unternehmensübertragung.

Der Nießbrauch endet kraft Gesetzes spätestens mit dem Tod des Nießbrauchsberechtigten.[861] Das Eigentum an den Wirtschaftsgütern, die im Rahmen des Nießbrauchs zurückbehaltenen Rechte und die Tätigkeit fallen in diesem Zeitpunkt unweigerlich wieder zusammen. Wenn sich Eigentum, Tätigkeit und alle zu dem Unternehmen gehörenden Vermögens- und Verwaltungsrechte aber später in der Hand des Erwerbers wieder vereinigen, ist eine Zerschlagung des Betriebs nicht begründbar.

Die Interessenlage der Parteien untermauert diese These ebenfalls. So wird man dem Übertragenden, der *„sein Unternehmen"* unentgeltlich – in der Regel innerhalb der Familie – überträgt, kaum eine Zerschlagungsabsicht unterstellen können. Vielmehr wird diesem am langfristigen Erhalt und Erfolg des (Familien-)Unternehmens gelegen sein. Anderenfalls würde er den Betrieb oder Teile davon höchstbietend veräußern, statt sie zu verschenken. Spiegelbildlich wird auch das Interesse des Erwerbers dahingehen, die organisatorische Einheit möglichst vollständig zu erhalten, um in der Lage zu sein, diese langfristig erfolgreich fortführen zu können. Gerade im Akt der unentgeltlichen Übertragung verdeutlicht sich die typische strategische Ausrichtung von Familienunternehmen. Statt kurzfristiger Gewinnmaximierung, steht der langfristige und generationenübergreifende Unternehmenserhalt im Vordergrund.[862] Die Motivation der Beteiligten steht einer Zerschlagung also diametral entgegen,

Sollte sich herausstellen, dass der Erwerber das Unternehmen oder Teile davon später doch aufgibt, veräußert oder in das Privatvermögen überführt, ist unbestritten, dass diese Vorgänge im entsprechenden Zeitpunkt – systemgerecht – zur Aufdeckung stiller Reserven führen. Für eine vorherige Besteuerung stiller Reserven besteht aber weder eine Rechtsgrundlage noch ein Bedürfnis. Wenn Eigentum und Tätigkeit später wieder zusammenfallen, diese Vereinigung von Anfang an geplant und beabsichtigt ist und nicht durch abweichende Vertragsgestaltung gefährdet wird, kann in einem lediglich temporären Auseinanderfallen von Eigentum und Tätigkeit keine Zerschlagung des Unternehmens zu sehen sein.[863]

860 Vgl. zu den Motiven oben unter 2. Teil: A. II.

861 Vgl. zum Erlöschen des Nießbrauchsrechts oben unter 2. Teil: A. IV.

862 *Adenauer* in: FS Binz, S. 9, 10.

863 In diese Richtung scheint aber die Ansicht des X. Senats zu gehen, wenn dieser ausführt, dass eine wirtschaftliche Einheit nicht bestünde solange der Nießbrauch besteht; BFH v. 25.1.2017 – X R 59/14, ZEV 2017, 471, 474 Rn. 47.

Schließlich ist zu beachten, dass der Betrieb als solcher selbst während der Nießbrauchsphase unverändert fortgeführt wird. Tätigkeit und Wirtschaftsgüter sind also durchaus weiterhin miteinander verknüpft. Geändert haben sich nur die Eigentumsverhältnisse.[864] Selbst während der Nießbrauchsphase besteht also eine intakte betriebliche Sachgesamtheit, bei der lediglich Eigentum und Tätigkeit für einen begrenzten Zeitraum auseinanderfallen.

d) Erwerb einer Unternehmerstellung

Im ersten Teil dieser Arbeit wurde dargelegt, dass der Erwerb einer Unternehmerstellung des Betriebs-Empfängers notwendige Tatbestandsvoraussetzung des § 6 Abs. 3 EStG ist, da dieser ansonsten keinen Betrieb im steuerlichen Sinne erwirbt.[865] Zu prüfen ist daher, ob der Erwerber eines unter Nießbrauchsvorbehalt übertragenen Einzelunternehmens Unternehmerrisiko trägt und Unternehmerinitiative entfalten kann.

Ein Unternehmerrisiko des Erwerbers lässt sich trotz des vorbehaltenen Nießbrauchs bejahen. Denn die Ausführungen haben gezeigt, dass dem Nießbraucher lediglich der sogenannte Reingewinn zusteht.[866] Das Anlagevermögen sowie außergewöhnliche Gewinnrealisierungen oder Wertminderungen treffen den Eigentümer und damit den Erwerber, welcher demzufolge ein eigenes Unternehmerrisiko trägt.

Problematisch ist allerdings die Möglichkeit zur Entfaltung von Unternehmerinitiative. Insoweit wurde aufgezeigt, dass ein Nießbrauchsrecht an einem Einzelunternehmen zu einem Übergang der Unternehmensträgerschaft auf den Nießbraucher führt, der dieses wie ein eigenes führt.[867] Dem Eigentümer stehen während der Nießbrauchszeit also keine Entscheidungsbefugnisse zu. Aus diesem Grund mangelt es bei einem Nießbrauch nach gesetzlichem Leitbild an der Unternehmerinitiative des Eigentümers. Die Anwendbarkeit des § 6 Abs. 3 EStG könnte also daran scheitern, dass der Erwerber eines unter Nießbrauchsvorbehalts übertragenen Einzelunternehmens keine Unternehmerstellung erlangt.

Allerdings ist von der Erforderlichkeit einer Unternehmerstellung dann eine Ausnahme zu machen, wenn die Voraussetzungen einer Betriebsunterbrechung bzw. Betriebsverpachtung im Ganzen vorliegen.[868] Denn es ist – soweit ersichtlich – unbestritten, dass auch die Übertragung eines im Ganzen verpachteten, noch nicht aufgegebenen Betriebs

864 *Gosch*, StBp 1993, 20.
865 Vgl. hierzu oben unter 1. Teil: C. VI.
866 Vgl. hierzu oben unter 2. Teil: B. III.
867 Vgl. hierzu oben unter 2. Teil: B. V.
868 In diese Richtung auch *Strahl* in: Korn, EStG, § 6 Rn. 474.3.3.

einkunftsartenunabhängig unter § 6 Abs. 3 EStG fällt.[869] In diesen Fällen kann der Erwerber aber gar keine Unternehmerstellung erhalten, da selbst der Übertragende über eine solche nicht verfügt. Der Betrieb ist vielmehr an einen Dritten verpachtet und allein dieser übt während der Dauer des Pachtverhältnisses Unternehmerinitiative aus. Es genügt die bloße Möglichkeit, dass der Erwerber oder ggf. sogar erst dessen unentgeltlicher Rechtsnachfolger nach Beendigung des Pachtverhältnisses die Tätigkeit fortführt.[870]

Diese steuerlichen Grundsätze der Unternehmenspacht müssen auch auf die Fälle eines Unternehmensnießbrauchs Anwendung finden.[871] Denn die Stellung des Nießbrauchers an einem Einzelunternehmen ist im gesetzlichen Regelfall mit derjenigen eines Unternehmenspächters vergleichbar.[872] Sowohl die Unternehmenspacht als obligatorisches Nutzungsrecht als auch der Unternehmensnießbrauch als dingliches Nutzungsrecht haben eine Trennung von Substanz und Ertrag bzw. die Verlagerung der Einkunftsquelle ohne Substanzübertragung zur Folge.[873] Die Unternehmensträgerschaft geht in beiden Fällen für die Dauer des Pacht- bzw. Nießbrauchsverhältnisses auf den Pächter/Nießbraucher über und fällt danach zurück an den Eigentümer.[874] Daher ist auch der Unternehmenspächter, der das Unternehmen im eigenen Namen und auf eigene Rechnung führt, vom Verpächter in den Tätigkeitsbereich einzuführen.[875]

Während das Umlaufvermögen in der Regel auf den Pächter/Nießbraucher übergeht, verbleibt das Anlagevermögen in beiden Fällen im Eigentum des Verpächters/Nießbrauchsbestellers.[876] Dennoch steht dem Unternehmenspächter wie dem Unternehmensnießbraucher – eine Verfügungsbefugnis über Wirtschaftsgüter des Anlagevermö-

869 BFH v. 3.8.1966 – IV 380/62, BStBl. III 1967, 47; BFH v. 26.7.2006 – X R 10/05, DStRE 269 BFH v. 6.4.2016 – X R 52/13, DStR 2016, 1591; BFH v. 25.1.2017 – X R 59/14, ZEV 2017, 471; *Ehmcke* in: Blümich, EStG, § 6 Rn. 1222.

870 Vgl. BFH v. 26.7.2006 – X R 10/05, DStRE 269; danach hindert die Verpachtung eines ererbten Apothekenbetriebs selbst dann nicht die Anwendung des § 6 Abs. 3 EStG, wenn feststeht, dass die Erben mangels Approbation den Betrieb auch nach der Verpachtung nicht selbst fortführen können. Denn der Verpächter muss die Betriebsfortführung nicht in eigener Person planen. Es genügt, wenn eine theoretische Möglichkeit verbleibt, dass der eingestellte Betrieb von einem unentgeltlichen Rechtsnachfolger wieder aufgenommen wird.

871 Vgl. *Walter*, BB 1983, 1151, 1154; *Janssen/Nickel*, Unternehmensnießbrauch, S. 76; *Götz/Hülsmann*, Nießbrauch, S. 268; *Spiegelberger*, notar 2017, 419; 420; *Korn*, DStR 1999, 1461, 1469 f.; *Paus*, BB 1990, 1675.

872 *Schmidt*, Handelsrecht, § 5 III Rn. 58; *Frank*, DNotZ 2002, 217, 221; *Paus*, BB 1990, 1675; *Wacker* in: Schmidt, EStG, § 16 Rn. 702; *Tiedtke/Wälzholz*, DStR 1999, 217, 222.

873 *Spiegelberger*, Unternehmensnachfolge, § 4 Rn. 12.

874 *Schmidt*, Handelsrecht, § 3 IV Rn. 48 und § 5 III Rn. 58; vgl. zur Unternehmensträgerschaft beim Nießbrauch oben unter 2. Teil: B. V.

875 *Vossler* in: Oetker, HGB, Anh. Zu §§ 25–28 Rn. 56; *Schmidt*, Handelsrecht, § 5 III Rn. 53.

876 *Schmidt*, Handelsrecht, § 5 III Rn. 52 und 59; *Korn*, DStR 1999, 1461, 1469 f.; vgl. hierzu insbesondere oben unter 2. Teil: B. III2. Teil: B. II.

gens zu, deren Grenze in einer ordnungsgemäßen Wirtschaft liegt.[877] Weiterhin steht dem Pächter für die Dauer des Pachtvertrages der abschöpfbare Betriebsgewinn zu, der zu den Früchten i. S. d. § 99 Abs. 2 BGB gehört.[878] Auch hier ist der dem Pächter zustehende Gewinn also auf den bestimmungsgemäßen Ertrag begrenzt (§ 99 Abs. 2 BGB).[879] Schließlich entspricht die Außenhaftung des Pächters derjenigen des Nießbrauchers. § 25 HGB ist in beiden Fällen anwendbar.[880] Soweit der Pächter die Firma fortführt, haftet er neben den von ihm selbst eingegangenen Verbindlichkeiten, also auch für solche des Verpächters. Im Hinblick auf die Firmenfortführung stellt § 22 Abs. 2 HGB den Unternehmensnießbrauch ebenfalls einer Unternehmenspacht gleich.

Demnach ist die Stellung von Unternehmensnießbraucher und Unternehmenspächter in wesentlichen Bereichen vergleichbar. Berechtigterweise wird der Nießbrauch am Einzelunternehmen, soweit er dem gesetzlichen Leitbild entspricht, daher auch als verdinglichte Form der Unternehmenspacht bezeichnet.[881] Ob es sich um einen Vorbehalts- oder einen Zuwendungsnießbrauch handelt, ist dabei unerheblich, da die Stellung der Beteiligten in beiden Fällen identisch ist.[882]

Im Ergebnis sind die Grundsätze der Unternehmenspacht daher einkunftsartenunabhängig auf Betriebsübertragungen unter Nießbrauchsvorbehalt anzuwenden.[883] Aus diesem Grund ist ausnahmsweise vom Erwerb einer Unternehmerstellung abzusehen. Solange die Betriebsaufgabe nicht ausdrücklich erklärt wird, genügt – wie bei Betriebsverpachtungen – die theoretische Möglichkeit der Fortführung der Tätigkeit durch den Erwerber in der Zukunft.

3. Zwischenergebnis

Im Ergebnis muss die Übertragung eines Einzelunternehmens unter Vorbehalt eines Nießbrauchs nach gesetzlichem Leitbild ertragsteuerneutral unter Anwendung des § 6 Abs. 3 EStG zum Buchwert erfolgen.

877 Dies ergibt sich aus einer analogen Anwendung des § 582 a Abs. 1 S. 2 BGB; *Harke* in: MüKo, BGB, § 582a Rn. 1 und 4; *Weidenkaff* in: Palandt, BGB, § 582 a Rn. 1 ff.; *Schaub* in: Staudinger, BGB, § 582 a Rn. 4; *Schmidt*, Handelsrecht, § 5 III Rn. 52; vgl. zum Nießbrauch oben unter2. Teil: B. II.

878 *Harke* in: MüKo, BGB, § 581 Rn. 6.

879 Vgl. diesbezüglich zum Nießbrauch oben unter2. Teil: B. III.

880 *Schlinker* in: BeckOK, BGB, § 581 Rn. 12.

881 *Schmidt*, Handelsrecht, § 5 III Rn. 58; *Spiegelberger*, Unternehmensnachfolge, § 4 Rn. 12; *Hübner/Friz*, DStR 2017, 2353, 2355.

882 *Hübner/Friz*, DStR 2017, 2353, 2356.

883 *Spiegelberger*, notar 2017, 419; 420; *Götz/Hülsmann*, Nießbrauch, S. 268; *Korn*, KÖSDI 2018, 20597, 20599; ders. DStR 1999, 1461, 1469 f. *Wendt*, FR 2017, 1055, 1061; *Biergans*, DStR 1985, 327, 329 f.; *Paus*, BB 1990, 1675; *Heinze* in: Staudinger, BGB, Anh. zu §§ 1068 f. Rn. 45; *Janssen/Nickel*, Unternehmensnießbrauch, S. 76; *Kepper*, NZG 2019, 211, 213.

Das Erfordernis einer Tätigkeitseinstellung des Übertragenden ist genauso abzulehnen wie die einheitliche Übertragung aller wesentlichen Betriebsgrundlagen.[884] Denn weder der Zurückbehalt wesentlicher Betriebsgrundlagen, noch die Fortführung der Tätigkeit des Übertragenden im Rahmen eines vorbehaltenen Nießbrauchs führen pauschal zu einer Zerschlagung des Betriebs. Wenn der Erwerber eine (ggf. verkleinerte) funktionsfähige Sachgesamtheit erhält, ist ein Besteuerungstatbestand auch bei vorbehaltenem Nießbrauchsrecht nicht erfüllt. Sowohl der Betriebsaufgabe- als auch der Entnahmetatbestand weisen eine Endgültigkeitskomponente auf. Ein vorbehaltener Unternehmensnießbrauch führt hingegen nicht zu einer dauerhaften Abspaltung von Wirtschaftsgütern oder Rechten, sondern begründet lediglich eine temporäre Duldungsverpflichtung.[885]

Statt einer Tätigkeitseinstellung des Übertragenden ergibt sich aus der tätigkeitsbezogenen Auslegung des Betriebsbegriffs die Notwendigkeit des Erwerbs einer Unternehmerstellung des Betriebsempfängers. Gegenstand der Betrachtung ist also nicht der Übertragende sondern der Empfänger.[886] Dieser muss eine funktionsfähige Sachgesamtheit erhalten und aufgrund der tätigkeitsbezogenen Auslegung über Unternehmerrisiko und die Möglichkeit zur Entfaltung von Unternehmerinitiative verfügen. Anderenfalls wird auf ihn kein Betrieb übertragen.

Da der Nießbrauch an einem Einzelunternehmen zutreffenderweise als verdinglichte Unternehmenspacht bezeichnet wird und es im Ergebnis nicht darauf ankommen kann, ob der Nießbrauch vorbehalten oder einem Dritten zugewendet wird, sind die Betriebsverpachtungsgrundsätze auf Nießbrauchskonstellationen übertragbar. Daraus ergibt sich, dass bei der Übertragung von Einzelunternehmen unter Nießbrauchsvorbehalt auf den Erwerb einer Unternehmerstellung des Empfängers ausnahmsweise – wie bei Betriebsverpachtungen – verzichtet werden kann. Im Ergebnis muss daher die langjährige Rechtsprechung des IV. Senats zum Nießbrauch an land- und forstwirtschaftlichen Betrieben auf alle Gewinneinkunftsarten Anwendung finden.[887] Danach entstehen im Rahmen der Übertragung unter Nießbrauchsvorbehalt zeitweise zwei Betriebe, die sich später wiedervereinigen. Es liegt weder eine Entnahme noch eine Betriebsaufgabe vor. Der betriebliche Organismus besteht insgesamt fort und § 6 Abs. 3 EStG findet Anwendung.

884 Vgl. zum Erfordernis der einheitlichen Übertragung oben unter 1. Teil: C. V. und zum Erfordernis der Tätigkeitseinstellung unter 3. Teil: A. IV. 1.

885 Vgl. zur Rechtsnatur oben unter 2. Teil: A. I.

886 So im Hinblick auf den einheitlichen Übertragungsvorgang im Ergebnis auch *Danz*, FR 2018, 703, 707 f.

887 Vgl. hierzu oben unter 3. Teil: A. I. 1.

Dieses Ergebnis steht im Einklang mit der Historie der Vorschrift, der Systematik sowie deren Sinn und Zweck. Vor allem unterliegt gleiche Leistungsfähigkeit gleicher Besteuerung. Zudem wird die Existenz betrieblicher Einheiten nicht durch Liquiditätsentzug ohne gegenüberstehenden Mittelzufluss gefährdet. Vielmehr wird der gesetzgeberischen Grundentscheidung Rechnung getragen, wonach eine Besteuerung von Wertzuwächsen (erst) im Zeitpunkt ihrer Realisation erfolgt, soweit nicht vorher ein Verlust stiller Reserven droht. Da ein solcher Verlust nicht zu befürchten ist, besteht kein Bedürfnis für eine Ausdehnung der Ersatzrealisationstatbestände bzw. eine Einengung des Anwendungsbereichs des § 6 Abs. 3 EStG und eine Besteuerung im Übertragungszeitpunkt. Eine gleitende Generationennachfolge unter Vorbehalt eines Nießbrauchs am Einzelunternehmen ist daher ohne ertragsteuerliche Relevanz.[888]

V. Besonderheit eines reinen Ertragsnießbrauch

Beschränkt sich das vorbehaltene Nießbrauchsrecht des Schenkers entgegen dem gesetzlichen Leitbild allein auf die Erträge des Unternehmens, stellt sich die Problematik der Einstellung der bisherigen Tätigkeit des Übergebers nicht. Denn der Vorbehalts-Ertragsnießbraucher übt – anders als beim Nießbrauch nach gesetzlichem Leitbild – keine unternehmerische Tätigkeit mehr aus, sondern stellt diese im Rahmen der Übertragung ein. Ihm steht in der Folge lediglich ein Anspruch auf (Teil-)Erträge des Unternehmens zu. Er führt das Unternehmen also nicht mehr selbst und erzielt daher auch keine gewerblichen Einkünfte mehr.[889] Selbst wenn man – entgegen der hier vertretenen Ansicht – dem IV. Senat zum Erfordernis der Tätigkeitseinstellung im Rahmen des § 6 Abs. 3 EStG folgen sollte, wäre diese Voraussetzung bei der Vereinbarung eines bloßen Ertragsnießbrauchs also erfüllt.[890] Denn nur der Erwerber verfügt nach der Übertragung über eine Unternehmerstellung.

Fraglich könnte allerdings sein, ob die Übertragung eines Unternehmens unter Vorbehalt eines bloßen Ertragsnießbrauchs unentgeltlich i. S. d. § 6 Abs. 3 EStG erfolgt. Grundsätzlich ist in Rechtsprechung, Finanzverwaltung und Literatur anerkannt, dass der Vorbehalt eines Nießbrauchs keine Gegenleistung für die Übertragung des belasteten Gegenstands darstellt und die Übertragung daher trotz Nießbrauchsvorbehalt unentgeltlich erfolgt.[891] Teilweise wird allerdings vertreten, dass ein Nießbrauchsvorbehalt ausnahmsweise dann zur Entgeltlichkeit einer Übertragung führe, wenn der Nießbrauch auf die Erträge beschränkt ist und nicht gleichzeitig die Voraussetzungen einer

888 *Wendt*, FR 2017, 1055, 1061; *Messner*, MittBayNot 2018, 1, 2.
889 *Von Sothen* in: MAH, Erbrecht, § 36 Rn. 296.
890 Ebenso *El Mourabit*, ZEV 2016, 14, 17; *Kepper*, NZG 2019, 211, 216.
891 Vgl. zur Unentgeltlichkeit bei Vorbehaltsnießbrauch unter 3. Teil: A. IV. 2. a).

Versorgungsleistung nach § 10 Abs. 1a Nr. 2 EStG erfüllt sind.[892] Diese Ansicht stützt sich auf ein Urteil des IV. Senats vom 6.5.2010.[893]

Dort hatte der IV. Senat den Vorbehalt eines Ertragsnießbrauchs als gewinnabhängiges Entgelt für die Übertragung eines Kommanditanteils eingestuft.[894] Zu berücksichtigen ist jedoch, dass es im Rahmen dieser Ausführungen gar nicht um die Voraussetzungen des § 6 Abs. 3 EStG bzw. dessen Vorgängervorschrift des § 7 Abs. 1 EStDV ging, sondern um die Höhe des anzusetzenden Entnahmegewinns. Die Buchwertfortführung hatte der IV. Senat nämlich ausdrücklich bereits deshalb versagt, weil eine wesentliche Betriebsgrundlage des Sonderbetriebsvermögens nicht mitübertragen wurde. Entsprechend der gefestigten Rechtsprechung des Bundesfinanzhofs – aber entgegen der hier vertretenen Ansicht – fehlte es daher bereits an dem für die Anwendbarkeit der Buchwertfortführung notwendigen einheitlichen Übertragungsvorgang.[895]

Erst im Hinblick auf die Ermittlung des anzusetzenden Entnahmegewinns führte der IV. Senat aus, dass ein solcher (teilweise) durch den vorrangigen Tatbestand der Veräußerung verdrängt werde.[896] Daraus lässt sich ableiten, dass sich die Ausführungen des IV. Senats nicht auf die Voraussetzungen des § 7 Abs. 1 EStDV beziehen, sondern ausschließlich auf die Frage der Gewinnermittlung in Folge der Nichtanwendbarkeit der Buchwertfortführung.[897] Anderenfalls hätte der IV. Senat die Anwendbarkeit der Vorschrift ganz einfach damit abgelehnt, dass es an einer unentgeltlichen Übertragung fehle, anstatt ausführlich auf die Einheitlichkeit der Übertragung einzugehen. In jedem Fall hätte er dieses Argument aber als zusätzlichen Punkt aufgegriffen.[898]

Dieses Ergebnis wird durch die – vom IV. Senat in dem Urteil ebenfalls vorgenommene – Berücksichtigung der anteilig übernommenen Verbindlichkeiten als Teil des Veräußerungserlöses bestätigt.[899] Denn für die Frage der Anwendbarkeit der Buchwertfortführung käme es hierauf nicht an, da übernommene Schulden im Hinblick auf § 6 Abs. 3 EStG gerade nicht als Entgelt betrachtet werden.[900] Ginge es bei diesen Ausführungen des IV. Senats also um die Anwendbarkeit der Buchwertfortführung und konkret um die Tatbestandsvoraussetzung *„Unentgeltlichkeit"*, hätten die übernommenen Verbindlichkeiten keine Berücksichtigung gefunden. Hierfür spricht auch, dass das FG

892 *Wälzholz*, DStR 2010, 1930, 1931.
893 BFH v. 6.5.2010 – IV R 52/08, DStR 2010, 1374.
894 BFH v. 6.5.2010 – IV R 52/08, DStR 2010, 1374, 1378.
895 Vgl. zum einheitlichen Übertragungsvorgang ausführlich unter 1. Teil: C. V.
896 BFH v. 6.5.2010 – IV R 52/08, DStR 2010, 1374, 1377.
897 *Krogoll*, ErbStB 2014, 314, 317.
898 *Krogoll*, ErbStB 2014, 314, 317.
899 *Krogoll*, ErbStB 2014, 314, 317.
900 Vgl. zur Unentgeltlichkeit trotz Übernahme von Passiva unter 1. Teil: C. III.

Münster in einem späteren Fall die Vorschrift des § 6 Abs. 3 EStG auf die Übertragung eines Kommanditanteils unter Vorbehalt eines reinen Ertragsnießbrauchs angewendet hat, ohne dabei die Unentgeltlichkeit zu problematisieren oder das Urteil des Bundesfinanzhofs v. 6.5.2010 in diesem Zusammenhang überhaupt nur zu erwähnen.[901]

Schließlich sprechen auch die grundsätzlich für die Abgrenzung zur Entgeltlichkeit herangezogenen Kriterien für eine Unentgeltlichkeit von Betriebsübertragungen unter Vorbehalt eines Ertragsnießbrauchs.[902] Denn Übertragung der Sachgesamtheit und Vorbehalt eines Ertragsnießbrauchs beruhen im Rahmen vorweggenommener Erbfolge schon deshalb nicht auf kaufmännisch abgewogener Leistung und Gegenleistung, weil der Erwerber hierauf keinen Einfluss hat.[903] Es fehlt an der für entgeltliche Verträge üblichen Verhandlungssituation.[904] Ausschlaggebend ist im Regelfall vielmehr ein einseitiger Willensentschluss des Übertragenden, der eine nahe stehende Person auf seine Kosten bereichern will und sich zur eigenen finanziellen Absicherung die Erträge vorbehält. Insbesondere bei der Übertragung von Betrieben und Gesellschaftsanteilen von Eltern auf Kinder gegen wiederkehrende Leistungen besteht daher eine Vermutung, dass Leistung und Gegenleistung nicht wie unter Fremden nach kaufmännischen Gesichtspunkten abgewogen werden, sondern familiäre Gründe und Schenkungscharakter im Vordergrund stehen.[905]

Zudem gilt auch bei Vereinbarung eines Ertragsnießbrauchs, dass der Erwerber von vornherein nur belastetes Vermögen erhält.[906] Die Erträge standen dem Erwerber auch vor der Übertragung nicht zu und können daher auch nach der Übertragung nicht als dessen Gegenleistung betrachtet werden.[907] Weder kann oder konnte er über diese disponieren, noch schuldet er sie persönlich, denn er hat sie nur an den Übertragenden auszukehren soweit sie auch tatsächlich entstehen.[908] Entsprechend hat auch die Verpflichtung zur Beteiligung des Übergebers am Gewinn der Sachgesamtheit – was wirtschaftlich einem Ertragsnießbrauch entspricht – keinen Entgeltcharakter.[909]

901 FG Münster v. 24.6.2014 – 3 K 3886/12 F, BB 2014, 2416, *Wacker* in: Schmidt, EStG, § 16 Rn. 71.
902 Vgl. zur Unentgeltlichkeit i. S. d. § 6 Abs. 3 EStG oben unter 1. Teil: C. III.
903 So auch *Korn*, KÖSDI 2018, 20597, 20606.
904 *Bodden*, ZEV 1997, 405, 407.
905 BFH v. 29.1.1992 – X R 193/87, DStR 1992, 646; BFH v. 10.3.1998 – VIII R 76–96, DStR 1998, 1253, 1255; BFH v. 1.3.2018 – IV R 16/15, DStR 2018, 1362, 1363; *Geissler* in: H/H/R, EStG, § 16 Rn. 73.
906 *Krogoll*, ErbStB 2014, 314, 317; *Strahl* in: Korn, EStG, § 6 Rn. 474.3.3.
907 *El Mourabit*, ZEV 2016, 14, 18.
908 *Strahl* in: Korn, EStG, § 6 Rn. 474.3.3.
909 *Schulze zur Wiesche*, WPg 1993, 593, 596; *Wacker* in: Schmidt, EStG, § 16 Rn. 71; *Geissler* in: H/H/R, EStG, § 16 Rn. 63; *Gratz/Uhl-Ludäscher* in: H/H/R, EStG, § 6 Rn. 1233.

Im Ergebnis hat es daher keinen Einfluss auf die Unentgeltlichkeit der Übertragung, ob der Übertragende sich einen Vollnießbrauch oder bloßen Ertragsnießbrauch vorbehält. In beiden Fällen handelt es sich lediglich um eine geminderte Vermögensübertragung ohne Gegenleistung. Die weiteren Voraussetzungen der Buchwertfortführung sind – aus den gleichen Gründen wie beim Vollnießbrauch[910] – erfüllt. Damit sind die Buchwerte auch bei einer Betriebsübertragung unter Vorbehalt eines reinen Ertragsnießbrauchs unter Anwendung des § 6 Abs. 3 EStG fortzuführen.[911]

VI. Nießbrauch am Einzelwirtschaftsgut

Bei der Übertragung eines Einzelunternehmens im Rahmen der vorweggenommenen Erbfolge wird der Nießbrauch in der Praxis häufig nicht an dem Betrieb als solchem, sondern an einem Einzelwirtschaftsgut des Betriebsvermögens (i. d. R. an einem Grundstück) bestellt. Hierdurch werden einerseits rechtliche und tatsächliche Schwierigkeiten bei der Bestellung des Nießbrauchs am Unternehmen als solchem vermieden.[912] Andererseits soll der – jedenfalls nach Ansicht der Finanzverwaltung für § 6 Abs. 3 EStG erforderliche – einheitliche Übertragungsvorgang durch eine Nießbrauchsbestellung an einem Einzelwirtschaftsgut weniger gefährdet sein als durch ein Zurückbehalt des Einzelwirtschaftsguts.[913]

Richtigerweise hindert der Vorbehalt eines Nießbrauchs an einem Einzelwirtschaftsgut des Betriebsvermögens die Buchwertfortführung im Hinblick auf das übertragene Einzelunternehmen nicht.[914] Folgt man der hier vertretenen Ansicht und hält eine einheitliche Übertragung aller wesentlichen Betriebsgrundlagen sowie eine Einstellung der bisherigen Tätigkeit des Übertragenden für die Anwendung des § 6 Abs. 3 EStG für entbehrlich, ergibt sich dies bereits aus einem a maiore ad minus Argument. Wenn schon der Zurückbehalt einer wesentliche Betriebsgrundlage für die Buchwertfortführung unschädlich ist, muss dies erst Recht gelten, wenn die Betriebsgrundlage mitübertragen wird und lediglich ein Nießbrauchsrecht daran zurückbehalten wird.

Hält man – entgegen der hier vertretenen Ansicht – eine einheitliche Übertragung aller wesentlichen Betriebsgrundlagen und eine Einstellung der bisherigen Tätigkeit des

910 Vgl. hierzu oben unter 3. Teil: A. IV. 2.

911 Im Ergebnis ebenso: FG Münster v. 24.6.2014 – 3 K 3886/12 F, BB 2014, 2416; *Krogoll*, ErbStB 2014, 314, 317 f.; El Nourabit, ZEV 2016, 14, 17 f.; Kepper, NZG 2019, 211, 216 Fn. 75; *von Sothen* in: MAH, Erbrecht, § 36 Rn. 296; *Schulze zur Wiesche*, StBp 2017, 273, 276; a. A. *Wälzholz*, DStR 2010, 1930, 1931.

912 Vgl. hierzu oben unter 2. Teil: B. I.

913 *Korn*, KÖSDI 2018, 20597, 20607; vgl. zum Erfordernis eines einheitlichen Übertragungsvorgangs ausführlich oben unter 1. Teil: C. V.

914 So auch *Lederle/Wanner*, DStR 2015, 2270, 2272; *Götz/Hülsmann*, Nießbrauch, S. 249, Rn. 1006.

Übertragenden für erforderlich, sind die Buchwerte ebenfalls fortzuführen. Denn der Vorbehalt eines Nießbrauchsrechts an einem Einzelwirtschaftsgut steht weder einer einheitlichen Übertragung aller wesentlichen Betriebsgrundlagen, noch einer Einstellung der Tätigkeit des Übertragenden entgegen.

Der Einzelwirtschaftsgutnießbraucher verfügt im Vergleich zum Unternehmensnießbraucher über einen reduzierten Ermessensspielraum und kann über die einzelne Sache nicht wie über eigenes Vermögen verfügen.[915] Insbesondere hat er die bisherige wirtschaftliche Bestimmung der einzelnen Sache aufrechtzuerhalten und nach den Regeln einer ordnungsgemäßen Wirtschaft zu verfahren (§ 1036 BGB). Zudem fällt das Nutzungsrecht mit Beendigung des Nießbrauchs automatisch an den Eigentümer zurück.[916] Der Nießbraucher kann den Eigentümer daher in der Regel nicht für die gewöhnliche Nutzungsdauer des Wirtschaftsguts aus seiner Position verdrängen.[917] Folglich führt der Vorbehalt eines Nießbrauchs an einem Einzelwirtschaftsgut in der Regel nicht dazu, dass der Übertragende wirtschaftliches Eigentum an dem Vorbehalts-WG zurückbehält.[918] Schließlich spricht hierfür auch die Rechtsnatur des Nießbrauchs, wonach es nicht zu einer Zersplitterung des Eigentums kommt, sondern der Eigentümer lediglich zeitweise die Nutzung durch den Nießbraucher zu dulden hat (Duldungstheorie).[919] Aus diesem Grund gehen auch das belastete Wirtschaftsgut und damit der Betrieb im Ganzen auf den Erwerber über.

Darüber hinaus hindert der Vorbehaltsnießbrauch am Einzelwirtschaftsgut grundsätzlich nicht die Einstellung der bisherigen Tätigkeit des Übertragenden. Denn der Übertragende eines Einzelunternehmens im Ganzen führt nicht deshalb seine bisherige betriebliche Tätigkeit fort, weil er sich ein Nießbrauchsrecht an einem einzelnen Wirtschaftsgut vorbehält. In der Regel wird es sich um ein Grundstück handeln, welches im Rahmen des Nießbrauchsvorbehalts vermietet wird. In dieser Vermietungstätigkeit liegt aber grundsätzlich keine Fortsetzung der bisherigen unternehmerischen Tätigkeit des Übertragenden.[920]

915 Selbst der erweiterte Ermessenspielraum des Unternehmensnießbrauchers führt schon nicht zu einem Übergang des wirtschaftlichen Eigentums, vgl. hierzu oben unter 3. Teil: A. IV. 2. a).

916 Vgl. Hierzu oben unter 2. Teil: A. I.

917 dazu ausführlich *Bodden*, ZEV 1997, 405, 406.

918 BFH v. 12.4.1989 – I R 105/85, BStBl. II 1989, 653; *Bodden*, ZEV 1997, 405, 406; *Gratz/Uhl-Ludäscher* in: H/H/R, EStG, § 6 Rn. 1206 f.; *Prinz* in: Bordewin/Brandt, EStG, § 6 Rn. 832.

919 Vgl. hierzu oben unter 2. Teil: A. I.

920 *Korn*, KÖSDI 2018, 20597, 20607; das Urteil des BFH v. 25.1.2017 – X R 59/14 betraf zwar ebenfalls eine Nießbrauchsbestellung an einem Betriebsgrundstück. Es ist insoweit allerdings nicht verallgemeinerungsfähig, da es eine Sonderkonstellation betraf, bei welcher der Nießbrauch an der einzigen wesentlichen Betriebsgrundlage eines bereits verpachteten Betriebs bestellt wurde. Aus diesem Grund war die Konstellation wie ein Nießbrauch am Betrieb als solchem zu behandeln; vgl. dazu auch oben unter 3. Teil: A. I. 2.

Schließlich führt der Nießbrauchsvorbehalt an einem Einzelwirtschaftsgut nicht zwangsläufig zu einer Entnahme des belasteten Wirtschaftsguts.[921] Eine solche ließe sich allenfalls annehmen, wenn der Nießbraucher das Wirtschaftsgut nicht mehr dem Betrieb überlässt, sondern selbst nutzt oder an einen Dritten vermietet.[922] Jedenfalls solange das Einzelwirtschaftsgut durch den Nießbraucher an den Betriebserwerber (und wirtschaftlichen Eigentümer des Einzelwirtschaftsguts) zurückvermietet wird, bleibt der betriebliche Funktionszusammenhang bestehen.[923] Denn das Wirtschaftsgut ist weiterhin dem Betriebsinhaber zuzurechnen und wird für betriebliche Zwecke genutzt.[924] Selbst wenn man notwendiges Betriebsvermögen verneint, bliebe also eine Fortführung des Wirtschaftsguts als gewillkürtes Betriebsvermögen möglich, weil dieses weiterhin für den Betrieb förderlich ist.[925]

Im Ergebnis sind die Buchwerte unter Anwendung des § 6 Abs. 3 EStG grundsätzlich auch dann fortzuführen, wenn ein Betrieb unter Vorbehalt eines Nießbrauchs an einem Einzelwirtschaftsgut übertragen wird.

B. Übertragung von Mitunternehmeranteilen

Es ist nun auf die Übertragung von Mitunternehmeranteilen unter Vorbehalt eines Nießbrauchs einzugehen. Dabei sollen ebenfalls zunächst die Ansichten in Rechtsprechung und Literatur dargestellt werden,[926] bevor unter Berücksichtigung der bisherigen Erkenntnisse Stellung bezogen wird. In diesem Rahmen ist auch auf die jüngere Diskussion zur Zulässigkeit einer doppelten Mitunternehmerstellung von Gesellschafter und Nießbraucher einzugehen. Schließlich sollen die Auswirkungen der individualvertraglichen Verteilung von Verwaltungs- und Vermögensrechten auf die jeweilige Mitunternehmerstellung der Beteiligten untersucht werden.

921 FG Hessen v. 4.7.1980 – I 159/78, BeckRS 1980, 03604; *Schmidt*, FR 1988, 132, 133; *Korn* in: FS Spiegelberger, 309, 319; *Götz/Hülsmann*, Nießbrauch, S. 249 Rn. 1006; *Lederle/Wanner*, DStR 2015, 2270, 2272; *Gratz/Uhl-Ludäscher* in: H/H/R, EStG, § 6 Rn. 1207; a.A. *Winkeljohann*, DStR 1985, 227, 231.

922 *Wüllenkemper*, FR 1991, 101, 102; *Gratz/Uhl-Ludäscher* in: H/H/R, EStG, § 6 Rn. 1207; a.A. *Winkeljohann*, DStR 1985; 227, 231.

923 FG Münster v. 24.6.2014 – 3 K 3886/12 F, ZEV 2014, 687, 688.

924 *Wüllenkemper*, FR 1991, 101, 102.

925 *Korn* in: FS Spiegelberger, 309, 319; *ders.*, DStR 1999, 1461, 1469.

926 Die Finanzverwaltung hat sich erstmalig mit BMF Schreiben vom 20.11.2019 zu dieser Frage geäußert und (ohne weitere Begründung) ein vorbehaltenes Nießbrauchsrecht bei der unentgeltlichen Übertragung eines Mitunternehmeranteils für die Anwendbarkeit des § 6 Abs. 3 EStG für unschädlich erklärt. Vgl. BMF v. 20.11.2019 – IV C 6 – S 2241/15/1003, BStBl. I 2019, 1291 Rn. 7.

I. Ansichten in der Rechtsprechung

Soweit ersichtlich hat sich bislang ausschließlich das FG Münster ausdrücklich mit den Auswirkungen eines Nießbrauchsvorbehalts auf die Buchwertfortführung bei der Übertragung von Mitunternehmeranteilen beschäftigt. Danach hindert ein an Mitunternehmeranteilen und an den Wirtschaftsgütern des Sonderbetriebsvermögens vorbehaltenes Nießbrauchsrecht die Anwendbarkeit der Buchwertfortführung nach § 6 Abs. 3 EStG nicht.[927] Der Sinn und Zweck des § 6 Abs. 3 EStG – Sicherstellung der betrieblichen Kontinuität und Liquidität nach einem Rechtsträgerwechsel und Erleichterung der Generationennachfolge – gebiete es, einen Vorbehaltsnießbrauch im Rahmen der Übertragung von Mitunternehmeranteilen als unschädlich anzusehen.[928] Dieses Urteil erging allerdings vor der richtungsweisenden Entscheidung des Bundesfinanzhofs zum Erfordernis der Tätigkeitseinstellung bei Übertragungen von Einzelunternehmen.[929]

Die gegen dieses Urteil vom FG Münster eingelegte Revision wurde mittlerweile zurückgenommen.[930] Anderweitige Urteile des Bundesfinanzhofs zur Anwendbarkeit des § 6 Abs. 3 EStG bei Übertragungen von Mitunternehmeranteilen unter Nießbrauchsvorbehalt sind – einkunftsartenunabhängig – nicht ersichtlich.[931] Es kann also nur gemutmaßt werden, ob der Bundesfinanzhof die von ihm geforderte Tätigkeitseinstellung des Übertragenden bei Einzelunternehmen auch auf Mitunternehmeranteile erstreckt und die Buchwertfortführung bei Vorbehalt eines Nießbrauchs an dieser (vermeintlichen) Voraussetzung scheitern lassen wird.[932]

II. Ansichten in der Literatur

In der Literatur wurde – jedenfalls bis zum Urteil des Bundesfinanzhofs zu Einzelunternehmen[933] – ganz überwiegend vertreten, dass der Vorbehalt eines Nießbrauchs an einem Mitunternehmeranteil für die Buchwertfortführung nach § 6 Abs. 3 EStG unschäd-

927 FG Münster v. 24.6.2014 – 3 K 3886/12 F, ZEV 2014, 687, 688.

928 FG Münster v. 24.6.2014 – 3 K 3886/12 F, ZEV 2014, 687, 688.

929 Vgl. zu Einzelunternehmen BFH v. 25.1.2017 – X R 59/14, DStR 2017, 1308; oben unter 3. Teil: A. I. 2.

930 BFH IV R 38/14.

931 Der Entscheidung des BFH v. 6.5.2010 – IV R 52/08, DStR 2010, 1274 lag zwar ein Vorbehaltsnießbrauch am Gewinnanteil eines KG-Anteils zu Grunde. Der BFH versagte die Buchwertfortführung aber bereits deshalb, weil eine funktional wesentliche Betriebsgrundlage des Sonderbetriebsvermögens nicht mit übertragen wurde und ging auf die Auswirkungen des Nießbrauchsvorbehalts auf die Buchwertfortführung nicht mehr ein.

932 *Kepper*, NZG 2019, 211, 213; vgl. zu den in der Literatur genannten Argumenten dafür und dagegen nachfolgend unter 3. Teil: B. II.

933 BFH v. 25.1.2017 – X R 59/14, DStR 2017, 1308; vgl. hierzu ausführlich oben unter 3. Teil: A. I. 2.

lich sei.[934] An dieser – der Ansicht des FG Münster entsprechenden[935] – Auffassung kamen aufgrund der Rechtsprechung des Bundesfinanzhofs zu Einzelunternehmen in der jüngeren Vergangenheit Zweifel auf.[936] So wird vertreten, dass die tätigkeitsbezogene Betrachtung im Rahmen des § 6 Abs. 3 EStG auch für Mitunternehmeranteile gelte.[937] Die Gleichstellungsthese, wonach Mitunternehmer und Einzelunternehmer möglichst weitgehend gleichzustellen sind,[938] spreche für eine Übertragbarkeit des Urteils auf Mitunternehmeranteile.[939] Dementsprechend würde ein vorbehaltenes Nießbrauchsrecht zur Aufdeckung der dem übertragenen Mitunternehmeranteil zuzurechnenden stillen Reserven führen, weil § 6 Abs. 3 EStG keine Anwendung fände.

Diesem Ergebnis wird von der überwiegenden Zahl der Autoren jedoch (weiterhin) widersprochen.[940] Es könne bei Mitunternehmeranteilen nicht auf die Beendigung der Tätigkeit ankommen.[941] Die Vorschrift des § 6 Abs. 3 EStG sehe mit der Möglichkeit von Teilanteilsübertragungen und der Aufnahme eines Gesellschafters in ein Einzelunternehmen selbst zwei Fälle vor, in denen die Übertragenden ihre Tätigkeit als Mitunternehmer weiter fortsetzen und weiterhin Einkünfte aus der Gesellschaft erzielen.[942] Der Mitunternehmerschaft sei es kraft Definition immanent, dass mehrere Personen gemeinschaftlich Einkünfte erzielen.[943] Zudem werde die gewerbliche Tätigkeit einer Mitunternehmerschaft nicht von den einzelnen Gesellschaftern, sondern von der Personengesellschaft als solcher ausgeübt.[944] Dann sei die Einstellung der gewerblichen Tätigkeit bei der Übertragung von Mitunternehmeranteilen aber von vornherein kein geeignetes Kriterium.[945]

934 *Gratz/Uhl-Ludäscher* in: H/H/R, EStG, § 6 Rn. 1222; *Strahl* in: Korn, EStG, § 6 Rn. 474.3.2; *Korn*, KÖSDI 2018, 20597, 20602; *Dräger*, DB 2017, 2768; *Schindler* in: Kirchhof, EStG, Aufl. 18, § 6 Rn. 193; *Götz*, DStZ 2018, 540, 543.

935 Vgl. hierzu oben unter 3. Teil: B. I.

936 Vgl. *Schulze zur Wiesche*, StBp 2017, 273, 276; *Gluth*, EStB 2017, 403, 406; *Korn*, KÖSDI 2018, 20597, 20602.

937 Ohne weitere Diskussion: *Ehmcke* in: Blümich, EStG, § 6 Rn. 1222 f.

938 *Birk/Desens/Tappe*, Steuerrecht, S. 341, Rn. 1175.

939 Vgl. *Gräfe/Kraft*, ZEV 2017, 471, 477; *Götz*, DStZ 2018, 540, 541; *Messner*, MittBayNot 2018, 1, 3.

940 *Kulosa* in: Schmidt, EStG, § 6 Rn. 646; *Dräger*, DB 2017, 2768, 2769; *Korn*, KÖSDI 2018, 20597, 20602; *Altendorf*, GmbH-StB 2018, 256, 262; *Messner*, MittBayNot 2018, 1, 3; *Götz*, DStZ 2018, 540, 544; Stein, ZEV 2019, 131 ff.

941 *Kulosa* in: Schmidt, EStG, § 6 Rn. 646; *Götz*, DStZ 2018, 540, 543; *Altendorf*, GmbH-StB 2018, 256, 262; a. A. aber ohne Diskussion oder nähere Begründung: *Ehmcke* in: Blümich, EStG, § 6 Rn. 1222 f.

942 *Dräger*, DB 2017, 2768, 2769; *Korn*, KÖSDI 2018, 20597, 20602; *Stein*, ZEV 2019, 131, 133.

943 *Haag* in: Viskorf, Familienunternehmen, S. 382 Rn. 1296.

944 *Messner*, MittBayNot 2018, 1, 3; vgl. auch *Korn*, KÖSDI 2018, 20597, 20602; *Götz*, DStZ 2018, 540, 544.

945 *Messner*, MittBayNot 2018, 1, 3.

Man könne statt der Beendigung der gewerblichen Tätigkeit auch nicht auf die Beendigung der Mitunternehmerstellung abstellen, da diesbezüglich lediglich der Erwerb einer Mitunternehmer-Stellung des Erwerbers erforderlich sei.[946] Wenn schon der Zurückbehalt eines Teils eines Mitunternehmeranteils ausdrücklich in den Anwendungsbereich des § 6 Abs. 3 EStG falle, könne die vollständige Übertragung unter Zurückbehalt von MU-Initiative und –Risiko nicht schädlich sein.[947]

Im Übrigen ist anzunehmen, dass all diejenigen Autoren, die § 6 Abs. 3 EStG bereits bei der Übertragung von Einzelunternehmen unter Nießbrauchsvorbehalt anwenden wollen und daher die jüngere Rechtsprechung des Bundesfinanzhofs zu Einzelunternehmen ablehnen,[948] diese Ansicht auch im Hinblick auf Mitunternehmeranteile vertreten werden. Jedenfalls lässt sich in der Literatur keine Ansicht – und auch kein einzelnes Argument – finden, nach der ein Nießbrauchsvorbehalt an einem Einzelunternehmen für die Anwendbarkeit des § 6 Abs. 3 EStG unschädlich wäre, während gleichzeitig der Vorbehalt eines Nießbrauchs an einem Mitunternehmeranteil schädlich sein soll.

III. Eigene Ansicht und Stellungnahme

Auch im Hinblick auf Mitunternehmeranteile soll untersucht werden, ob die Einstellung der bisherigen Tätigkeit bzw. die Aufgabe der Mitunternehmerstellung eine eigenständige Tatbestandsvoraussetzung im Rahmen des § 6 Abs. 3 EStG darstellt, bevor unter Berücksichtigung der bisherigen Ergebnisse unter die Tatbestandsvoraussetzungen zu subsumieren ist.

1. Erfordernis der Tätigkeitseinstellung

Zunächst ist festzustellen, dass das Tätigkeitseinstellungskriterium bei der Übertragung von Mitunternehmeranteilen nicht so recht passen will. Denn die gewerbliche Tätigkeit wird – im Gegensatz zu Einzelunternehmen – von vornherein von der Mitunternehmerschaft selbst und nicht von den einzelnen Mitunternehmern ausgeübt.[949] Die Mitunternehmerschaft ist zwar nicht Einkommensteuersubjekt, sie ist aber Subjekt der Einkünfteerzielung und -ermittlung sowie Träger des Gewerbebetriebs.[950] Nicht der einzelne Mitunternehmer, sondern nur die Mitunternehmerschaft selbst entfaltet eine unternehmerische Tätigkeit am Markt.[951]

946 *Altendorf*, GmbH-StB 2018, 256, 262.
947 *Götz*, DStZ 2018, 540, 541.
948 Vgl. hierzu ausführlich oben unter 3. Teil: A. III.
949 BFH v. 22.10.2014 – X R 28/11, BeckRS 2015, 94223 Rn. 21; *Messner*, MittBayNot 2018, 1, 3; *Götz*, DStZ 2018, 540, 544.
950 *Hennrichs* in: Tipke/Lang, § 10 Rn. 5, 12.
951 *Hennrichs* in: Tipke/Lang, § 10 Rn. 14.

Während sich die Einstellung der Tätigkeit des Übertragenden bei Einzelunternehmen also ggf. aus dem tätigkeitsbezogenen Betriebsbegriff ableiten ließe,[952] besteht diese Möglichkeit bei Mitunternehmeranteilen nicht. Denn ein Betrieb wird gerade nicht übertragen. Maßstab für die Übertragung eines Mitunternehmeranteils kann daher nur eine etwaige Mitunternehmerstellung sein.[953] Statt einer Zustands- und einer Tätigkeitskomponente,[954] kommt es also maßgeblich auf das Vorliegen von Mitunternehmerinitiative und Mitunternehmerrisiko an. Die korrekte Frage im Rahmen der Übertragung von Mitunternehmeranteilen muss also lauten, ob es für die Anwendung des § 6 Abs. 3 EStG zwingend erforderlich ist, dass der Übertragende seine Mitunternehmerstellung aufgibt. Diesbezüglich ist der Wortlaut der Vorschrift nicht eindeutig.

Das in der Literatur häufig anzutreffende Argument, dass der Übertragende auch bei der Übertragung eines Teils eines Mitunternehmeranteils weiter Mitunternehmer bliebe und dies deshalb auch bei der Übertragung ganzer Mitunternehmeranteile möglich sein müsse,[955] lässt sich entkräften. Denn genauso ließe sich argumentieren, dass sich die Mitunternehmerstellung bzw. deren Aufgabe eben nur auf den übertragenen Teil-Anteil beziehen müsse.[956] So hat der Bundesfinanzhof entschieden, dass es nicht genügt, wenn dem Erwerber hinsichtlich eines erworbenen Kommanditanteils nur deshalb eine Mitunternehmerstellung zukommt, weil er bereits vorher Kommanditist der KG war.[957] Eine getrennte Betrachtung zweier Teil-Anteile erscheint daher naheliegender.

Allerdings sind die Ausführungen zu Einzelunternehmen in weiten Teilen auf Mitunternehmeranteile übertragbar und sprechen auch hier gegen eine solche (einengende) Tatbestandsvoraussetzung. Insbesondere Sinn und Zweck des § 6 Abs. 3 EStG sowie dessen Historie sprechen aus den gleichen Gründen, die gegen eine zwingende Tätigkeitseinstellung bei der Übertragung von Einzelunternehmen angeführt worden sind,[958] auch gegen eine zwingende Aufgabe der Mitunternehmerstellung des Übertragenden. So sind Telos und Entstehungsgeschichte eher geeignet, eine weite Auslegung der Vorschrift zu begründen, als ihren Anwendungsbereich durch zusätzliche Tatbestandsvoraussetzungen einzuengen. Das gilt jedenfalls solange, wie keine Gefahr eines Untergangs stiller Reserven droht. Dies ist im Rahmen unentgeltlicher Übertragungen bei

952 So der BFH: vgl. hierzu aber oben unter 3. Teil: A. I. 2. und 3. Teil: A. IV. 1. a).
953 So im Ergebnis auch *Altendorf*, GmbH-StB 8/2018, 256, 262.
954 Vgl. zum Betriebsbegriff oben unter 1. Teil: A. I. 1.
955 Vgl. hierzu oben unter 3. Teil: B. II.
956 *Schulze zur Wiesche*, StBp 2017, 273, 276.
957 BFH v. 23.2.2010 – II R42/08, ZEV 2010, 320; die Entscheidung erging zwar zur erbschaftsteuerlichen Betriebsvermögensverschonung. Hier kommt es aber ebenfalls auf die Erlangung einer Mitunternehmerstellung im ertragsteuerlichen Sinne an; *Götz*, ZEV 2014, 241.
958 Vgl. hierzu oben unter 3. Teil: A. IV. 1. b). und e).

Mitunternehmeranteilen aber genauso wenig der Fall wie bei Einzelunternehmen.[959] Der Urteilsbegründung des FG Münster ist insoweit zuzustimmen.[960]

Schließlich sprechen auch Gleichbehandlungsgrundsatz und Gleichstellungsthese dafür, die Voraussetzungen des § 6 Abs. 3 EStG unabhängig von der jeweiligen Einkunftsart und unabhängig vom jeweiligen Übertragungsgegenstand gleich auszulegen. Aus diesem Grund ist es konsequent und systemgerecht, entsprechend der bislang in dieser Arbeit vertretenen Ansicht, von einer Tätigkeitseinstellung bzw. einer Aufgabe der Mitunternehmerstellung insgesamt abzusehen und stattdessen allein auf den Erwerb einer Mitunternehmerstellung des Erwerbers abzustellen.

2. Zulässigkeit einer doppelten Mitunternehmerstellung

Die Zulässigkeit einer gleichzeitigen Mitunternehmerstellung von Erwerber und Übertragendem an demselben Gesellschaftsanteil ist in der jüngeren Vergangenheit in die Diskussion geraten. Hierzu ist Stellung zu nehmen. Denn die Unzulässigkeit einer doppelten Mitunternehmerstellung würde dazu führen, dass der Übertragende – entgegen dem bisherigen Ergebnis dieser Arbeit – seine Mitunternehmerstellung für die Anwendbarkeit des § 6 Abs. 3 EStG aufgeben müsste. Anderenfalls würde es schon begrifflich an einer Übertragung des Mitunternehmeranteils fehlen, da der Erwerber einen solchen nicht erhielte. Zudem ließe sich entgegen der bisherigen Argumentation vertreten, dass eine Aufgabe des Mitunternehmeranteils vorläge, weil Gesellschaftsanteil und Mitunternehmerstellung auseinanderfielen.

a) Ausgangslage

Ausgangspunkt der Diskussion um die Zulässigkeit einer doppelten Mitunternehmerstellung sind die Ausführungen des IV. Senats in einem Urteil vom 19.7.2018.[961] Dort heißt es: „*Ausgehend von dem Grundsatz, dass an einem Gesellschaftsanteil nur eine einzige Mitunternehmerstellung begründet werden kann, ist der Erwerber eines Gesellschaftsanteils nur dann Inhaber der daran bestehenden Mitunternehmerstellung geworden, wenn Mitunternehmerinitiative und Mitunternehmerrisiko vollständig auf ihn übergegangen sind.*“ Diese – im konkreten Fall nicht entscheidungserheblichen – Ausführungen überraschen, da eine doppelte Mitunternehmerstellung in der Vergangenheit ganz überwiegend für zulässig erachtet wurde, ohne dass eine entsprechende Diskussion überhaupt geführt wurde.[962]

959 Vgl. hierzu oben unter 3. Teil: A. IV. 1. d).
960 FG Münster v. 24.6.2014 – 3 K 3886/12 F, ZEV 2014, 687; vgl. 3. Teil: B. I.
961 BFH v. 19.7.2018 – IV R 10/17, DStR 2018, 2372, 2376.
962 FG Münster v. 28.8.2014 – 3 K 744/13 F, BeckRS 2014, 96480; FG Niedersachsen v. 22.12.2004 – 3 K 277/03, EFG 2005, 639; *Bitz* in: L/BP, EStG, § 15 Rn. 32a; *Söffing/Jordan*, BB 2004, 353; *Schulze zur Wiesche*, DStR 1995, 318, 320; *Wacker* in: Schmidt, EStG, § 15 Rn. 309; *Dräger*, DB 2017, 2768;

Insbesondere in der Beratungspraxis wurde es vielmehr als Königsweg betrachtet, wenn es gelang, Vermögens- und Verwaltungsrechte so auf Nießbraucher und Besteller zu verteilen, dass im Ergebnis beide über eine Mitunternehmerstellung verfügten.[963] Denn die Mitunternehmerstellung des Erwerbers ist sowohl Voraussetzung für die Buchwertfortführung nach § 6 Abs. 3 EStG als auch für die – hier nicht näher behandelte – Inanspruchnahme der schenkung-/erbschaftsteuerlichen Begünstigungen nach §§ 13a, 13b ErbStG.[964] Demgegenüber ist die Mitunternehmerstellung des Übertragenden/Nießbrauchers notwendig für eine originäre Einkünftezurechnung der auf ihn entfallenden Erträge.[965] Anderenfalls würde es sich um eine steuerlich irrelevante Einkommensverwendung handeln.[966] Dann hätte der Erwerber auch die Einkünfte zu versteuern, die kraft Nießbrauchsvereinbarung dem Nießbraucher zustehen und an diesen abzuführen sind.[967]

Vor diesem Hintergrund stellt sich die Frage, was den IV. Senat dazu veranlasst, einen Grundsatz zu benennen, nach welchem an einem Gesellschaftsanteil nur eine einzige Mitunternehmerstellung begründet werden könne. Eine ausdrückliche Begründung oder eine dogmatische Herleitung eines solchen Grundsatzes liefert der IV. Senat in sei-

Götz/Jorde, FR 2003, 998, 1000; *Hübner/Friz*, DStR 2017, *Strahl*, KÖSDI 2019, 21355, 21358; 2353; *Gratz/Uhl-Ludäscher* in: H/H/R, EStG, § 6 Rn. 1220; *Spiegelberger*, notar 2017, 119, 424, *Korn*, DStR 1999, 1461, 1471; *Hochheim/Wagemann*, ZEV 2010, 109, 112; *Götz/Hülsmann*, Nießbrauch, S. 273 Rn. 1202; *Messner*, MittBayNot 2018, 1, 3; *Kepper*, NZG 2019, 211, 214; *Götz*, ZEV 2014, 241 f.; *ders.*, FR 2019, 605, 606; *Hermes*, Nießbrauchsrecht, S. 247 ff.; *Hermes*, DStZ 2019, 112, 118; *Fichtelmann*, DStR 1974, 341; *Strahl* in: Korn, EStG, § 6 Rn. 475.2; *Bode* in: Blümich, EStG, § 15 Rn. 366; *Desens/Blischke* in: K/S/M, EStG, § 15 Rn. C 43; *Altendorf*, GmbH-StB 2018, 256, 258 f.; *Kleinert/Geuß*, DStR 2013, 288, 292; *von Sothen* in: MAH, Erbrecht, § 36 Rn. 297 f.; zweifelnd aufgrund jüngerer BFH-Rechtsprechung: *Stein*, ZEV 2019, 131, 135; *Escher/Haag* in: MHdB GesR II, § 27 Rn. 79; der Bundesfinanzhof hat ausdrücklich nie entscheiden, dass Gesellschafter und Nießbraucher gleichzeitig Mitunternehmer hinsichtlich desselben Gesellschaftsanteil sein können, ging aber bislang erkennbar davon aus: BFH v. 1.3.1994 – VIII R 35/92, NJW 1995, 1918, BFH v. 1.9.2011 – II R 67/09, DStRE 2012, 38; BFH v. 4.5.2016 – II R 18/15, BFH/NV 2016, 1565; BFH v. 6.5.2015 – II R 34/13, DStR 2015, 1799; vgl. auch Erlass der obersten Finanzbehörden v. 2.11.2012 – 34 – S 3812b – 005 – 38 141/12, DStR 2012, 2440; EStR 2012, H 15.8 (1).

963 Vgl. *Götz*, ZEV 2014, 241; *Hübner/Friz*, DStR 2017, 2353.

964 BFH v. 6.5.2015 – II R 34/13, DStR 2015, 1799; *Götz/Hülsmann*, Nießbrauch, S. 273 f. Rn. 1202; *Bitz* in: L/B/P, EStG, § 15 Rn. 32a; *Hübner/Friz*, DStR 2017, 2353.

965 *Hübner/Friz*, DStR 2017, 2353; *Pohlmann* in: MüKo, BGB, § 1030 Rn. 45 f.

966 *Hübner/Friz*, DStR 2017, 2353; *Kepper*, NZG 2019, 211, 215.

967 Den Nießbrauchsbesteller und Einkünfteerzieler könnte man in diesem Fall vor einer übermäßigen steuerlichen Belastung schützen, indem man die dem Nießbraucher zustehenden Erträge auf eine bestimmte Quote begrenzt. Dann müsste der Besteller einen der Quote entsprechenden Teil der Erträge an den Nießbraucher abführen und könnte aus dem ihm verbliebenen Teil der Erträge die Steuerschuld begleichen.

nem Urteil vom 19.7.2018 jedenfalls nicht und auch ansonsten war ein solcher Grundsatz – soweit ersichtlich – bislang kein Diskussionsgegenstand.[968]

Ein Begründungsansatz lässt sich aber möglicherweise aus dem ausdrücklichen und sehr konkreten Verweis des IV. Senats auf zwei vorangegangene Urteile ableiten.[969] Dort hatte sich der IV. Senat mit der steuerlichen Zurechnung eines Anteils an einer Personengesellschaft beschäftigt und ausgeführt, dass ein Nicht-Gesellschafter ausnahmsweise Mitunternehmer sein könne, wenn dieser über Mitunternehmerrisiko und Mitunternehmerinitiative verfügt und den zivilrechtlichen Gesellschafter wirtschaftlich auf Dauer aus dessen Stellung verdrängen kann. Interpretiert man diese Ausführungen des IV. Senats dahingehend, dass Mitunternehmer nur sein könne, wem der Anteil an einer Personengesellschaft steuerlich zuzurechnen ist (§ 39 AO), liegt der Schluss nahe, dass an einem Personengesellschaftsanteil nur eine Mitunternehmerstellung begründet werden kann.[970] Denn Zurechnung i. S. d. § 39 AO bedeutet die für das Steuerrecht verbindliche Zuordnung eines Wirtschaftsguts zu <u>einem</u> Steuerrechtssubjekt.[971]

b) Ansichten in der Literatur

Nachdem die doppelte Mitunternehmerstellung in der Literatur lange Zeit unumstritten war, wurde die Frage der Zulässigkeit erst in der jüngeren Vergangenheit als Folge der Ausführungen des IV. Senats vereinzelt aufgegriffen.[972] Gegen eine doppelte Mitunternehmerstellung könne sprechen, dass beispielsweise der Kommanditist ohnehin nur über eine schwache Stellung verfüge und dessen Rechte eine Art Mindeststandard für das erforderliche Maß an Mitunternehmerinitiative und Mitunternehmerrisiko darstellen.[973] Dann dürfte es schwer fallen, diese ohnehin schwache Rechtsposition noch

968 Vgl. hierzu oben unter 3. Teil: B. III. 2. a).

969 BFH v. 19.7.2018 – IV R 10/17, DStR 2018, 2372, 2376 Rn. 36 mit konkretem Verweis auf BFH v. 1.3.2018 – IV R 15/15, DStRE 2018, 1032 Rn. 31 und BFH v. 22.6.2017 – IV R 42/13, DStR 2017, 2653 Rn. 35.

970 Vgl. zu diesem Interpretationsansatz der neueren Rechtsprechung des IV. Senats: *Hermes*, DStZ 2019, 112, 118 f.; *Stein*, ZEV 2019, 131, 135.

971 *Ratschow* in: Klein, AO, § 39 Rn. 10; zwar handelt es sich bei einem Personengesellschaftsanteil steuerrechtlich nicht um ein Wirtschaftsgut, aber dieser verkörpert die Zusammenfassung aller Anteile an den Wirtschaftsgütern, die zum Gesellschaftsvermögen einer Personengesellschaft gehören und dem betreffenden Gesellschafter nach § 39 Abs. 2 Nr. 2 AO zuzurechnen sind, BFH v. 22.6.2017 – IV R 42/13, DStR 2017, 2653, 2655 Rn. 33.

972 Vgl. *Desens/Blischke* in: K/S/M, EStG, § 15 Rn. C 145; *Escher/Haag* in: MHdB GesR II, § 27 Rn. 79; *Hermes*, Ubg 2018, 566, 571; *ders.*, DStZ 2019, 112; *Stein*, ZEV 2019, 131, 135; *Götz*, FR 2019, 605 ff., *Strahl*, KÖSDI 2019, 21355, 21360 f.

973 *Haag* in: Viskorf, Familienunternehmen, S. 386 Rn. 1307; vgl. auch *Bode* in: Blümich, EStG, § 15 Rn. 360.

einmal derart auf zwei Personen aufzuteilen, dass beide über eine Mitunternehmerstellung verfügen.[974]

Interpretiert man den IV. Senat dahingehend, dass ein zivilrechtlicher Nicht-Gesellschafter nur dann Mitunternehmer sein könne, wenn ihm der Personengesellschaftsanteil wirtschaftlich zuzurechnen sei (§ 39 Abs. 2 Nr. 1 AO), wird dem in der Literatur entgegen gehalten, dass es durchaus denkbar sei, dass eine Person die Voraussetzungen einer Mitunternehmerstellung erfülle, ohne dass diese den zivilrechtlichen Gesellschafter wirtschaftlich auf Dauer aus dessen Stellung verdrängen kann.[975]

Weiterhin wird vertreten, dass es nicht nachvollziehbar sei, warum es einen Grundsatz geben solle, wonach an einem Gesellschaftsanteil nur eine Mitunternehmerstellung begründbar sei.[976] Es sei einer Mitunternehmerschaft schon kraft Definition immanent, dass mehrere Personen gemeinschaftliche Einkünfte erzielen.[977] Eine Erweiterung der Mitunternehmerstellung auf den Nießbraucher sei gerechtfertigt, weil sich diese von dem Gesellschafter ableite, dessen Gesellschaftsanteil mit dem Nießbrauchsrecht belastet sei.[978] Zudem sei ein entgegenstehender Grundsatz nicht mit den Grundsätzen zur atypisch stillen Unterbeteiligung vereinbar, da hier ebenfalls mehrere Mitunternehmerstellungen begründet werden würden.[979] Darüber hinaus wird vertreten, die Übertragung eines Mitunternehmeranteils unter Vorbehaltsnießbrauch ließe sich als Teilanteilsübertragung behandeln, weil der Mitunternehmeranteil diagonal bzw. horizontal gespalten werde.[980] Aus diesem Grund werde die doppelte Mitunternehmerstellung bereits von § 6 Abs. 3 S. 1 HS. 2 Alt. 2 EStG (Teilanteilsübertragungen) vorausgesetzt.[981]

Am detailliertesten scheint sich bislang *Hermes* mit der Problematik einer doppelten Mitunternehmerstellung auseinandergesetzt zu haben. Dieser steht einer doppelten Mitunternehmereigenschaft an ein und demselben Mitunternehmeranteil kritisch gegenüber, weil der Nießbraucher selbst kein Gesellschafter wird und daher nicht quotal

974 *Haag* in: Viskorf, Familienunternehmen, S. 386 Rn. 1307.
975 *Hermes*, DStZ 2019, 112, 119.
976 *Kepper*, NZG 2019, 211, 215.
977 *Haag* in: Viskorf, Familienunternehmen, S. 382 Rn. 1296.
978 *Söffing/Jordan*, BB 2004, 353, 354.
979 *Kepper*, NZG 2019, 211, 215.
980 von einer diagonalen Spaltung sprechen z. B. *Stein*, ZEV 2019, 131, 135 und *Söffing/Jordan*, BB 2004, 353; von einer horizontalen Aufteilung sprechen z. B. *Kepper*, NZG 2019, 211, 214 und *Ruppe*, Übertragung von Einkunftsquellen, DStJG 2, S. 7, 20; beide Begrifflichkeiten dürfte gemein sein, dass sie sich von der vertikalen Spaltung eine Anteils dadurch unterscheiden, dass im Hinblick auf den übertragenen Anteil jedenfalls ein gewisser Kernbereich an Mitgliedschaftsrechten beim Gesellschafter verbleibt. Für eine Behandlung als Teilanteilsübertragung im Ergebnis auch *Strahl* in: Korn, EStG, § 6 Rn. 475.2.
981 *Stein*, ZEV 2019, 131, 135; *Götz*, FR 2019, 605, 607.

an den einzelnen zum Gesamthandsvermögen gehörenden Wirtschaftsgütern beteiligt ist.[982] Dann könne eine Mitunternehmereigenschaft des Nießbrauchers innerhalb derselben Mitunternehmerschaft grundsätzlich nicht begründet werden, weil eine solche nur über die Gesellschafterstellung und die Beteiligung am Gesamthandsvermögen vermittelt werde.[983] Dennoch soll eine doppelte Mitunternehmerstellung denkbar sein, da zum Zeitpunkt der Anteilsübertragung unter Vorbehaltsnießbrauch ein zusätzlicher Mitunternehmeranteil eigener Art entstünde, der sich aus dem Nießbrauchsrecht ableite.[984]

c) Stellungnahme

Soweit in der Literatur vertreten wird, dass eine doppelte Mitunternehmerstellung an einem Kommanditanteil schwierig zu begründen sei, weil die ohnehin begrenzten Vermögens- und Verwaltungsrechte noch einmal aufgeteilt werden, ist dem zuzustimmen. Die Frage, ob eine doppelte Mitunternehmerstellung an einem Gesellschaftsanteil allgemein zulässig ist, muss aber von der Frage getrennt werden, ob die Verteilung der Rechte im konkreten Einzelfall ausreicht, um die erforderliche Initiative und das erforderliche Risiko zu begründen.[985] Zunächst ist allein die Frage zu klären, ob einer doppelten Mitunternehmerstellung grundsätzliche Bedenken entgegenstehen.

Dies wäre der Fall, wenn man eine zivilrechtliche Gesellschafterstellung oder die steuerliche Zuordnung (§ 39 AO) des Personengesellschaftsanteils als zwingende Voraussetzung einer Mitunternehmerstellung betrachtet. Aus § 15 Abs. 1 S. 1 Nr. 2 S. 1 EStG ergibt sich, dass eine Mitunternehmerstellung grundsätzlich eine Gesellschafterstellung voraussetzt. Allerdings ist anerkannt, dass der Begriff des Gesellschafters hier nicht im engeren zivilrechtlichen Sinne zu verstehen ist, sondern auch wirtschaftlich vergleichbare Gemeinschaftsverhältnisse erfasst.[986]

Insoweit haben die Ausführungen zur zivilrechtlichen Stellung des Nießbrauchers gezeigt, dass es sich beim Nießbraucher, obwohl er selbst kein Gesellschafter im zivilrechtlichen Sinne ist, nicht um einen gesellschaftsfremden Dritten handelt. Jedenfalls wenn ihm (teilweise) das Stimmrecht übertragen wird, ist er in das Rechts- und Pflichtengefü-

982 *Hermes*, Ubg 2018, 566, 571.

983 *Hermes*, Ubg 2018, 566, 571.

984 *Hermes*, Ubg 2018, 566, 571 ff.; so auch *Götz*, FR 2019, 605, 608.

985 Zu der Frage, ob die Rechte des Nießbrauchers bzw. des Bestellers im Einzelfall genügen um eine Mitunternehmerstellung zu begründen: siehe nachfolgend unter 3. Teil: B. IV. 2.

986 BFH v. 25.6.1984 – GrS 4/82, NJW 1985, 93, 96; BFH v. 4.11.1997 – VIII R 19/95, BeckRS 1997, 14046 Rn. 19; EStR 2012, H 15.8 Abs. 1; *Wacker* in: Schmidt, EStG, § 15 Rn. 262; *Haep* in: H/H/R, EStG, § 15 Rn. 334 ff.; *Kauffmann* in: Frotscher, EStG, § 15 Rn. 320; *Birk/Desens/Tappe*, Steuerrecht, § 6 Rn. 1132 ff.; *Krumm* in: Kirchhof, EStG, Aufl. 18, § 15 Rn. 174.

ge der Gesellschaft einbezogen und unterliegt der gesellschaftsrechtlichen Treuepflicht. Zudem ist die Nießbrauchsbestellung abhängig von der Zustimmung der anderen Gesellschafter, kann also nicht gegen deren Willen erfolgen. Die dingliche Berechtigung des Nießbrauchers am Gesellschaftsanteil verschafft dem Nießbraucher also jedenfalls dann eine gesellschafterähnliche Stellung, wenn diesem (teilweise) das Stimmrecht übertragen wird. Ein wirtschaftlich mit einem Gesellschaftsverhältnis vergleichbares Gemeinschaftsverhältnis liegt daher vor.[987] Eine fehlende Gesellschafterstellung des Nießbrauchers spricht also nicht per se gegen dessen Mitunternehmerstellung.[988]

Wirtschaftliches Eigentum am Personengesellschaftsanteil ist aus den gleichen Gründen ebenfalls keine zwingende Voraussetzung einer Mitunternehmerstellung. Denn es sind gerade Konstellationen denkbar, in denen ein Nicht-Gesellschafter zu den anderen Gesellschaftern in einem wirtschaftlich mit einem Gesellschaftsverhältnis vergleichbaren Gemeinschaftsverhältnis steht, ohne dabei den zivilrechtlichen Gesellschafter aus seiner Position verdrängen zu können.[989] Insbesondere der Nießbraucher, dem (nur) ein Stimmrecht in laufenden Angelegenheiten übertragen ist, verfügt über eine derartige Position. Denn die steuerliche Zuordnung des Personengesellschaftsanteils zum Gesellschafter (Nießbrauchsbesteller) wird durch den Vorbehalt eines Nießbrauchsrechts nicht gefährdet, sofern nicht weitere wesentliche Faktoren hinzutreten (z. B. der Vorbehalt eines freien Widerrufsrechts oder die Einräumung umfassender, unwiderruflicher und verdrängender Stimmrechtsvollmachten).[990]

Die fehlende quotale Beteiligung des Nießbrauchers am Gesamthandsvermögen hindert eine Mitunternehmerstellung des Nießbrauchers ebenso wenig. Denn auch ein persönlich haftender Gesellschafter einer Kommanditgesellschaft kann Mitunternehmer sein, ohne selbst am Vermögen der Kommanditgesellschaft beteiligt zu sein.[991]

Wird in der Literatur vertreten, dass eine doppelte Mitunternehmerstellung zulässig sein müsse, weil es für eine Mitunternehmerschaft gerade charakteristisch sei, dass mehrere gemeinsam Einkünfte erzielen oder dass § 6 Abs. 3 EStG bereits eine doppel-

987 So ausdrücklich auch *Bitz*, DB 1987, 1506, 1507; *Götz*, FR 2019, 605, 606; *Hermes*, DStR 2019, 1777, 1782; a. A. *Schön*, StbJb 1996/97, 45, 63 f. der eine Mitunternehmerstellung des Nießbrauchers aber im Ergebnis ebenfalls bejaht, weil der Nießbraucher eine dingliche Mitberechtigung am Gesellschaftsanteil erwirbt und daher gemeinsam mit dem Gesellschafter bereits unmittelbar an der Gesellschaft beteiligt sei. Einer Hilfskonstruktion über ein „wirtschaftlich vergleichbares Gemeinschaftsverhältnis" bedürfe es daher gar nicht.

988 *Stein*, ErbBstg 2019, 38, 41 f.; *Janssen/Nickel*, Unternehmensnießbrauch, S. 81.

989 *Hermes*, DStZ 2019, 112, 119.

990 Hierzu ausführlich *Hermes*, DStZ 2019, 112, 119; *Wachter*, DStR 2016, 2065; *Ratschow* in: Klein, AO, § 39 Rn. 54.

991 BFH v. 11.6.1985 – VIII R 252/80, BStBl. II 1987, 33; BFH v. 10.10.2012 – VIII R 42/10, DStR 2012, 2532; 2534; *Krumm* in: Kirchhof, EStG, Aufl. 18, § 15 Rn. 177; *Hermes*, Ubg 2018, 566, 572.

te Mitunternehmerstellung voraussetze, weil es sich bei der Übertragung unter Nießbrauchsvorbehalt um die Übertragung eines Teil-Anteils handle, kann dem hingegen nicht uneingeschränkt zugestimmt werden. Denn üblicherweise liegt einer Mitunternehmerschaft, wie auch der Übertragung von Teil-Mitunternehmeranteilen und der Aufnahme in Einzelunternehmen, eine vertikale Spaltung von Vermögens- und Verwaltungsrechten zugrunde.[992] Bei einem Nießbrauch an einem Personengesellschaftsanteil werden die Verwaltungs- und Vermögensrechte aber nicht vertikal, sondern horizontal bzw. diagonal aufgeteilt, da der Kernbereich an Rechten trotz Nießbrauchsbestellung beim Gesellschafter verbleibt.[993]

Auf eine Gleichstellung von horizontaler und vertikaler Spaltung könnte zwar § 6 Abs. 3 S. 2 EStG hindeuten, wenn man den Zurückbehalt von Sonderbetriebsvermögen im Rahmen einer Teilanteilsübertragung als horizontale Spaltung betrachtet.[994] Zwingend ist dies jedoch nicht. Denn zum einen beinhaltet dieser Fall zusätzlich gerade auch eine vertikale Teilung. Zum anderen ist der Zurückbehalt von Sonderbetriebsvermögen nicht ohne weiteres mit der horizontalen Teilung im Rahmen einer Nießbrauchsbestellung vergleichbar, wenn man an die mit dem Mitunternehmeranteil verbundenen Verwaltungsrechte anknüpft. Darüber hinaus führt der Nießbrauch an einem Personengesellschaftsanteil nach der hier vertretenen Auffassung gar nicht zu einer Abspaltung von Rechten, sondern belastet den Anteil im Ganzen und hat lediglich Duldungscharakter.[995] Es kommt nur zu einer vorübergehenden Verteilung der Kompetenzen zur Ausübung der gesellschaftsrechtlichen Mitwirkungsrechte,[996] statt zu einer Abspaltung.

Der Vergleich mit einer atypisch stillen Unterbeteiligung am Anteil eines Gesellschafters einer gewerblichen Personengesellschaft hinkt auf den ersten Blick ebenfalls. Zwar erlangt der atypisch still Unterbeteiligte tatsächlich eine eigene Mitunternehmerstellung im Verhältnis zur Hauptgesellschaft.[997] Dies beruht aber allein auf der Fiktion des § 15 Abs. 1 S. 1 Nr. 2 S. 2 EStG. Danach wird der mittelbar über eine Personengesellschaft beteiligte Gesellschafter dem unmittelbar beteiligten Gesellschafter gleichgestellt und ist als Mitunternehmer des Betriebs der Personengesellschaft anzusehen, an der er mittelbar beteiligt ist, wenn er und die Personengesellschaft die seine Beteiligung vermittelt, jeweils als Mitunternehmer des Betriebs der Personengesellschaft anzusehen sind, an denen sie unmittelbar beteiligt sind.

992 *Kepper*, NZG 2019, 211, 214; vgl. auch *Ruppe*, Übertragung von Einkunftsquellen, DStJG 2, S. 7, 22.
993 Vgl. oben unter 3. Teil: B. III. 2. b).
994 So *Kepper*, NZG 2019, 211, 214.
995 Vgl. zur Rechtsnatur oben unter 2. Teil: C. I.
996 BFH v. 1.3.1994 – VIII R 35/92, NJW 1995, 1918.
997 BFH v. 2.10.1997 – IV R 75/96, DStR 1998, 203; BFH v. 19.4.2007 – IV R 70/04, DStR 2007, 1520; *Wacker* in: Schmidt, EStG, § 15 Rn. 365; *Levedag*, GmbHR 2019, 699, 707.

Der atypisch still Unterbeteiligte gilt also nur deshalb als Mitunternehmer der Hauptgesellschaft, weil er Mitunternehmer der atypischen Unterbeteiligungsgesellschaft ist,[998] welche als BGB-Innengesellschaft ihrerseits als Personengesellschaft i. S. d. § 15 Abs. 1 S. 1 Nr. 2 EStG angesehen wird.[999] Dementsprechend ließe sich eine doppelte Mitunternehmerstellung begründen, wenn man zwischen Gesellschafter und Nießbraucher eine BGB-Innengesellschaft bejaht.[1000] Allerdings ergibt sich das Rechtsverhältnis von Gesellschafter und Nießbraucher im gesetzlichen Regelfall aus den Vorschriften zum Nießbrauch. Für eine BGB-Innengesellschaft besteht daher grundsätzlich kein Raum. Weichen die Beteiligten jedoch von den Vorgaben des BGB ab und räumen dem Nießbraucher (teilweise) das Stimmrecht ein, lässt sich eine BGB-Innengesellschaft begründen.[1001] Denn dann wird das Verhältnis zwischen Gesellschafter und Nießbraucher durch vertragliche Abreden derart erweitert, dass neben die Fruchtziehung eine eigene Haftung des Nießbrauchers tritt und die gemeinsame Verwaltung des Anteils an der Gesellschaft zum gemeinsamen Zweck wird (§ 705 BGB).[1002]

Unabhängig davon, ob man bei Nießbrauchskonstellationen eine BGB-Innengesellschaft bejaht oder ablehnt, lässt sich aus den Grundsätzen zur atypisch stillen Unterbeteiligung und der Fiktion des § 15 Abs. 1 S. 1 Nr. 2 S. 2 EStG ein wichtiger Schluss ziehen. Ganz offensichtlich ist es – auch nach Ansicht des IV. Senats – nicht per se ausgeschlossen, dass ein Personengesellschaftsanteil zwei Mitunternehmerstellungen vermitteln kann. Denn im Ergebnis gelten sowohl der Hauptgesellschafter als auch der atypisch still Unterbeteiligte als Mitunternehmer der Hauptgesellschaft, obwohl zivilrechtlich nur der Hauptgesellschafter über einen Gesellschaftsanteil an der Hauptgesellschaft verfügt. Vor diesem Hintergrund ist ein Grundsatz, nach welchem an einem Gesellschaftsanteil nur eine Mitunternehmerstellung begründet werden kann, nicht vermittelbar. Weitere Anhaltspunkte, aus denen sich ein solcher Grundsatz ergeben könnte, sind nicht ersichtlich.

Im Ergebnis kann es also nur darauf ankommen, ob der Besteller und der Nießbraucher im jeweiligen Einzelfall über das erforderliche Mitunternehmerrisiko und die erforderliche Möglichkeit zur Mitunternehmerinitiative verfügen. Dies entspricht der bisherigen Rechtsprechung und weit überwiegenden Ansicht in der Literatur,[1003] wo-

998 Vgl. *Levedag*, GmbHR 2019, 699, 707.

999 BFH v. 2.10.1997 – IV R 75/96, DStR 1998, 203, 204; *Wacker* in: Schmidt, EStG, § 15 Rn. 623; *Bode* in: Blümich: EStG, § 15 Rn. 539.

1000 Zur Konstruktion einer BGB-Innengesellschaft zwischen Gesellschafter und Nießbraucher: *Hermes*, Nießbrauchsrecht, S. 107 ff.; *ders.* DStR 2019, 1777 ff.

1001 *Desens/Blischke* in: K/S/M, EStG, § 15 Rn. C 145.

1002 Vgl. *Lindemeier*, DNotZ 1999, 876, 899; ausführlich *Hermes*, DStR 2019, 1777 ff.

1003 Vgl. hierzu oben unter 3. Teil: B. III. 2. a).

nach – ohne, dass ein irgendwie entgegenstehender Grundsatz überhaupt nur erwähnt wird – das Vorliegen von Mitunternehmerinitiative und Mitunternehmerrisiko der Beteiligten im Einzelfall zu prüfen ist.

3. Erfüllung der Voraussetzungen des § 6 Abs. 3 EStG

Die im ersten Teil dieser Arbeit herausgearbeiteten Tatbestandsvoraussetzungen des § 6 Abs. 3 EStG sind auch im Hinblick auf die Übertragung eines Mitunternehmeranteils unter Nießbrauchsvorbehalt zu prüfen. Dabei haben die bisherigen Ausführungen gezeigt, dass die Tätigkeitseinstellung des Übertragenden bzw. die Aufgabe der Mitunternehmerstellung des Übertragenden keine Tatbestandsvoraussetzung darstellt und auch eine einheitliche Übertragung aller wesentlichen Betriebsgrundlagen (des Sonderbetriebsvermögens) nach der hier vertretenen Auffassung nicht zwingend erforderlich ist.[1004] Wie bei der Übertragung von Einzelunternehmen kommt es also darauf an, dass eine Sachgesamtheit unentgeltlich übertragen wird, es nicht zu einer Zerschlagung kommt, die Besteuerung der stillen Reserven gesichert ist und der Erwerber eine (Mit-)Unternehmerstellung erhält. Insoweit kann weitestgehend auf die Ausführungen zum Einzelunternehmen verwiesen werden.[1005]

Zunächst steht der Vorbehalt eines Nießbrauchs am Mitunternehmeranteil aus den gleichen Gründen wie beim Einzelunternehmen weder dem Erwerb wirtschaftlichen Eigentums des Empfängers,[1006] noch der Unentgeltlichkeit der Übertragung entgegen.[1007] Der Nießbraucher, der lediglich einen Anspruch auf den entnahmefähigen Gewinn hat, ist nicht in der Lage, den Besteller (Erwerber) aus seiner Position zu verdrängen. Weiterhin ist die Besteuerung der stillen Reserven durch einen Nießbrauchsvorbehalt genauso wenig gefährdet, wie hierdurch eine Zerschlagung der betrieblichen Einheit droht.[1008]

1004 Vgl. zum Erfordernis der einheitlichen Übertragung oben unter 1. Teil: C. V. und zum Erfordernis der Beendigung der Mitunternehmerstellung bzw. der Tätigkeitseinstellung oben unter 3. Teil: B. III. 1. und 3. Teil: B. III. 2.

1005 Vgl. zur Erfüllung dieser Voraussetzungen bei der Übertragung eines Einzelunternehmens unter Nießbrauchsvorbehalt oben unter 3. Teil: A. IV. 2.

1006 BFH v. 12.4.1989 – I R 105/85, BStBl. II 1989, 653; BFH v. 6.5.2010 – IV R 52/08, DStR 2010, 1374, 1375; *Ratschow* in: Klein, AO, § 39 Rn. 54; *Gratz/Uhl-Ludäscher* in: H/H/R, EStG, § 6 Rn. 1206, 1222.

1007 *Schulze zur Wiesche*, BB 2004, 355, 359; *Hochheim/Wagenmann*, ZEV 2010, 109, 112; vgl. zur Unentgeltlichkeit einer Übertragung unter Vorbehalt eines reinen Ertragsnießbrauchs, der nach der hier vertretenen Ansicht dem gesetzlichen Regelfall eines Nießbrauchs am Personengesellschaftsanteil entspricht oben unter 3. Teil: A. V.

1008 Vgl. zum Erfordernis der Sicherstellung der Besteuerung der stillen Reserven allgemein oben unter 1. Teil: C. IV. und speziell bei der Übertragung von Einzelunternehmen oben unter 3. Teil: A. IV. 2. b). sowie zur Zerschlagung oben unter 3. Teil: A. IV. 2. c).

Erforderlich ist schließlich, dass der Erwerber eine Mitunternehmerstellung erhält.[1009] Anderenfalls ließe sich bereits der Erwerb wirtschaftlichen Eigentums des Erwerbers in Frage stellen.[1010] Es kommt also darauf an, dass der Erwerber im Rahmen eines zivilrechtlichen Gesellschaftsverhältnisses oder wirtschaftlich damit vergleichbaren Gemeinschaftsverhältnisses zusammen mit anderen Personen Mitunternehmerinitiative entfalten kann und unternehmerisches Risiko trägt.[1011]

Die Ausführungen im zweiten Teil dieser Arbeit haben gezeigt, dass ein Nießbrauch am Personengesellschaftsanteil, soweit dieser dem gesetzlichen Leitbild entspricht, dem Nießbraucher keine unternehmerischen Befugnisse vermittelt. Dem Nießbraucher stehen lediglich der entnahmefähige Handelsbilanzgewinn, ein beschränktes Informationsrecht und das Zustimmungsrecht nach § 1071 BGB zu. Eine Einflussnahmemöglichkeit auf die Entscheidungsfindung innerhalb der Gesellschaft gewährt der Nießbrauch nach gesetzlichem Leitbild hingegen nicht. Das bedeutet im Umkehrschluss, dass die Verwaltungsrechte (Initiativrechte) des Gesellschafters (Nießbrauchsbestellers) durch den Nießbrauchsvorbehalt nicht eingeschränkt werden.[1012] Demnach verfügt der neue Gesellschafter über diejenigen Initiativrechte, die auch dem bisherigen Gesellschafter (Mitunternehmer) zustanden.

Daneben trägt der Erwerber auch Mitunternehmerrisiko. Ihm steht zwar nicht mehr der laufende, entnahmefähige Gewinn zu, aber ihn trifft – im gesetzlichen Regelfall – die alleinige Haftung und nur er partizipiert an der Entwicklung der stillen Reserven des Anlagevermögens, des Geschäftswerts und eines Auseinandersetzungsguthabens.[1013] Umgekehrt verfügt der Nießbraucher im gesetzlichen Regelfall gerade über keine Mitunternehmerstellung. Ihm steht lediglich der entnahmefähige Gewinn zu, ohne dass er (mit-)unternehmerische Befugnisse ausübt oder ihn eine Haftung trifft.[1014] Die Probleme der doppelten Mitunternehmerstellung und der Tätigkeitseinstellung spielen bei einem Nießbrauch nach gesetzlichem Leitbild also gar keine Rolle, weil nach der hier vertretenen Ansicht – aufgrund der Beschränkung auf die laufenden Erträge – allein der Gesellschafter über eine Mitunternehmerstellung verfügt.

1009 Vgl. zu diesem Erfordernis oben unter 1. Teil: C. VI.

1010 BFH v. 22.6.2017 – IV R 42/13, DStR 2017, 2653, 2655 f.; BFH v. 1.3.2018 – IV R 15/15, DStRE 2018, 1032; *Ratschow* in: Klein, AO, § 39 Rn. 54.

1011 Vgl. oben unter 1. Teil: A. I. 2.

1012 So auch *Götz/Jorde*, FR 2003, 998, 1000.

1013 Vgl. zu den Vermögensrechten oben unter 2. Teil: C. III. und zur Außenhaftung oben unter 2. Teil: C. IV.

1014 Zur Position des Nießbrauchers bei einem Nießbrauch am Personengesellschaftsanteil nach gesetzlichem Leitbild oben unter 2. Teil: C. V. 1.

Folglich bestehen am Erwerb einer Mitunternehmerstellung des Erwerbers trotz Vorbehalts eines Nießbrauchsrechts keine Bedenken, soweit es sich um einen Nießbrauch nach gesetzlichem Leitbild handelt. Denn es handelt sich um einen reinen Ertragsnießbrauch,[1015] welcher die Mitunternehmerstellung des Gesellschafters nicht gefährden kann.[1016]

4. Zwischenergebnis

Im Ergebnis sind die Tatbestandsvoraussetzungen des § 6 Abs. 3 EStG bei Übertragungen von Mitunternehmeranteilen unter Vorbehalt eines Nießbrauchs nach gesetzlichem Leitbild grundsätzlich erfüllt. Entsprechende Übertragungen erfolgen daher zwingend zum Buchwert ohne Aufdeckung stiller Reserven. Dieses Ergebnis entspricht der Rechtsprechung des FG Münster und der herkömmlichen und überwiegenden Ansicht in der Literatur.[1017]

Die vom IV. Senat des Bundesfinanzhofs für die Übertragung von Einzelunternehmen geforderte Tätigkeitseinstellung des Übertragenden lässt sich auf Mitunternehmeranteile nicht übertragen. Da die gewerbliche Tätigkeit von der Mitunternehmerschaft selbst ausgeübt wird und nicht vom einzelnen Mitunternehmer, könnte man stattdessen allenfalls die Aufgabe der Mitunternehmerstellung des Übertragenden verlangen. Eine solche Tatbestandsvoraussetzung enthält die Vorschrift des § 6 Abs. 3 EStG allerdings nicht. Telos und Historie der Vorschrift sprechen aus den gleichen Gründen, aus denen die Tätigkeitseinstellung bei Einzelunternehmen abzulehnen ist, gegen eine zwingende Beendigung der Mitunternehmerstellung. Solange kein Verlust von Steuersubstrat droht, gibt die bestehende Steuersystematik eine Realisierung stiller Reserven ohne Realisationsakt nicht her. Ersatzrealisationstatbestände sind nicht erfüllt und Gleichbehandlungsgrundsatz sowie Gleichstellungsthese sprechen ebenfalls für dieses Ergebnis.

Ein Grundsatz, wonach eine doppelte Mitunternehmerstellung von Gesellschafter und Nießbraucher im Hinblick auf denselben Gesellschaftsanteil grundsätzlich unzulässig wäre, lässt sich nicht begründen. Vielmehr zeigen die Grundsätze zur atypisch stillen Unterbeteiligung, dass zwei Mitunternehmerstellungen hinsichtlich desselben Personengesellschaftsanteils nicht per se ausgeschlossen sind. Da der Nießbraucher über seine dingliche Berechtigung am Gesellschaftsanteil selbst in den Rechts- und Pflichtenkreis der Gesellschaft einbezogen wird und eine gesellschafterähnliche Stellung erlangt,

1015 Vgl. hierzu oben unter 2. Teil: C. V. 1.

1016 Ebenfalls dafür, dass jedenfalls ein reiner Ertragsnießbrauch die Mitunternehmerstellung des Gesellschafters nicht gefährdet und § 6 Abs. 3 EStG daher Anwendung findet: *Schulze zur Wiesche*, StBp 2017, 273, 276; *Theilacker*, BWNotZ 2012, 66, 72; *El Mourabit*, ZEV 2016, 14, 17; *Götz/Jorde*, FR 2003, 998, 999; *Kepper*, NZG 2019, 211, 216.

1017 Vgl. hierzu oben unter 3. Teil: B. I. und 3. Teil: B. II.

kommt es allein auf die Beantwortung der Frage an, ob der Erwerber über die erforderliche Mitunternehmerinitiative verfügt und ausreichend Mitunternehmerrisiko trägt.

Vor diesem Hintergrund liegen die Voraussetzungen des § 6 Abs. 3 EStG bei Übertragungen von Mitunternehmeranteilen bei Vorbehalt eines Nießbrauchs nach gesetzlichem Leitbild vor. Denn die Mitunternehmerstellung geht bei der Übertragung eines Mitunternehmeranteils trotz Vorbehalt eines Nießbrauchs auf den Erwerber über. Insoweit ist die Ausgangssituation aufgrund der unterschiedlichen Rechtsnatur des Nießbrauchs am Mitunternehmeranteil nicht mit derjenigen bei der Übertragung von Einzelunternehmen unter Nießbrauchsvorbehalt vergleichbar.[1018] Da die Unternehmerstellung bei der Übertragung eines Einzelunternehmens unter Nießbrauchsvorbehalt im Regelfall beim Übertragenden/Nießbraucher verbleibt, bedarf es dort der Anwendung der Betriebsverpachtungsgrundsätze, um ausnahmsweise – auch ohne Erwerb einer Unternehmerstellung – die Anwendung des § 6 Abs. 3 EStG zu begründen.[1019]

Demgegenüber handelt es sich beim Nießbrauch an einem Mitunternehmeranteil jedoch um einen reinen Ertragsnießbrauch, der eine (Mit-)Unternehmerstellung des Nießbrauchers nicht begründet, da diesem lediglich ein Anspruch auf den entnahmefähigen Bilanzgewinn zusteht. Hieraus ergibt sich, dass der Erwerber trotz Vorbehalt eines Nießbrauchs im Regelfall Mitunternehmerrisiko trägt und Mitunternehmerinitiative ausüben kann. Anders als beim Nießbrauch am Einzelunternehmen kommt es auf die Grundsätze zur Betriebsverpachtung bei Mitunternehmeranteilen also gar nicht an, weil der Erwerber ohnehin die erforderliche Mitunternehmerstellung erlangt und damit die Voraussetzungen des § 6 Abs. 3 EStG erfüllt.

Dies kann allerdings im Einzelfall anders zu beurteilen sein, wenn die Verwaltungs- und Vermögensrechte individualvertraglich vom Gesellschafter/Erwerber auf den Nießbraucher verlagert werden.[1020]

IV. Buchwertfortfühung bei Stimmrechtszuweisung

Die vorangegangenen Ausführungen haben gezeigt, dass § 6 Abs. 3 EStG auf die Übertragung eines Mitunternehmeranteils unter Vorbehalt eines Nießbrauchs nach gesetzlichem Leitbild Anwendung finden muss. Es soll nun untersucht werden, ob das Stimmrecht in laufenden Angelegenheiten dem Nießbraucher abweichend vom gesetzlichen Leitbild individualvertraglich zugeordnet werden kann, ohne dass die Mitunternehmer-

1018 Vgl. zur unterschiedlichen Rechtsnatur oben unter 2. Teil: D.

1019 Vgl. hierzu oben unter 3. Teil: A. IV. 2. d).

1020 Siehe zu den Auswirkungen der individualvertraglichen Verteilung von Verwaltungs- und Vermögensrechten nachfolgend unter 3. Teil: B. IV.

stellung des Erwerbers – und damit die Anwendbarkeit des § 6 Abs. 3 EStG – gefährdet wird. Dabei soll auch geklärt werden, ob eine Verteilung der Rechte dergestalt möglich ist, dass sowohl der Nießbraucher als auch der Gesellschafter im Ergebnis über eine Mitunternehmerstellung verfügen (doppelte Mitunternehmerstellung). Zu diesem Zweck soll zunächst vertieft auf die Voraussetzungen an eine Mitunternehmerstellung eingegangen werden, bevor im Anschluss untersucht wird, ob diese Voraussetzungen bei Nießbrauchskonstellationen erfüllbar sind.

1. Voraussetzungen der Mitunternehmerstellung

Den gesetzlichen Anknüpfungspunkt für die Voraussetzungen, die an eine Mitunternehmerstellung zu stellen sind, bildet § 15 Abs. 1 S. 1 Nr. 2 S. 1 EStG. Danach sind Mitunternehmer die Gesellschafter einer Offenen Handelsgesellschaft, einer Kommanditgesellschaft und einer anderen Gesellschaft, bei der sie als Unternehmer des Betriebs anzusehen sind. Charakteristisch für eine Unternehmerstellung sind dabei das Tragen eines unternehmerischen Risikos und die Teilhabe an der unternehmerischen Entscheidungsfindung. Es kommt also darauf an, dass eine Person zusammen mit anderen Personen Mitunternehmerinitiative entfalten kann und Mitunternehmerrisiko trägt.[1021]

Darüber hinaus ist der Begriff des Mitunternehmers als offener Typusbegriff einer abschließenden Definition nicht zugänglich.[1022] Vielmehr kommt es auf das Gesamtbild der Verhältnisse und die Berücksichtigung aller die rechtliche und wirtschaftliche Stellung der beteiligten Personen bestimmenden Umstände an.[1023] Dabei müssen sowohl Mitunternehmerrisiko als auch Mitunternehmerinitiative jeweils vorliegen, können im Rahmen der vorzunehmenden Gesamtbeurteilung unter Berücksichtigung der Umstände des Einzelfalls jedoch unterschiedlich stark ausgeprägt sein.[1024] Insbesondere kann die geringere Ausprägung eines Merkmals durch eine stärkere Ausprägung

1021 BFH v. 25.6.1984 – GrS 4/82, NJW 1985, 93, 96; EStR 2012, H 15.8 Abs. 1; *Wacker* in: Schmidt, EStG, § 15 Rn. 262; *Gratz/Uhl-Ludäscher* in: H/H/R, EStG, § 6 Rn. 1220; *Kauffmann* in: Frotscher, EStG, § 15 Rn. 320; *Birk/Desens/Tappe*, Steuerrecht, § 6 Rn. 1132; *Desens/Blischke* in: K/S/M, EStG, § 15 Rn. C 32; vgl. auch oben unter 1. Teil: A. I. 2 und 1. Teil: C. VI.

1022 BFH v. 25.6.1984 – GrS 4/82, NJW 1985, 93, 96; *Zimmermann/Hottmann*, Personengesellschaft, Rn. B. 7.

1023 BFH v. 25.6.1984 – GrS 4/82, NJW 1985, 93, 96; BFH v. 25.4.2006 – VIII R 74/03, DStRE 2006, 912, 913; FG Düsseldorf v. 22.6.2018 – 1 K 3020/16 F, BeckRS 2018, 28419 Rn. 79; *Zimmermann/Hottmann*, Personengesellschaft, Rn. B. 7.

1024 BFH v. 16.12.1997 – VIII R 32/90, DStR 1998, 967, 970; BFH v. 28.10.1999 – VIII R 66 70/97, DStR 2000, 193, 194; BFH v. 7.11.2000 – VIII R 16/97, NJW 2001, 1086, 1087; BFH v. 3.11.2015 – VIII R 63/13, DStR 2016, 726, 728; FG Düsseldorf v. 22.6.2018 – 1 K 3020/16 F, BeckRS 2018, 28419 Rn. 79; *Kauffmann* in: Frotscher, EStG, § 15 Rn. 320; *Wacker* in: Schmidt, EStG, § 15 Rn. 262; *Zimmermann/Holtmann*, Personengesellschaft, Rn. B. 7; *Bode* in: Blümich, EStG, § 15 Rn. 347; *Desens/Blischke* in: K/S/M, EStG, § 15 Rn. C 59; *Haep* in: H/H/R, EStG, § 15 Rn. 305; kritisch gegenüber

des anderen Merkmals ausgeglichen werden.[1025] Aus der ausdrücklichen Nennung der Kommanditgesellschaft in § 15 Abs. 1 S. 1 Nr. 2 S. 1 EStG lässt sich ableiten, dass die Position eines Kommanditisten im gesetzlichen Regelfall ausreichend Initiative und Risiko vermittelt, um eine Mitunternehmerstellung zu begründen.[1026]

Demgegenüber lässt sich aus § 20 Abs. 1 Nr. 4 S. 1 EStG ableiten, dass die Stellung eines typisch stillen Gesellschafters für die Begründung einer Mitunternehmerstellung nicht (mehr) ausreicht, da dieser Einkünfte aus Kapitalvermögen erzielt.[1027] Denn der typische stille Gesellschafter ist im gesetzlichen Regelfall (§§ 230 ff. HGB) eher mit einem Darlehensgeber als mit einem Unternehmer vergleichbar.[1028] Er ist nur am Gewinn des Unternehmens, nicht aber am Gesellschaftsvermögen beteiligt und partizipiert weder an den stillen Reserven, noch am Geschäftswert.[1029] Seine Verlustbeteiligung ist auf die geleistete Einlage begrenzt und außer einem Einsichts- und Kontrollrecht (§ 233 HGB) steht ihm keine Möglichkeit zu, an der unternehmerischen Entscheidungsfindung teilzuhaben. Zwar ist eine Beschränkung der Verlustbeteiligung auf die Einlage grundsätzlich unschädlich, da auch der Kommanditist nur in dieser Höhe am Verlust der Gesellschaft beteiligt ist.[1030] Allerdings ist der Kommanditist im gesetzlichen Regelfall zusätzlich an den stillen Reserven des Anlagevermögens einschließlich des Geschäftswerts beteiligt und verfügt über eigene Stimm-, Kontroll- und Widerspruchsrechte.[1031]

Im Ergebnis verläuft die Grenze der an einen Mitunternehmer zu stellenden Anforderungen also zwischen den Initiativrechten und dem Risiko eines typisch stillen Gesellschafters und denjenigen eines Kommanditisten. Es ist demnach die Frage zu stellen, ob die Position des Gesellschafters bzw. des Nießbrauchers im Einzelfall eher mit der Stellung eines typisch stillen Gesellschafters oder eher mit derjenigen eines Kommanditisten vergleichbar ist. Bleiben Initiativrechte und Risiko nicht wesentlich hinter dem zurück, was handelsrechtlich das Bild des Kommanditisten prägt, liegt eine Mitunter-

dem Merkmal der Mitunternehmerinitiative: *Knobbe-Keuk*, StuW 1986, 106, 114 und *Schön*, StuW 1996, 275, 286, die ausschließlich auf das Unternehmerrisiko abstellen wollen.

1025 BFH v. 16.12.1997 – VIII R 32/90, DStR 1998, 967, 970; *Wacker* in: Schmidt, EStG, § 15 Rn. 262; *Bode* in: Blümich, EStG, § 15 Rn. 347.

1026 BFH v. 25.6.1984 – GrS 4/82, NJW 1985, 93, 96; *Birk/Desens/Tappe*, Steuerrecht, § 6 Rn. 1141; *Wacker* in: Schmidt, EStG, § 15 Rn. 263; *Desens/Blischke* in: K/S/M, EStG, § 15 Rn. C 58; *Haep* in: H/H/R, EStG, § 15 Rn. 310.

1027 *Haep* in: H/H/R, EStG, § 15 Rn. 303.

1028 *Bode* in: Blümich, EStG, § 15 Rn. 316.

1029 *Haep* in: H/H/R, EStG, § 15 Rn. 391 f.

1030 BFH v. 31.5.2012 – IV R 40/09, BeckRS 2012, 95592, Rn. 20.

1031 BFH v. 19.7.2018 – IV R 10/17, DStR 2018, 2372, 2375 Rn. 33.

nehmerstellung vor.[1032] Im Umkehrschluss ist eine Mitunternehmerstellung abzulehnen, wenn Initiativrechte und Risiko nicht wesentlich über die Stellung eines typisch still Beteiligten hinausgehen.[1033]

a) Mitunternehmerrisiko

Mitunternehmerrisiko bedeutet wirtschaftliche Teilhabe am Erfolg oder Misserfolg eines Unternehmens und wird regelmäßig durch eine Beteiligung am Gewinn und Verlust sowie an den stillen Reserven des Anlagevermögens einschließlich des Geschäftswerts vermittelt.[1034] Dabei ist auch der Begriff des Mitunternehmerrisikos ein offener Typusbegriff, weshalb nicht alle Voraussetzungen immer zwingend vorliegen müssen.[1035]

So ist eine unmittelbare Beteiligung am laufenden Verlust kein unentbehrliches Merkmal für das Vorliegen von Mitunternehmerrisiko, soweit eine Gewinnbeteiligung vorliegt und ausreichend Unternehmerinitiative gegeben ist.[1036] Hingegen ist das Bestehen einer eigenen Gewinnchance, sei es durch Teilhabe am laufenden Gewinn oder an einer Betriebsvermögensmehrung, unabdingbar, da es ansonsten an dem für unternehmerisches Handeln wichtigstem Element fehlt.[1037] Nicht zwingend erforderlich ist allerdings eine gleichzeitige Beteiligung am laufenden Gewinn und an den stillen Reserven. So kann eine hohe prozentuale Beteiligung am laufenden Gewinn den Ausschluss der Beteiligung an den stillen Reserven und am Geschäftswert kompensieren und umgekehrt.[1038] Demnach trägt derjenige, der weder am laufenden Gewinn noch am Gesamtgewinn der Gesellschaft beteiligt ist, grundsätzlich kein Mitunternehmerrisiko.[1039] Etwas anderes kann aufgrund des unbeschränkten Haftungsrisikos und starker

1032 BFH v. 19.7.2018 – IV R 10/17, DStR 2018, 2372, 2375 Rn. 32 ff.

1033 Vgl. BFH v. 25.6.1984 – GrS 4/82, NJW 1985, 93, 96; *Bode* in: Blümich, EStG, § 15 Rn. 223.

1034 BFH v. 2.10.1980 – IV R 42/79, BStBl. II 1981, 63; BFH v. 25.6.1984 – GrS 4/82, NJW 1985, 93, 96; BFH v. 9.10.1986 – IV R 235/84, BStBl. II 1987, 124; BFH v. 20.10.1999 – VIII R 10/87, BFH/NV 1991, 34; BFH v. 28.10.1999 – VIII R 66-70-97, DStR 2000, 193, 195; BFH v. 16.5.2013 – II R 5/12, DStR 2013, 1380, 1381; EStR 2012, H 15.8 (1); *Wacker* in: Schmidt, EStG, § 15 Rn. 264; *Bode* in: Blümich, EStG, § 15 Rn. 349 f.

1035 BFH v. 9.10.1969 – IV 294/64, BStBl. II 1970, 320; BFH v. 11.4.1973 – IV R 67/69, BStBl. II 1973, 528; *Desens/Blischke* in: K/S/M, EStG, § 15 Rn. C 44.

1036 BFH v. 18.2.1993 – IV R 132/91, BFH/NV 1993, 647; BFH v. 16.12.1997 – VIII R 32/90, NZG 1998, 691, 693; BFH v. 18.4.2000 – VIII R 68–98, DStR 2000, 1594, 1597; *Desens/Blischke* in: K/S/M, EStG, § 15 Rn. C 45; *Wacker* in: Schmidt, EStG, § 15 Rn. 271; a.A. *Bitz* in: L/B/P, EStG, § 15 Rn. 23 e.

1037 BFH v. 25.6.1984 – GrS 4/82, NJW 1985, 93, 96.

1038 BFH v. 18.4.2000 – VIII R 68–98, DStR 2000, 1594, 1597; *Wacker* in: Schmidt, EStG, § 15 Rn. 269; *Schenke* in: BeckOK, EStG, § 15 Rn. 1529; *Haep* in: H/H/R, EStG, § 15 Rn. 322 ff.; *Bode* in: Blümich, EStG, § 15 Rn. 350.

1039 BFH v. 17.5.2006 – VIII R 21/04, BFH/NV 2006, 1839; *Krumm* in: Kirchhof, EStG, Aufl. 18, § 15 Rn. 209.

Mitunternehmerinitiative jedoch im Hinblick auf einen am Vermögen einer KG nicht beteiligten Komplementär gelten, der eine Haftungsvergütung erhält.[1040]

Grundsätzlich setzt Mitunternehmerrisiko für den Fall des Ausscheidens oder der Liquidation die Beteiligung an den stillen Reserven einschließlich eines Geschäftswerts voraus.[1041] Auch hiervon sind jedoch Ausnahmen möglich. Dies ist insbesondere der Fall, wenn eine Entstehung stiller Reserven bzw. eines Geschäftswerts mit an Sicherheit grenzender Wahrscheinlichkeit nicht zu erwarten ist.[1042] Darüber hinaus ist eine fehlende Beteiligung an den stillen Reserven unschädlich, wenn diese durch die Übernahme einer unbeschränkten Haftung, eine hohe Beteiligung am laufenden Gewinn oder eine besonders starke Mitunternehmerinitiative kompensiert wird.[1043]

Schließlich setzt Mitunternehmerrisiko voraus, dass der Gesellschafter zugunsten der Gesellschaft sein eigenes Vermögen belastet, sei es in Gestalt einer Haftung gegenüber Gläubigern der Gesellschaft, sei es durch Erbringung eines sein Vermögen belastenden Gesellschafterbeitrags.[1044] Bei einem persönlich haftenden Gesellschafter wird eine Mitunternehmerstellung – von absoluten Ausnahmefällen abgesehen – in der Regel vorliegen, wenn dieser aufgrund seiner Geschäftsführungsbefugnis typisch unternehmerische Entscheidungen treffen kann.[1045] Dabei schließt selbst eine vollständige Haftungsfreistellung im Innenverhältnis das Mitunternehmerrisiko nicht vollständig aus, da eine theoretische Außenhaftung möglich bleibt.[1046] Umgekehrt ist eine persönliche

1040 BFH v. 11.6.1985 – VIII R 252/80, BStBl. II 1987, 33; BFH v. 17.11.1987 – VIII R 83/84, BFHE 152, 230; BFH v. 9.2.1999 – VIII R 43/98, DStRE 1999, 586, 587; BFH v. 17.5.2006 – VIII R 21/04, BFH/NV 2006, 1839; BFH v. 10.10.2012 – VIII R 42/10, DStR 2012, 2532; *Schenke* in: BeckOK, EStG, § 15 Rn. 1528; *Krumm* in: Kirchhof, EStG, Aufl. 18, § 15 Rn. 177 und 209; a. A. *Bode* in: Blümich, EStG, § 15 Rn. 359.

1041 BFH v. 29.4.1981 – IV R 131/78, BStBl. II 1981, 663; BFH v. 25.6.1984 – GrS 4/82, NJW 1985, 93, 96; *Haep* in: H/H/R, EStG, § 15 Rn. 324; *Schmid*, DStR 1995, 1977, 1979; *Kleinert/Geuß*, DStR 2013, 288, 291 f.

1042 BFH v. 18.2.1993 – IV R 132/91, BFH/NV 1993, 647; BFH v. 23.4.2009 – IV R 73/06, DStRE 2009, 916, 921; *Desens/Blischke* in: K/S/M, EStG, § 15 Rn. C 48.

1043 BFH v. 28.1.1982 – IV R 197/79, BStBl. II 1982, 389; BFH v. 18.4.2000 – VIII R 68–98, DStR 2000, 1594, 1597; BFH v. 4.4.2007 – IV B 143/05, BFH/NV 2007, 1848; BFH v. 1.7.2010 – IV R 100/06, BFH/NV 2010, 2056; BFH v. 3.11.2015 – VIII R 63/13, DStR 2016, 726, 728, Rn. 23; *Haep* in: H/H/R, EStG, § 15 Rn. 324; *Bode* in: Blümich, EStG, § 15 Rn. 350.

1044 BFH v. 13.7.2017 – IV R 41/14, DStR 2017, 2104, 2108; EStR 2012, H 15.8 (1); *Bode* in: Blümich, EStG, § 15 Rn. 350.

1045 BFH v. 25.4.2006 – VIII R 74/03, DStRE 2006, 912, 914; *Bode* in: Blümich, EStG, § 15 Rn. 350; *Schenke* in: BeckOK, EStG, § 15 Rn. 1539 ff.; *Carlé/Bauschatz* in: Korn, EStG, § 15 Rn. 57 f.

1046 BFH v. 4.4.2007 – IV B 143/05, BFH/NV 2007, 1848; *Haep* in: H/H/R, EStG, § 15 Rn. 325; *Desens/Blischke* in: K/S/M, EStG, § 15 Rn. C 49.

Außenhaftung nicht zwingend erforderlich, da auch der Kommanditist, der seine Einlage vollständig erbracht hat, nur bis zur Höhe dieser Einlage am Verlust teilnimmt.[1047]

b) Mitunternehmerinitiative

Mitunternehmerinitiative bedeutet Teilhabe an unternehmerischen Entscheidungen, wie sie z. B. Gesellschaftern oder diesen vergleichbaren Personen als Geschäftsführern, Prokuristen oder andern leitenden Angestellten obliegen.[1048] Ausreichend ist dabei die Möglichkeit zur Ausübung von Gesellschafterrechten, die den Stimm-, Kontroll- und Widerspruchsrechten eines Kommanditisten angenähert sind.[1049]

Als wichtigstes Mitverwaltungsrecht in einer Personengesellschaft vermittelt das Stimmrecht eine rechtliche und tatsächliche Möglichkeit zur Entfaltung von Mitunternehmerinitiative.[1050] Jedenfalls soweit die Möglichkeit zur Ausübung des Stimmrechts in Grundlagengeschäften besteht, liegt ausreichend Mitunternehmerinitiative vor.[1051] Der vollständige Ausschluss des Stimmrechts spricht daher grundsätzlich gegen eine bestehende Möglichkeit zur Entfaltung von Mitunternehmerinitiative.[1052] Dies ist jedoch abweichend zu beurteilen, wenn ein Widerspruchsrecht nach § 164 HGB besteht, da ein solches nach ganz überwiegender Ansicht wie ein Stimmrecht wirkt.[1053] Die Vereinbarung von Mehrheitsklauseln – in Abweichung vom Einstimmigkeitsprinzip – ist unschädlich, soweit sie sich nur auf laufende Angelegenheiten bezieht und das Widerspruchsrecht nach § 164 HGB nicht abbedungen wird.[1054] Umgekehrt fehlt es an Mitunternehmerinitiative wenn ein Minderheitsgesellschafter den Mehrheitsgesellschafter

1047 BFH v. 3.11.2015 – VIII R 63/13, DStR 2016, 726, 728; *Krumm* in: Kirchhof, EStG, Aufl. 18, § 15 Rn. 211; *Wacker* in: Schmidt, EStG, § 15 Rn. 264; *Kleinert/Geuß*, DStR 2013, 288, 292.

1048 BFH v. 25.6.1984 – GrS 4/82, NJW 1985, 93, 96; BFH v. 1.9.2011 – II R 67/09, DStRE 2012, 38, 39; BFH v. 31.5.2012 – IV R 40/09, BeckRS 2012, 95592, Rn. 19; BFH v. 16.5.2013 – II R 5/12, DStR 2013, 1380, 1381; *Desens/Blischke* in: K/S/M, EStG, § 15 Rn. C 58; *Haep* in: H/H/R, EStG, § 15 Rn. 309 ff.

1049 BFH v. 25.6.1984 – GrS 4/82, NJW 1985, 93, 96; BFH v. 1.8.1996 – VIII R 12/94, BStBl. II 1997, 272; *Schenke* in: BeckOK, EStG, § 15 Rn. 1504; *Zimmermann/Hottmann*, Personengesellschaft, Rn. B 16.

1050 BFH v. 11.4.1973 – IV R 67/69, BStBl. II 1973, 528; *Schenke* in: BeckOK, EStG, § 15 Rn. 1507; *Haep* in: H/H/R, EStG, § 15 Rn. 311.

1051 BFH v. 16.12.2009 – II R 44/08, BFH/NV 2010, 690; *Escher/Haag* in: MHdB GesR II, § 27 Rn. 79; *Kleinert/Geuß*, DStR2013, 288, 291; *Strahl*, KÖSDI 2019, 21355, 21359.

1052 *Zimmermann/Hottmann*, Personengesellschaft, Rn. B 16.

1053 *Desens/Blischke* in: K/S/M, EStG, § 15 Rn. C60; vgl. zur Wirkung des Widerspruchsrechts oben unter 2. Teil: C. II. 4.

1054 BFH v. 7.11.2000 – VIII R 16/97, NJW 2001, 1086; *Haep* in: H/H/R, EStG, § 15 Rn. 311; *Schenke* in: BeckOK, EStG, § 15 Rn. 1508.

in keinem Fall – also selbst bei Änderungen des Gesellschaftsvertrages – an einer Beschlussfassung hindern kann.[1055]

Die Grenze ausreichender Mitunternehmerinitiative ist ebenfalls unterschritten, wenn der formale Stimmrechtsinhaber sich gegenüber einem Dritten verpflichtet, sein Stimmrecht insgesamt nicht selbst auszuüben oder nur nach den Weisungen des Dritten zu handeln und diesem umfassende Stimmrechtsvollmachten einräumt.[1056] Dann ist die Position des Gesellschafters – auch ohne verdrängende Wirkung der Vollmachten – so geschwächt, dass eine Mitunternehmerstellung nicht mehr angenommen werden kann.[1057]

Das Widerspruchsrecht des Kommanditisten nach § 164 HGB ist grundsätzlich abdingbar, ohne dass hierdurch die Mitunternehmerinitiative ausgeschlossen wird.[1058] Es handelt sich um eine unwesentliche Beschränkung der Mitunternehmerinitiative, soweit der Kommanditist über Stimm- und Kontrollrechte verfügt.[1059] Daher ist es für die erforderliche Mitunternehmerinitiative ausreichend, wenn Stimm- und Kontrollrechte gegeben sind, die eine Einwirkungsmöglichkeit auf die unternehmerische Willensbildung ermöglichen.

Die §§ 166, 233 HGB und § 716 Abs. 1 BGB vermitteln dem Kommanditisten, dem an der Geschäftsführung nicht beteiligten Gesellschafter einer GbR und dem stillen Gesellschafter Einsichts- und Kontrollrechte. Nach Ansicht der Rechtsprechung sollen allein die Kontrollrechte nach § 716 BGB und § 233 HGB ausreichen, um eine Mitunternehmerinitiative zu begründen.[1060] Dem kann nicht zugestimmt werden. Denn Kontroll- und Einsichtsrechte vermitteln gerade keine Einwirkungsmöglichkeit auf

1055 BFH v. 11.10.1988 – VIII R 328/83, NJW 1989, 2910; BFH v. 11.7.1989 – VIII R 41/84, BFH/NV 1990, 92; *Wacker* in: Schmidt, EStG, § 15 Rn. 272; *Zimmermann/Hottmann*, Personengesellschaft, Rn. B 16; *Bode* in: Blümich, EStG, § 15 Rn. 352; *Escher*, FR 2008, 985, 989.

1056 BFH v. 16.5.2013 – II R 5/12, DStR 2013, 1380; *Wachter*, DStR 2013, 1929; *Wachter*, DStR 2016, 2065, 2072; vgl. auch zur fehlenden Mitunternehmerstellung aufgrund umfassender Einschränkungen und Auflagen im Schenkungs- und Gesellschaftsvertrag: FG Düsseldorf v. 22.6.2018 – 1 K 3020/16 F, EFG 2018, 2023.

1057 BFH v. 10.12.2008 – II R 34/07, DStR 2009, 321; *Bitz* in: L/B/P, EStG, § 15 Rn. 32a; *Wachter*, DStR 2013, 1929, 1932; *Strahl*, KÖSDI 2019, 21355, 21359.

1058 BFH v.10.11.1987 – VIII R 166/84, BStBl. II 1989, 758; BFH v. 11.10.1988 VIII R 328/83, NJW 1989, 2910; BFH v. 19.7.2018 – IV R 10/17, DStR 2018, 2372, 2375; *Zimmermann/Hottmann*, Personengesellschaft, Rn. B 16; *Bitz* in: L/B/P, EStG, § 15 Rn. 23 e; *Desens/Blischke* in: K/S/M, EStG, § 15 Rn. C 61; *Schenke* in: BeckOK, EStG, § 15 Rn. 1510; a. A. *Meyer-Koppitz*, DStZ 1996, 265, 274; *Bode* in: Blümich, EStG, § 15 Rn. 360.

1059 BFH v.10.11.1987 – VIII R 166/84, BStBl. II 1989, 758.

1060 BFH v. 25.6.1984 – GrS 4/82, NJW 1985, 93, 96; BFH v. 9.9.1999 – IV B 18–99, DStRE 2000, 318; BFH v. 8.4.2008 – VIII R 73/05, DStR 2008, 1187, 1189; BFH v. 28.10.2008 – VII R 32/07, BFH/NV 2009, 355.

die unternehmerische Entscheidungsfindung, sondern dienen bereits begrifflich der nachträglichen Kontrolle bereits abgeschlossener Entscheidungsprozesse, weshalb sie im Vergleich zu den Stimm- und Widerspruchsrechten nur eine untergeordnete Rolle einnehmen.[1061]

Schließlich kann allein aus der Orientierung an der Stellung eines Kommanditisten gefolgert werden, dass ein Recht zur Geschäftsführung nicht erforderlich ist.[1062] Unklar ist, ob allein ein Recht zur Geschäftsführung oder eine Position als leitender Angestellter die für eine Mitunternehmerstellung erforderliche Initiative vermitteln kann.[1063] Hiergegen spricht, dass Geschäftsführer und leitende Angestellte grundsätzlich an Beschlüsse der Gesellschafterversammlung gebunden sind.[1064] Jedenfalls ist die Einräumung einer Geschäftsführungsbefugnis aber geeignet, die Initiativrechte eines potentiellen Mitunternehmers zu stärken.[1065] Insoweit ist ein stiller Gesellschafter einer GmbH & Co. KG, der zugleich Gesellschafter und Geschäftsführer der Komplementär-GmbH ist, auch dann Mitunternehmer der KG, wenn er nicht an den stillen Reserven beteiligt ist.[1066]

2. Mitunternehmerstellung der Beteiligten

Es wurde bereits dargelegt, dass auch der Nießbraucher, obwohl er im strengen zivilrechtlichen Sinne kein Gesellschafter ist, eine Mitunternehmerstellung innehaben kann, wenn Risiko und Initiativrechte entsprechend ausgeprägt sind.[1067] Zu untersuchen ist daher, ob die daran gestellten Anforderungen bei beiden Parteien erfüllbar sind, wenn dem Nießbraucher das Stimmrecht in laufenden Angelegenheiten übertragen wird.

1061 BFH v. 11.7.1989 – VIII R 41/84; BFH/NV 1990, 92; BFH v. 11.10.1998 – VIII R 328/83, NJW 1989, 2910, 2911; *Krumm* in: Kirchhof, EStG, Aufl. 18, § 15 Rn. 212; *Desens/Blischke* in: K/S/M, EStG, § 15 Rn. C 62; *Bodden*, FR 2002, 559, 563; *Schulze zur Wiesche*, DB 1987, 551, 552; differenzierend: *Haep* in: H/H/R, EStG, § 15 Rn. 313 bis 315.

1062 *Bode* in: Blümich, EStG, § 15 Rn. 351.

1063 So könnte man den BFH verstehen: BFH v. 25.6.1984 – GrS 4/82, NJW 1985, 93, 96; BFH v. 14.8.1986 – IV R 131/84, BStBl. II 1987, 60.

1064 *Desens/Blischke* in: K/S/M, EStG, § 15 Rn. C 65; nach a. A. soll dies der Mitunternehmerinitiative eines Geschäftsleiters grundsätzlich nicht entgegenstehen: BFH v. 14.8.1986 – IV R 131/84, BStBl. II 1987, 60; BFH v. 13.7.2017 – IV R 41/14, DStR 2017, 2104, 2107; *Schenke* in: BeckOK, EStG, § 15 Rn. 1521.

1065 Vgl. BFH v. 3.11.2015 – VIII R 63/13, DStR 2016, 726, 730 f.; BFH v. 13.7.2017 – IV R 41/14, DStR 2017, 2104.

1066 BFH v. 20.11.1990 – VIII R 10/87, BFH/NV 1991, 34; BFH v. 13.7.2017 – IV R 41/14, DStR 2017, 2104.

1067 Vgl. zur ausreichenden gesellschafterähnlichen Stellung aufgrund eines vergleichbaren Gemeinschaftsverhältnisses oben unter 3. Teil: B. III. 2. c).

a) Gesellschafter

Ungefährdet ist die Mitunternehmerstellung des Gesellschafters in Fällen des Ertragsnießbrauchs, der bei vorbehaltenenem Nießbrauch an einem Personengesellschaftsanteil den gesetzlichen Regelfall darstellt.[1068] Wird dem Nießbraucher jedoch zusätzlich das Stimmrecht in laufenden Angelegenheiten übertragen, könnte dies Auswirkungen auf die Mitunternehmerstellung des Gesellschafters haben. Fraglich ist daher, ob die verbleibende Position des Gesellschafters dann noch ausreicht, um eine Mitunternehmerstellung zu begründen.

Hinsichtlich des Mitunternehmerrisikos ergibt sich folgendes Bild: Der entnahmefähige Handelsbilanzgewinn steht – wie schon im gesetzlichem Regelfall – dem Nießbraucher zu, soweit er nicht auf der Realisation stiller Reserven des Anlagevermögens beruht oder vertraglich in Höhe einer gewissen Quote begrenzt ist. Insoweit ist das Mitunternehmerrisiko des Gesellschafters im Vergleich zur Stellung eines Kommanditisten leicht geschwächt. Darüber hinaus hat die Übertragung des Stimmrechts in laufenden Angelegenheiten aber keine Auswirkungen auf das Mitunternehmerrisiko des Gesellschafters. Insbesondere bleiben Art und Umfang der Haftung des Gesellschafters vollständig unberührt. Eine etwaige Haftung des Nießbrauchers tritt neben diejenige des Gesellschafters.[1069]

Auch die laufenden Verluste treffen grundsätzlich weiterhin den Gesellschafter.[1070] Schließlich partizipiert allein der Gesellschafter weiterhin an nicht entnahmefähigen Gewinnen, Substanzzuwächsen, stillen Reserven und einer Steigerung des Geschäftswerts.[1071] In der Praxis sind schließlich auch quotale Begrenzungen auf die Höhe des dem Nießbraucher zustehenden Ertrags üblich. In diesen Fällen steht dem Gesellschafter sogar weiterhin ein Teil des laufenden Ertrags zu. Aufgrund des weiter bestehenden Haftungs- und Verlustrisikos sowie der Gewinnchance im Hinblick auf Substanz- und Geschäftswertsteigerungen besteht im Ergebnis auch weiterhin eine wesentliche Teilhabe am Erfolg bzw. Misserfolg des Unternehmens. Das erforderliche Mitunternehmerrisiko liegt demnach vor.

Die Mitunternehmerinitiative des Gesellschafters wird durch eine Übertragung des Stimmrechts in laufenden Angelegenheiten reduziert, da dieser sein Stimmrecht insoweit nicht mehr ausüben kann. Zu beachten ist allerdings, dass dem Gesellschafter das Stimmrecht in Grundlagengeschäften schon aus zivilrechtlichen Gründen nicht

1068 Vgl. hierzu oben unter 3. Teil: B. III. 3.
1069 Vgl. zur Haftung von Nießbraucher und Gesellschafter oben unter 2. Teil: C. IV.
1070 Vgl. zur Verlusttragung oben unter 2. Teil: C. III. 2.
1071 *Strahl*, KÖSDI 2019, 21355, 21360.

genommen werden kann, er also insoweit stets stimmrechtsberechtigt bleibt.[1072] Auch der Zustimmungsvorbehalt des Nießbrauchers nach § 1071 BGB beschränkt dieses Verwaltungsrecht nicht weiter, da ihm nach zutreffender Auffassung nur Wirkung im Innenverhältnis zukommt.[1073] Diese Stimmrechtsausübungsbefugnis im Hinblick auf Grundlagengeschäfte genügt bereits für ein Minimum an Mitunternehmerinitiative des Gesellschafters.[1074]

Darüber hinaus haben die zivilrechtlichen Ausführungen gezeigt, dass dem Gesellschafter grundsätzlich weiterhin die Geschäftsführungsbefugnis zusteht und diesem die Informations- und Kontrollrechte sowie das Teilnahmerecht an der Gesellschafterversammlung auch bei einer teilweisen Übertragung des Stimmrechts uneingeschränkt erhalten bleiben.[1075] Das Recht zur actio pro socio bleibt ebenfalls uneingeschränkt bestehen, während das Klagerecht auf Nichtigkeit eines Beschlusses und das Widerspruchsrecht des Kommanditisten als stimmrechtsverwandte Rechte insoweit auf den Nießbraucher übergehen, wie diesem das Stimmrecht übertragen wird, darüber hinaus aber ebenfalls beim Gesellschafter verbleiben.[1076] Folglich stehen dem Gesellschafter weiterhin ganz erhebliche Möglichkeiten zur Einflussnahme auf die unternehmerische Entscheidungsfindung zu. Mitunternehmerinitiative liegt daher ebenfalls vor.

Im Ergebnis ergibt sich unter Berücksichtigung des Gesamtbilds der Verhältnisse, dass der Gesellschafter, der im Rahmen der Nießbrauchsbestellung das Stimmrecht in laufenden Angelegenheiten dem Nießbraucher überlassen muss, als Mitunternehmer zu betrachten ist.[1077] Bei einem Vergleich mit der Stellung eines Kommanditisten und derjenigen eines stillen Gesellschafters besteht eine erheblich größere Nähe zu Position des Kommanditisten. Insbesondere gehen die verbliebenen Mitwirkungsrechte des Gesellschafters ganz wesentlich über diejenigen eines stillen Gesellschafters hinaus, dem lediglich das Einsichts- und Kontrollrecht nach § 233 HGB zusteht. Der Gesellschafter ist daher kein bloßer Kapitalgeber, sondern (Mit-)Unternehmer.

1072 Vgl. hierzu oben unter 2. Teil: C. II. 1. b).

1073 BFH v. 1.3.1994 – VIII R 35/92, NJW 1995, 1918, 1920; vgl. zum Zustimmungserfordernis des § 1071 BGB und der Rechtsfolge bei fehlender Zustimmung oben unter 2. Teil: C. II. 6.

1074 Vgl. hierzu oben unter 3. Teil: B. IV. 1. b).

1075 Vgl. oben unter 2. Teil: C. II. 2., 2. Teil: C. II. 3. und 2. Teil: C. II. 5.

1076 Vgl. zu diesen Rechten oben unter 2. Teil: C. II. 4.

1077 So im Ergebnis auch BFH v. 1.3.1994 – VIII R 35/92, NJW 1995, 1918, 1919; BFH v. 16.12.2009 – II R 44/08, BFH/NV 2010, 690; *Hochheim/Wagemann*, ZEV 2010, 109, 111; *Janssen/Nickel*, Unternehmensnießbrauch, S. 81 ff.

b) Nießbraucher

Behält sich der Übertragende lediglich einen Ertragsnießbrauch vor, fehlt es an einer Mitunternehmerstellung des Nießbrauchers.[1078] In diesem Fall stehen ihm nur die laufenden Erträge, ein funktional beschränktes Informationsrecht und ein (interner) Schutzmechanismus über das Zustimmungserfordernis des § 1071 BGB zu.[1079] Diese Rechte begründen keine unternehmerische Position, sondern sind eher mit derjenigen eines Kapitalgebers vergleichbar. Lässt sich ein (schwaches) Mitunternehmerrisiko noch begründen, weil der Anspruch auf die laufenden Erträge eine Gewinnchance vermittelt, fehlt es an der Möglichkeit zur Entfaltung von Mitunternehmerinitiative vollständig. Unternehmerische Entscheidungen kann der Nießbraucher weder selbst treffen, noch maßgeblich beeinflussen. Einsichts- und Kontrollrechte genügen nach der hier vertretenen Ansicht gerade nicht.[1080] Der Nießbraucher steht daher im gesetzlichen Regelfall eher einem typisch stillen Gesellschafter als einem Kommanditisten gleich.

Überträgt man dem Nießbraucher jedoch das mit dem Gesellschaftsanteil verbundene Stimmrecht in laufenden Angelegenheiten, verändert sich dessen Position grundlegend. Auf diese Weise wird dem Nießbraucher eine unmittelbare Einflussnahmemöglichkeit auf die unternehmerische Willensbildung eingeräumt. Daneben haben die zivilrechtlichen Ausführungen gezeigt, dass sich mit der teilweisen Übertragung des Stimmrechts zwangsläufig auch die gesellschaftsvertragliche Treuepflicht, weitreichende Informations- und Kontrollrechte, stimmrechtsverwandte Klage- und Widerspruchsrechte (soweit sie mit dem übertragenen Stimmrecht in Zusammenhang stehen) sowie das Recht zur Teilnahme an der Gesellschafterversammlung auf den stimmrechtsberechtigten Nießbraucher erstrecken.[1081] Die Möglichkeiten zur Ausübung von Mitunternehmerinitiative werden also erheblich erweitert und gehen deutlich über die Einsichts- und Kontrollrechte eines stillen Gesellschafters hinaus.

Zudem haben die zivilrechtlichen Ausführungen gezeigt, dass die Übertragung des Stimmrechts über die Stärkung der Initiativrechte hinaus, zwangsläufig auch eine Außenhaftung des Nießbrauchers zur Folge hat.[1082] Neben der bloßen Ertragsberechtigung trifft den Nießbraucher aufgrund der Parallelität von Mitverwaltung und Mithaftung (Selbstorganschaft) nun zusätzlich das tatsächliche Risiko unternehmerischer Fehlentscheidungen. Er haftet im Außenverhältnis gegenüber Dritten und ist im Innenverhält-

1078 *Wacker* in: Schmidt, EStG, § 15 Rn. 308, *Schulze zur Wiesche*, StBp 2017, 273, 276; *Messner*, MittBayNot 2018, 1, 3 f.; *Kepper*, NZG 2019, 211, 216; *El Mourabit*, ZEV 2016, 14, 17.

1079 Vgl. zu den Verwaltungs- und Vermögensrechten des Nießbrauchers im gesetzlichen Regelfall oben unter 2. Teil: C. V. 1.

1080 Vgl. hierzu oben unter 3. Teil: B. IV. 1. b).

1081 Vgl. hierzu oben unter 2. Teil: C. II.

1082 Vgl. hierzu oben unter 2. Teil: C. IV.

nis jedenfalls im Verschuldensfall ausgleichsverpflichtet.[1083] Das Mitunternehmerrisiko des Nießbrauchers wird also ebenfalls maßgeblich gesteigert.

Im Ergebnis führt die Übertragung des Stimmrechts zu einer Begründung von Initiativrechten des Nießbrauchers, verbunden mit einer deutlichen Steigerung des mitunternehmerischen Risikos. Die fehlende Beteiligung an den stillen Reserven wird durch die Haftungserweiterung und den Zuwachs an Einflussnahmemöglichkeiten kompensiert. Obwohl das Stimmrecht in Grundlagengeschäften weiterhin dem Gesellschafter zusteht und die Stellung des Nießbrauchers insoweit (geringfügig) hinter derjenigen eines Kommanditisten nach dem HGB zurückbleibt, sind Mitunternehmerrisiko und Mitunternehmerinitiative in ausreichender Weise vorhanden. Aufgrund der erheblichen Einflussnahmemöglichkeiten und einer grundsätzlich unbeschränkten Haftung im Außenverhältnis geht die Position des Nießbrauchers hier deutlich über diejenige eines typisch stillen Gesellschafters hinaus. Es ist gerade typisches Merkmal eines Mitunternehmers, dass er an unternehmerischen Entscheidungen beteiligt ist und deren Konsequenzen zu tragen hat. Eine Mitunternehmerstellung des Nießbrauchers liegt bei einer Übertragung des Stimmrechts in laufenden Angelegenheiten damit grundsätzlich vor.[1084]

Eine Ausnahme von diesem Grundsatz könnte für den Nießbraucher an einem Kommanditanteil bestehen, dessen Einlage bereits vollständig eingezahlt wurde. Denn in diesem – in der Praxis wohl häufigsten – Fall trifft den Nießbraucher kein eigenes unmittelbares Verlust- oder Haftungsrisiko. Auch die Initiativseite ist aufgrund der ohnehin schon handelsrechtlich schwachen Position des Kommanditisten eingeschränkt. Denn auch das Widerspruchsrecht – soweit es denn dem Nießbraucher zusteht – greift nur bei solchen Angelegenheiten, die über den gewöhnlichen Betrieb hinausgehen (§ 164 HGB) und damit in der Regel gerade nicht bei den dem Nießbraucher übertragenden laufenden Angelegenheiten.

Dem lässt sich entgegen halten, dass die fehlende Beteiligung am Verlust, dem Geschäftswert und den stillen Reserven das Mitunternehmerrisiko nicht per se ausschließt, wenn eine hohe Gewinnbeteiligung und ein wenigstens mittelbares Verlustrisiko (durch Entnahmebeschränkungen in Folgejahren) bestehen.[1085] In Verbindung mit dem Stimmrecht in laufenden Angelegenheiten (Initiative) lässt sich eine Mitunterneh-

1083 Vgl. hierzu oben unter 2. Teil: C. III. 2

1084 So im Ergebnis ebenfalls *Bitz* in: L/B/P, EStG, § 15 Rn. 32; *Wacker* in: Schmidt, EStG, § 15 Rn. 306; *Korn*, KÖSDI 2018, 20597, 20601 f.

1085 BFH v. 18.4.2000 – VIII R 68–98, DStR 2000, 1594, 1597; *Escher/Haag* in: MHdB GesR II, § 27 Rn. 77; *Desens/Blischke* in: K/S/M, EStG, § 15 Rn C 144; *Wacker* in: Schmidt, EStG, § 15 Rn. 271, 306; *Bitz* in: L/B/P, EStG, § 15 Rn. 32; *Bisle*, NWB 2017, 65, 69; *Altendorf*, GmbH-StB 2018, 256, 259; a. A. wohl BFH v. 3.12.2015 – IV R 43/13, BFH/NV 2016, 742.

merstellung des Nießbrauchers am Kommanditanteil also begründen, wenn diesem der gesamte laufende Gewinn zusteht (Risiko).[1086] Daneben stärkt auch der Zustimmungsvorbehalt des § 1071 BGB die Position des Nießbrauchers.[1087] Zwar gilt die Vorschrift nur im Innenverhältnis zum Gesellschafter, trotzdem wird dieser bei Ausübung seines Stimmrechts die Belange des Nießbrauchers berücksichtigen um eine etwaige Schadensersatzpflicht zu vermeiden.

Dennoch verbleiben im Hinblick auf den Nießbrauch an einem Kommanditanteil Restzweifel, wenn sich die Mitunternehmerstellung des Nießbrauchers allein auf den laufenden Gewinn und das Stimmrecht in laufenden Angelegenheiten stützt. Zumal auch der Anwendungsbereich der Stimmrechtsausübung in laufenden Angelegenheiten fragwürdig ist, wenn die Geschäfte allein von einer Komplementär GmbH geführt werden. Dann wird es in laufenden Angelegenheiten häufig gar nicht zu einer Beschlussfassung auf Gesellschafterebene kommen, weil das Widerspruchsrecht gerade keine Handlungen erfasst, die zum gewöhnlichen Betrieb gehören.

Um sicherheitshalber die Position des Nießbrauchers zu stärken und um Abgrenzungsschwierigkeiten zu vermeiden, ist es daher empfehlenswert, weitere Rechte auf den Nießbraucher zu übertragen, ohne dabei die Mitunternehmerstellung des Gesellschafters zu gefährden. In Betracht kommt insoweit die Aufnahme eines Katalogs von Angelegenheiten, über die Beschluss zu fassen ist und in denen, obwohl man sie üblicherweise nicht mehr zu den laufenden Geschäften zählen würde, der Nießbraucher stimmberechtigt sein soll (z. B. solche, die ein bestimmtes Geschäftsvolumen übersteigen, die Veräußerung von Wirtschaftsgütern des Anlagevermögens, die Aufnahme von Krediten oder die Einstellung und Kündigung von Mitarbeitern betreffen).[1088]

Auf diese Weise würde eine Zwischenkategorie von Beschlussgegenständen geschaffen, die der Geschäftsführung entzogen sind und in denen ausdrücklich der Nießbraucher stimmberechtigt ist. So könnte der Nießbraucher stärkeren Einfluss auf die wirtschaftliche Entwicklung des Unternehmens nehmen. Gleichzeitig verbliebe das Stimmrecht in Grundlagengeschäften weiterhin allein beim Gesellschafter und würde dessen Mitunternehmerinitiative absichern. Denkbar ist insoweit auch die Vereinbarung einer ge-

1086 Vgl. *Bode* in: Blümich, EStG, § 15 Rn. 365; *Bitz* in: L/B/P, EStG, § 15 Rn. 32. *Escher/Haag* in: MHdB GesR II, § 27 Rn. 77; *Wacker* in: Schmidt, EStG, § 15 Rn. 271, 306; *Hochheim/Wagemann*, ZEV 2010, 109, 110.

1087 BFH v. 1.3.1994 – VIII R 35/92, NJW 1995, 1918, 1920; vgl. zur Wirkung des Zustimmungsvorbehalts nach § 1071 BGB oben unter 2. Teil: C. II. 6.

1088 Vgl. *Schulze zur Wiesche*, DB 1997, 244, 245; *Zimmermann/Hottmann*, Personengesellschaft, Rn. B 16; *Wachter*, DStR 2013, 1929, 1933; *Korn*, KÖSDI 2018, 20597, 20601 f.; *Bitz* in: L/B/P, EStG, § 15 Rn. 31 d; *Götz/Hülsmann*, Nießbrauch, S. 131 ff.

meinsamen Stimmrechtsausübung – oder gemeinsamen Ausübung des Widerspruchsrechts – in ausdrücklich genannten Angelegenheiten.[1089]

Von der Erteilung von Stimmrechtsvollmachten sollte hingegen abgesehen werden.[1090] Soweit dem Nießbraucher bereits das Stimmrecht übertragen ist, ginge eine solche ohnehin ins Leere. Soweit die Vollmacht darüber hinausgeht, wird die Initiative des Nießbrauchers allenfalls geringfügig gestärkt, da sie das Stimmrecht des Gesellschafters nicht verdrängt und widerruflich ist.[1091] Wird eine umfassende Vollmachtserteilung dagegen mit einem Verzicht des Gesellschafters auf die Ausübung seines Stimmrechts oder mit anderen Einschränkungen verbunden, werden hierdurch wiederum Zweifel an der Mitunternehmerinitiative des Gesellschafters begründet.[1092]

Eine weitere Möglichkeit der Stärkung der Mitunternehmerinitiative des Nießbrauchers liegt in der Einräumung von Geschäftsführungsbefugnissen. Zwar ist der Kommanditist selbst nicht zur Geschäftsführung befugt. Dies ändert aber nichts daran, dass man den Nießbraucher zum Geschäftsführer einer etwaigen Komplementär-GmbH berufen könnte, die ihrerseits die Geschäfte der Kommanditgesellschaft führt. So hätte der Nießbraucher erheblichen Einfluss auf den wirtschaftlichen Erfolg des Unternehmens, an welchem er als Nießbraucher der Kommanditbeteiligung partizipiert.

Schließlich ließe sich auch das Mitunternehmerrisiko des Nießbrauchers am Kommanditanteil erhöhen, indem man diesen – neben dem Gesellschafter – an den stillen Reserven beteiligt.[1093] So ließe sich beispielsweise vereinbaren, dass dem Nießbraucher – entgegen dem gesetzlichen Leitbild[1094] – auch der Gewinn aus der Veräußerung von Wirtschaftsgütern des Anlagevermögens zu einer gewissen Quote zusteht. Darüber hinaus ist auch eine quotale Beteiligung des Nießbrauchers am Auseinandersetzungsguthaben und an einem etwaigen Geschäftswert denkbar. Der Gesellschafter bliebe aufgrund seines eigenen Verlustrisikos (begrenzt auf die erbrachte Einlage), aufgrund

1089 *Korn*, KÖSDI 2018, 20597, 20601 f.; *Desens/Blischke* in: K/S/M, EStG, § 15 Rn. C 145; *Bitz* in: L/B/P, EStG, § 15 Rn. 32; *Wälzholz*, DStR 2010, 1930, 1933; *von Sothen* in: MAH, Erbrecht, § 36 Rn. 198; die oben unter 2. Teil: C. II. 1. a) cc). gegen die Vergemeinschaftungslösung vorgebrachten Argumente im Hinblick auf die Stimmrechtsverteilung ex lege greifen hier nicht, da die Beteiligten sich bei einer individualvertraglichen Stimmrechtsverteilung bewusst für diesen Weg entscheiden und die weiteren Gesellschafter ebenfalls zustimmen müssen. Dann sind die Beteiligten insoweit nicht schutzwürdig.

1090 *Bisle*, NWB 2017, 65, 69; *Wachter*, DStR 2013, 1929, 1933; a. A. *Escher/Haag* in: MHdB GesR II, § 27 Rn. 76; *Götz/Hülsmann*, Nießbrauch, S. 131 ff.

1091 *Wachter*, DStR 2016, 2065, 2072; vgl. hierzu auch unter 2. Teil: C. II. 1. c).

1092 *Wachter*, DStR 2016, 2065, 2072; *Götz/Hülsmann*, Nießbrauch, S. 132; *Altendorf*, GmbH-StB 2018, 256, 259; vgl. hierzu auch oben unter 3. Teil: B. IV. 1. b).

1093 Vgl. *Kleinert/Geuß*, DStR 2013, 288, 292; *Küspert*, FR 2014, 397, 401, 405 f.

1094 Vgl. hierzu oben unter 2. Teil: C. III. 1.

seiner quotalen Berechtigung an den stillen Reserven und aufgrund seines Stimmrechts in Grundlagengeschäften sowie der der damit im Zusammenhang stehenden Rechte weiterhin Mitunternehmer.[1095]

3. Zwischenergebnis

Im Ergebnis ist festzuhalten, dass sich Nießbrauchsvereinbarungen individualvertraglich so ausgestalten lassen, dass sowohl Gesellschafter als auch Nießbraucher über eine Mitunternehmerstellung verfügen.[1096] Denn es ist möglich, die Initiativrechte und das unternehmerische Risiko so zu verteilen, dass die Stellungen beider Beteiligten deutlich über diejenige eines stillen Gesellschafters hinausgehen und nur minimal hinter derjenigen eines Kommanditisten zurückbleiben. Eine Schlüsselposition nimmt insoweit das Stimmrecht in laufenden Angelegenheiten ein. Denn durch dessen Übertragung auf den Nießbraucher wird nicht nur die Möglichkeit zur Entfaltung von Mitunternehmerinitiative sondern gleichzeitig das Mitunternehmerrisiko des Nießbrauchers erheblich gesteigert, da es zu einer Mithaftung kommt.

Den Grenzbereich bildet der Nießbrauch am Kommanditanteil. Aufgrund der vergleichsweise schwachen Rechtsposition des Kommanditisten, lässt sich die Mitunternehmerstellung des Nießbrauchers am Kommanditanteil in Zweifel ziehen, wenn diesem (nur) das Stimmrecht in laufenden Angelegenheiten übertragen ist und eine persönliche Haftung ausgeschlossen ist, weil die Hafteinlage (durch den Gesellschafter) vollständig erbracht wurde. Empfehlenswert ist daher zusätzlich die ausdrückliche Einräumung des Stimmrechts für besondere (über die laufenden Angelegenheiten hinausgehende) Geschäfte, eine (Teil-)Beteiligung an den stillen Reserven oder die Übernahme der Geschäftsführung innerhalb einer etwaigen Komplementär-GmbH. Die Mitunternehmerstellung des Gesellschafters bleibt hiervon unberührt, soweit diesem das Stimmrecht in Grundlagengeschäften, eine (Teil-)Beteiligung an den stillen Reserven und ein eigenes Verlustrisiko zuzurechnen sind.

1095 Zu vermeiden ist allerdings die Einräumung eines Bruchteilsnießbrauchs, bei dem ein Mitunternehmeranteil nur zu einem Teil belastet wird oder eines Quotennießbrauchs bei dem sich die quotale Berechtigung des Nießbrauchers neben den Vermögensrechten auch auf die Verwaltungsrechte beschränkt. In diesen Fällen kommt es zu einer steuerlichen Aufteilung des Mitunternehmeranteils in einen belasteten und einen unbelasteten Anteil. Dann wäre die Mitunternehmerstellung nur hinsichtlich eines Teils des Mitunternehmeranteils zu bejahen. Hinsichtlich des anderen Teils würde es an den Voraussetzungen des § 6 Abs. 3 EStG fehlen. Vgl. hierzu BFH v. 16.5.2013 – II R5/12, DStR 2013, 1380; *Götz*, ZEV 2014, 241 ff.

1096 Dieses Ergebnis entspricht der bislang überwiegenden Ansicht in Literatur und Rechtsprechung, vgl. hierzu oben unter 3. Teil: B. III. 2. a). Entgegen der hier vertretenen Ansicht wird allerdings häufig davon ausgegangen, dass sich dieses Ergebnis bereits durch den Vorbehalt eines Nießbrauchs nach gesetzlichem Leitbild ergibt.

Damit findet die Vorschrift des § 6 Abs. 3 EStG auch bei Übertragungen von Mitunternehmeranteilen unter Nießbrauchsvorbehalt Anwendung, wenn dem Nießbraucher über den gesetzlichen Regelfall hinaus eine Position eingeräumt wird, die diesem – neben dem Gesellschafter – eine Mitunternehmerstellung vermittelt.

V. Teil-Mitunternehmeranteile

Auf die Übertragung von Teil-Mitunternehmeranteilen und die Aufnahme natürlicher Personen in bestehende Einzelunternehmen unter Nießbrauchsvorbehalt finden grundsätzlich die obigen Ausführungen zur Übertragung von ganzen Mitunternehmeranteilen Anwendung. Denn die Aufnahme einer natürlichen Person in ein bestehendes Einzelunternehmen führt zur Entstehung einer Mitunternehmerschaft und steht damit im Ergebnis der Übertragung eines Mitunternehmeranteils gleich.

Eine Besonderheit besteht darin, dass der Übertragende in diesen Fällen aufgrund des zurückbehaltenen Teils des Mitunternehmeranteils und ggf. aufgrund zurückbehaltener Wirtschaftsgüter des Sonderbetriebsvermögens (§ 6 Abs. 3 S. 2 EStG) weiterhin mitunternehmerisch tätig bleibt. Hieraus wird von Teilen der Literatur geschlossen, dass in diesen Fällen eine Einstellung der Tätigkeit des Übertragenden (bzw. die Aufgabe der Mitunternehmerstellung) gar nicht möglich sei, weil der Übertragende wesensnotwendig Mitunternehmer hinsichtlich des zurückbehaltenen Teil-Anteils bleibe.[1097] Dem folgend, wäre auch die neuere Rechtsprechung zur fehlenden Tätigkeitseinstellung aufgrund Nießbrauchsvorbehalts auf diese Fälle nicht übertragbar und ein Nießbrauchsvorbehalt am übertragenen Teil-Anteil für die Anwendbarkeit des § 6 Abs. 3 EStG insoweit unschädlich.

Dieser Ansicht in der Literatur ist allerdings (in ihrer Begründung) nicht zu folgen. Zum einen hindert die Aufnahme einer natürlichen Person in ein bestehendes Einzelunternehmen nicht die Beendigung der bisherigen Tätigkeit des Einzelunternehmers.[1098] Denn die gewerbliche Betätigung der durch die Aufnahme neu gegründeten Personengesellschaft ist steuerrechtlich keine Fortsetzung der bisherigen Tätigkeit des Einzelunternehmers.[1099] Vielmehr handelt es sich bei der gewerblich tätigen Personengesellschaft um ein vom Gesellschafter zu trennendes eigenständiges Gewinnerzielungsobjekt.[1100]

1097 *Gluth*, EStB 2017, 403, 406; *Mutscher* in: Frotscher, EStG, § 6 Rn. 486; *Seer* in: Kirchhof, EStG, Aufl. 18, § 16 Rn. 74; *Oellerich* in: BeckOK, EStG, § 6 Rn. 2759.
1098 BFH v. 22.10.2014 – X R 28/11, BeckRS 2015 94223 Rn. 21.
1099 BFH v. 22.10.2014 – X R 28/11, BeckRS 2015 94223 Rn. 21.
1100 BFH v. 22.10.2014 – X R 28/11, BeckRS 2015 94223 Rn. 21.

Zum anderen ist Gegenstand der Prüfung, ob die einzelnen Voraussetzungen der Buchwertfortführung erfüllt sind, nur der übertragene Teilanteil.[1101] Denn nur dieser ist auch Gegenstand der Übertragung. Eine etwaige tätigkeitsbezogene Auslegung und eine Einstellung der Tätigkeit können sich also nur auf den übertragenen Bruchteil beziehen, nicht auf einen zurückbehaltenen Teil-Anteil.[1102] Dies entspricht der Rechtsprechung des Bundesfinanzhofs, wonach der Erwerber eines Kommanditanteils nicht allein deshalb eine Mitunternehmerstellung erwirbt, weil er bereits vorher Kommanditist der KG war und dieser (bisherige) Teil-Anteil ihm eine Mitunternehmerstellung vermittelt.[1103] Die zivilrechtliche Unteilbarkeit der Mitgliedschaft führt nicht dazu, dass der Erwerber automatisch auch im Hinblick auf den neu hinzuerworbenen Teil-Anteil eine Mitunternehmerstellung erhält.[1104] Die Anteile sind steuerlich also getrennt zu betrachten und eine Einstellung der Tätigkeit (bzw. der Mitunternehmerstellung) im Hinblick auf den übertragenen Teil-Mitunternehmeranteil wäre möglich.

Im Ergebnis gelten aber auch hier die Ausführungen zum Tätigkeitseinstellungserfordernis bei der Übertragung ganzer Mitunternehmeranteile.[1105] Demnach ist die Tätigkeitseinstellung auch bei der Übertragung von Teil-Mitunternehmeranteilen und bei Aufnahmen in Einzelunternehmen keine Tatbestandsvoraussetzung für die Buchwertfortführung nach § 6 Abs. 3 EStG. Darüber hinaus sind auch die weiteren Ausführungen zu ganzen Mitunternehmeranteilen übertragbar. Das bedeutet, dass die Bestellung eines Nießbrauchs nach gesetzlichem Leitbild an einem Teil-Mitunternehmeranteil für die Buchwertfortführung in jedem Fall unschädlich ist, da der Übertragende in diesem Fall seine Mitunternehmerstellung hinsichtlich des maßgeblichen Teil-Anteils aufgibt. Daneben ist es – wie bei einem ganzen Mitunternehmeranteil – möglich, dass Verwaltungs- und Vermögensrechte so zwischen den Beteiligten verteilt werden, dass sowohl Teil-Mitunternehmeranteilsinhaber als auch Teil-Mitunternehmeranteilsnießbraucher über eine Mitunternehmerstellung an demselben Teil-Kommanditanteil verfügen.[1106]

Damit sind die Buchwerte grundsätzlich auch bei der Übertragung eines Teil-Mitunternehmeranteils und der Aufnahme in bestehende Einzelunternehmen unter Nießbrauchsvorbehalt in Anwendung des § 6 Abs. 3 EStG fortzuführen.

1101 *Schulze zur Wiesche,* StBp 2017, 273, 276.
1102 *Schulze zur Wiesche,* StBp 2017, 273, 276.
1103 BFH v. 23.2.2010 – II R 42/08, DStR 2010, 868.
1104 BFH v. 23.2.2010 – II R 42/08, DStR 2010, 868.
1105 Vgl. hierzu oben unter 3. Teil: B. III. 1.
1106 Vgl. hierzu oben unter 3. Teil: B. IV.

VI. Nießbrauch am Sonderbetriebsvermögen

Eine weitere Konstellation bei der Übertragung von Mitunternehmeranteilen in der vorweggenommenen Erbfolge stellt der Vorbehalt eines Nießbrauchs an einem Wirtschaftsgut des Sonderbetriebsvermögens dar. In der Regel handelt es sich um ein Grundstück, welches bislang vom übertragenden Gesellschafter an die Personengesellschaft vermietet wurde und nun im Rahmen der Übertragung des gesamten Mitunternehmeranteils zusammen mit dem Gesellschaftsanteil auf den Erwerber übertragen wird. Dabei hält sich der Übertragende einen Sachnießbrauch allein an dem Grundstück vor und stellt dieses (üblicherweise) der Personengesellschaft in Ausübung seines Nießbrauchs weiterhin zur Verfügung.

In diesen Fällen gelten grundsätzlich die gleichen Überlegungen wie bei der Übertragung eines Einzelunternehmens unter Vorbehalt eines Nießbrauchs an einem Einzelwirtschaftsgut.[1107] Soweit der Nießbraucher das Wirtschaftsgut des Sonderbetriebsvermögens weiterhin der Personengesellschaft überlässt, findet § 6 Abs. 3 EStG Anwendung.[1108] Es fehlt an einer Entnahme, da das Wirtschaftsgut auf den Erwerber übergeht und auch trotz des Nießbrauchs als (gewillkürtes) Sonderbetriebsvermögen des Erwerbers bei der Mitunternehmerschaft zu bilanzieren ist.[1109]

Nutzt der Nießbraucher das Wirtschaftsgut für eigene Zwecke oder vermietet es an einen Dritten, muss die Buchwertfortführung ebenfalls Anwendung finden. Zum einen kommt auch dann eine Qualifikation als gewillkürtes Betriebsvermögen in Betracht. Denn auch ein nicht unmittelbar von der Personengesellschaft selbst genutztes Wirtschaftsgut kann objektiv geeignet sein, dem Betrieb der Personengesellschaft oder der Beteiligung der Gesellschafter zu dienen (z. B. zur Sicherung betrieblicher Kredite).[1110] Schließlich wäre – in konsequenter Anwendung der hier vertretenen Ansichten – selbst eine Entnahme des jeweiligen Einzelwirtschaftsguts unschädlich für die Buchwertfortführung, soweit der Betrieb hierdurch nicht zerschlagen wird.[1111] Dann käme es zwar zur Aufdeckung der in dem entnommenen Wirtschaftsgut enthaltenen stillen Reser-

1107 Vgl. hierzu oben unter 3. Teil: A. VI.

1108 BFH v. 1.3.1994 – VIII R 35/92, NJW 1995, 1918, 1920; FG Münster v. 24.6.2014 – 3 K 3886/12 F, ZEV 2014, 687; *Strahl*, FR 2004, 929, 937; *ders.*, KÖSDI 2019, 21355, 21364; *Korn* in: FS Spiegelberger, 309, 319, *ders.*, DStR 1999, 1461, 1469; *Lederle/Wanner*, DStR 2015, 2270, 2272; *Gratz/Uhl-Ludäscher* in: H/H/R, EStG, § 6 Rn. 1206 f., 1224; *Götz/Hülsmann*, Nießbrauch, S. 316 Rn. 1516; *Bodden*, ZEV 1997, 405 ff.; *Meyer/Ball*, StBp 2010, 223; zweifelnd *Kulosa* in: Schmidt, EStG, § 6 Rn. 651.

1109 *Strahl*, FR 2004, 929, 937; *Götz/Hülsmann*, Nießbrauch, S. 316 Rn. 1516; *Meyer/Ball*, StBp 2010, 223.

1110 BFH v. 25.11.1997 – VIII R 4/94, DStRE 1998, 246, 247; *Bode* in: Blümich, EStG, § 15 Rn. 462; *Korn* in: FS Spiegelberger, 309, 319.

1111 Vgl. oben unter 1. Teil: C. V. 4. e).

ven. Dies hat – wie im ersten Teil dieser Arbeit dargelegt – aber keine Auswirkung auf die Buchwertfortführung im Übrigen, wenn der Betrieb auch ohne das entnommene Wirtschaftsgut lebensfähig ist und vom Erwerber fortgeführt werden kann.

Ergebnis

Die unentgeltliche Übertragung betrieblicher Einheiten unter Nießbrauchsvorbehalt muss grundsätzlich ohne Aufdeckung stiller Reserven erfolgen. Dies ergibt sich bereits aus der fehlenden Existenz eines entsprechenden Besteuerungstatbestands. § 6 Abs. 3 S. 1 EStG hat insoweit nur deklaratorischen Charakter.

Der erste Teil dieser Arbeit zeigt, dass die Verhinderung der Aufdeckung stiller Reserven bei unentgeltlichen Betriebsübertragungen keine Rechtsfolge des § 6 Abs. 3 EStG ist, sondern sich bereits aus zutreffender Gesetzesauslegung ergibt. Dies entspricht der gesetzgeberischen Grundentscheidung, nicht jede Wertsteigerung des Betriebsvermögens steuerlich zu erfassen, sondern die Besteuerung bis zum Eintritt eines Realisationsakts aufzuschieben. Bis dahin gebietet das Verhältnismäßigkeitsprinzip unter Berücksichtigung des Übermaßverbots und des Vermögensschutzes, dass eine sofortige Besteuerung unterbleibt, soweit diese auch zu einem späteren Zeitpunkt erfolgen kann. Im Regelfall bleiben stille Reserven daher bis zum Zeitpunkt ihrer Realisation (i. d. R. durch Veräußerung) unversteuert.

Von dieser Regel hat der Gesetzgeber Ausnahmen in Form von Ersatzrealisationstatbeständen vorgesehen. Danach sind stille Reserven (ausnahmsweise) auch ohne Realisationsakt zu versteuern, wenn anderenfalls ein Untergang der stillen Reserven droht, weil eine spätere Besteuerung nicht mehr möglich wäre. Die Voraussetzungen dieser Ersatzrealisationstatbestände sind bei unentgeltlichen Übertragungen betrieblicher Sachgesamtheiten aber nicht erfüllt. Für eine Entnahme fehlt es an der erforderlichen dauerhaften Minderung des Betriebsvermögens und für eine Betriebsaufgabe an der endgültigen Zerschlagung der betrieblichen Einheit.

Die Übertragung der stillen Reserven auf den Rechtsnachfolger verstößt zwar gegen das Subjektsteuerprinzip. Dies entspricht aber der einkommensteuerrechtlichen Systematik und dem Willen des historischen Gesetzgebers. Zudem kann eine Besteuerung nicht allein aus einem Prinzip abgeleitet werden. Die Tatbestandsmäßigkeit der Besteuerung und das Rechtsstaatsprinzip erfordern einen konkreten Besteuerungstatbestand, den das Gesetz derzeit nicht vorsieht. Stattdessen hat der Gesetzgeber dem Realisationsprinzip den Vorrang gegenüber dem Subjektsteuerprinzip eingeräumt.

Schließlich spricht auch der Zweck der Ersatzrealisationstatbestände für dieses Ergebnis und gegen eine Besteuerung unentgeltlicher Betriebsübertragungen. Denn ein Untergang stiller Reserven, der eine sofortige Besteuerung rechtfertigen würde, droht durch die Übertragung gerade nicht. Die betriebliche Einheit wird vom Rechtsnachfolger fortgeführt und die Wirtschaftsgüter bleiben weiterhin steuerverstrickt. Eine spätere Besteuerung der stillen Reserven zum Zeitpunkt ihrer Realisation bleibt daher möglich. Es besteht demnach kein Grund vom gesetzlichen Regelfall abzuweichen.

Unter Berücksichtigung dieser steuersystematischen Einordnung können sich die Voraussetzungen der Buchwertfortführung nur aus einem Zusammenspiel mit den potentiellen Besteuerungstatbeständen ergeben. Nur wenn die Voraussetzungen eines Besteuerungstatbestands erfüllt sind, ist die Buchwertfortführung zu versagen. Daraus ergibt sich, dass eine Besteuerung stiller Reserven unterbleiben muss, wenn eine betriebliche Einheit unentgeltlich übertragen wird, ohne dabei zerschlagen zu werden, der Erwerber eine unternehmerische Stellung erwirbt und das Besteuerungsrecht der Bundesrepublik Deutschland nicht gefährdet wird.

Hingegen sind die einheitliche Übertragung aller wesentlichen Betriebsgrundlagen und die Einstellung der bisherigen Tätigkeit des Übertragenden keine Voraussetzungen für die Buchwertfortführung. Denn die Tatbestandsvoraussetzungen eines Besteuerungstatbestands sind in diesen Fällen üblicherweise nicht erfüllt. Der Zurückbehalt einer wesentlichen Betriebsgrundlage kann zwar eine Entnahme des Einzelwirtschaftsguts darstellen. Dies führt aber lediglich zur Aufdeckung der in diesem Einzelwirtschaftsgut enthaltenen stillen Reserven. Auf die ertragsteuerliche Beurteilung der Betriebsübertragung im Übrigen hat dieser Vorgang keine Auswirkungen, solange der Erwerber noch eine funktionsfähige und fortführbare Sachgesamtheit erhält.

Erforderlich für die Buchwertfortführung ist stattdessen grundsätzlich ein Fortbestehen der betrieblichen Einheit (keine Zerschlagung) und der Erwerb einer (Mit-) Unternehmerstellung des Empfängers. Die Voraussetzung des Erwerbs einer (Mit-) Unternehmerstellung ergibt sich dabei aus der Betriebs- und Mitunternehmeranteilsdefinition, die eine Tätigkeitskomponente bzw. eine unternehmerische Stellung beinhalten. Ohne den Erwerb einer solchen Unternehmerposition würde es sich lediglich um die Übertragung von Einzelwirtschaftsgütern statt um die Übertragung einer betrieblichen Sachgesamtheit handeln. Dies hätte im Hinblick auf Einzelunternehmen regelmäßig eine Entnahme der übertragenen Wirtschaftsgüter zur Folge. Bei Mitunternehmeranteilen würde eine Zerschlagung und damit die Erfüllung des Betriebsaufgabetatbestands drohen. Denn der Mitunternehmeranteil würde nicht fortbestehen, weil es dem Erwerber an Initiative und Risiko und dem Übertragenden an der zivilrechtlichen Gesellschafterstellung fehlt.

Die für die Buchwertfortführung erforderlichen Voraussetzungen liegen allerdings auch dann vor, wenn sich der Übertragende ein Nießbrauchsrecht an der betrieblichen Einheit vorbehält. Insbesondere fehlt es an einer Zerschlagung. Denn die betriebliche Einheit wird fortgeführt. Nur weil Eigentum und Tätigkeit zeitweise auseinanderfallen, hört die betriebliche Sachgesamtheit nicht zu existieren auf. Zudem hat ein vorbehaltenes Nießbrauchsrecht ausschließlich temporären Charakter, während die Entnahme- und Aufgabetatbestände eine Endgültigkeitskomponente aufweisen. Nach Wegfall des Nießbrauchs fallen Eigentum und Tätigkeit stets wieder zusammen. Es entspricht dem Interesse aller Beteiligten und dem praktischen Regelfall, dass die betriebliche Einheit im Ergebnis vom Rechtsnachfolger unverändert fortgeführt wird. Insbesondere hat der langfristige Unternehmenserhalt gerade bei Familienunternehmen – dem typischen Anwendungsfall des § 6 Abs. 3 EStG – allerhöchste Priorität. Die Gefahr des Verlusts von Steuersubstrat, die eine sofortige Besteuerung rechtfertigen könnte, besteht gerade nicht.

Im Hinblick auf den Erwerb einer Unternehmerstellung ist ebenfalls zwischen der Übertragung von Einzelunternehmen und der Übertragung von Mitunternehmeranteilen zu differenzieren. Denn insoweit hat der zweite Teil dieser Arbeit gezeigt, dass die (zivilrechtlichen) Auswirkungen eines vorbehaltenen Nießbrauchs an einem Personengesellschaftsanteil ganz erheblich von denjenigen eines Nießbrauchs an einem Einzelunternehmen abweichen. Während der Einzelunternehmensnießbraucher den Betrieb wie einen eigenen führt, unternehmerische Entscheidungen trifft und unmittelbar selbst haftet, entspricht der Nießbrauch an einem Personengesellschaftsanteil im gesetzlichen Regelfall einem bloßen Ertragsnießbrauch. Ursache dieser Differenzierung ist das Bestehen einer zusätzlichen gesellschaftsrechtlichen Ebene beim Nießbrauch am Personengesellschaftsanteil. Da sich ein Übergang gesellschaftsrechtlicher Verwaltungsrechte aus dem Sachenrecht nicht ableiten lässt, ist die Position des Nießbrauchers am Personengesellschaftsanteil auf einen Anspruch auf die laufenden Gewinne beschränkt, soweit nicht ausdrücklich abweichendes vereinbart wird.

Daraus ergibt sich, dass der Empfänger eines Einzelunternehmens aufgrund eines vorbehaltenen Nießbrauchs keine Unternehmerstellung erhält. Über eine solche verfügt allein der Nießbraucher. Dies steht der Buchwertfortführung aber ausnahmsweise nicht entgegen, weil die steuerlichen Grundsätze der Betriebsverpachtung auf Nießbrauchskonstellationen übertragbar sind. Denn der Nießbrauch am Einzelunternehmen ist in seinen Auswirkungen mit einem Pachtverhältnis vergleichbar und wird daher berechtigterweise auch als verdinglichte Form der Unternehmenspacht bezeichnet. Aus diesem Grund ist – wie bei Betriebsverpachtungsfällen – ausnahmsweise vorübergehend vom Erwerb einer Unternehmerstellung abzusehen. Solange eine Betriebsaufgabe nicht ausdrücklich erklärt wird, genügt – wie bei Betriebsverpachtungen – die theoretische Möglichkeit der Fortführung der Tätigkeit (bzw. des Erwerbs der Unternehmerstellung) durch den Erwerber in der Zukunft.

Im Hinblick auf die Übertragung von Mitunternehmeranteilen unter Nießbrauchsvorbehalt ist der Erwerb einer Mitunternehmerstellung des Erwerbers unproblematisch, wenn ein Nießbrauch nach gesetzlichem Leitbild vorliegt. Denn insoweit wurde dargelegt, dass es sich um einen bloßen Ertragsnießbrauch handelt. Da dem Nießbraucher im gesetzlichen Regelfall also keine Verwaltungsrechte zustehen, ist die Nießbrauchsbestellung für den Erwerb einer Mitunternehmerstellung des Empfängers unschädlich.

Schwierigkeiten bestehen hingegen, wenn dem Nießbraucher – in Abweichung vom gesetzlichen Leitbild – bestimmte Verwaltungsrechte am Gesellschaftsanteil eingeräumt werden. In diesem – in der Praxis äußerst relevanten – Fall ist darauf zu achten, dass die Mitunternehmerstellung des Erwerbers durch die Zuweisung von Mitgliedschaftsrechten an den Nießbraucher nicht beeinträchtigt wird. Eine allgemeingültige Grenzziehung ist dabei kaum möglich, da das Vorliegen von Mitunternehmerinitiative und Mitunternehmerrisiko stets einer Beurteilung des Einzelfalls bedarf.

Dennoch ist eine Aufteilung der Vermögens- und Verwaltungsrechte auf Nießbraucher und Besteller denkbar, durch die beiden Beteiligten eine Mitunternehmerstellung im Hinblick auf denselben Personengesellschaftsanteil vermittelt wird. Ein Grundsatz, nach dem eine sog. doppelte Mitunternehmerstellung an einem Gesellschaftsanteil unzulässig wäre, lässt sich nicht begründen. Vielmehr kommt es allein darauf an, ob die Beteiligten jeweils die Voraussetzungen an eine Mitunternehmerstellung erfüllen. Eine Schlüsselrolle nimmt dabei die Übertragung des Stimmrechts in laufenden Angelegenheiten ein. Da dessen Übertragung eine Haftungserweiterung auf den Nießbraucher zu Folge hat, wird hierdurch in der Regel eine Mitunternehmerstellung des Nießbrauchers begründet, ohne diejenige des Bestellers zu beseitigen.

In der steuerlichen Beratungspraxis ist bei der Übertragung betrieblicher Einheiten unter Nießbrauchsvorbehalt aufgrund inkonsistenter Rechtsprechung, ungeklärter zivilrechtlicher Vorfragen und hoher Sachverhaltsvariabilität äußerste Vorsicht geboten. Dennoch ist bei richtiger Ausgestaltung der entsprechenden Vertragsdokumentation – insbesondere der Nießbrauchsvereinbarung – eine unentgeltliche Übertragung betrieblicher Einheiten unter Nießbrauchsvorbehalt ohne ertragsteuerliche Konsequenzen möglich. Für die Generationennachfolge in Familienunternehmen wird die Übertragung unter Nießbrauchsvorbehalt daher ein praxistaugliches Mittel bleiben.

Literaturverzeichnis

Adenauer, Patrick, Das Familienunternehmerprinzip, in: Familienunternehmen im Fokus von Wirtschaft und Wissenschaft, Festschrift für Mark K. Binz, Hrsg. Dauner-Lieb, Barbara u. a., München, 2014, S. 9 ff. (zitiert: *Adenauer* in: FS Binz, S.)

Altendorf, Klaus, Der Vorbehaltsnießbrauch am Kommanditanteil: ein Update, GmbH-StB 2018, 256 ff.

Baldauf, Sina, Das innere System der einkommensteuerlichen Gewinnrealisierung, Frankfurt am Main, 2009 (zitiert: *Baldauf*, System der Gewinnrealisierung, S.)

Bamberger, Heinz Georg/Roth, Herbert, Kommentar zum Bürgerlichen Gesetzbuch, München, 3. Auflage 2012 (zitiert: *Bearbeiter* in: Bamberger/Roth, BGB, § Rn.)

Barry, Sebastian, Nießbrauch an GmbH-Geschäftsanteilen, RNotZ 2014, 401 ff.

Baumbach, Adolf/Hopt, Klaus J., Kommentar zum Handelsgesetzbuch, München, 38. Auflage 2018 (zitiert: *Bearbeiter* in: Baumbach/Hopt, HGB, § Rn.)

Becker, Enno, Die Grundlagen der Einkommensteuer, München/Berlin, 1940 (zitiert: *Becker*, Grundlagen der Einkommensteuer, S.)

Beisse, Heinrich, Gewinnrealisierung – Ein systematischer Überblick über Rechtsgrundlagen, Grundtatbestände und grundsätzliche Streitfragen, in: Gewinnrealisierung im Steuerrecht, Hrsg. Ruppe, Hans Georg, DStJG 4, Köln 1981, 13 ff. (zitiert: *Beisse*, Gewinnrealisierung, DStJG 4, S.)

Bennecke, Andreas/Schnittker, Helder, Umwandlung von Personengesellschaften als Veräußerungstatbestand? – Ein Diskussionsbeitrag, FR 2010, 555 ff.

Bengel, Manfred, 64. Deutscher Juristentag 2002 in Berlin Abt. A: Zivilrecht, MittBayNot 2003, 270 ff.

Biergans, Enno, Der Nießbrauch an Einzelunternehmen und Mitunternehmeranteilen in der Einkommensteuer, DStR 1985, 327 ff.

Binz, Horst, Der Nießbrauch an Personengesellschaftsanteilen, DB 1987, 1506 ff.

Birk, Dieter, Das Leistungsfähigkeitsprinzip als Maßstab der Steuernormen, Köln, 1983 (zitiert: *Birk*, Leistungsfähigkeitsprinzip, S.)

Birk, Dieter/Desens, Marc/Tappe, Henning, Steuerrecht, Heidelberg, 21. Auflage 2018 (zitiert: *Birk/Desens/Tappe*, Steuerrecht, S. Rn.)

Bisle, Michael, Vorbehaltsnießbrauch an einem Personengesellschaftsanteil, NWB 2017, 65 ff.

Blümich, Kommentar zum Einkommensteuergesetz, Hrsg.: Heuermann, Bernd/Brandis, Peter (Loseblattsammlung), München, Stand: 144. EL, Oktober 2018 (zitiert: *Bearbeiter* in: Blümich, EStG/UmwStG, § Rn.)

Blumers, Wolfgang/Elicker, Michael, Realisierungszeitpunkt und Bewertung beim Anteilstausch im Rahmen der Einkünfte aus § 17 EStG, BB 2009, 1156 ff.

Bodden, Guido, Einkünftequalifikation bei Mitunternehmern, FR 2002, 559 ff.

ders., Unentgeltliche Übertragung von Mitunternehmeranteilen unter Vorbehalt des Nießbrauchs an einem mitübertragenen Sonderbetriebsvermögens-Grundstück, ZEV 1997, 405 ff.

Bode, Walter, Anm. zu BFH v. 2.8.2012 – IV R 41/11, DB 2012, 2375 f.

Bökelmann, Dieter, Anm. zu BayOblG v. 3.7.1973 – Breg 2 Z 25/73, JR 1974, 201 ff.

ders., Nutzungen und Gewinn beim Unternehmensnießbrauch, Tübingen, 1971 (zitiert: *Bökelmann*, Unternehmensnießbrauch, S.)

Bordewin, Arno/Brandt, Jürgen, Kommentar zum Einkommensteuergesetz (Loseblattsammlung), München, Stand: 414. Aktualisierung, März 2019 (zitiert: *Bearbeiter* in: Bordewin/Brandt, EStG, § Rn.)

Bünning, Martin, Anm. zu BFH v. 9.12.2014 – IV R 29/14, BB 2015, 368 ff.

Bunke, Erwin, Der Nießbrauch an der Beteiligung an einer Personengesellschaft, DNotZ 1968, 5 ff.

Buschkühle, Herbert, Sonderbetriebsvermögen versus Unternehmensnachfolge: Die unentgeltliche Übertragung von Mitunternehmeranteilen unter besonderer Berücksichtigung von Sonderbetriebsvermögen, Berlin, 2004 (zitiert: *Buschkühle*, Unentgeltliche Übertragung von Mitunternehmeranteilen, S.)

Costede, Jürgen, Gewinn und Gewinnrealisierung im Einkommensteuerrecht, StuW 1996, S. 19 ff.

Crezelius, Georg, Steuerrecht II, Besonderes Steuerrecht, München, 1991 (zitiert: *Crezelius*, Steuerrecht II, § Rn.)

Danz, Daniela, Das Subjektsteuerprinzip – Begriff, Rechtfertigung und Auswirkungen, FR 2018, S. 160 ff.

dies., Anm. zu FG Düsseldorf v. 19.4.2018 – 15 K 118/17 – Rev. IV R 14/18, FR 2018, S. 703, 707 f.

Daragan, Hanspeter, Der Mitunternehmeranteil des Nießbrauchers, DStR 2011, 1347 ff.

Dötsch, Franz, Keine steuerneutrale unentgeltliche Übertragung eines Gewerbebetriebs unter Vorbehaltsnießbrauch, Juris PR-SteuerR 31/2017, Anm. 3

Dräger, Jürgen, Übertragung von Mitunternehmeranteilen unter Vorbehaltsnießbrauch, DB 2017, S. 2768 ff.

El Mourabit, Naima, Aufdeckung stiller Reserven bei unentgeltlicher Übertragung von Einzelunternehmen und Mitunternehmeranteilen unter Nießbrauchsvorbehalt im Wege der vorweggenommenen Erbfolge?, ZEV 2016, 14 ff.

Epping, Volker/Hillgruber, Christian, BeckOK zum Grundgesetz, München, 39. Edition 2018, Stand: 15.11.2018 (zitiert: *Bearbeiter* in: BeckOK, GG, Art. Rn.)

Ermann, Walter, Handkommentar zum Bürgerlichen Gesetzbuch, Hrsg: Westermann, Harm Peter/Grunewald, Barbara/Maier-Reimer, Georg, Band 2, Köln, 15. Auflage 2017 (zitiert: *Bearbeiter* in: Ermann, BGB, § Rn.)

Esch, Günter/Baumann, Wolfgang/Schulze zur Wiesche, Dieter, Handbuch der Vermögensnachfolge, Berlin, 6. Auflage 2001 (zitiert: *Esch/Baumann/Schulze zur Wiesche*, Vermögensnachfolge, Rn.)

Escher, Jens/Haag, Maximilian, § 27 Nießbrauch an Gesellschaftsanteilen, in: Münchener Handbuch des Gesellschaftsrechts, Hrsg: Gummert, Hans/Weipert, Lutz, Band 2, München, 5. Auflage 2019 (zitiert: *Escher/Haag* in: MHdB GesR II, § 27 Rn.)

Fasold, Frauke, Die einkommensteuerliche Problematik der Buchwertfortführung – Übertragung stiller Reserven und Gewinnrealisierung im Einkommensteuerrecht, Frankfurt am Main, 2005 (zitiert: *Fasold*, Buchwertfortführung, S.)

Fichtelmann, Helmar, Der Nießbrauch an Unternehmen und Beteiligungen, Teil I – III, DStR 1974, Teil I: S. 267 ff., Teil II: S. 299 ff., Teil III: S. 341 ff.

Finger, Peter, Der Nießbrauch am Gesellschaftsanteil einer Personengesellschaft, DB 1977, S. 1033 ff.

Flume, Werner, Allgemeiner Teil des Bürgerlichen Rechts, Band 1, Teil 1, Die Personengesellschaft, Berlin, 1977 (zitiert: *Flume*, BGB AT, §)

Frank, Johann, Anm. zu BGH v. 02.11.2001 – V ZR 264/00, DNotZ 2002, 217 ff.

ders., Der Nießbrauch an Gesellschaftsanteilen, MittBayNot 2010, 96 ff.

Frotscher, Gerrit/Geurts, Matthias, Kommentar zum Einkommensteuergesetz (Loseblattsammlung), Freiburg, Stand: 2019 (zitiert: *Bearbeiter* in: Frotscher, EStG, § Rn.)

Fuisting, Bernhard, Die preußischen direkten Steuern, Kommentar zum Einkommensteuergesetz, Band 1, Berlin, 4. Auflage 1899 (zitiert: *Fuisting*, Preußische direkte Steuern, S.)

Geck, Reinhard, Anm. zu BFH v. 2.8.2012 – IV R 41/11, ZEV 2012, 685 ff.

ders., Die Übertragung unter Nießbrauchsvorbehalt nach Aufhebung des § 25 ErbStG durch das ErbStRG, DStR 2009, 1005 ff.

Geck, Reinhard/Messner, Michael, ZEV-Report Steuerrecht, ZEV 2015, 91 ff.

Geissler, Michael, Die verbilligte Übertragung betrieblicher Sachgesamtheiten – Anwendung der Einheitstheorie bei § 16 EStG und § 24 UmwStG, FR 2014, 152 ff.

ders., Entgeltliche und unentgeltliche Aufnahme einer natürlichen Person in ein Einzelunternehmen – unter Berücksichtigung des Entwurfs des UntStFG – FR 2001, 1629 ff.

Glanegger, Peter, Einkommensteuerrechtliche Funktion der Betriebsaufgabe, DStR 1998, 1329 ff.

Gluth, Rüdiger, Der Nießbrauch als Gestaltungsfalle bei der Übertragung von Betriebsvermögen?, EStB 10/2017, 403 ff.

Godin, Reinhard von, Nutzungsrecht an Unternehmen und Unternehmensbeteiligungen, Berlin, 1949 (zitiert: *Godin*, Nutzungsrecht an Unternehmen, S.)

Goebel, Joachim, Der Nießbrauch an Personengesellschaftsanteilen, Berlin, 2003 (zitiert: *Goebel*, Nießbrauch an Personengesellschaftsanteilen, S.)

Goette, Wulf, Anm. zu BGH v. 9.11.1998 – II ZR 213–97, DStR 1999, 246

Gosch, Dietmar, Anm. zu BFH v. 2.9.1992 – XI R 26/91, StBp 1993, 20 ff.

Götz, Hellmut, Ende der doppelten Mitunternehmerstellung bei Übertragung eines Mitunternehmeranteils unter Nießbrauchsvorbehalt, FR 2019, 605 ff.

ders., Anwendbarkeit von § 6 Abs. 3 EStG bei Übertragung eines Mitunternehmeranteils unter Nießbrauchsvorbehalt, DStZ 2018, 540 ff.

ders., Zivilrechtliche und steuerliche Sonderzuordnung des Gesellschaftsanteils bei Bestellung eines Quotennießbrauchs am Anteil einer Personengesellschaft?, ZEV 2014, 241 ff.

Götz, Hellmut/Hülsmann, Christoph, Der Nießbrauch im Zivil- und Steuerrecht, Herne, 11. Auflage 2017 (zitiert: *Götz/Hülsmann*, Nießbrauch, S.)

Götz, Hellmut/Jorde, Thomas R., Nießbrauch an Personengesellschaftsanteilen – Praxisprobleme, FR 2003, 998 f.

Gräfe, Maren/Kraft, Gerhard, Anm. zu BFH v. 25.1.2017 – X R 59/14, ZEV 2017, 471 ff.

Grashoff, Dietrich, Grundzüge des Steuerrechts, München, 14. Auflage 2018 (zitiert: *Grashoff*, Grundzüge des Steuerrechts, Kap. Rn.)

Groh, Manfred, Aufnahme eines Gesellschafters in ein Einzelunternehmen: Ende der Ungewissheit?, DB 2001, S. 2162 ff.

Grunsky, Wolfgang, Probleme des Nießbrauchs an einem Unternehmen, BB 1972, 585 ff.

Gsell, Beate/Krüger, Wolfgang/Lorenz, Stephan/Reymann, Christoph, beck-online Grosskommentar, BGB, München, Stand: 1.4.2019 (zitiert: *Bearbeiter* in: BeckOGK, BGB, § Rn.)

Haag, Maximilian, § 66 Belastung von Gesellschaftsanteilen, in: Münchener Handbuch des Gesellschaftsrechts, Hrsg: Gummert, Hans/Weipert, Lutz, Band 1, München, 5. Auflage 2019 (zitiert: *Haag* in: MHdB GesR I, § 66 Rn.)

Habersack, Matthias, Examens-Repetitorium Sachenrecht, Heidelberg, 8. Auflage 2016 (zitiert: *Habersack*, Sachenrecht, § Rn.)

Hänsch, Falco, Änderung des § 6 Abs. 3 EStG durch das Anti-BEPS-Umsetzungsgesetz I; NWB 2017, 935 ff.

Hauck, Ronny, Nießbrauch an Rechten, Tübingen 2015

Hennrichs, Joachim, § 9 Steuerliche Gewinnermittlung (Bilanzsteuerrecht), in: Steuerrecht, Hrsg. Tipke, Klaus/Lang, Joachim, Köln, 23. Auflage 2018 (zitiert: *Hennrichs* in: Tipke/Lang, Steuerrecht, § 9 Rz.)

Hepp-Schwab, Hermann, Die Mitgliedschaft des Personengesellschafters und der Nießbrauch an seinem Gesellschaftsanteil, Berlin 1998 (zitiert: *Hepp-Schwab*, Mitgliedschaft und Nießbrauch, S.)

Hermanns, Marc, Übertragung von Mitgliedschaftsrechten an Dritte – Gestaltungsmöglichkeiten und -grenzen, ZIP 2005, 2284 ff.

ders., Der Nießbrauch am Gesellschaftsanteil – zugleich Anmerkung zur Entscheidung des BGH vom 9.11.1998, MittRhNotK 1999, 235 ff.

ders., Die vorweggenommene Erbfolge in Gesellschaftsbeteiligungen, MittRhNotK 1997, 149 ff.

Hermes, Ludger-H., Die Innengesellschaft als Gestaltungsinstrument für ein mitunternehmerisches Nießbrauchsrecht, DStR 2019, 1777 ff.

ders., Mitunternehmerisches Nießbrauchsrecht nur bei wirtschaftlichem Eigentum am Mitunternehmeranteil? DStZ 2019, 112 ff.

ders., Das mitunternehmerische Nießbrauchsrecht und das Problem der Mitunternehmerverdoppelung, Ubg 2018, 566 ff.

ders., Das mitgliedschaftliche Nießbrauchsrecht als steuerrechtliche Einkunftsquelle und als Instrument der Einkünfteerzielung, FR 2018, 825 ff.

ders., Das Nießbrauchrecht an Mitgliedschaften im Gesellschafts-, Bilanz- und Steuerrecht, Baden-Baden, 2018 (zitiert: *Hermes*, Nießbrauchsrecht, S.)

Herrmann, Carl/Heuer, Gerhard/Raupach, Arndt, Einkommensteuer- und Körperschaftsteuergesetz, Kommentar (Loseblattsammlung), Köln, Stand: 288. EL, November 2018 (zitiert: *Bearbeiter* in: H/H/R, EStG, § Rn.)

Hey, Johanna, § 3 Steuersystem und Steuerverfassungsrecht, in: Steuerrecht, Hrsg. Tipke, Klaus/Lang, Joachim, Köln, 23. Auflage 2018 (zitiert: *Hey* in: Tipke/Lang, Steuerrecht, § 3 Rz.)

dies., § 7 Einführung in das besondere Steuerschuldrecht, in: Steuerrecht, Hrsg. Tipke, Klaus/Lang, Joachim, Köln, 23. Auflage 2018 (zitiert: *Hey* in: Tipke/Lang, § 7 Rz.)

dies., § 8 Einkommensteuer, in: Steuerrecht, Hrsg. Tipke, Klaus/Lang, Joachim, Köln, 23. Auflage 2018 (zitiert: *Hey* in: Tipke/Lang, § 8 Rz.)

dies., Das Individualsteuerprinzip in Einkommen-, Körperschaft- und Gewerbesteuer, in: Gedächtnisschrift für Christoph Trzaskalik, Köln, 2005, S. 219 ff. (zitiert: *Hey* in: GS Trzaskalik, S.)

Hiller, Matthias, Vorbehaltsnießbrauch hindert steuerneutrale unentgeltliche Übertragung eines Gewerbebetriebs, Anm. zu BFH v. 25.1.2017 – X R 59/14, DStRK 2017, 250

Hochheim, Stephanie/Wagemann, Iris, Der Vorbehaltsnießbrauch am Kommanditanteil und die Mitunternehmerschaft, ZEV 2010, 109 ff.

Hörger, Hellmut/Schulz, Andreas, Normspezifische Auslegung des Begriffs „wesentliche Betriebsgrundlage" – Anmerkung zu BFH v. 2.10.1997, IV R 84/96, DStR 1998, 233.

Hübner, Heinrich/Friz, Fabian, Buchwertfortführung bei der Übertragung eines Einzelunternehmens unter Nießbrauchsvorbehalt? – Anmerkungen zum BFH-Urteil X R 59/14, DStR 2017, 2353 ff.

Hübschmann, Walter/Hepp, Ernst/Spitaler, Armin, Abgabenordnung, Finanzgerichtsordnung, Kommentar (Loseblattsammlung), Köln, Stand: 251. EL, März 2019 (zitiert: *Bearbeiter* in: H/H/S, AO, § Rn.)

Janssen, Dirk/Nickel, Jörg R., Unternehmensnießbrauch, Zivil-, gesellschafts- und steuerrechtliche Gestaltungen bei Einzelunternehmen, Personen- und Kapitalgesellschaften, Bielefeld 1998 (zitiert: *Janssen/Nickel*, Unternehmensnießbrauch, S.)

Jauernig, Othmar, Kommentar zum Bürgerlichen Gesetzbuch, München, 17. Auflage 2018 (zitiert: *Bearbeiter* in: Jauernig, BGB, § Rn.)

Juris Praxiskommentar BGB, Hrsg: Herberger, Maximilian/Martinek, Michael/Rüßmann, Helmut/Weth, Stephan/Würdinger, Markus, BGB, Band 3, Saarbrücken, 8. Auflage 2017 (zitiert: *Bearbeiter* in: juris-PK, BGB, § Rn.)

Kanzler, Hans-Joachim, Anm. zu BFH v. 2.8.2012 – IV R 41/11, FR 2012, 1113 ff.

ders., Anm. zu BFH v. 29.3.2000 – I R 76/99, FR 2000, 872, 875 f.

ders., Anm. zu BFH v. 12.6.1996 – XI R 56, 57/95, FR 1996, 676, 678

Kepper, Philipp, Übertragung von Einzelunternehmen und Anteilen an Personengesellschaften unter Nießbrauchsvorbehalt im Lichte der neueren BFH-Rechtsprechung, NZG 2019, 211

Keul, Thomas, § 89 Verfügungen über Gesellschafterrechte, in: Münchener Handbuch des Gesellschaftsrechts, Hrsg: Gummert, Hans/Weipert, Lutz, Band 2, München, 5. Auflage 2019 (zitiert: *Keul* in: MHdB GesR 2, § Rn.)

Kirchhof, Gregor/Ratschow, Eckart, BeckOK zum EStG, München, 2. Edition, Stand: 01.09.2018 (zitiert: *Bearbeiter* in: BeckOK, EStG, § Rn.)

Kirchhof, Paul, Einkommensteuergesetz, Kommentar, Köln, 18. Auflage 2019 (zitiert: *Bearbeiter* in: Kirchhof, EStG, Aufl. 18, § Rn.)

ders., Einkommensteuergesetz, Kommentar, Köln, 16. Auflage 2017 (zitiert: *Bearbeiter* in: Kirchhof, EStG, Aufl. 16, § Rn.)

Kirchhof, Paul/Söhn, Hartmut/Mellinghof, Rudolf, Einkommensteuergesetz, Kommentar (Loseblattsammlung), Heidelberg, Stand: 292. EL, November 2018 (zitiert: *Bearbeiter* in: K/S/M, EStG, § Rn.)

Klein, Franz/Orlopp, Gerd, Abgabenordnung, Kommentar, München, 14. Auflage 2018 (zitiert: *Bearbeiter* in: Klein, AO, § Rn.)

Kleinert, Jens/Geuß, Nina, Schenkung einer mitunternehmerischen Beteiligung unter Vorbehalt oder Zuwendung eines (Quoten-)Nießbrauchs – Sicherung der Betriebsvermögensbegünstigung durch präzise Vertragsgestaltung, DStR 2013, 288 ff.

Knobbe-Keuk, Brigitte, Bilanz- und Unternehmenssteuerrecht, Köln, 9. Auflage 1993 (zitiert: *Knobbe-Keuk*, Unternehmenssteuerrecht, S.)

dies., Gesellschaft und Mitunternehmerschaft, StuW 1986, 106 ff.

Koch, Christoph, Gewinnrealisierungen anlässlich der unentgeltlichen Übertragung betrieblicher Einheiten, Frankfurt am Main, 2010 (zitiert: *Koch*, Gewinnrealisierungen, S.)

Koenig, Ullrich, Abgabenordnung, Kommentar, München, 3. Auflage 2014 (zitiert: *Bearbeiter* in: Koenig, AO, § Rn.)

Korn, Klaus, Nießbrauch: Steuerfallen und Gestaltungsmöglichkeiten, KÖSDI 2018, S. 20597 ff.

ders., Steuergestalterische Aspekte beim Grundstücksnießbrauch, in: Festschrift für Sebastian Spiegelberger, Bonn, 2009, 309 ff. (zitiert: *Korn* in: FS Spiegelberger, S.)

ders., Das BMF-Schreiben zu § 6 Abs. 3 EStG: Analyse und Gestaltungshinweise, KÖSDI 2005, S. 14633 ff.

ders., Nießbrauchgestaltungen auf dem Prüfstand (Teil I), DStR 1999, 1461 ff.

Korn, Klaus/Carlé, Dieter/Stahl, Rudolf/Strahl, Martin, Einkommensteuergesetz, Kommentar (Loseblattsammlung), Bonn, Stand: 111. EL Oktober 2018 (zitiert: *Bearbeiter* in: Korn, EStG, § Rn.)

Krawitz, Norbert, Die bilanzielle Behandlung der langfristigen Auftragsfertigung und Reformüberlegungen unter Berücksichtigung internationaler Entwicklungen, DStR 1997, 886 ff.

Kredig, Alexander, Das System der Besteuerung stiller Reserven bei Unternehmensumstrukturierungen, Berlin, 2013 (zitiert: *Kredig*, Besteuerung stiller Reserven, S.)

Krogoll, Karl, Der Ertragsnießbrauch am Mitunternehmeranteil als Gestaltungsinstrument, ErbStB 2014, 314 ff.

Kruse, Viola, Nießbrauch an der Beteiligung an einer Personengesellschaft, RNotZ 2002, 69 ff.

Kubik, Nikolaj, Anm. zu BFH v. 25.01.2017 – X R 59/14, BB 2017, 1586

Küspert, Klaus, Der Nießbrauch am Personengesellschaftsanteil, FR 2014, 397 ff.

Lademann, Fritz, Kommentar zum Einkommensteuergesetz (Loseblattsammlung), Berlin, Stand: 243. EL Januar 2019 (zitiert: *Bearbeiter* in: Lademann, EStG, § Rn.)

Lang, Joachim, Die Bemessungsgrundlage der Einkommensteuer, Köln 1981/88 (zitiert: *Lang*, Bemessungsgrundlage, S.)

ders., Gewinnrealisierung – Rechtsgrundlagen, Grundtatbestände und Prinzipien im Rahmen des Betriebsvermögensvergleichs nach § 4 Abs. 1 EStG, in: Gewinnrealisierung im Steuerrecht, DStJG 4, Hrsg. Ruppe, Hans Georg, Köln 1981, 45 ff. (zitiert: *Lang*, Gewinnrealisierung, DStJG 4, S.)

Lederle, Frank/Wanner, Jens, Die vorweggenommene Erbfolge unter Nießbrauchsvorbehalt im Lichte der neuen FG-Rechtsprechung, DStR 2015, 2270 ff.

Leingärtner, Wilhelm, Besteuerung der Landwirte, Kommentar (Loseblattsammlung), München, Stand: 35. EL 2019 (zitiert: *Bearbeiter* in: Leingärtner, Kap. Rn.)

Levedag, Christian, Ausgewählte ertragsteuerliche Entwicklungen bei der atypisch stillen Gesellschaft und (a)typisch stillen Unterbeteiligung, GmbHR 2019, 699 ff.

Lindemeier, Jörg, Die Belastung des Gesamthandsanteils im Grundbuch des zum Gesamthandsvermögen gehörenden Grundstücks – Zugleich ein Beitrag zu Zulässigkeit und Ausgestaltung des Nießbrauchs am Anteil an einer Personengesellschaft, DNotZ 1999, 876 ff.

Littmann, Eberhard/Bitz, Horst/Pust, Hartmut, Das Einkommensteuerrecht, Kommentar (Loseblattsammlung), Stand: 134. Aktualisierung Februar 2019 (zitiert: *Bearbeiter* in: L/B/P, EStG, § Rn.)

Märkle, Rudi, Die Übertragung eines Bruchteils eines Gesellschaftsanteils bei vorhandenem Sonderbetriebsvermögen, DStR 2001, 685 ff.

ders., Teilentgeltlichkeit bei der Übertragung von Betrieben, Mitunternehmeranteilen und betrieblichen Einzelwirtschaftsgütern, StbJb 87/88, 309 ff.

Messner, Michael, Vorbehaltsnießbrauch an Unternehmen, MittBayNot 2018, 1 ff.

Meyer-Koppitz, Dirk, Die steuerliche Anerkennung von Familienpersonengesellschaften in der Rechtsform der Kommanditgesellschaft, DStZ 1996, 265 ff.

Meyer, Bernd/Ball, Jochen, Grundstücksübertragungen unter Nießbrauchsvorbehalt im Steuerrecht, StBp 2010, 223 ff.

Michalski, Lutz/Heidinger, Andreas/Leible, Stefan/Schmidt, Jessica, Kommentar zum GmbHG, München, 3. Auflage 2017 (zitiert: *Bearbeiter* in: M/H/L/S, GmbHG, § Rn.)

Moxter, Adolf/Engel-Ciric, Dejan, Erosion des bilanzrechtlichen Vorsichtsprinzips, BB 2014, 489 ff.

Münchener Kommentar zum Bilanzrecht, Hrsg: Hennrichs, Joachim/Kleindiek, Detlef/Watrin, Christoph, München, 1. Auflage 2013 (zitiert: *Bearbeiter* in: MüKo, Bilanzrecht, § Rn.)

Münchener Kommentar zum Bürgerlichen Gesetzbuch, Hrsg: Säcker, Franz Jürgen/Rixecker, Roland/Oetker, Hartmut/Limperg, Bettina, München (zitiert: *Bearbeiter* in: MüKo, BGB, § Rn.)
Band 1, §§ 1 – 240 BGB, 8. Auflage 2018
Band 6, §§ 705 – 853 BGB, 7. Auflage 2017
Band 7, §§ 854 – 1296 BGB, 7. Auflage 2017

Münchener Kommentar zum Handelsgesetzbuch, Hrsg: Schmidt, Karsten, Band 3, §§ 161 – 237, München, 3. Auflage 2012 (zitiert: *Bearbeiter* in: MüKo, HGB, § Rn.)

Mugdan, Benno, Die gesammelten Materialien zum Bürgerlichen Gesetzbuch für das Deutsche Reich, Band III: Sachenrecht, Berlin, 1899 (zitiert: *Mugdan*, Materialien zum BGB, Band III, S.)

Nieder, Heinrich/Kössinger, Reinhard/Kössinger, Winfried, Handbuch der Testamentsgestaltung, München, 5. Auflage 2015

Nomos Kommentar BGB, Hrsg: Dauner-Lieb, Barbara/Heidel, Thomas/Ring, Gerhard, Band 3: Sachenrecht, Baden-Baden, 4. Auflage 2016 (zitiert: *Bearbeiter* in: NK, BGB, § Rn.)

Oetker, Hartmut, Kommentar zum Handelsgesetzbuch, München, 5. Auflage 2017 (zitiert: *Bearbeiter* in: Oetker, BGB, § Rn.)

Palandt, Otto, Kommentar zum Bürgerlichen Gesetzbuch, München, 76. Auflage 2017 (zitiert: *Bearbeiter* in: Palandt, BGB, § Rn.)

Paus, Bernhard, Der Unternehmensnießbrauch, BB 1990, 1675 ff.

Petzoldt, Rolf, Nießbrauch an Personengesellschaftsanteilen, DStR 1992, 1171 ff.

Pfeifer, Karl-Nikolaus, Rechtsfähigkeit und Rechtssubjektivität der Gesamthand – die GbR als OHG?, NZG 2001, 296 ff.

Prütting, Hanns, Sachenrecht, München, 35. Auflage 2014

Roth, Günter H./Altmeppen, Holger, Kommentar zum GmbHG, München, 9. Auflage 2019 (zitiert: *Bearbeiter* in: Roth/Altmeppen, GmbHG, § Rn.)

Ruppe, Hans Georg, Möglichkeiten und Grenzen der Übertragung von Einkunftsquellen als Problem der Zurechnung von Einkünften, DStJG 2, Hrsg. Tipke, Klaus, Köln, 1979, S. 7 ff. (zitiert: *Ruppe*, Übertragung von Einkunftsquellen, DStJG 2, S.)

Sandhaus, Sebastian, Der Nießbrauch an Gesellschaftsanteilen bei Verschmelzung, Spaltung und Formwechsel, Berlin, 2007 (zitiert: *Sandhaus*, Nießbrauch an Gesellschaftsanteilen, S.)

Schanz, Georg, Der Einkommensbegriff und die Einkommensteuergesetze, FinArch. 1896, Bd. 13, S. 1 ff.

Scheel, Jochen, § 7 Geschäftsführung, in: Münchener Handbuch des Gesellschaftsrechts, Hrsg: Gummert, Hans/Weipert, Lutz, Band 2, München, 5. Auflage 2019 (zitiert: *Scheel* in: MHdB GesR II, § 7 Rn.)

ders., § 49 Nießbrauch bei der vorweggenommenen Erbfolge und im Erbrecht, in: Münchener Anwaltshandbuch Erbrecht, Hrsg: Scherer, Stephan, München, 5. Auflage 2018 (zitiert: *Scheel* in: MAH, Erbrecht, § 49 Rn.)

Schmid, Reinhold, Steuerrechtliche Behandlung einer Familienkommanditgesellschaft, DStR 1995, 1977 ff.

Schmidt, Karsten, Handelsrecht, Unternehmensrecht I, Köln, 6. Auflage 2014 (zitiert: *Schmidt*, Handelsrecht, § Rn.)

ders., Stimmrecht beim Anteilsnießbrauch, ZGR 1999, 601 ff.

Schmidt, Ludwig, Einkommensteuergesetz, Kommentar, Hrsg: Heinrich Weber Grellet, München, 37. Auflage 2018 (zitiert: *Bearbeiter* in: Schmidt, EStG, § Rn.)

ders., Anm. zu BFH v. 16.9.1987 – X R 51/81, FR 1988, 132, 133

Schön, Wolfgang, Der Nießbrauch am Gesellschaftsanteil im Gesellschafts- und Steuerrecht, StbJb 1996/97, 45 ff.

ders., Der Große Senat des Bundesfinanzhofs und die Personengesellschaft, StuW 1996, 275 ff.

ders., Der Nießbrauch am Gesellschaftsanteil, ZHR 1994, 229 ff.

ders., Der Nießbrauch an Sachen, Köln, 1992 (zitiert: *Schön*, Nießbrauch an Sachen, S.)

Scholz, Franz, Kommentar zum GmbHG, Band 2: §§ 35–52, Köln, 11. Auflage 2013 (zitiert: *Bearbeiter* in: Scholz, GmbHG, § Rn.)

Schoor, Hans Walter, Übertragung von Betriebsvermögen im Wege vorweggenommener Erbfolge, DStZ 2002, 55 ff.

Schulze zur Wiesche, Dieter, Neue Rechtsprechung zur Einbringung von Einzelwirtschaftsgütern und zur Übertragung von Mitunternehmeranteilen, DStR 2012, 2414 ff.

ders., Die ertragsteuerliche Behandlung von Nießbrauch und Treuhand an einem KG-Anteil, BB 2004, 355 ff.

ders., Der Nießbrauch am Gesellschaftsanteil einer Personengesellschaft, DStR 1995, 318 ff.

ders., Vorweggenommene Erbfolge und Erbauseinandersetzung von Betriebsvermögen, Mitunternehmeranteilen und Beteiligungen an Kapitalgesellschaften, WPg 1993, 593 ff.

ders., Die Unterbeteiligung als Mitunternehmerschaft, DB 1987, 551 ff.

Siebert, Wolfgang, Nießbrauch am Gewinnrecht des Gesellschafters einer offenen Handelsgesellschaft; BB 1956, 1126 ff.

Sittel, Alexandra C., Der Nießbrauch an Gesellschaftsanteilen, Hamburg 2006 (zitiert: *Sittel*, Nießbrauch an Gesellschaftsanteilen, S.)

Soeffing, Günter/Jordan, Günther, Nießbrauch an einem Mitunternehmeranteil, BB 2004, 353 ff.

Soergel, Hans Theodor, Kommentar zum Bürgerlichen Gesetzbuch mit Einführungsgesetz und Nebengesetzen, Band 16, Sachenrecht 3, Stuttgart, 13. Auflage 2001 (zitiert: *Bearbeiter* in: Soergel, BGB, § Rn.)

Sothen, Ulf von, § 36 Steuerlich motivierte Gestaltung, in: Münchener Anwaltshandbuch Erbrecht, Hrsg: Scherer, Stephan, München, 5. Auflage 2018 (zitiert: *von Sothen* in: MAH, Erbrecht, § 36 Rn.)

Spiegelberger, Sebastian, Betrieblicher Nießbrauch: Steuerliche Gefahrenquellen, notar 2017, 419 ff.

ders., Unternehmensnachfolge – Gestaltungen nach Zivil- und Steuerrecht, München, 2. Auflage 2009 (zitiert: *Spiegelberger*, Unternehmensnachfolge, § Rn.)

Staudinger, Julius von, Kommentar zum Bürgerlichen Gesetzbuch, Buch 3, Sachenrecht, Berlin, Stand: Neubearbeitung 2017 (zitiert: *Bearbeiter* in: Staudinger, BGB, § Rn.)

Stein, Thomas, Aktuelle ertragsteuerliche Fragestellungen zum Nießbrauchsvorbehalt an Gesellschaftsanteilen, ZEV 2019, 131 ff.

ders., Betriebsvermögen – Neue Stolpersteine bei Anteilsschenkungen unter Nießbrauchsvorbehalt, ErbBstg 2019, 38 ff.

Stiftung Familienunternehmen, Die volkswirtschaftliche Bedeutung der Familienunternehmen, 5. Auflage, erstellt vom ZEW – Leibniz Zentrum für Europäische Wirtschaftsforschung Mannheim und vom Institut für Mittelstandsforschung Mannheim, München 2019, www.familienunternehmen.de (zitiert: Stiftung Familienunternehmen, Die volkswirtschaftliche Bedeutung, S.)

Strahl, Martin, Neues zur Besteuerung der Mitunternehmerschaften und ihrer Gesellschafter, KÖSDI 2019, 21355 ff.

ders., Gesamtplanrechtsprechung bei der Umstrukturierung von Personengesellschaften, FR 2004, 929 ff.

Sudhoff, Heinrich, Der Nießbrauch am Anteil einer Personengesellschaft, NJW 1971, 481 ff.

Teichmann, Arndt, Der Nießbrauch an Gesellschaftsanteilen, ZGR 1972, S. 1 ff.

Theilacker, Gerhard, Die Rückkehr der Finanzverwaltung zur Einheitstheorie bei der gemischten Schenkung und der Schenkung unter Leistungsauflage im Schenkungsteuerrecht; ihre schenkungsteuerlichen und auch ertragsteuerlichen Folgen mit Beispielen (Teil 1), BWNotZ 2012, 66 ff.

Tiedtke, Klaus/Wälzholz, Eckhard, Zum Teilbetriebsbegriff bei Betriebsaufspaltung und -verpachtung, BB 1999, 765 ff.

Tiedkte, Klaus, Veräußerung eines Teilbetriebes und Aufgabe einer bestimmten gewerblichen Tätigkeit, FR 1988, 233 ff.

ders., Die Tankstelle als Teilbetrieb, FR 1981, 233 ff.

ders., Die Veräußerung eines Teilbetriebs im Sinne der §§ 16 Abs. 1 Nr. 1 und 34 Abs. 2 Nr. 1 EStG, DStR 1979, 543 ff.

Tipke, Klaus, Rechtfertigung des Themas; Ziel der Tagung, in: Gewinnrealisierung im Steuerrecht, DStJG 4, Hrsg. Ruppe, Hans Georg, Köln 1981, 1 ff. (zitiert: *Tipke*, Gewinnrealisierung, DStJG 4, S.)

Trömer, Jehannes, Vereinbarungen über den dinglichen Inhalt des Nießbrauchs an Grundstücken, RNotZ 2016, 421 ff.

Troost, Klaus, Die Buchwertfortführung im Steuerrecht – auf dem Wege zu einem allgemeinen Rechtsprinzip, Münster, 1995 (zitiert: *Troost*, Buchwertfortführung, S.)

Trzaskalik, Christoph, Aufschub der Gewinnrealisierung, Gewinnrealisierung bei unentgeltlichen Übertragungen (Erbfall, Schenkung) von Betrieben, Teilbetrieben und Mitunternehmeranteilen auf andere Steuerrechtssubjekte – § 7 EStDV im System des Einkommensteuerrechts, in: Gewinnrealisierung im Steuerrecht, DStJG 4, Hrsg. Ruppe, Hans Georg, Köln, 1981, 145 ff. (zitiert: *Trzaskalik*, Gewinnrealisierung, DStJG 4, S.)

Vieweg, Klaus/Werner, Almuth, Sachenrecht, München, 8. Auflage 2018

Viskorf, Hermann-Ullrich/Schuck, Stephan/Wälzholz, Eckhard, Kommentar zum Erbschaftsteuer-, Schenkungsteuer- und Bewertungsgesetz, Herne, 5. Auflage 2017 (zitiert: *Bearbeiter* in: Viskorf/Schuck/Wälzholz, ErbStG, § Rn.)

Viskorf, Stephan, Familienunternehmen in der Nachfolgeplanung, München, 2020 (zitiert: *Bearbeiter* in: Viskorf, Familienunternehmen, S. Rn.)

Viskorf, Stephan/Wegener, Jan-Eckhard, Endgültiges Ende der Gesamtplanbetrachtung – Neues BMF-Schreiben zu § 6 Abs. 3 EStG, ZEV 2020, 85 ff.

Vogel, Klaus, Bemerkungen zur Gewinnverwirklichung und Gewinnberichtigung im deutschen Außensteuerrecht, StuW 1974, 193 ff.

Wachter, Thomas, Stimmrechtsvollmachten bei der Übertragung von KG-Anteilen unter Vorbehaltsnießbrauch, DStR 2016, 2065 ff.

ders., Anm. zu OLG München v. 8.8.2016 – 31 Wx 204/16, GmbHR 2016, 1267 ff.

ders., Schenkungsteuerliche Verschonung des Erwerbs von Mitunternehmeranteilen unter Quotennießbrauch, DStR 2013, 1929 ff.

ders., Erleichterung der Unternehmensnachfolge – Zugleich Anm. zu BFH v. 2.8.2012 – IV R 41/11, DB 2013, 200 ff.

Wälzholz, Eckhard, Der Nießbrauch am Gesellschaftsanteil einer GmbH & Co. KG, NWB 2013, 1334 ff.

ders., Aktuelle Gestaltungsprobleme des Nießbrauchs am Anteil an einer Personengesellschaft, DStR 2010, 1786 f.

ders., Aktuelle steuerliche Gestaltungsprobleme des mitunternehmerischen Nießbrauchs am Anteil einer Personengesellschaft, DStR 2010, 1930 ff.

Walter, Norbert, Unternehmensnießbrauch, BB 1983, 1151 ff.

Wartenburger, Lucas, Anm. zu BFH v. 2.8.2012 – IV R 41/11, MittBayNot 2013, 266 ff.

Wassermeyer, Franz, Die Übertragung von Wirtschaftsgütern unter Vermeidung der Aufdeckung stiller Reserven, BB 1994, 1 ff.

Weber-Grellet, Heinrich, Das Verhältnis von Entnahme/Einlage zu Anschaffung/Veräußerung im Einkommensteuerrecht, NZG 2003, 766 ff.

Wedemann, Frauke, Das Stimmrecht beim Anteilsnießbrauch im Spiegel von Rechtsvergleichung und Rechtssetzungslehre, NZG 2013, 1281 ff.

Wendt, Michael, Einkommensteuerneutrale Unternehmensnachfolge durch Buchwertfortführung, in: Festschrift für Georg Crezelius zum 70. Geburtstag, Hrsg. Fischer, Michael u. a., Köln, 2018, S. 457 ff. (zitiert: *Wendt* in: FS Crezelius, S.)

ders., Anm. zu BFH v. 25.1.2017 – X R 59/14, FR 2017, 1055 ff.

ders., Anm. zu BFH v. 9.12.2014 – IV R 29/14, FR 2015, 457 ff.

ders., Anm. zu BFH v. 17.7.2008 – X R 40/07, FR 2009, 427 ff.

ders., Unentgeltliche Übertragung von Mitunternehmeranteilen nach § 6 Abs. 3 EStG, FR 2005, 468 ff.

ders., Teilanteilübertragung und Aufnahme eines Gesellschafters in ein Einzelunternehmen nach den Änderungen des EStG durch das UntStFG, FR 2002, 127 ff.

Winkeljohann, Norbert, Der Nießbrauch am Grundstück im betrieblichen Bereich, DStR 1985, 227 ff.

Winnefeld, Robert, Bilanz-Handbuch, München, 5. Auflage 2015 (zitiert: *Winnefeld*, Bilanz-HB, Rn.)

Wüllenkemper, Dirk, Unentgeltliche Nießbrauchsbestellung am Grundstück im Betriebsvermögen, FR 1991, 101 ff.

Zimmermann, Reimar/Hottmann, Jürgen/Kiebele, Sabrina/Schaeberle, Jürgen/Scheel, Thomas/Schustek, Heribert/Szczesny, Michael, Die Personengesellschaft im Steuerrecht, Achim, 12. Auflage 2017 (zitiert: *Zimmermann/Hottmann*, Personengesellschaft, Rn.)